- 기본이론 복습노트 -

미래가치

PREFACE
머리말

교육행정직 공무원 시험을 준비하시는 여러분께.

「교육학 기본이론 복습노트」는 기본서를 공부하실 때, 각 단원마다 핵심 내용을 정리하고 문제 풀이를 통해 이해를 다질 수 있도록 만든 복습용 교재입니다. 기본서와 함께 나란히 놓고 병행하며 활용할 수 있도록 기획하였습니다.

먼저, 출제빈도 분석을 통해 최근 10년간 시험에서 어떤 주제가 자주 나왔는지를 살펴볼 수 있게 하여 학습의 방향을 잡을 수 있도록 하였습니다. 그리고 각 주제별로 꼭 알아야 할 핵심 내용을 간결하게 정리하여, 기본서에서 배운 내용을 다시 한번 체계적으로 다질 수 있게 했습니다.

기출선지 OX 코너에서는 실제 시험에 출제되었던 문항과 선택지를 바탕으로 핵심 개념을 점검할 수 있도록 하였고, 대표기출문제 코너에서는 주제별로 중요한 기출문제를 풀어보며 스스로 실력을 확인할 수 있게 하였습니다. 해설도 함께 실어 놓았으니, 학습 중 틀리거나 헷갈린 문제는 해설을 참고하면서 이해를 깊이 다져 보시기 바랍니다.

「교육학 기본이론 복습노트」는 단순한 요약서가 아니라, 여러분이 복습을 통해 학습한 내용을 정리하고 문제 해결 능력을 키워 실전에서 좋은 성과를 낼 수 있도록 돕는 책입니다. 꾸준한 반복 학습이 결국 합격으로 가는 가장 빠른 길임을 잊지 마시고, 이 책과 함께 계획적으로 공부해 나가시길 바랍니다.

여러분의 노력과 이 책이 만나 반드시 좋은 결실을 맺으시길 진심으로 기원합니다.

강서연 드림

GUIDE
이 책의 구성과 활용법

01 출제빈도 분석
- 최근 10년간 공무원 교육학(7·9급) 시험 출제경향을 분석한 자료를 살펴 보세요.
- 출제빈도가 높은 주제를 중심으로 학습하여야 보다 효율적인 학습이 가능합니다.
- '기본' 표시 주제는 기본이론반에서, '심화' 표시 주제는 심화이론반에서 공부합니다.

02 핵심내용 정리
- 각 주제에서 반드시 알아야 할 핵심내용을 간략하게 정리해 봅니다.
- 기본서로 학습한 내용을 다시 체계적으로 정리하면서 학습하세요.

03 기출선지 OX
- 기출시험에서 출제되었던 제시문이나 선택지로 구성된 OX 문제를 풀어 보세요.
- 자주 출제되는 개념을 정리하는 동시에 문제풀이 적용 능력을 기를 수 있어요.
- 옳지 않은 내용의 선지('X' 표시한 선지)는 옳은 진술로 고쳐 써 보세요.
- 각 진술문의 핵심키워드를 뽑아서 오른쪽의 칸에 옮겨 적으며 복습합니다.

04 대표 기출문제
- 각 주제별로 대표 기출문제를 풀어 보면서 자신의 실력을 점검해 보세요.
- 정답을 맞추었다면, 이 문제의 핵심이 되는 포인트를 간단하게 정리해 보세요.
- 오답을 하였다면, 자신이 잘못 알고 있었거나 헷갈렸던 포인트를 정리해 보세요.

05 정답 및 해설
- 기출선지 OX 문제와 대표 기출문제의 정답 및 해설입니다.
- 해설을 통해 문제를 풀 때 놓쳤던 부분들은 없는지 확인해 보세요.

GUIDE
공무원 교육학 시험 학습 가이드

미리 알고 시작하자! 시험의 출제 범위와 비중

01 공무원 교육학 시험 출제 영역

공무원 교육학 시험은 9급의 '교육학개론'과 7급의 '교육학' 시험으로 구분됩니다. 9급 '교육학개론'은 20문항, 7급 '교육학'은 25문항으로 출제됩니다. 내용영역은 크게 3개의 영역(교육학의 기본이론, 교육활동의 실제, 교육행정 및 평생교육)으로 나눌 수 있습니다. 9급 시험의 경우, 각 영역별로 6~8문항 정도 출제되어 고른 분포를 보입니다. 7급 시험에서는 제반 개념이나 이론들이 보다 심층적으로 출제되는 경향이 있습니다.

구분		국가직 9급	지방직 9급	국가직 7급
교육학의 기본이론	교육사와 교육철학, 교육심리학, 교육사회학	6~8문항	6~8문항	6~8문항
교육활동의 실제	교육과정, 교육방법, 교육공학, 교육평가, 생활지도, 교육연구	6~8문항	6~8문항	8~10문항
교육행정 및 평생교육	교육행정학, 교육법, 평생교육	6~8문항	6~8문항	8~10문항
총 문항 수		20문항	20문항	25문항

02 영역별 출제 경향 및 수험 대책

◆ 교육학의 기본이론

출제 경향	교육학의 기반이 되는 학문들로서 교육사 및 교육철학, 교육심리학, 교육사회학 분야를 내용으로 합니다. 교육의 목적, 내용, 방법 등을 결정하는 데 기준점이 될 수 있는 개념과 이론을 다룹니다. 우리나라 학교제도의 발달과정, 근대 교육사상의 전개, 교육의 개념과 목적, 학습자의 발달과 개인차, 학습의 개념의 원리, 교육과 사회의 관계 등이 주로 출제됩니다. 주요한 개념과 이론을 이해하고 있는지 더 나아가 대립되는 주장들을 비교할 수 있는지를 묻는 질문들까지 출제되고 있습니다.
수험 대책	각 분야의 주요 개념과 이론을 체계적으로 학습하여야 합니다. 학자의 이름과 개념 및 이론의 논리적 전개를 유기적으로 연계하여 학습하여야 합니다. 각각의 개념과 이론들 간의 차별점을 이해할 수 있도록 학습하여야 하므로, 단순 암기식 공부를 넘어서 이해에 기반한 공부가 필요합니다.

강서연 교육학
기본이론 **복습노트**

◆ 교육활동의 실제

출제 경향	학교에서 학생들을 지도하는 데 관련되는 내용들로서 교육과정, 교수·학습 이론과 교육방법, 교육공학, 교육평가, 생활지도와 상담, 교육연구 등의 내용이 포함됩니다. 잠재적 교육과정, 교육과정 개발 모형, 구성주의 교수·학습 이론, 테크놀로지 기반 교육, 자기참조평가, 수행평가, 진로교육, 상담기법 등 비교적 새로운 교육의 접근방법과 관련된 내용들의 출제 빈도가 높아지고 있습니다.
수험 대책	각 분야의 주요 개념과 이론들을 중심으로 주장한 학자, 핵심 용어, 논리구조를 일목요연하게 이해할 필요가 있습니다. 특히, 학교 현장의 변화를 추구하는 새로운 교육의 접근방법들이 추구하는 방향을 이해하고 관련된 개념과 이론들을 중점적으로 학습하여야 합니다. 2022 개정 교육과정이 현장에 적용되기 시작하는 시기이니 개정의 취지를 중심으로 세부 내용들에 대한 학습도 필요합니다.

◆ 교육행정 및 평생교육

출제 경향	교육행정 활동의 바탕이 되는 개념 및 이론들과 우리나라에 실제로 적용되고 있는 교육행정 제도나 관련 법에 대해 출제됩니다. 교육행정의 기본이론, 교육행정의 원리, 학교조직의 특성, 직무동기 이론, 대안적 지도성 개념, 정책결정모형, 지방교육자치제도, 교육재정의 구조, 장학의 유형, 인사 제도, 헌법과 초·중등교육법 및 학교폭력예방법 등이 자주 출제됩니다. 한편, 학교교육 이외의 영역인 평생교육에 관련된 이론과 제도에 관련된 문항들도 1~2문항씩 출제되고 있습니다.
수험 대책	교육행정학은 가장 많은 문항이 출제되는 영역인 만큼 철저한 학습이 필요합니다. 각 주제별로 제시되는 주요 개념과 이론들이 의미하는 바를 정확히 이해하면서 동시에 그들 간의 관계를 비교할 수 있도록 학습하여야 합니다. 최근 개정된 법이나 개편된 제도들에 관한 내용들은 개정의 취지를 고려하여 핵심 내용을 중심으로 학습합니다. 한편, 평생교육 분야에 대한 국가적 관심이 커지고 제도가 정비되고 있는 만큼 평생교육 이론과 실제에 대한 학습도 놓치지 말아야 합니다.

GUIDE
공무원 교육학 시험 학습 가이드

최신기출로 확인하는 공무원 교육학 문제 유형

◆ **유형 1** : 제시된 진술문에서 설명하는 개념, 이론, 학자 찾기

문제 유형	제시된 진술문에서 설명하는 개념이나 이론 및 이를 주장한 학자의 이름을 찾는 문제입니다. 답을 도출하는 데 필요한 내용요소는 2~3가지 정도 제시됩니다.

예시 문제

1 다음 설명에 해당하는 모형은?

> 체제적 교수모형으로, 요구사정, 교수분석, 학습자 및 상황 분석, 수행목표 진술, 평가도구 개발, 교수전략 개발, 교수자료 개발 및 선정, 형성평가 개발 및 시행, 교수 수정, 총괄평가 설계 및 시행의 10단계로 구성된다.

① ADDIE 모형
② 글레이저(Glaser) 모형
③ 켈러(Keller) 동기설계 모형
④ 딕과 캐리(Dick & Carey) 모형

해설 체제적 교수모형에 해당하는 것으로 요구사정에서부터 총괄평가까지 세부 단계를 제시한 모형은 딕과 캐리의 모형이다. ADDIE 모형은 5단계, 글레이저 모형은 4단계 모형으로 세부 단계를 구분하지 않았다. 켈러의 동기설계 모형은 체제적 교수설계 모형에 해당하지 않는다. **답 : ④**

2 다음과 같이 주장한 교육학자는?

> • 이상적인 성인의 활동분석을 통하여 교육목표를 설정한다.
> • 과학적인 방법에 따른 교육과정 개발이 필요하다.
> • 교육은 학생이 성인이 되어서 할 일을 미리 준비시켜 주는 것이다.

① 애플(Apple)
② 보빗(Bobbitt)
③ 듀이(Dewey)
④ 위긴스와 맥타이(Wiggins & McTighe)

해설 교육을 성인이 되어서 할 일을 준비시키는 과정으로 보고, 성인의 활동분석과 같은 과학적인 방법에 의해 교육과정을 개발할 것을 주장한 학자는 보빗이다. 애플은 비판적 관점에서 교육과정을 분석한 학자이다. 듀이는 교육을 아동의 현재 생활에서의 성장으로 보았다. 위긴스와 맥타이는 핵심 개념에 대한 이해를 중심으로 한 교육과정 설계 모형을 제시하였다. **답 : ②**

풀이 전략
(1) 제시된 진술문의 내용을 읽어 보면서 핵심 키워드를 찾아내야 합니다.
(2) 도출된 키워드와 관련된 개념이나 이론, 학자를 파악하여 답을 선택합니다.
(3) 정답을 바로 알 수 없는 경우에는 소거법을 이용하여 답을 찾아나갑니다.

강서연 교육학
기본이론 **복습노트**

◆ 유형 2 : 제시된 주제에 대한 내용으로 옳은 것 또는 옳지 않은 것 고르기

문제 유형	문항에서 제시하는 주제에 관한 설명 중 옳은 것 또는 옳지 않은 것을 고르는 문제입니다. 개괄적인 수준에서 단순히 사실에 관한 지식을 가지고 있는지를 묻는 경우(예시문제 3)도 있지만, 해당 주제에 대한 개념적 이해를 바탕으로 실제 사례에 적용할 수 있는지를 묻는 경우(예시문제 4)도 있습니다.
예시 문제	**3** 우리나라 교육사에 관한 설명으로 옳지 않은 것은? ① 백제에서는 교육기관으로 국학을 세웠다. ② 고구려에서는 교육기관으로 태학을 세웠다. ③ 유형원은 『반계수록』에서 교육제도 개혁을 주장하였다. ④ 근대적 관립학교인 육영공원을 세웠다. **해설** 국학을 설립·운영한 국가는 통일신라이다. 백제에서는 박사 제도에 대한 기록만 있을 뿐, 교육기관에 대한 자료가 남아있지 않다.　　답 : ① **4** 간접교육비에 대한 설명으로 옳지 않은 것은? ① 학생이 학교에 다니기 때문에 취업할 수 없는 데서 오는 유실소득을 포함한다. ② 비영리기관인 학교에 대해 세금을 면제해주는 면세의 비용을 포함한다. ③ 학교건물과 장비 사용에 따라 발생하는 감가상각비와 이자도 포함된다. ④ 유아의 어머니가 취업 대신 자녀 교육을 위해 가정에 머물면서 포기된 소득은 제외한다. **해설** 간접교육비는 교육활동을 위해 포기한 수익으로서 묵시적 비용 혹은 기회비용에 해당한다. 유아의 어머니가 자녀 교육을 위해 취업을 하지 않아 포기된 소득도 기회비용에 해당하므로 간접교육비에 포함된다.　　답 : ④
풀이 전략	(1) 우선 문항의 질문에서 '옳은 것'을 묻는지, '옳지 않은 것'을 묻는지를 확인하여 ○/×로 표기하여 둡니다. (2) 선택지를 단어 단위로 끊어 읽으면서 틀린 부분이 있는지 확인하여 ○/×로 표시합니다. 주제별로 자주 나오는 오답선지를 미리 학습해 두면 좀 더 쉽게 찾을 수 있습니다. (3) 질문에서 요구한 것에 맞게 '옳은' 또는 '옳지 않은' 선택지를 고릅니다.

GUIDE
공무원 교육학 시험 학습 가이드

◆ **유형 3** : 제시된 개념이나 이론의 하위 요소 구분하기

문제 유형	문항에서 제시하는 개념이나 이론을 구성하는 하위 요소로 포함되는지의 여부를 묻거나 하위 요소들의 개념을 구분할 수 있는지를 묻는 문제입니다. 제시된 개념이나 이론을 개략적인 수준에서만 학습한 경우 답하기 어려운 문항 유형입니다.
예시 문제	**5** 뱅크스(Banks)의 다문화교육을 위한 교육과정 접근법에 해당하지 않는 것은? ① 기여적 접근　　　　　② 변혁적 접근 ③ 동화주의적 접근　　　④ 의사 결정 및 사회적 행동 접근 **해설** 뱅크스는 문화상대주의 관점에서 다문화교육을 하여야 한다고 주장하였습니다. 뱅크스의 다문화교육을 위한 교육과정 접근법에는 기여적 접근, 부가적 접근, 변혁적 접근, 의사결정 및 사회적 행동 접근이 포함됩니다. 동화주의적 접근은 문화절대주의 또는 자문화중심주의 관점으로 문화상대주의 관점에 대립되는 개념입니다.　　　　답 : ③ **6** 다음은 서지오바니(Sergiovanni)의 도덕적 지도성 이론에 따라 분류한 네 가지 학교 유형이다. (가)에 해당하는 것은? 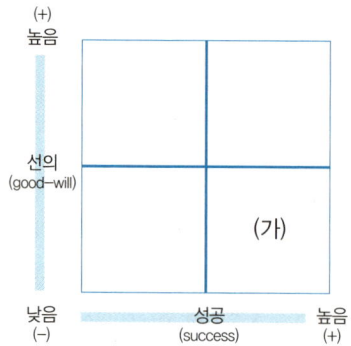 ① 도덕적인 학교　　　　② 정략적인 학교 ③ 도덕적이고 효과적인 학교　④ 비도덕적이고 비효과적인 학교 **해설** 제시된 그림을 볼 때, (가)는 '성공'의 수준은 높지만 '선의'의 수준은 낮은 학교입니다. 즉, 학업성적 등과 같은 측면에서 효율성은 추구하지만 학교 구성원들이 도덕적 가치를 추구하지는 않는 경향이 있다는 의미입니다. 따라서 제시된 선택지들 중 가장 부합하는 유형은 '정략적인 학교'입니다.　　　　답 : ②
풀이 전략	(1) 제시된 개념이나 이론을 구성하는 하위 요소(유형)들을 떠올리면서 선택지들 중에서 문항의 요구에 맞는 선택지를 선택합니다. (2-1) 하위 요소가 잘 기억나지 않는 경우에는 해당 개념이나 이론의 전반적인 취지나 접근 방향을 고려하여 선택지를 골라 봅니다. (2-2) 하위 요소의 분류가 모두 선택지로 제시되고 그중 하나를 고르는 문제의 경우 소거법을 이용하여 답이 아닌 것을 제거하는 방식으로 답을 찾습니다.

◆ 유형 4 : 제시된 진술문에서 빈칸에 들어갈 내용 고르기

문제 유형	주어진 제시문에 빈칸이 있고 그 안에 들어갈 내용을 고르는 문제입니다. 법령이나 교육과정 문서에 있는 진술문이 그대로 제시되는 경우가 많습니다.
예시 문제	**7** 「평생교육법」상 (가), (나)에 들어갈 말을 바르게 연결한 것은? "평생교육"이란 학교의 정규교육과정을 ⎡(가)⎤ 학력보완교육, 성인 문해교육, 직업능력 향상교육, 성인 진로개발역량 향상교육, 인문교양교육, 문화예술교육, 시민참여교육 등을 포함하는 모든 형태의 ⎡(나)⎤ 교육활동을 말한다. 　　(가)　　　　(나) ① 포함한　　　조직적인 ② 포함한　　　비조직적인 ③ 제외한　　　조직적인 ④ 제외한　　　비조직적인 **해설** 「평생교육법」에서는 '평생교육'을 학교교육과 대립되는 개념으로 봅니다. 즉, 학교의 정규과정을 '제외한' 모든 형태의 '조직적인' 교육활동으로 봅니다. 학교교육은 형식교육, 평생교육은 비형식교육에 해당합니다.　　답 : ③ **8** 「초·중등교육법 시행령」상 (가), (나)에 들어갈 말을 바르게 연결한 것은? 제48조의2(자유학기의 수업운영방법 등) ① 중학교 및 특수학교(중학교의 과정을 교육하는 특수학교로 한정한다)의 장은 자유학기에 ⎡(가)⎤을 실시하고 학생의 진로탐색 등 다양한 체험을 위한 ⎡(나)⎤을 운영해야 한다. 　　(가)　　　　　　(나) ① 학생 참여형 수업　　진로교육 ② 학생 참여형 수업　　체험활동 ③ 학생 주도형 수업　　진로교육 ④ 학생 주도형 수업　　체험활동 **해설** 문항에서는 「초·중등교육법 시행령」의 조항을 묻는 형태로 제시되었지만, 국가 교육과정에 반영되어 있는 '자유학기제'의 운영방법에 대한 지식으로 풀 수도 있습니다. 현행 국가 교육과정에서는 '학생 주도형 수업'보다는 '학생 참여형 수업'을 선호합니다. 자유학기제 활동 영역에는 주제탐색과 진로선택이 포함되므로 '진로교육'보다는 '체험활동'이 적절한 수업운영 방법으로 판단됩니다.　　답 : ②
풀이 전략	(1) 제시된 진술문을 기억하고 있다면 빈칸에 들어갈 용어를 선택합니다. (2) 잘 기억나지 않는다면, 주어진 주제에 대한 배경지식을 활용하여 적절한 답을 선택하거나 부적절한 답을 제거해 나가는 방식으로 풀 수도 있습니다.

단번에 합격하는
강서연 공무원 교육학 커리큘럼

기출문제풀이 훈련으로
실전대비 실력 갖추기

교육학 기본서 학습으로
기본체력 다지기

ROUND I
기본서

ROUND II
기출문제

기본서 학습을 위한 강의

기본이론반(7~8월)
시험에 자주 나오는 핵심 개념과 원리를 체계적으로 학습하여 기본기를 다지는 강의

심화이론반(9~10월)
고난도 심화 개념과 원리를 학습하여 고득점 획득을 위한 실력을 더하는 강의

핵심이론반(11~12월)
기본부터 심화까지 핵심만 간추려 탄탄한 실력을 완성하는 강의

기출문제 학습을 위한 강의

기본 기출문제 풀이반(9~10월)
공무원 9급 시험에 꼭 나오는 기본문제를 통해 실전감각을 기르는 강의

심화 기출문제 풀이반(11~12월)
광범위한 기출문제 풀이를 통해 최근의 고난도 출제경향에 대비하는 강의

핵심 기출문제 풀이반(1~2월)
최근 출제경향에 맞게 핵심문제만 간추려 실전감각을 다지는 강의

사용교재
- ALL-IN-ONE 기출문제

사용교재
- 강서연 교육학 기본서
- 강서연 교육학 기본이론 복습노트
- 강서연 교육학 요약노트

강서연 **교육학**
기본이론 **복습노트**

**ROUND Ⅲ
예상문제**

예상문제풀이 훈련으로
합격보장 실력 완성하기

예상문제 학습을 위한 강의

단원별 모의고사 풀이반(1~2월)
단원별 예상문제풀이를 통해 문제풀이 실력을 강화하고 본인의 취약점을 찾아 보완하는 강의

**동형모의고사 풀이반
(3월 국가직/4~5월 지방직 대비)**
최신 출제경향을 반영한 고품질 동형 모의고사를 풀어보며 합격 실력을 완성하는 강의

사용교재
- 단원별 모의고사
- 파이널 실전 동형모의고사
  (국가직/지방직)

CONTENTS 차례

01 교육철학 및 교육사

▶ 출제빈도 분석 ··· 16
1. 교육철학 ··· 19
   (1) 교육철학의 기초 ······························· 19
   (2) 20세기 전반의 교육철학 ···················· 21
   (3) 20세기 후반의 교육철학 1 ················· 23
   (4) 20세기 후반의 교육철학 2 ················· 25
2. 서양교육사 ·· 27
   (1) 고대와 중세의 교육 ·························· 27
   (2) 고대 그리스의 교육사상 ···················· 29
   (3) 근대의 교육사상 1 ··························· 31
   (4) 근대의 교육사상 2 ··························· 33
   (5) 근대의 교육사상 3 ··························· 35
   (6) 근대 공교육체제의 성립 과정 ············· 37
3. 한국교육사 ·· 39
   (1) 조선시대 이전의 교육 ······················· 39
   (2) 조선시대의 교육 ······························· 41
   (3) 고려와 조선의 과거제도 ···················· 43
   (4) 조선시대의 교육사상 ························ 44
   (5) 개화기와 일제강점기의 교육 ·············· 46
   (6) 민족교육운동과 해방 이후의 교육 ······· 48

02 교육심리학

▶ 출제빈도 분석 ··· 49
1. 발달이론의 기초 ···································· 51
2. 인지발달이론 ··· 52
3. 도덕성 발달이론 ···································· 54
4. 성격발달이론 1 ······································ 56
5. 성격발달이론 2 ······································ 58
6. 지능이론 ··· 60
7. 지능검사와 지능지수 ······························ 62
8. 학습자의 다양성 ···································· 63
9. 학습동기 이론 ······································· 65
10. 행동주의 학습이론 ································ 67
11. 인지주의 학습이론 ································ 71
12. 학습의 전이 ··· 75

03 교육사회학

▶ 출제빈도 분석 ··· 76
1. 교육사회학의 이해 ································· 77
2. 교육사회학의 주요 이론 ························· 79
3. 교육과 사회의 관계 1 ····························· 81
4. 교육과 사회의 관계 2 ····························· 83
5. 교육평등의 관점과 정책 ························· 85
6. 새로운 교육사회학 ································· 87
7. 사회변화와 교육개혁 ······························ 89

04 교육과정

▶ 출제빈도 분석 ··· 91
1. 교육과정의 이해 1 ································· 92
2. 교육과정의 이해 2 ································· 94
3. 교육과정의 유형 ···································· 96
4. 교육과정의 개발과 실행 1 ······················ 98
5. 교육과정의 개발과 실행 2 ······················ 100
6. 우리나라의 국가 교육과정 ······················ 102

05 교육방법 및 교육공학

▶ 출제빈도 분석 ··· 106
1. 교육공학과 교수체제설계 ······················· 108
2. 교수체제설계의 세부 절차 ······················ 110
3. 객관주의 교수설계이론 1 ······················· 112
4. 객관주의 교수설계이론 2 ······················· 114

5. 구성주의 교수설계이론 1 116
6. 구성주의 교수설계이론 2 118
7. 교수·학습 방법 120
8. 교수매체의 선정과 활용 122
9. 뉴미디어와 원격교육 124

06 교육평가와 교육연구

▶ 출제빈도 분석 126
1. 교육평가의 이해 127
2. 교육평가의 유형 1 129
3. 교육평가의 유형 2 131
4. 평가도구의 양호도 133
5. 문항제작과 문항분석 137
6. 평가결과의 분석 139
7. 교육연구 1 141
8. 교육연구 2 143

07 생활지도와 상담

▶ 출제빈도 분석 145
1. 생활지도의 개념과 원리 146
2. 진로지도 이론 148
3. 청소년 비행 이론 150
4. 상담활동의 기초 152
5. 상담의 이론과 기법 1 154
6. 상담의 이론과 기법 2 156
7. 상담의 이론과 기법 3 158

08 교육행정의 이론

▶ 출제빈도 분석 160
1. 교육행정의 개념과 원리 161
2. 교육행정 이론의 발달 163

3. 조직이론 1 167
4. 조직이론 2 171
5. 동기이론 173
6. 지도성 이론 176
7. 교육기획 179
8. 교육정책 1 180
9. 교육정책 2 182

09 교육행정의 실제

▶ 출제빈도 분석 185
1. 교육법과 학교제도 1 186
2. 교육법과 학교제도 2 188
3. 교육법과 학교제도 3 190
4. 교육행정조직 193
5. 교육인사행정 1 195
6. 교육인사행정 2 198
7. 장학행정 200
8. 교육재정 1 202
9. 교육재정 2 204
10. 학교회계 206
11. 학교경영 208

10 평생교육

▶ 출제빈도 분석 210
1. 평생교육의 기초 211
2. 평생교육 이론 1 213
3. 평생교육 이론 2 215
4. 평생교육 실제 1 217
5. 평생교육 실제 2 220

정답 및 해설 224

강서연 교육학
기본이론 **복습노트**

강서연교육학

기본이론 복습노트

—

▶ 핵심내용 정리

▶ 기출선지 OX

▶ 대표 기출문제

CHAPTER 01 교육철학 및 교육사
CHAPTER 02 교육심리학
CHAPTER 03 교육사회학
CHAPTER 04 교육과정
CHAPTER 05 교육방법 및 교육공학
CHAPTER 06 교육평가와 교육연구
CHAPTER 07 생활지도와 상담
CHAPTER 08 교육행정의 이론
CHAPTER 09 교육행정의 실제
CHAPTER 10 평생교육

01 교육철학 및 교육사

출제빈도 분석

(1) 교육철학

테마	출제 포인트	구분	2025	2024	2023	2022	2021	2020	2019	2018	2017	2016
교육철학의 기초	교육철학의 이해	심화										
	교육의 비유적 정의	기본				국7급					지9급	
	교육의 개념적 준거	기본			지9급 국7급					국9급	지9급	
	교육의 목적	심화										
20세기 전반의 교육철학	진보주의	기본	지9급			지9급		국7급				
	항존주의	기본	국9급		국9급			국7급			국9급	
	본질주의	기본		국7급						국7급	국7급	
	재건주의	기본					국7급					
20세기 후반의 교육철학	실존주의	기본		국9급		지9급		지9급	지9급	지9급		
	분석철학	기본				국9급	국9급				국7급	지9급 국7급
	비판철학	기본						국9급				국9급
	포스트모더니즘	기본		지9급			지9급					지9급

(2) 서양교육사

테마	출제 포인트	구분	2025	2024	2023	2022	2021	2020	2019	2018	2017	2016
고대의 교육사상	고대 그리스의 교육	심화										
	소크라테스	기본			국7급					국7급	지9급	
	플라톤	기본	지9급						지9급	지9급		
	아리스토텔레스	기본	국9급					지9급				지9급
	고대 로마의 교육	심화										
중세의 교육사상	중세 전기의 교육	심화										
	중세 후기의 교육	심화										
근대의 교육사상	인문주의(16세기)	기본									지9급	국9급
	종교개혁(16세기)	심화					국7급		국7급			
	실학주의(17세기)	기본			국9급				국9급	지9급 국9급	국9급	
	계몽주의(18세기)	심화					국7급					
	자연주의(18세기)	기본			국9급	지9급						
	신인문주의(19세기)	기본			지9급				지9급 국7급		국7급	국7급
	공교육체제의 성립	심화										

(3) 한국교육사

테마	출제 포인트	구분	2025	2024	2023	2022	2021	2020	2019	2018	2017	2016
조선시대 이전의 교육	삼국시대의 교육	기본		지9급		국9급			지9급			
	고려시대의 교육	기본	지9급 국9급					지9급				
조선시대의 교육	성균관	기본							국9급	지9급		국9급 국7급
	학당과 향교	기본					국9급					
	잡학교육	심화										국7급
	서원	기본					국7급				지9급	
	서당	기본		국9급	국7급	국9급		국9급			국9급	
	과거제도	심화						국7급		국7급		
	성리학 사상과 교육	심화						국7급		국7급		지9급
	실학사상과 교육								국7급			
개화기의 교육	신식학교의 설립	기본					지9급	지9급				
	근대적 교육개혁	기본			지9급		국7급		국7급	국9급		
현대의 교육	일제강점기의 교육	심화						국9급			국7급	
	해방 이후의 교육	심화	지9급			국7급						

1. 교육철학

(1) 교육철학의 기초

핵심내용 정리

1. 교육철학의 기능

분석적 기능	애매모호한 언어의 의미를 명료화하는 기능 개념이나 명제의 논리적 가정이나 함의 규명
평가적 기능	바람직한 교육이 갖추어야 할 조건을 제시 실제 교육행위의 가치나 의미를 평가
사변적 기능	사고에 대한 사고를 통해 지적 성찰을 유도 교육에 대한 새로운 이론이나 설명체계 제시
통합적 기능	다양한 관점을 조화시킴으로써 일관성 추구 교육 현상을 종합적으로 이해하는 안목 형성

2. 교육의 비유적 정의

◆ 교육의 정의 방식

구분	정의 방식	교육의 정의 예시
기술적 정의	있는 그대로의 모습을 객관적으로 기술	교육은 학교에서 하는 일이다.
약정적 정의	효율적 의사소통을 위해 사회적으로 약속	교육은 훈련과 구분되는 것이라고 하자.
규범적 정의	바람직한 가치나 기준, 이상적인 형태를 기술 (가치내재적 정의 – 행위자의 관점)	교육은 아동을 인류의 공적 전통으로 입문시키는 과정이다. (피터스)
조작적 정의	개념의 추상성을 제거, 관찰가능한 형태로 정의 (가치중립적 정의 – 관찰자의 관점)	교육은 인간 행동의 계획적 변화 과정이다. (정범모)

◆ 교육의 비유적 정의

구분	주형	성장	성년식
교육의 비유	장인이 재료를 틀에 부어 물건을 만들어내는 과정	식물이 스스로 성장하도록 정원사가 돕는 과정	아동을 성인사회의 삶의 형식으로 입문시키는 과정
교육의 목적	바람직한 인간상으로의 변화	아동의 잠재적 가능성 실현	합리적 사고 능력의 계발
대표적 형태	– 로크 (백지설) – 행동주의	– 루소 (자연주의) – 듀이 (진보주의)	– 피터스 (성년식) – 뒤르켐 (사회화)

3. 피터스의 교육 개념

◆ 피터스의 교육 개념

정의	– '아동을 인류의 공적 전통으로 입문시키는 성년식' – '문명화된 삶의 형식', '인류 문화유산'에로의 입문 – '합리적 사고와 안목을 도덕적인 방식으로 전달하는 일'
특징	– 내재적 목적관: 교육의 실제적 가치를 강조하는 관점에 반발, 교육의 내재적 가치와 목적 강조 – 교육내용의 선험적 정당화: 교육내용의 가치는 교육의 개념 속에 이미 붙박혀 있음

◆ 교육의 개념적 준거

규범적 준거	– 교육은 '무엇인가 가치 있는 것'을 추구하는 활동(내재적 목적관) – 이상적인 인간상인 '합리적 마음을 가진 자유인(교양인)'을 길러내는 일	교육의 목적
인지적 준거	– 교육은 아동에게 '합리적 사고와 지적 안목'을 전달하는 과정 – 교육은 '지식, 이해, 인지적 안목'을 길러주는 일(교육≠훈련)	교육의 내용
과정적 준거	– 교육은 '도덕적으로 온당한 방식으로' 이루어져야 함 – '학습자의 의지와 자발성'이 전제되어야 함(교육≠조건화, 세뇌, 강요)	교육의 방법

4. 교육의 목적과 가치

구분	내재적 목적	외재적 목적
정의	교육의 개념 속에 이미 포함되어 있는 목적(개념적·논리적 관계)	교육 외부에 존재하며, 본래 교육과 무관한 목적(경험적·사실적 관계)
교육의 가치	내재적·본질적 가치 – 그 자체로 가치 있는 것	도구적·수단적 가치 – 다른 목적을 위한 수단
예시	합리성의 발달, 지식의 형식 추구, 자율성 신장, 자아실현, 자아성찰, 인격완성 등	국가발전, 경제성장, 인적자원 개발, 사회통합, 직업준비, 출세, 입시준비 등

기출선지 OX 정답 및 해설 p. 224   # 키워드

(1) 교육철학은 교육에 관한 새로운 이론이나 설명체계를 구안하여 제시하는 활동을 한다는 점에서 분석적 기능을 갖는다. ○ | ×

(2) 조작적 정의를 견지하는 학자들은 교육을 '인간행동을 계획적으로 변화시키는 과정'이라고 본다. ○ | ×

(3) 주형(鑄型)의 비유는 권위주의나 전제주의적 교육에 대한 비판적 관점을 반영한다. ○ | ×

(4) 교육을 성년식에 비유하는 관점에서 볼 때, 교육은 인류의 문화유산이라는 공적(公的) 전통으로 학생을 안내하는 과정이다. ○ | ×

(5) 피터스는 교육은 합리적 마음을 계발하기 위해 학생을 '지식의 형식'(forms of knowledge)에 입문시키는 일이라고 생각하였다. ○ | ×

(6) 아무리 좋은 내용이라 하더라도 그것을 학습자의 의지와 자발성이 결여된 방식으로 가르쳐서는 안 된다고 보는 관점은 피터스의 규범적 준거에 해당된다. ○ | ×

(7) 교육은 일반적인 훈련과 달리 폭넓은 안목에 기초한 전인적 계발을 지향해야 한다고 보는 관점은 피터스가 제시한 인지적 준거에 해당한다. ○ | ×

(8) 국가 경쟁력 강화를 교육의 목적으로 보는 관점은 외재적 목적관이다. ○ | ×

대표 기출문제

문 1. 다음 설명에 해당하는 피터스(Peters)가 제시한 교육의 개념적 기준은? [2023년 지방직 9급]

- 교육은 일반적인 훈련과 달리 전인적 계발을 지향해야 한다.
- 교육받은 사람은 폭넓은 안목을 가짐으로써 자신과 분야가 다른 인간의 삶과 어떤 관련을 맺고 있는지를 깊이 이해할 수 있어야 한다.

① 규범적 기준 ② 내재적 기준
③ 과정적 기준 ④ 인지적 기준

문 2. 피터스(R. Peters)는 교육의 개념을 3가지 준거로 구분하였다. 그중 규범적 준거(normative criterion)에 근거한 교육의 개념으로 옳은 것만을 모두 고른 것은? [2018년 국가직 9급]

ㄱ. '무엇인가 가치 있는 것'을 추구하는 활동이다.
ㄴ. 학습자의 의식과 자발성을 전제하는 것이다.
ㄷ. 지식, 이해, 인지적 안목을 길러주는 것이다.

① ㄱ   ② ㄷ
③ ㄴ, ㄷ   ④ ㄱ, ㄴ, ㄷ

(2) 20세기 전반의 교육철학

핵심내용 정리

출포 5. 진보주의 교육철학

교육 목적	- 교육은 현재 경험의 계속적 성장과 재구성 → 개인적 자아실현 추구 - 교육은 현재의 생활 자체를 의미있게 만드는 것(미래 생활을 준비하는 과정이 아님)
교육 내용	- 아동의 필요, 흥미, 관심, 현재의 실생활 문제
교육 방법	- 아동중심, 생활중심, 경험중심 교수방법 - 프로젝트학습, 교육과정 통합(중핵 교육과정)
영향	- 인간중심 교육, 열린교육, 구성주의 교육에 영향
한계	- 지식교육 소홀, 기본가치의 절대성 부정, 아동의 미래생활 준비 소홀
대표적 학자	- 킬패트릭 : 프로젝트 학습법(구안법) - 올센 : 지역사회학교 모델 - 파커스트 : 달톤 플랜(계약학습)

출포 6. 항존주의 교육철학

교육 목적	- 영원불변한 진리의 세계에 아동을 적응시키는 것(관념론과 신학에 기초) - 교육은 현실의 모방이 아니라, 미래 생활을 위한 준비
교육 내용	- 지식은 영원하며, 인간의 본성은 동일하므로, 교육도 언제, 어디서나 동일해야 함 - 고대 그리스의 자유교양교육을 교육적 이상으로 제시(이성의 훈련, 지성의 계발)
교육 방법	- 자유교양교과들을 공통필수교과로 학습 - 체계적 지식의 탐구, 도덕적 훈육 강조
영향	- 수월성 중심의 주지주의 교육으로의 복고 경향
한계	- 주지주의적 엘리트교육, 보수주의적 교육 - 고전만 강조, 현실에 유용한 교육에 소홀
대표적 학자	- 허친스 : '위대한 고전' 읽기(형이상학과 신학 포함) - 아들러 : 파이데이아 제안서(1982) - 인문학 중심의 교육 주장, 공통필수 교육과정 주장 - 마리탱 : 교양교과, 인격을 기르는 교육, 기독교 관점

출포 7. 본질주의 교육철학

교육 목적	- 문화적 전통과 가치를 전수, 후속 세대 양성 - 교육의 중점은 학생의 미래준비를 위한 훈련
교육 내용	- 기초학습능력 강조, 전통적 교과 중심 교육 - 본질적인 내용 엄선하여 구성 + 현실적 요구 반영
교육 방법	- 논리적 체계에 따라 교육, 반복학습과 암기 강조 - 교사가 수업을 주도, 아동의 흥미보다는 노력 유도
영향	- 미국의 기초 회귀 운동 등 수월성 중심의 주지주의 교육으로의 복고 경향에 영향(+ 항존주의)
한계	- 학생의 자유과 개성, 학습동기와 참여에 소홀 - 보수주의적 교육, 주지주의적 엘리트 교육
대표적 학자	- 배글리 : 지식은 문제해결의 도구(영원불변 ×) - 스미스와 베스터 : 수학·과학 기초교과 교육 강조

출포 8. 재건주의 교육철학

교육 목적	- 교육을 통해 현대 사회의 위기 극복 및 사회의 기본적 가치 실현 추구 - 새로운 사회를 위한 인간 형성 → 사회적 자아실현 추구
교육 내용	- 사회개혁을 위한 이슈 포함(환경교육, 인권 교육 등) - 사회개혁의 긴급성과 타당성을 적극적으로 교육
교육 방법	- 쟁점 탐구, 집단토의, 지역사회 참여 등 강조 - 행동과학의 연구성과를 반영하여 교육방법 등 혁신
영향	- 지역사회교육 운동에 영향
한계	- 실질적 개혁방안 부재, 행동과학 연구에 대한 과신
대표적 학자	- 카운츠 : 사회재건을 위한 교육의 역할 강조 - 브라멜드 : 현대문명의 위기 극복을 위한 교육운동

기출선지 OX 정답 및 해설 p. 224

키워드

(1) 진보주의 교육사조는 아동중심 교육관에 기반하여 아동의 흥미를 중시한다.	O | X	
(2) 진보주의 교육사조는 프래그머니즘(pragmatism)에 철학적 기반을 두고 경험에 의한 학습을 중시한다.	O | X	
(3) 진보주의 교육철학에는 고대 그리스의 자유교양교육을 교육적 이상으로 삼는다.	O | X	
(4) 항존주의는 미국 사회의 진보주의 교육운동을 비판하며 등장한 보수적인 교육철학 이념이다.	O | X	
(5) 항존주의 입장에서 볼 때, 교육은 인간 본성인 이성을 계발하는 일이므로 지식을 중심으로 이루어져야 한다.	O | X	
(6) 항존주의 교육사조에서는 위대한 고전을 이용한 교육을 실용적인 직업교육과 융합하려고 노력하였다.	O | X	
(7) 본질주의 교육철학은 인류의 전통과 문화유산을 소중히 여기며 교육을 통해 문화의 주요 요소들을 다음 세대에 전달할 것을 강조한다.	O | X	
(8) 본질주의 관점의 교사들은 아동이 당장 흥미가 없고 힘들더라도 철저히 교과를 학습하도록 하는 것이 필요하다고 보았다.	O | X	
(9) 미국 정부가 과거에 주도했던 '기초 회귀(Back-to-basics)' 운동은 재건주의 입장의 재현으로 볼 수 있다.	O | X	
(10) 재건주의 교육자들은 교육은 문화의 기본적 가치 실현을 위한 새로운 사회질서 창조에 기여해야 한다고 주장하였다.	O | X	

대표 기출문제

문 1. 서양의 교육철학 사조에 대한 설명으로 가장 적절한 것은? [2018년 국가직 7급]

① 본질주의 – 아동이 당장 흥미가 없고 힘들더라도 철저히 학습하도록 하는 것이 필요하다고 보았다.
② 항존주의 – 위대한 고전을 이용한 교육을 실용적인 직업교육과 융합하려고 노력하였다.
③ 재건주의 – 문화유산과 고전과목 등 전통적 교과과정을 중시하였다.
④ 진보주의 – 최초로 주장한 학자는 허친스(R. M. Hutchins)이다.

문 2. 진보주의 교육원리에 대한 설명으로 옳지 않은 것은? [2022년 지방직 9급]

① 미래의 생활을 위한 준비가 아니라 현재의 생활 자체를 의미 있게 만들어야 한다.
② 학습자의 관심과 흥미를 강조한다.
③ 고대 그리스의 자유교양교육을 교육적 이상으로 삼는다.
④ 경험에 의한 학습과 학습자의 참여를 중시한다.

(3) 20세기 후반의 교육철학 1

핵심내용 정리

출포 9. 실존주의 교육철학

특징	- 인간을 자율적·주체적 존재로 이해, 주체성 회복 추구('실존은 본질에 앞선다.', '실존은 주체성이다.' – 사르트르) - 진리의 상대성과 주관성 강조('주체성이 진리다.')
교육 목적	- 자유롭고 주체적이며 창조적이며, 자신의 삶에 대한 책임감을 지닌 인간 형성 추구 - 보편적·평균적·규격화된 인간 양성 교육 비판
교육 내용	- 인문학과 예술영역의 교과 강조 - 삶의 긍정적·부정적 측면 모두를 포함
교육 방법	- 교사와 학생의 인격적(인간적) 만남 강조 - 철학적 대화를 통해 학생 스스로 사고하도록 도움
대표적 학자	- 볼노우 : '지속적 교육형식' vs. '단속적 교육형식'(불안, 위기, 모험 등 → 영적·도약적 변화 계기) - 부버 : '나와 그것' vs. '나와 너'의 관계(인격적 만남을 통해 인간의 본래 모습을 회복)
한계	- 현장 적용 어려움, 교육의 사회적 기능 무시 - 체계적 계획의 중요성 간과

출포 10. 분석적 교육철학

특징	- 개념과 명제의 명료화 : 언어의 논리적 분석을 통해 개념이나 명제를 명료화하는 데 중점 - 교육철학의 과학화 : 규범적 관점에서 벗어나, 객관적 체계를 갖춘 독립학문으로 발전
대표적 학자	- 피터스 : 교육의 개념적 준거(규범적, 인지적, 과정적 준거) 제시, '지식의 형식' 분류 - 허스트 : (초기) '지식의 형식'에의 입문 → (후기) '사회적 실제'에의 입문
한계	- 언어의 투명성 과신, 역사적·사회적 분석 경시 - 교육의 목표, 가치, 실천의 대안 제시에 소홀 - 결과적으로 전통적인 자유교양교육 옹호

출포 11. 비판적 교육철학

특징	- 인간의 자유를 억압하는 사회구조적 문제를 분석하고 비판함으로써 인간 해방을 추구 - 교육 현상에 대한 규범적, 평가적, 정치적 접근을 통해 문제의 본질 규명
대표적 학자	- 호르크하이머와 아도르노 : 실증주의 철학의 가치중립성, 도구적 합리성 비판(프랑크푸르트 학파) - 하버마스 : 의사소통적 합리성, 공론장 참여, 합의에 의한 문제해결을 사회적 대안으로 제시 - 지루(저항이론), 프레이리(문제제기식 교육) 등
한계	- 교육을 정치·경제·사회의 논리에 따라 해석 - 교육의 순기능 외면, 역기능에만 주목 - 교육의 진정한 의미와 가치에 대한 논의 생략

출포 12. 포스트모더니즘 교육철학

특징	- 반보편주의 : 보편적 이성, 계몽주의적 신념 재검토 - 반정초주의 : 인식주체의 주관에 기초한 상대적 인식론 - 반권위주의 : 전통적 지식의 권위 거부, 소서사 중시 - 반합리주의 : 개인의 감정과 정서, 유희적 행복감 중시 - 다원주의 : 차이와 다양성 존중, 주체들 간의 연대 추구
대표적 학자	- 푸코 : 근대 권력의 규율적 통치방식 설명 → 학교의 통제 방식에 적용 가능(판옵티콘의 구조) - 데리다 : 텍스트 해석, '해체'와 '차연' 개념 제시 - 리오타르 : '주체성'과 '소서사' 개념 제시
한계	- 이성과 과학의 경시, 기초학력 부실 우려 - 교육에 대한 합의된 방향 상실 우려 - 보편적 가치 거부, 극단적 개인화 우려

기출선지 OX 정답 및 해설 p. 224   # 키워드

	O / X
(1) 실존주의 교육의 목적은 자유롭고 주체적이며 창조적인 인간형성에 있다.	O X
(2) 실존주의 교육철학에서는 인간의 성장과 발달이 점진적이고 지속적으로 이루어진다고 본다.	O X
(3) 부버(Buber)는 교육이 인간들 간의 대화적·실존적 만남 속에서 서로의 독특성을 발견하는 인격적 관계에 기초해야만 한다고 보았다.	O X
(4) 분석적 교육철학은 교육적 언어의 의미를 분석하고 교육적 개념을 명료화하는 데 초점을 두었다.	O X
(5) 분석적 교육철학자들은 위대한 사상가의 교육사상이나 교육적 주장에서 교육의 목적과 방향을 찾으려 하였다.	O X
(6) 분석주의 교육철학은 교육철학의 학문적 객관성을 추구하였다.	O X
(7) 비판적 교육철학은 인간의 자유로운 의식의 형성을 억압하고 왜곡하는 사회적, 경제적, 정치적 제약요인들을 분석하고 비판한다.	O X
(8) 비판적 교육철학은 지식 획득을 포함한 인간의 모든 인식행위를 가치중립적인 것으로 간주한다.	O X
(9) 포스트모더니스트들은 가치란 문화적 구성물이기 때문에 적어도 기초는 존재한다고 주장한다.	O X
(10) 포스트모더니즘은 사회의 이질성과 다원성을 의식하고 인정하는 교육을 강조하였다.	O X

대표 기출문제

문 1. 실존주의 교육철학의 특징에 해당하는 것은?
[2020년 지방직 9급]

① 삶의 긍정적·부정적 측면을 통해 학습자 스스로가 삶의 문제를 해결하고 주체적으로 성장할 수 있다.
② 교육의 사회적 역할을 강조하고 교육을 통한 사회개조를 강조한다.
③ 교육의 주도권은 교사에게 있고 교육과정의 핵심은 소정의 교과를 철저하게 이수하는 것이다.
④ 교육에서 현실의 학문을 무시하고 고전의 지식을 영원한 것으로 여기며 지적인 훈련을 매우 강조한다.

문 2. 포스트모더니즘 교육론의 특징으로 옳지 않은 것은? [2024년 지방직 9급]

① 획일적 교육방식에서 벗어나 교육내용과 방법의 다원화를 추구한다.
② 국가주도의 공교육 체제보다는 유연하고 다양한 교육체제를 요구한다.
③ 교육에서 다루는 지식의 가치를 절대적이고 보편적인 것으로 인식하고 있다.
④ 교육과정은 지식의 논리적 특성보다 지식의 사회문화적 특성에 근거해야 한다고 본다.

(4) 20세기 후반의 교육철학 2

> **핵심내용 정리**

출포 13. 실존주의 교육철학

◆ **볼노우의 교육관**

지속적 교육 형식	– 기계적 관점 : 의도적 계획과 지속적 훈련 강조 – 유기적 관점 : 주체적 성장과 능동적 경험 강조 – 공통 : 인간의 성장은 지속적 과정이라고 전제
단속적 교육 형식	– 인간은 때로는 비연속적으로 성장하는 존재 – 불안, 초조, 위기, 모험 등 단속적 교육형식이 영적·도약적 변화와 실존적 성장의 계기

◆ **부버의 교육관**

'나와 너'	– '나와 그것'의 관계 : 객관적 경험, 이용의 대상 – '나와 너'의 관계 : 인격적 만남과 대화의 관계
만남의 교육	– "만남은 교육에 선행한다." – 인격적 만남을 통해 서로의 독특성을 발견하고 인간의 본래 모습을 회복하는 데 초점

출포 14. 분석적 교육철학

◆ **허스트 : 교육의 개념 정의**

(전기) '지식의 형식'에의 입문	– 학생들이 배워야 할 '문명화된 삶의 형식'은 이론적 지식을 바탕으로 함 – 고유한 개념, 논리구조, 진리검증방식을 기준으로 '지식의 형식'을 구분(W. 피터스)
(후기) '사회적 실제'로의 입문	– 교육은 삶을 구성하는 다양한 사회적 활동들의 영역에 입문시키는 과정 – 다양한 활동 영역에 종사하는 사람들이 발전시켜 온 행위의 패턴들이 중요

출포 15. 비판적 교육철학

◆ **프랑크푸르트 학파의 비판이론**

호르크하이머와 아도르노	– 계몽주의 사상은 무지로부터의 해방을 가져왔지만, 합리성에 대한 비판을 차단함 → 파시즘 사회의 출현(『계몽의 변증법』) – 비판을 허용하는 사회, 사회적 삶의 실질적 조건에 대한 계몽 필요
하버마스	– 기술적 인식 관심 → 해방적 인식 관심 – 도구적 합리성 → 의사소통적 합리성 – 자유로운 공론장에서 합리적 대화를 전개하는 이상적 담화를 통한 문제해결 필요

◆ **비판적 교육철학(저항이론)**

지루	– 학교는 지배집단의 이데올로기를 반영하는 교육과정을 통해 그들의 헤게모니를 유지하고 권력관계를 재생산(문화적 재생산) – 인간은 불평등한 사회구조에 저항할 수 있는 능동적 존재, 문화정치를 통한 저항 필요
프레이리	– 은행예금식 교육 : 무비판적으로 지식을 전달-수용하는 교육, 침묵의 문화 재생산 – 문제제기식 교육 : 비판적 탐구와 대화를 통해 사회의 모순을 깨닫는 교육, 비판적 의식에 기초한 실천(프락시스)을 위한 교육

출포 16. 포스트모더니즘 교육철학

◆ **푸코 : 근대 사회의 통치방식**

권력과 지식	– 근대 국가는 폭력보다 지식을 통해 권력을 정당화(권력과 지식은 상호의존적 관계) – 『광기의 역사』 : '광기'는 의학적 개념이라기보다는, 사회적으로 구성된 개념
감시와 규율	– 근대 권력은 비가시적인 감시와 규율을 통해 개인의 행동을 지배함(≒ 판옵티콘) – 근대 학교의 통제 방식 : 학교의 교실 구조, 검사와 시험, 규범적 판단

기출선지 OX   정답 및 해설 p. 225   # 키워드

(1) 실존주의 교육철학은 의도적인 사전 계획과 지속적인 훈련을 강조한다.   O | X

(2) 인간이 세계에 대하여 갖는 두 가지 관계는 나-너의 관계와 나-그것의 관계라고 본 교육사상가는 피터스(Peters)이다.   O | X

(3) 허스트(Hirst)는 교육의 내용은 일차적으로 특정한 사회적 활동(social practices)의 영역에 학생을 입문시키는 일로 이루어져야 한다고 주장하였다.   O | X

(4) 비판적 교육철학은 프랑크푸르트 학파의 이론적 성과를 수용하여 인간의 자유로운 의식의 형성을 억압하고 왜곡하는 제 요인들을 분석하고 비판한다.   O | X

(5) 하버마스는 도구적 합리성, 해방적 인식관심, 이상적 담화와 같은 개념을 교육에 적용할 것을 주장하였다.   O | X

(6) 푸코는 학교의 각종 검사와 시험이 드러나지 않는 방식으로 규율적 권력을 행사하고 있다고 보았다.   O | X

대표 기출문제

문 1. 다음의 주장과 가장 관계가 깊은 현대 교육철학자는? [2021년 국가직 9급]

> 교육의 내용은 일차적으로 특정한 사회적 활동(social practices)의 영역에 학생을 입문시키는 일로 이루어져야 한다. 그러한 활동들은 '사회적으로' 발전되거나 형성된 것들로서, 해당 사회를 구성하는 사람들이 개인적으로나 집단적으로 종사하는 행위의 패턴들이다. 교육에서 가장 근본적인 것은 건강한 삶을 사는 것이며, 바로 이 활동들이야말로 개인의 건강한 삶을 구성하는 요소들이 된다.

① 피터스(Peters)
② 허스트(Hirst)
③ 프레이리(Freire)
④ 마르쿠제(Marcuse)

문 2. 다음 내용과 관련이 있는 교육철학은? [2017년 지방직 9급]

> • 프랑크푸르트 학파의 이론적 성과를 수용하였다.
> • 교육 현상에 대해 규범적, 평가적, 실천적으로 접근하였다.
> • 자본주의 사회의 불평등 문제와 교육의 관련성에 주목하였다.
> • 인간의 의식과 지식이 사회, 정치, 경제에 의해 결정되는 것으로 보았다.

① 비판적 교육철학
② 분석적 교육철학
③ 홀리스틱 교육철학
④ 프래그머티즘 교육철학

2 서양교육사

(1) 고대와 중세의 교육

핵심내용 정리

출포 17. 고대 그리스의 교육

	스파르타	아테네
사상	국가주의, 전체주의	자유주의, 개인주의
교육 목적	국가에 충성하고 강인한 시민(군인) 양성	심신이 조화로운 자유인(시민) 양성
교육 내용	체육과 군사훈련 중심 (지식교육 경시)	인문 교양교육 중심 (지식교육 발달)
기타	여성교육 중시	여성교육 소홀
근거	리쿠르구스 법전	솔론 헌법

출포 18. 고대 로마의 교육

왕정 시대	- 가정과 사회의 비형식적 교육 중심 - 부모가 자녀교육에 절대적인 권한 행사
공화정 시대	- 교육에서 국가의 역할 강화 - 학교교육의 점진적 발달
제정 시대	- 학교교육의 발달, 학교의 세분화와 체계화 - 현학적인 학문보다 실용적인 학문을 중요시 - 고대 로마의 학교들

수준	학교	교육목적	교육내용
초등	문자학교	기초소양 교육	12동판법, 3R's, 체육
중등	문법학교	고등교육기관 입학 준비	7자유학과 (자유교양 교육)
고등	수사학교 법률학교 철학학교	정치인 및 전문지식인 양성	수사학 법학 윤리학

출포 19. 중세의 교육

◆ **중세 전기의 교육**
- 특징 : 5세기경, 교회 주도, 학식을 갖춘 성직자 양성 목적의 교육
- 교회가 설립한 학교

학교	수준	교육목적 및 교육내용
문답학교	초등	- 이교도들의 기독교 세례준비 목적 - 초보적인 3R's 교육
고급문답 학교	중등	- 문답학교 교사 및 교회 지도자 양성 - 신학, 철학, 수사학, 자연과학 등 교육
본산학교 (사원학교)	고등	- 교회의 성직자 양성 목적 - 전문적인 학문 연구(스콜라 철학 발달)
수도원 학교 (승원학교)	초등 ~ 고등	- 정원 : 수도사 양성, 전문적 학문 연구, 금욕적 생활, 도덕적 도야 강조 - 외원 : 지역주민에게 초·중등교육 실시

◆ **중세 후기의 교육**
- 특징 : 교회 교육의 쇠퇴, 비종교적 세속교육 발달
- 중세 후기에 발달한 학교

비형식 교육	기사도교육 : 기사 양성(→ 신사도교육) 도제교육 : 수공업 기술자 양성(→ 직업교육)		

		대상	목적	학교 종류
시민 학교	초등	시민계급 (하류층)	직업 준비 교육	- 독일 : 독일어학교, 습자학교 - 영국 : 조합학교
	중등	귀족계급 (상류층)	대학 준비 교육	- 독일 : 라틴어학교 - 영국 : 공립학교, 문법학교
대학				- 배경 : 스콜라 철학의 발달, 십자군 원정의 영향으로 실용학문 도입, 도시와 상공업 발달로 전문인력 수요 증가, 도시자치권 확대 등 - 성립 : 교수와 학생들의 길드(조합)로 시작, 유럽 남부에서 북부 지역으로 확산 - 성격 : 초기에는 교육 중심, 점차로 연구 중심 - 운영 : 고도의 자치권과 특권 부여(교내재판권, 학위수여권, 학장선출권, 면역·면세권 등)

기출선지 OX 정답 및 해설 p. 225

키워드

(1) 로마 초기에는 부모가 자녀교육에 대하여 절대적인 권한을 행사하였다. O | X

(2) 고대 로마의 학교들 중 문법학교가 수사학교보다 높은 수준의 교육기관이었다. O | X

(3) 유럽 중세의 교육 중 도제제도는 수공업 기술자를 양성하기 위한 제도였다. O | X

(4) 유럽 중세에 만들어진 시민학교는 교육수준에 따라 크게 상류층을 위한 학교와 하류층을 위한 학교로 나뉜다. O | X

(5) 스콜라 철학이 발달하면서 학문적 열기가 고조되었던 당시 상황은 중세시대 대학의 발생에 주요 배경 중의 하나이다. O | X

대표 기출문제

문 1. 고대 로마의 교육에 대한 진술 중 옳지 않은 것은? [2007년 국가직 9급]

① 로마 초기에는 부모가 자녀교육에 대하여 절대적인 권한을 행사하였다.
② 문법학교가 수사학교보다 높은 수준의 교육기관이었다.
③ 중등교육기관에서는 7자유학과를 체계적으로 가르쳤다.
④ 현학적인 학문보다 실용적인 학문을 더 중요시하였다.

문 2. 중세시대 대학 발생의 주요 배경에 대한 설명으로 옳지 않은 것은? [2017년 국가직 7급]

① 스콜라 철학이 발달하면서 학문적 열기가 고조되었다.
② 십자군 원정 이후 외부 지역으로부터 실용학문이 널리 유입되었다.
③ 대중의 교육적 요구에 따라 조합학교(guild school)가 새롭게 등장하였다.
④ 도시와 상공업이 발달하면서 법조인, 의사와 같은 전문 인력에 대한 수요가 증가하였다.

(2) 고대 그리스의 교육사상

핵심내용 정리

출포 20. 소크라테스의 교육사상

◆ **소피스트의 교육사상**

소피스트	- BC 5세기 후반 출현, 직업적 교사집단 - 상대주의적 진리관, 회의주의적 도덕관 주장 - 유능한 대중 연설가 양성, 출세를 위한 교육 - 수사학 기술 교육, 비체계적인 주입식 교육
이소크라테스	- 수사학교 설립, 체계적 교육 실시 - 공공선에 기여하는 훌륭한 웅변가 양성 목적 - 수사학 기술 + 문학, 논리학 등 일반교양 교육

◆ **소크라테스의 교육사상**

교육목적	- 지행합일의 도덕적 인간 육성 - 이성의 계발을 통한 진리 추구
교육내용	- 절대적이고 보편적인 진리 존재(↔ 소피스트) - 덕(德)과 지식은 동일한 것(악행은 무지의 결과, 선의 본질에 대한 이해가 선행되어야 함)
교육방법	- 대화법(반문법과 산파술)을 통한 진리의 회상 - 학생은 보편적 진리에 도달할 수 있는 이성을 소유하고 있으므로 스스로 지식을 탐구하여야 함 - 교사는 학생이 스스로 지식을 회상해 낼 수 있도록 도와주는 산파의 역할(지식전달 ×)

반문법	소극적 대화 (파괴적 사고)	무지의 무지 → 무지의 자각
산파술	적극적 대화 (생산적 사고)	무지의 자각 → 진리의 회상

출포 21. 플라톤의 교육사상

기본관점	- 이원론적 세계관(이상주의, 관념론) • 이데아계 : 불변적·완전한 세계, 진선미의 가치(최상은 선의 이데아) • 현상계 : 가변적·불완전한 세계, 이데아의 모방
교육목적	- 이데아의 실현(절대적 진리, 정의의 실현) • 개인 : 훌륭한 시민(심신의 조화로운 발달) • 국가 : 이상국가의 실현(여러 계급의 조화)

교육내용 및 방법	- 지혜, 용기, 절제의 조화 → 정의의 실현			
	1단계 (절제)	생산계급 (서민)	가정교육	~6세
			기초교육	7~18세
			군사교육	19~20세
	2단계 (용기)	수호계급 (군인)	교양교육	21~30세
	3단계 (지혜)	통치계급 (정치가)	철학교육	31~35세
			행정실무	36세~

특징	- 국가 중심 : 국가가 교육 담당(『국가론』) - 엘리트주의 : 능력과 계급에 따른 교육

출포 22. 아리스토텔레스의 교육사상

기본관점	- 일원론적 세계관(현실주의, 실재론) • 사물의 본질은 개개의 사물에 내재(목적론) • 현실 세계에 대한 탐구를 통한 진리 추구
교육목적	- 행복한 삶을 영위할 수 있는 인간 양성 • 지적 탁월성과 품성적 탁월성의 균형 있는 발달 • 이성의 훈련(자아실현)이 교육의 일차 목적

교육내용 및 방법	- 자연, 습관, 이성의 조화로운 발달			
	1단계 (자연)	가정교육	~6세	정서 발달, 신체의 단련 (음악, 체조 등)
		초등교육	7~10세	
	2단계 (습관)	중등교육	10~20세	도덕적 습관 형성 (자유교양교육)
	3단계 (이성)	고등교육	20세 이상	이성의 도야 (수학, 철학)

특징	- 자유교육 : 교육 자체가 목적(실용적 목적 ×) - 국가의 역할 : 인간은 사회적 동물, 질서 유지, 도덕을 위한 교육

기출선지 OX 정답 및 해설 p. 226   # 키워드

(1) 소크라테스는 도덕성 함양을 위해 습관 형성을 강조하였다. O | X

(2) 소크라테스는 교수방법으로서 반문법과 산파술을 활용하였다. O | X

(3) 소크라테스의 교육방법에서 교사는 산파처럼 학습자가 지식을 회상해 내도록 도와주는 사람에 비유된다. O | X

(4) 플라톤은 정의, 즉 올바른 삶을 위해 가장 중요한 것은 이성의 덕인 지혜를 갖추는 것이라고 보았다. O | X

(5) 플라톤은 『국가론』에서 국가는 능력에 따라 구분된 계급에 적합한 교육을 시켜야 한다고 주장하였다. O | X

(6) 아리스토텔레스는 최고선으로서의 행복을 추구하기 위해 지성적 삶과 습관 형성을 중시하였다. O | X

(7) 아리스토텔레스가 강조한 자유교육은 지식 자체의 목적을 두기보다는 직업을 준비하거나 실용적인 목적을 위해 행해지는 교육을 의미한다. O | X

대표 기출문제

문 1. 다음 내용과 관련이 있는 교육사상가는?
[2017년 지방직 9급]

> 교사는 학생에게 정답을 미리 알려주지 않고 학생이 알고 있는 것이 참인지 거짓인지를 판단하면서 학생 스스로 진리의 세계로 들어갈 수 있도록 돕는 역할을 한다. 이를 위해 교사는 반어적인 질문을 학생에게 던짐으로써 학생 자신이 무지를 깨닫게 한다. 지적(知的)인 혼란에 빠진 학생은 교사와의 끊임없는 대화를 통해 진리를 성찰하게 되면서 점차 참된 지식에 이를 수 있게 된다.

① 아퀴나스(T. Aquinas)
② 소크라테스(Socrates)
③ 프로타고라스(Protagoras)
④ 아리스토텔레스(Aristoteles)

문 2. 플라톤이 『국가론』에서 주장한 내용으로 옳은 것은? [2019년 지방직 9급]

① 교육의 궁극적인 목적은 개인의 자아실현에 있다.
② 국가는 능력에 따라 구분된 계급에 적합한 교육을 시켜야 한다.
③ 모든 인간은 백지상태에서 태어나므로 개인의 사회적 역할은 평등하다.
④ 국가는 교육에 최소한으로 개입하여 개인의 발달을 보장해야 한다.

(3) 근대의 교육사상 1

핵심내용 정리

출포 23. 인문주의 교육사상

◆ 인문주의 교육사상 개관

성격	기독교적 사고에서 벗어나 인간중심적 사고 강조
교육목적	자유교양교육을 통한 완전한 인간 형성 추구
교육내용	언어교육, 고전공부, 심미적 수양 강조
교육방법	고전해석과 암송, 유희적 교수방법

◆ 인문주의 교육사상의 유형

개인적 인문주의	- 15세기 이탈리아의 상류층 중심 - 귀족적·심미적 경향, 고전문학과 예술 중시 - 자유와 개성 존중, 자기표현 및 창조능력 강조
사회적 인문주의	- 16세기 북유럽 중심, 하류층까지 확대 - 사회개혁에 관심, 도덕교육과 종교교육 강조
키케로 주의	- 키케로의 문체를 표본으로 삼아 모방 - 언어적 형식주의라는 비판을 받음

출포 24. 실학주의 교육사상

◆ 실학주의 교육사상의 특징

배경	- 과학 및 근대철학의 발달(베이컨의 경험철학 등) - 고전학습 중심의 인문주의 교육에 대한 반성
특징	- 현실생활 적응을 위한 실용적인 학습 강조 - 관찰, 실험, 여행 등 구체적인 직접경험 강조 - 고전어보다 현대 모국어를 통한 학습 강조

◆ 실학주의 교육사상의 유형

구분	인문적 실학주의	사회적 실학주의	감각적 실학주의
특징	고전학습 중시	사회생활 경험 중시	감각적 직관 중시
교육 목적	현실에 잘 적응하는 유능한 인간 양성	폭넓은 지식과 교양을 겸비한 사람(신사) 양성	과학적 지식과 탐구능력, 인간 생활의 복지 증진
교육 내용	고전문학 중심의 백과사전식 지식	여행, 사교, 체육, 모국어, 현대외국어	모국어, 자연과학, 백과사전식 지식
교육 방법	고전에 대한 토의와 설명, 개별 교수	실제 생활의 참여, 이해와 판단 중심	직관에 의한 교수법, 합자연의 원리

◆ 코메니우스의 교육사상

개관	- 감각적 실학주의 교육사상
기독교적 신비주의	- 교육목적: 지식, 도덕, 신앙심 → 천국 생활의 준비(신플라톤주의와 신비주의의 영향) - 교육대상: 모든 사람에게 보편적인 의무교육 제공(루터의 종교개혁 사상의 영향) - 교육내용: 모든 것을 철저히 교육(범지학)
자연주의 교육	- 자연의 원리에 따른 교수법(합자연의 원리) - 아동의 발달단계와 자연적 순서에 맞는 교육 - 사물이 사물에 대한 언어보다 앞서도록 배열
직관의 활용	- 『언어이해』: 라틴어교재, 사용빈도에 따라 단어 선정, 문법구조의 난이도에 따라 배열 - 『세계도회』: 시각자료(삽화)를 활용한 라틴어교재, 발달단계와 흥미 고려, 문자위주 언어교육 극복
4단계 학제론	- 『대교수학』: 공교육 제도의 기본틀 제시 (교육의 목적, 교수 원리와 방법, 4단계 학제 등) - 4단계 학제: 어머니(무릎)학교 → 모국어학교 → 라틴어학교 → 대학(단선형 학제)

기출선지 OX 정답 및 해설 p. 226   # 키워드

(1) 16세기 서양의 인문주의 교육사상은 고대 그리스·로마의 자유교육의 이상을 계승하였다.	O | X
(2) 이탈리아의 인문주의 교육은 개인보다는 사회개혁에 주된 관심을 가졌다.	O | X
(3) 실학주의 교육사상은 현실 생활에 대한 이해와 교육의 현실적 적합성을 중시하였다.	O | X
(4) 인문적 실학주의 교육사조는 고전연구를 통해 현실생활에 잘 적응하는 유능한 인간 양성을 강조하였다.	O | X
(5) 사회적 실학주의는 여행과 같은 경험중심 교육을 통하여 사회적 조화와 신사 양성을 교육목적으로 강조하였다.	O | X
(6) 감각적 실학주의는 여행이나 사회생활을 통한 학습을 강조하였다.	O | X
(7) 실학주의 사조를 대표하는 사람인 코메니우스는 감각에 의존하는 실물학습을 강조하였다.	O | X
(8) 로크는 어머니 무릎 학교, 모국어 학교, 라틴어 학교, 대학으로 이어지는 단계적 학교 제도를 제안하였다.	O | X

대표 기출문제

문 1. 르네상스 시기의 인문주의 교육에 대한 설명으로 옳지 않은 것은? [2016년 국가직 9급]
① 인간 중심적 사고를 강조하였다.
② 감각적 실학주의를 비판하며 등장하였다.
③ 북유럽의 인문주의 교육은 개인보다는 사회 개혁에 주된 관심을 가졌다.
④ 이탈리아의 인문주의 교육에서는 자기 표현 및 창조적 능력의 실현을 강조하였다.

문 2. 코메니우스(Comenius)의 교육사상에 대한 설명으로 옳지 않은 것은? [2023년 국가직 9급]
① 모든 사람에게 모든 것을 철저하게 가르쳐야 한다고 주장하였다.
② 그림을 넣은 교재인 『세계도회』를 제작하여 문자 위주 언어교육의 문제를 해결하고자 하였다.
③ 동굴의 비유를 통해 교육의 핵심적 원리와 지식의 단계를 제시하였다.
④ 어머니 무릎 학교, 모국어 학교, 라틴어 학교, 대학으로 이어지는 단계적 학교 제도를 제안하였다.

(4) 근대의 교육사상 2

핵심내용 정리

출포 25. 계몽주의 교육사상

◆ 계몽사상의 특징과 교육적 영향

특징	- 인간의 이성에 대한 신뢰, 인간 해방과 사회개혁을 추구하는 사상(전통적 관습과 권위에 반대)
교육목적	- 합리적이며 사회적으로 유용한 인간 양성 (무지의 타파, 사회개혁 추구)
교육내용	- 합리성을 기르는 데 초점, 과학과 철학 강조
교육방법	- 합리적인 자연의 원리에 합당한 교육 실시 - 학문적 훈련과 습관 형성, 교사 중심 교육
영향	- 합리주의, 자연주의, 신인문주의 교육사상에 영향

◆ 로크의 교육사상

형식 도야론	- 백지설 : 인간의 마음은 백지상태로 태어남 - 형식도야이론 : 인간의 마음을 구성하는 일반정신능력들은 훈련을 통해 계발할 수 있음(→ 교과중심 교육과정이론에 영향)
신사 교육론	- 교육목적 : 사회적으로 유능한 신사 양성 - 교육내용 : 백과사전식 교육 - 교육방법 : 지덕체의 통합적 교육, 훈련과 습관의 중요성 강조, 여행 등 직접경험 중시

◆ 계몽주의와 자연주의 교육철학 비교

구분	계몽주의(합리주의)	자연주의
공통점	전통의 권위에 대한 반대, 개인의 자유와 권리 주장	
차이점	사회적으로 유능한 시민	자유롭고 완전한 인간
	학문적 훈련, 습관 형성	합자연의 원리, 아동중심
	교사중심 교육 (교육만능설)	학습자중심 교육 (성장, 자아실현)
	합리주의, 주지주의 경향	전인교육, 감성교육 중시

출포 26. 자연주의 교육사상

◆ 루소의 자연주의 교육사상(『에밀』)

사회 계약론	- 자연의 질서 속에서 인간은 모두 평등 - 인간의 기본적 권리는 폐기될 수 없음 - 개인의 자유와 권리를 최대한 보장해야 함
자연주의 교육	- 인간의 보편적 권리 실현을 위한 교육 - 자연의 법칙을 발견하여 교육의 과정에 적용 - 아동의 잠재적인 자아실현, 전인적 교육 중시
교육목적	- '고상한 야인(noble savage)'을 기르는 것 (성선설 전제)
아동중심 교육	- 교육은 아동의 자발적 성장과정, 교사는 보조자 - 교육은 아동의 현재 생활에서의 성장을 위한 것이어야 함(성인생활의 준비×)
경험중심 교육	- 실물에 대한 감각적 경험을 중시하는 교육 강조 - 소년기까지는 책보다는 실물교육이 효과적

교육단계			
소극적 교육	유아기 (0~5세)	- 본능적 욕구의 만족 - 자연스런 성장을 저해하는 요소 제거	
	아동기 (5~12세)	- 조기 도덕교육 금지 - 실물에 대한 감각적 경험중심 교육	
적극적 교육	소년기 (12~15세)	- 천문, 물리, 지리 등의 실제적 교과 - 책보다는 실물교육이 효과적	
	청년기 (15~20세)	- 사회제도, 도덕, 종교 교육 - 합리적 판단과 자제력 계발	
	결혼기 (20세~)	- 남녀의 교육 구분하여 제시	
영향	- 19세기 신인문주의(계발주의), 20세기 진보주의 교육과 아동중심 교육에 영향		

기출선지 OX 정답 및 해설 p. 227

키워드

(1) 계몽주의 교육은 합리적인 자연의 원리에 합당해야 한다는 교육방법의 원칙을 채택한다. O | X

(2) 계몽주의 사상은 교육의 목표를 사회적 분업에 따른 유용한 인간을 양성하는 데 둔다. O | X

(3) 자연주의 교육사상은 자연의 법칙을 발견하여 그것을 교육의 과정에 적용하는 것을 강조하였다. O | X

(4) 루소는 『에밀』을 통해 부모와 교사가 주도적 역할을 하는 적극교육의 중요성을 강조하였다. O | X

(5) 루소는 인위적인 교육을 비판하고 자연의 원리에 맞는 교육을 해야 한다고 강조하였다. O | X

(6) 루소가 주장하는 청소년기의 교육은 일체의 인위적인 교수활동과 훈련을 배제한다. O | X

(7) 루소의 교육철학은 20세기의 진보주의 교육운동과 아동중심 교육운동으로 이어졌다. O | X

대표 기출문제

문 1. 18세기 유럽의 계몽주의 교육사조에 대한 설명으로 틀린 것은? [2015년 지방직 9급]

① 인간의 이성적 능력을 신뢰하였다.
② 전통적인 관습과 권위에 도전하였다.
③ 인문·예술 교과를 통한 감성 교육을 강조하였다.
④ 교육을 통한 무지의 타파와 사회 개혁을 추구하였다.

문 2. 다음 설명에 해당하는 교육사상가는? [2022년 지방직 9급]

- 아동이 무엇을 배울 수 있을 것인가에 대해 생각하지 않고 성인이 알아야 할 것에 대해서만 열중하고 있다는 점을 비판하였다.
- 자연주의 교육사상을 주장하였다.
- 자신의 교육관을 담은 『에밀(Emile)』을 저술하였다.

① 루소(Rousseau)
② 페스탈로치(Pestalozzi)
③ 듀이(Dewey)
④ 허친스(Hutchins)

(5) 근대의 교육사상 3

핵심내용 정리

27. 신인문주의 교육사상

◆ **신인문주의 교육사상의 특징**

계몽주의	신인문주의
합리주의, 실리주의 경향	낭만주의, 정의주의 경향
사회적으로 유용한 인간 양성	인간 본성의 조화로운 발달
이성적 측면, 합리성 강조	정의적 측면, 전인교육 강조
인간의 개별성, 민족경험 무시	민족적 전통과 유산 강조

◆ **신인문주의 교육사상의 유형**

구분	계발주의	국가주의	과학적 실리주의
특징	인간발달의 원리에 따라 교육	국가가 국민 양성 교육을 담당	과학적 지식을 통한 실생활 준비
교육내용	인간의 개별성과 정의적 교육 강조	민족적 전통과 역사적 유산 강조	과학적 지식, 실용적 지식 강조
대표학자	- 페스탈로치 - 헤르바르트 - 프뢰벨	- 피히테 - 라 샬로테 - 아담 스미스	- 스펜서 (→ 교육과정)

◆ **페스탈로치의 교육사상**

개관	- 루소의 자연주의 교육사상을 계승 발전 - 빈민과 고아를 위한 학교 운영, 노작교육 강조
교육목적	- 지적, 도덕적, 신체적 능력의 조화로운 발달 추구 - 아동의 계발을 통한 사회발전 추구(개인-사회의 조화)
합자연 원리	- 자발성의 원리 : 아동의 흥미와 자발적 노력 중시 - 발달의 원리 : 아동의 발달단계에 알맞은 교육 - 직관의 원리 : 실물을 통한 직접 경험 중시 - 도덕성 중시의 원리 : 3H의 조화, 그 중심은 가슴 - 안방교육의 원리 : 사랑과 신뢰에 기초한 교육
노작 교육	- 전인교육의 원리 : 전인교육을 위해 노동과 교육 접목 - 일반도야의 원리 : 노동을 통해 일반정신능력 도야 추구

◆ **헤르바르트의 교육사상**

개관	- 근대적 교육학의 학문적 체계 정립 - 도덕적 품성의 함양을 위한 교육 강조 - 다면적 흥미의 조화로운 계발 중시 - 교육적 교수를 위한 4단계 교수론 제시
교육학 정립	- 『일반교육학』: 교육학을 독립된 학문으로 정립(칸트의 윤리학 - 교육목적, 표상심리학 - 교육방법)
교육목적	- 도덕적 품성의 형성원리 : 도덕적 관념 → 욕구 → 행동 → 품성 - 도덕적 관념의 구성요소(5도념) : 내면적 자유, 완전성, 호의, 정의, 공정성의 이념
교육내용	- 다면적 흥미의 조화로운 계발 중시 • 지적인 흥미 : 사물(경험, 사변, 심미적 흥미) • 윤리적 흥미 : 인간(공감, 사회, 종교적 흥미)
교육방법	- 교육적인 교수법 : 도덕적 인격 형성에 영향을 미치는 교수(학습자의 흥미 유도 필요) - 4단계 교수법 : 전심과 치사 → 흥미 → 도덕적 인격

교수단계		교수활동
전심	명료화 (준비/제시)	학습할 대상과 관련된 내용 요소를 세분하여 설명
	연합 (비교)	새로 학습할 내용을 이미 알고 있는 지식과 관련지어 설명
치사	체계 (일반화)	세부 내용 요소들 사이에 체계적인 질서가 있음을 설명
	방법 (응용)	본시에 배운 내용을 새로운 대상에 적용할 수 있도록 설명

기출선지 OX 정답 및 해설 p. 227

키워드

(1) 신인문주의 교육사상에서는 인간 본성의 미적, 지적 차원의 조화로운 발달을 추구하였다. O | X

(2) 페스탈로치는 빈민과 고아를 위한 학교를 운영하며 노작의 교육적 가치에 주목하였다. O | X

(3) 페스탈로치의 '도덕성 중시'의 원리에 따르면, 교육은 손(기능), 가슴(심정), 머리(지력)의 조화로운 발달을 도모하지만, 그 중심은 머리가 되어야 한다. O | X

(4) 헤르바르트는 교육학을 근대적 의미에서의 학문으로 정립하였으며, 심리학과 윤리학을 교육학의 기초학문으로 삼았다. O | X

(5) 헤르바르트는 교육의 모든 세부적 목적들을 포괄하는 최고의 목적으로 도덕성의 함양을 강조하였다. O | X

(6) 헤르바르트는 단순한 지식 전달을 넘어 도덕적 인격을 갖추는 데 기여하는 '교육적인 수업'을 강조하였다. O | X

대표 기출문제

문 1. 신인문주의 교육에 대한 설명으로 옳지 않은 것은? [2019년 국가직 7급]

① 인간 본성의 미적, 지적 차원의 조화로운 발달을 추구하였다.
② 국민국가의 민족적 관점에서 전통과 유산을 중요한 교육소재로 삼았다.
③ 고전 연구와 교육을 위해 이탈리아의 궁정학교와 독일의 김나지움 같은 학교가 생겨났다.
④ 공리주의적이고 실리적인 계몽주의에 맞서 학교교육 전반에 걸친 개혁을 추구하였다.

문 2. 페스탈로치(Pestalozzi)의 교육사상에 대한 설명으로 옳지 않은 것은? [2023년 국가직 9급]

① 『일반교육학』을 저술하여 심리학적 원리에 기초한 교육방법을 정립하였다.
② 아동의 자발적 활동과 실물을 활용한 직관교육을 중시하였다.
③ 루소의 자연주의 교육사상을 교육 실제에 적용하여 빈민학교를 설립하였다.
④ 전체적인 구조 속에서 신체적 능력, 도덕적 능력, 지적 능력의 조화로운 발달을 주장하였다.

(6) 근대 공교육체제의 성립 과정

> **핵심내용 정리**

출포 28. 종교개혁기의 교육

◆ 종교개혁의 교육적 영향

교육의 보편화	- 성서번역, 성서읽기를 위한 기본문해교육 강조 - 성서상의 평등사상, 평등교육의 이념 확산 - 모든 사람을 위한 초등 의무교육 도입 주장
교육의 세속화	- 칼뱅의 직업소명설, 직업과 노동의 가치 인식 - 직업교육 강조, 실용적 교육 강조

◆ 공교육체제 성립의 기초

고타 교육령 (1642, 독일)	메사추세츠 교육령 (1642, 미국)
중앙집권적 성격의 교육체제	지방분권적 성격의 교육체제
시행령 성격(구체적 제시) - 취학의무, 학사관리, 교과과정, 교수법 등	법령적 성격(기본원칙 제시) - 취학의무, 무상교육, 학교설립에 관한 규정
아동의 취학의무에 대한 부모의 책임을 명확히 규정 (*세계 최초의 의무교육령)	지방정부의 학교설치 의무와 감독권한, 세금에 의한 무상교육 실시 등 규정
루터파 개신교의 영향	칼뱅파 청교도의 영향

출포 29. 근대 공교육체제의 성립 과정

◆ 근대 공교육체제의 성립 배경

성립 배경	- 종교개혁 : 신교 확산 위해 보편적 교육 요구 → 국가의 교육 책무 인식(고타교육령 등) - 시민혁명 : 시민의식 고조, 교육에 대한 요구 증가 → 무상의무교육 요구(콩도르세 법안) - 산업혁명 : 노동자의 생산성 증진 필요 → 일반 대중에게도 교육 필요(아담 스미스의 국부론) - 국가주의 : 국가발전을 위한 인재 양성 필요 → 국가가 국민교육 주도(피히테의 국민교육론)
근대 공교육 성격	- 보편교육 : 교육기회를 모든 사람에게 개방 - 대중교육 : 엘리트교육에서 시민교육으로 확대 - 국민교육 : 국가가 교육제도 운영·관리·통제

◆ 주요 국가의 공교육제도 성립 과정

국가	주요 사건	주요 배경
독일	- 고타 교육령(1642) - 프로이센 법전(1803), 피히테의 '독일 국민에게 고함'(1807)	종교개혁 국가주의
프랑스	- 라 샬로테의 국민교육론(1763) - 대혁명기의 콩도르세 법안(1792), 3공화정 교육개혁(1870~1940)	국가주의 시민혁명
영국	- 아담 스미스의 국부론(1776), 공장법(1802), 오웬의 공장학교 - 국가교육연맹(자유주의 + 비국교도)의 의무무상교육운동(19C 말)	산업혁명
미국	- 메사추세츠 교육령(1642) - 카터교육령(1827), 메사추세츠교육법(1852)	종교개혁 산업혁명

Chapter 01. 교육철학 및 교육사

기출선지 OX 정답 및 해설 p. 227   # 키워드

(1) 종교개혁으로 인해 성서중심 교육이 중시되어 교육의 종교화를 초래하였다.	O | X	
(2) 종교개혁 과정에서 국가의 대중교육에 대한 책무가 강조되었다.	O | X	
(3) 민족국가가 출현함에 따라 모든 국민을 대상으로 하는 공민교육의 필요성이 대두되면서, 서양 근대 학교제도가 등장하게 되었다.	O | X	
(4) 영국에서는 19세기 말에 자유주의자들과 비국교도들이 국가교육연맹을 구성하여 의무무상교육 운동을 전개하였다.	O | X	
(5) 미국에서는 1890년대에 중등학교 취학률이 급격히 증가하여 복선제 학제가 강화되었다.	O | X	

대표 기출문제

문 1. 종교개혁이 서양 근대교육에 미친 영향으로 옳은 것은? [2021년 국가직 7급]
① 교육의 구심점이 국가에서 교회로 이동하였다.
② 성서중심 교육이 중시되어 교육의 종교화를 초래하였다.
③ 아동의 발달단계에 따른 교육을 강조하는 계기가 되었다.
④ 라틴어 대신에 모국어가 성경과 교육의 언어로 사용되면서 교육의 보편화에 기여하였다.

문 2. 서양의 근대 공교육 제도의 발달에 대한 설명으로 옳지 않은 것은? [2015년 국가직 7급]
① 종교개혁 과정에서 국가의 대중교육에 대한 책무가 강조되었다.
② 프랑스 혁명기에 꽁도르세(Condorcet)는 '공교육조직법안'에서 교육의 자유원칙을 주장하였다.
③ 영국에서는 19세기 말에 자유주의자들과 비국교도들이 국가교육연맹을 구성하여 의무무상교육 운동을 전개하였다.
④ 미국에서는 1890년대에 중등학교 취학률이 급격히 증가하여 복선제 학제가 강화되었다.

3 한국교육사

(1) 조선시대 이전의 교육

핵심내용 정리

출포 30. 삼국시대의 교육

◆ **고구려의 교육**

태학	- 성격: 관학, 고등, 중앙 / 우리나라 최초의 학교 - 교육대상: 상류층(귀족)의 자제(15세에 입학, 수학기간은 9년) - 교육목적: 유교이념에 충실한 관리 양성 - 교육내용: 오경(시경, 서경, 예기, 춘추, 주역)과 삼사(사기, 한서, 후한서) 중심 - 교육방법: 태학박사가 교육 담당
경당	- 성격: 사학, 초·중등, 전국 / 서당의 전신 - 교육대상: 지방의 귀족 + 서민층의 미혼 자제 - 교육내용: 송경습사의 문무겸비 교육(오경 이외에도, 『문선』을 주요 교재로 사용)

◆ **백제의 교육**

박사 제도	- 유학경전에 능통한 학자로 교육을 담당한 관리 - 유교교육뿐 아니라, 잡학교육의 가능성 시사 - 공식적 학교에 대한 기록은 없음

◆ **신라 및 통일신라의 교육**

화랑도	- 성격: 자생적 청소년집단 → 국가조직 - 교육대상: 귀족부터 평민층 자제까지 포함 - 교육이념: 유·불·선 + 낭가사상(예 세속오계) - 교육목적: 심신단련을 통한 전인교육 추구 - 교육내용: 문무일치 교육(예 오상육예)
국학	- 성격: 관학, 고등, 중앙 / 문묘 설치 / 기록에서 운영규정을 확인할 수 있는 국내 최초의 대학 - 교육대상: 귀족 집안의 자제(15~30세에 입학, 수학기간은 9년 / 주로 6두품 이하만 입학) - 교육목적: 유교사상에 입각한 국가관리 양성 - 교육내용: (필수) 논어, 효경 - 유학과: (선택) 예기, 주역, 춘추 등 - 기술과: (전공) 의학, 율학, 산학 등 - 교육방법: 박사와 조교가 담당, 유교경전 해석과 암송
독서 삼품과	- 국학의 졸업시험(과거제의 전신) - 유교경전(오경과 삼사, 제자백가서)에 능통한 정도를 평가하여, 우수한 자는 관리로 선발

출포 31. 고려시대의 교육

국자감	- 성격: 관학, 고등, 중앙 / 문묘 설치 - 교육대상: 유학과 - 지배층 및 상급관리의 자제 / 기술과 - 하급관리 및 서인의 자제 - 교육목적: 국가의 고급 관리 육성(과거시험 준비) - 교육내용: 경사6학(유학 + 잡학) 경사6학 / 유학과: 국자학 / 태학 / 사문학, (필수) 논어, 효경, (선택) 주역, 상서 등 9경 경사6학 / 기술과: 율학 / 서학 / 산학 - 교육방법: 유학부 - 박사와 조교, 기술계 - 박사만 - 예종의 교육개혁: 관학진흥책 • 과거시험 응시자에게 국자감 수학 의무 부과 • 문무 7재 설치(과거시험 준비교육 강화) • 양현고(장학재단), 청연각·보문각(도서관) 유학재(6): 여택재(주역), 대빙재(상서) 등(경전별 구분, 전문적으로 교육) 무학재(1): 강예재(무학) (→ 이후 문반의 반발로 폐지)
학당	- 성격: 관학, 중등, 중앙 / (문묘×) - 발전: 동서학당으로 시작, 5부학당으로 확장
향교	- 성격: 관학, 중등, 지방 / 문묘 설치 - 교육대상: 지배층(귀족, 관리) + 서인의 자제 - 교육내용: 유교경전 등(과거시험 과목) - 교육방법: 중앙의 박사 파견 → 지방에서 관리
십학 (10학)	- 성격: 관학, 전문기술교육 / 실무관청에서 운영 - 분야(기관): 율학(전법사), 서학(전교시), 산학(판도사), 의학(태의감), 천문지리(태사국) 등
십이도 (12도)	- 성격: 사학, 고등, 중앙(최충의 문헌공도 + 11) - 교육내용: 구경삼사와 시문(과거시험 과목 중심) - 교육방법: 하과(특강), 각촉부시(시험), 신급제자(조교) - 영향: 과거시험에 효과적, 학벌 형성, 관학 쇠퇴, 예종의 교육개혁에 영향
서당	- 성격: 사학, 초등, 전국 - 교육대상: 신분제한 없이 서인의 자제까지 - 교육방법: 훈장(교사), 접장(조교)

기출선지 OX 정답 및 해설 p. 228   # 키워드

(1) 태학은 고구려시대에 설립된 관학(官學)으로서 우리나라 최초의 고등교육기관이다.	O | X
(2) 고구려의 경당(扃堂)은 태학(太學) 입학을 준비하기 위한 귀족 교육기관이었다.	O | X
(3) 백제에서는 교육기관으로 국학을 세웠다.	O | X
(4) 신라는 화랑도 제도를 통하여 문무 일치의 교육을 실시하였다.	O | X
(5) 통일신라의 학교교육은 당나라의 교육제도를 모방하여 설립한 국학에서 시작되었다.	O | X
(6) 국자감은 유학계의 3학인 국자학, 태학, 사문학과 기술계의 3학인 율학, 서학, 산학으로 구성되었다.	O | X
(7) 향교(鄕校)는 고려시대에 설립되었으나 조선시대에 들어와 크게 확충되었다.	O | X
(8) 고려시대에 중앙의 사립 고등교육기관으로서 12도가 등장하여 발전하였다.	O | X
(9) 고려의 서당은 향촌에 설치된 민간의 자생적인 사설 초등교육기관이다.	O | X

대표 기출문제

문 1. 고구려의 경당에 대한 설명으로 옳지 않은 것은? [2022년 국가직 9급]
① 문과 무를 아울러 교육하였다.
② 미혼 자제들을 위한 교육기관이다.
③ 『문선(文選)』을 교재로 사용하였다.
④ 유교 경전으로는 사서(四書)를 중시하였다.

문 2. 고려시대 교육제도에 대한 설명으로 옳지 않은 것은? [2014년 국가직 7급]
① 서당은 향촌에 설치된 민간의 자생적인 사설 초등교육기관이다.
② 국자감은 유학계의 3학인 국자학, 태학, 사문학과 기술계의 3학인 율학, 서학, 산학으로 구성되었다.
③ 향교는 공자 등 성현을 모시는 제사 기능의 문묘와 학생들에게 수업을 하는 교육 기능의 명륜당으로 구성되었다.
④ 십이도는 서민 자제의 교육을 위해 국가가 경영한 학교로서 문묘가 없이 학생을 가르치는 교육 기능을 하였다.

(2) 조선시대의 교육

핵심내용 정리

출포 32. 조선시대 관립 교육기관

성균관
- 성격 : 관학, 고등, 중앙 / 문묘 설치
  - 학당(강학) : 명륜당(강의실), 양재(기숙사)
  - 문묘(향사, 제례) : 대성전, 양무
- 교육대상(경국대전에서 규정)
  - 원칙 : 소과 합격자(과거 응시자격 - 양인 이상)
  - 미달시 : 4학의 성적우수자, 현직 관리 중 우수한 자를 선발하여 입학
- 교육목적 : 고급 관리 육성, 유학사상 보급
- 교육내용 : 사서오경, 역사서, 제술과 서법 등 (유교경전 이외의 노장, 불교, 제자백가서 금지)
- 교육 및 평가방법
  - 「대학」부터 순서대로, 단계별 시험 통과해야 진행
  - 일고, 순고, 월고, 연고 / 대통~통~조 / 성적 우수자는 문과 초시 면제 등 혜택 제공
- 학칙 및 학사관리
  - 학령 : 성균관 유생의 일과, 상벌, 퇴학 등
  - 원점절목 : 출결 점검 제도(원점제 - 1일 1점)
- 자치활동 : 장의(학생대표), 재회(학생총회), 유소, 권당, 공재, 공관 등으로 의사표시

4부 학당
- 성격 : 관학, 중등, 중앙 / (문묘×) (북부×)
- 교육대상 : 10세 이상의 양반과 서민 자제
- 교육목적 : 유학기초지식 습득(성균관 입학 준비)
- 교육내용 : 「소학」 필수, 효경, 사서, 오경 등

향교
- 성격 : 관학, 중등, 지방 / 문묘 설치
- 발달 및 쇠퇴 : 주·부·군·현마다 설치, 중기까지 융성 → 서원 발달로 교육기능 쇠퇴
- 교육대상 : 양반 및 지방관리 + 양인 자제
- 교육내용 : 유교경전 등(과거시험 과목)
- 교육방법
  - 중앙에서 교수나 훈도 파견(박사×, 조교×)
  - 교생의 학비는 무상, 군역면제의 특권 부여
  - 학전(토지) 지급, 지방재정으로 운영

잡학 교육
- 성격 : 관학, 실무관리 양성 / 실무관청에서 운영
- 대상 : 주로 중인계급

역학	사역원	유학	예조
음양학	관상감	무학	병조
의학	전의감, 혜민서	악학	장악원
산학	호조	화학	도화서
율학	형조	도학	소격서

출포 33. 조선시대 사립 교육기관

서원
- 성격 : 사학, 중등, 지방 / 사당(사우) 설치
- 기능 : 향사 + 강학(지역 양반사회 결속)
- 발달 및 쇠퇴 과정
  - 최초의 사액서원 : 주세붕의 백운동서원 → 소수서원
  - 임진왜란 이후 크게 발전 → 지나친 난립과 폐해 → 고종의 사원철폐 정책
- 교육대상 : 유림의 승인을 받은 자(소과합격자 우대)
- 교육내용 : 유교경전 중심 + 문장공부
- 운영 : 원규(학규)라는 자체 규약(국가의 규제 적음)

서당
- 성격 : 사학, 초등, 전국
- 교육대상 : 신분제한 없이 양인의 자제까지
- 교육목적 : 유교적 기초소양교육(문자, 경전, 예절)
- 교육내용 : 문자학습, 유교경전, 유교적 예절
- 교육방법 : 훈장(교사), 접장(조교)

출포 34. 조선시대 아동교육용 교재

◆ **문자학습용 교재**

천자문	- 중국에서 수입된 문자 학습서
신증유합	- 선조 때, 유희춘이 저술 - 〈유합〉 수정·증보(약 3,000자)
훈몽자회	- 중종 때, 최세진이 저술(3,360자) - 구체적 사물과 관련된 실자 위주
아학편	- 조선 후기 실학자 정약용이 저술 - 상권과 하권, 총 2,000자로 구성 - 유형자(구체) → 무형자(추상), 비교와 대조의 원리

◆ **유학 입문용 교재**

소학	- 유학 입문서('소학-대학 계제론') - 일상생활 지침 제시(예 삼강오륜)
동몽선습	- 중종 때, 박세무 저술 - 유학 경전 + 우리와 중국의 역사 - 일제강점기에는 사용이 금지됨
격몽요결	- 선조 때, 이이 저술 - 초학자의 기본소양 제시(입지, 검신, 존심 등)
입학도설	- 고려 말, 권근 저술 - 사서오경의 내용을 그림으로 설명

기출선지 OX 정답 및 해설 p.228

키워드

(1) 성균관이 고려시대에는 인재 양성과 유교적 의례를 모두 담당하였으나, 조선시대에는 인재 양성에 편중하였다.	O ǀ X	
(2) 조선시대 성균관의 교육과정은 4서와 5경, 역사서의 강독과 제술 및 서법으로 구성되어 있었다.	O ǀ X	
(3) 성균관 재학 유생이 정원에 미달하면 지방 향교(鄕校)의 교생을 우선적으로 승보시켰다.	O ǀ X	
(4) 조선시대 사학(四學)은 성균관과 같이 명륜당과 문묘를 갖추고 있었다.	O ǀ X	
(5) 조선시대 향교의 교관으로는 중앙에서 파견하는 교수(敎授)나 훈도(訓導)가 있었다.	O ǀ X	
(6) 조선시대 서원은 교육의 기능뿐만 아니라 선현(先賢)을 숭상하고 그의 학덕을 기리는 제사의 기능도 겸하였다.	O ǀ X	
(7) 조선시대 서원은 관학인 향교와 대비되는 사학(私學)이었으며, 원규(院規) 혹은 학규(學規)라고 불리는 자체의 규약을 갖추고 있었다.	O ǀ X	
(8) 조선시대 서당은 촌락이나 동리와 같이 향촌 사회에 널리 설립되어 운영되었던 초급 교육기관이었다.	O ǀ X	
(9) 조선시대 서당에서 아동교육용 교재로 사용된 『동몽선습』은 유학 및 우리나라와 중국의 역사를 담고 있으며, 박세무가 편찬했다.	O ǀ X	
(10) 정약용의 『아학편』은 4서5경의 핵심 내용을 그림으로 그려 초학자(初學者)들의 이해를 돕고자 하였다.	O ǀ X	

대표 기출문제

문 1. 조선시대 성균관에 대한 설명으로 옳지 않은 것은? [2016년 국가직 9급]
① 문묘와 학당이 공존하는 묘학(廟學)의 형태를 띠고 있었다.
② 고려의 국자감과 달리 순수한 유학(儒學) 교육기관으로 운영되었다.
③ 유생들이 생활하며 공부할 때 지켜야 할 수칙으로 학령(學令)이 존재하였다.
④ 재학 유생이 정원에 미달하면 지방 향교(鄕校)의 교생을 우선적으로 승보시켰다.

문 2. 조선시대의 향교에 대한 설명으로 옳지 않은 것은? [2021년 국가직 9급]
① 전국의 부·목·군·현에 일읍일교(一邑一校)의 원칙에 따라 설립된 지방 관학이다.
② 교관으로는 중앙에서 파견하는 교수(敎授)나 훈도(訓導)가 있었다.
③ 성균관과 마찬가지로 문묘와 학당으로 구성된 묘학(廟學)의 구조를 갖추고 있었다.
④ 향교 유생들은 성균관 유생들을 대상으로 거행하는 알성시나 황감제, 도기과 등의 시험에 함께 응시할 수 있었다.

(3) 고려와 조선의 과거제도

핵심내용 정리

출포 35. 고려의 과거제도

◆ **과거제도의 도입 취지**

도입	고려시대 광종 9년(958) 쌍기의 건의로 도입
의의	– 능력 중심 선발 : 시험을 통해 선발, 국가정비 – 개방적 인재등용 : 일반 백성(양민)도 응시 가능 – 교육기관 발달 : 과거시험 준비 교육 활성화

◆ **고려시대와 조선시대의 과거제도 비교**

시험 종류	– 문과 : 명경과와 제술과로 구분(제술과 중시) – 잡과 : 과거제 시행 첫해부터 실시, 유서산 복 등 다양한 과에서 실시 – 승과 : 교종시, 선종시 – 무과 : 제도화되었으나, 실시되지 못함
특징	– 실시횟수 : 매년 실시 → 3년에 한번 실시 – 시험관 : 좌주(지공거)-문생(급제자) 제도 (문벌 형성의 배경)

출포 36. 조선의 과거제도

◆ **시행시기별 구분**

식년시	– 정기시험(3년에 한번씩 실시) – 모든 종류의 시험 실시
별시	– 특별시험(특별한 행사나 경사가 있을 때) – 별시의 종류 • 증광시 : 국가에 경사가 있을 때 • 알성시 : 왕이 성균관 문묘 제사 참석 시 • 절일시 : 삼일제, 칠석제, 구일제에 실시 • 정시(庭試) : 경사있을 때, 대궐에서 실시

◆ **시험종류별 구분**

구분	시험과목	단계 및 특징
생진과 (소과)	생원과(명경)	– 초시(지역할당), 복시 – 초급문관 선발 – 성균관 입학시험 – 합격자 백패 수여
	진사과(제술)	
문과 (대과)	단일과 (강경+제술)	– 초시(지역할당), 복시, 전시 – 고급문관 선발 – 합격자 홍패 수여
무과	(궁술 + 총술 + 강서)	– 초시, 복시, 전시 – 고급무관 선발
잡과	(역과/의과/ 음양과/율과)	– 초시, 복시 – 기술관리 선발

기출선지 OX   정답 및 해설 p. 228   **# 키워드**

(1) 조선시대의 과거제도는 크게 문과, 무과, 잡과의 세 종류로 나뉜다.	O | X	
(2) 조선시대의 잡과의 시험은 초시, 복시, 전시의 3단계로 치러진다.	O | X	
(3) 조선시대 과거시험은 3년에 한 번, 식년(式年)에 실시하는 것을 원칙으로 한다.	O | X	
(4) 생원시와 진사시의 합격자에게는 성균관에 입학하여 수학할 수 있는 자격이 주어진다.	O | X	

(4) 조선시대의 교육사상

핵심내용 정리

37. 성리학과 교육

◆ 성리학적 교육사상 개관

인간상	성인, 군자, 사대부, 선비(유교적 학식 + 인품) 현대적 의미의 전인적 인간	
교육 목적	위기지학(爲己之學)	위인지학(爲人之學)
	- 자신의 성찰을 통해 참된 본성의 실현을 지향하는 공부 - 성현의 말씀을 통해 도리와 덕행의 참뜻을 깨닫고 실행	- 남에게 보이기 위한 공부 또는 자신의 출세를 위해 공부 - 자기 안의 공허함을 감추고 사회적 지위와 명성을 추구
	교육의 내재적(본질적) 목적 추구	교육의 외재적(수단적) 목적 추구
교육 내용	- 유교경전(소학-대학 계론론, 사서오경 중심) - 『소학』: 성리학적 수양의 근본 배양 - 『대학』으로 틀을 잡고 『논어』·『맹자』·『중용』 및 5경을 공부(9재법)	
교육 방법	- 거경궁리: 마음의 수양과 사물의 이치탐구 함께 - 존심양성: 본래의 마음을 보존하고 본성을 키움 - 격물치지: 사물을 깊이 연구하여 지식을 넓힘 - 지행병진: 아는 것과 실천하는 것을 함께 진전	

◆ 이황과 이이의 교육사상 비교

	이황	이이
철학	이기이원론적 주리론 (도덕적 이상 중시)	이기일원론적 주기론 (실제적 현실 중시)
교육 목적	위기지학(법성현) (개인적 인격수양 강조)	위기지학(성인군자) (사회적 실천 강조)
교육 방법	거경궁리를 근본원리로, 경(敬) 강조	입지, 성경, 지행합일, 반복학습 등 성(誠) 강조
대표 저서	- 『성학십도』: 왕을 위한 공부법, 그림 설명 - 『주자서절요』: 『주자대전』에서 발췌 - 『퇴계선생문집』: 지방교육의 문제, 서원 진흥의 필요성 주장	- 『성학집요』: 왕을 위한 공부방법 제시 - 『격몽요결』: 수양과 생활규범 및 학습방법 - 『학교모범』: 청소년 교육 지침서, 경전 공부순서(『소학』 우선)

38. 실학사상과 교육

◆ 실학적 교육사상 개관

기본이념	경세치용, 이용후생, 실사구시
교육적 주장	- 실용을 위한 공부와 교육 강조 - 우리나라의 역사와 문화를 가르칠 것 - 신분의 구별 없이 교육과 선발의 기회 제공 - 공교육 내실화, 과거제 개혁, 선발 다양화

◆ 주요 실학자들의 교육사상

유형원	- 인재등용제도 개혁: 과거제 폐지, 공거제 시행
	  • 과거제: 과정보다 결과만 중시(타당도 낮음)
	  • 공거제: 학교교육 및 수습관리 기간 동안 개인의 행실과 능력을 보고 관리로 선발
	- 학교제도의 개혁: 관학의 강화와 내실화
	  • 교육기회 개방: 능력에 따라 교육기회 배분
	  • 학제개편: 교육 내실화, 교육과 관리선발 제도의 일원화, 서울과 지방의 학제 통합

	초	중	고	대학
서울	방상	사학	중학	태학
지방	향상	읍학	영학	

정약용	-『오학론』: 잘못된 5가지 학풍을 비판
	  • 현실과 유리, 공리공론에 치중하는 성리학
	  • 글자의 뜻을 파악에 치중하는 훈고학
	  • 미사여구 구사 기법에 치중하는 문장학
	  • 과거시험 위주의 공부에 치중하는 과거학
	  • 길흉화복에 치중하는 술수학
	-『교치설』: 아동에게 읽히지 말아야 할 책 제시
	  • 천자문: 비체계적, 아동 수준에 맞지 않음
	  • 사략: 허구적인 전설, 신화 등이 포함됨
	  • 통감절요: 저자 신뢰 불가, 가치 없는 내용
	-『아학편』: 천자문의 결점을 보완하여 편찬

최한기	- 교육목적: 만물의 작동 원리 통달(기 철학) - 교육내용: 유학 + 실용(사농공상, 재정, 천문, 특히 수학 강조) - 교육방법: 추측지리(경험과 지각 강조)

기출선지 OX

정답 및 해설 p. 229

키워드

(1) 이황은 위기지학(爲己之學)을, 이이는 위인지학(爲人之學)을 올바른 공부의 태도로 보았다. ○ | ×

(2) 이황은 교육방법으로 성(誠)보다는 경(敬)을 더 강조하였다. ○ | ×

(3) 이이의 『성학십도』에서는 먼저 『소학』으로 근본을 배양하고, 『대학』과 『근사록』으로 그 큰 틀을 정한 다음, 『논어』와 『맹자』, 『중용』을 읽도록 하였다. ○ | ×

(4) 조선 후기 실학자들은 실용을 위한 공부와 교육을 해야 한다고 주장하였다. ○ | ×

(5) 유형원은 『반계수록(磻溪隧錄)』에서 과거제를 폐지하고 학교교육을 통하여 능력 있는 인물을 관리로 등용할 것을 주장하였다. ○ | ×

(6) 정약용은 『아학편』을 지어 학습자 중심의 교육자료를 개발하였고, 최한기는 논리와 분석력을 기르기 위해 수(數) 교육의 중요성을 강조하였다. ○ | ×

대표 기출문제

문 1. 다음에서 조선의 성리학자들이 공통적으로 말하고 있는 것은? [2016년 지방직 9급]

- 도리(道理)를 우리들이 마땅히 알아야 할 것으로 삼고 덕행(德行)을 우리들이 마땅히 실천해야 할 것으로 삼아 먼 곳보다 가까운 데서 겉보다 속부터 공부를 시작해서 마음으로 터득하여 몸소 실천해야 한다.
  - 퇴계 이황, 『퇴계집』의 「언행록」 -
- 처음 배우는 이는 먼저 뜻을 세우되, 반드시 성인(聖人)이 될 것을 스스로 기약해야 하며 조금이라도 자신을 별 볼 일 없게 여겨 물러나려는 생각을 가져서는 안 된다.
  - 율곡 이이, 『격몽요결』의 「입지」 -

① 위기지학(爲己之學)
② 격물치지(格物致知)
③ 실사구시(實事求是)
④ 권학절목(勸學節目)

문 2. 조선 후기 실학자들의 교육에 대한 주장으로 볼 수 없는 것은? [2019년 국가직 7급]

① 실용을 위한 공부와 교육을 해야 한다.
② 우리나라의 역사와 문화를 가르쳐야 한다.
③ 신분의 구별 없이 교육의 기회를 제공해야 한다.
④ 『천자문』, 『사략』, 『통감』 등의 교재로 아동교육을 내실화해야 한다.

(5) 개화기와 일제강점기의 교육

핵심내용 정리

39. 개화기의 교육

◆ **개항 이후 신식학교 설립(1876~1894)**

관립	– 육영공원(1886): 국내 최초의 관립 근대대학 • 엘리트(관리) 양성 목적, 영어와 신학문 교육, 입학생 신분 제한, 헐버트 – 동문학(1886): 통변학교, 통역관 양성 기관 – 연무공원(1887): 서양식 초급장교 양성 기관
민족계 사립	– 원산학사(1883): 국내 최초의 근대학교 • 민관협동으로 설립, 지역주민의 자발적 성금 • 전통서당 개량, 전통교과와 근대교과 모두 교육
종교계 사립	– 배재학당(1885): 국내 최초의 기독교계 근대학교 – 이화학당(1886): 국내 최초의 근대적 여학교 – 경신학교(1886): 기숙학교, 장로교, 언더우드

◆ **갑오개혁기의 교육개혁(1894~1896)**

• 고종의 교육입국조서(1895. 2.)

성격	– 갑오개혁의 일환, 교육에 관한 특별 조서 – 새로운 교육의 필요성을 강조한 최초의 공식 문서 – 국가를 중심으로 근대식 학제를 마련하는 계기
내용	– 교육을 통한 국가보존과 새로운 국가건설을 주창 – 국민에게 구국의 마음으로 교육에 힘쓸 것을 권장(의무교육 ×) – 교육의 3대 강령으로 덕양, 체양, 지양 제시 – 허명을 버리고 실용교육을 중시할 것을 역설(유학의 무용함 천명 ×, 성균관 폐지·개혁 ×)

• 각급 학교 관제 공포(⇒ 학교 설립 및 개편)

시기	성격	관제 및 규칙	공포시기
갑오 개혁 시기	교원교육	– 한성사범학교 관제/규칙	1895. 4./7.
	초등교육	– 소학교령/규칙대강	1895. 7./8.
	전문교육	– 외국어학교 관제	1895. 5.
	유교교육	– 성균관 관제/규칙	1895. 7./8.
갑오 개혁 이후	중등교육	– 중학교 관제	1899. 4.
	전문교육	– 의학교 관제	1899. 3.
		– 상공학교 관제 – 농상공학교 관제	1899. 6. 1904. 6.

40. 일제강점기의 교육

조선 통감부 (1905 ~1910)	– 기본 방향: 동화주의 교육, 우민화 교육, 민족교육 탄압, 민족정신 말살 – 보통학교령 공포(1906)(기존 소학교령 폐지) • 기존 '소학교'의 명칭을 '보통학교'로 개칭 • 수업연한을 6년에서 4년으로 단축 – 사립학교령 공포(1908) • 사립학교 설립을 인가제로 전환, 규제와 감독 강화, 공립으로 전환 유도 등 • 사학교육 수 크게 감소(모두 폐지 ×)
제1차 조선 교육령 (1911)	– 기본 방향: 일본에 충량한 국민 육성 – 학제 개편: 조선인 학교와 일본인 학교 분리 및 차별(조선인 보통학교는 4년, 일본인 소학교는 6년) – 교육과정 개편 • 실업기능교육 강화(조선인 상급학교 진학 억제) • 일본어를 '국어'로, 한글을 '조선어'로 명명 – 민족교육 탄압 • 성균관 폐쇄(1911), 한성사범학교 폐지(1911) • 사립학교규칙(1911), 서당규칙(1918) 등을 활용하여 민족사학 탄압
제2차 조선 교육령 (1922)	– 기본 방향: 반일 감정 무마를 위해 조선인에 대한 형식적 차별 철폐(실질적으로는 차별) – 학교 설립(교육기회 확대) • 보통학교 양적 확대(1면1교) → 보통학교 학생 수 증가(서당 쇠퇴) • 「대학령」 신설, 경성제국대학 설립(1924) – 학제 개편: 조선인 학교의 교육기간 연장(예 보통학교 수업연한 4년 → 6년) – 교육과정 개편: '조선어'를 필수과목으로 개편
제3차 조선 교육령 (1938)	– 기본 방향: 외형상 조선인에 대한 차별철폐, 내용상 황국신민화 교육 강화 – 학제 및 교육과정 일원화: 조선인 학교와 일본인 학교의 명칭(예 보통학교 → 소학교), 교과목, 교육과정, 교과서 통일 – 민족정신 말살: '조선어'를 선택과목으로 변경 – 「국민학교령」(1941): '소학교'를 '국민학교'로 개칭(전시체제 교육의 일환)
제4차 조선 교육령 (1943)	– 기본 방향: 전시동원을 위한 교육 실시 – 학제 개편: 중학교, 고등여학교, 실업학교 수업연한을 4년으로 단축 – 민족정신 말살: 조선어와 역사교육 금지

기출선지 OX 정답 및 해설 p. 229　　# 키워드

(1) 개항 이후 국가와 민간에 의해 다수의 근대학교가 설립되었다.	O | X
(2) 육영공원은 엘리트 양성을 위한 목적으로 설립된 관립 신식교육기관이다.	O | X
(3) 고종은 「교육입국조서」에서 과거의 허명(虛名)교육을 버리고 실용(實用)교육을 중시할 것임을 밝혔다.	O | X
(4) 1895년에 한성사범학교가 설립되어 근대적인 초등교원을 양성하였다.	O | X
(5) 소학교령(1895년)에 의하여 심상·고등 두 과를 둘 수 있는 관·공·사립의 소학교가 설립되어 나갔다.	O | X
(6) 일제강점기 일제의 조선 교육정책의 방향은 우민화 교육, 관·공립학교 우위 정책, 황민화(皇民化) 교육으로 요약된다.	O | X
(7) 일제 통감부 시기에 초등 교육기관의 명칭이 보통학교에서 소학교로 바뀌었다.	O | X
(8) 제1차(1911년)·제2차(1922년) 조선교육령 시기에는 조선인 자녀들이 다니는 보통학교와 조선에 거주하는 일본인 자녀들을 위한 소학교가 별도로 존재하였다.	O | X
(9) 제2차 조선교육령 시기에 들어 조선어를 필수과목으로 정했다.	O | X
(10) 제3차 조선교육령 시기에 조선인들의 고등교육에 대한 요구를 충족시키기 위하여 경성제국대학을 설립하였다.	O | X

대표 기출문제

문 1. 우리나라 개화기 교육에 대한 설명으로 옳지 않은 것은? [2020년 지방직 9급]

① 동문학은 통역관 양성을 위한 목적으로 출발하였다.
② 배재학당은 우리나라 최초로 설립된 민간 신식교육기관이다.
③ 육영공원은 엘리트 양성을 위한 목적으로 설립된 관립 신식교육기관이다.
④ 안창호는 대성학교를 설립하여 무실역행을 강조하였다.

문 2. 다음 내용을 포함하고 있는 일제강점기의 조선교육령은? [2021년 국가직 9급]

- 보통학교의 수업연한은 6년으로 한다. 단, 지역의 상황에 따라 5년 또는 4년으로 할 수 있다.
- 전문교육은 전문학교령에, 대학교육 및 그 예비교육은 대학령에 의한다.

① 제1차 조선교육령　② 제2차 조선교육령
③ 제3차 조선교육령　④ 제4차 조선교육령

(6) 민족교육운동과 해방 이후의 교육

핵심내용 정리

출포 41. 일제강점기 민족교육운동

◆ 교육단체 결성 및 사회교육 운동

민족 교육 단체	- 조선총학생연합회 : 전국 단위 학생조직 - 신간회와 근우회 : 민족해방운동단체 통합 노력 - 조선교육회 : 조선민립대학설립운동 전개
민중 계몽 운동	- 브나로드 운동 : 언론사 중심, 농촌계몽운동 - 사회교육 운동 : 기독교청년회 등의 야학 활동, 기초문해력 증진 및 직업교육

◆ 민족지도자 양성을 위한 학교 설립

안창호	- 점진학교(1899, 국내 최초 남녀공학 초등학교) - 대성학교(1907), 동명학원(중국) - 자아혁신, 무실역행, 점진공부
이용익	- 보성전문학교(1905), 보성중학교(1906) - 근대적 기술자 양성 교육
이승훈	- 강명의숙(1907), 오산학교(1907) - 독립운동 인재 양성

출포 42. 해방 이후의 교육

제1 공화국 (1948~1960)	- 헌법 제정·공포(1948) : 교육기회 균등과 초등 의무교육 명문화 - 교육자치제 도입(1952) : 시·군 단위로 실시 - 초등 의무교육(1950~1959) : 단계적 실시
제3 공화국 (1961~1972)	- 교육자치제 폐지(1962) : 교육을 내무 행정에 예속 - 사립학교법 제정(1963) : 교육기회의 확대 - 중학교 무시험입학제 시행(1969) : 중학교 입시 과열 문제 해소
제4 공화국 (1972~1980)	- 고등학교 평준화 시행(1973) : 입시과열 해소 목적, 서울과 부산을 시작으로 전국으로 확대, 학교시설과 교원의 평준화 추진 - 원격교육체제 도입(1972) : 방송통신대학과 방송통신고등학교 개설
제5 공화국 (1980~1988)	- 중학교 의무교육 도입(1984) : 교육법 개정, 1985년 도서·벽지 중학교부터 우선 실시 - 7·30 교육개혁 조치(1980) : 과외금지, 대학 본고사 폐지, 대학 입학정원 확대 및 졸업정원제 실시(사교육 억제, 공교육 정상화)
제6 공화국 (1988~)	- 「지방교육자치에 관한 법률」 제정(1991) : 교육자치제 재실시 - 9년제 의무교육 완성(1994) : 전국적 실시

기출선지 OX   정답 및 해설 p. 229   # 키워드

(1) 일제강점 시기에 조선인에 의한 민족교육운동으로 간도나 블라디보스토크와 같은 지역에서도 학교를 설립·운영하였다.   O | X

(2) 일제강점 시기에 우리 민족은 조선민립대학설립운동의 일환으로 경성제국대학을 설립하였다.   O | X

(3) 해방 이후 국민의 교육 요구를 제도적으로 충족시키기 위한 정책이 시행되면서 취학률은 초등교육 단계부터 빠르게 상승하였다.   O | X

(4) 고교평준화 정책은 고등학교 완전취학이 달성된 1970년에 전국적으로 동시에 시행되었다.   O | X

02 교육심리학

출제빈도 분석

테마	출제 포인트		구분	2025	2024	2023	2022	2021	2020	2019	2018	2017	2016
발달과 교육		발달이론의 기초	심화										국9급
	인지 발달 이론	피아제	기본	국9급				국7급		지9급		국9급	
		비고츠키	기본			국9급			지9급	국7급		지9급 국9급	
	도덕성 발달 이론	피아제	심화										지9급
		콜버그	기본			국9급			국7급	지9급 국7급			지9급
	성격 발달 이론	프로이트	심화					국9급					
		에릭슨	기본	국9급				국7급			국9급		
		마샤	기본		국9급			국9급					
		브론펜브레너	심화						국7급				
개인차와 학습	지능 이론	스피어만	심화										국7급
		카텔	기본			국9급							국9급
		가드너	기본			국7급		지9급					
		스턴버그	기본			국7급			국9급				
	지능검사와 지능지수		기본	지9급								국7급	
	창의성		심화										
	영재		심화						지9급				
	특수아동		심화									국9급	
	학습유형		심화									국7급	

테마	출제 포인트	구분	2025	2024	2023	2022	2021	2020	2019	2018	2017	2016
학습동기	자기결정성 이론	심화										
	성취동기 이론	심화										
	목표지향성 이론	기본		지9급				국9급 국7급			국7급	
	귀인 이론	기본		국9급			국9급					
	기대-가치 이론	기본										국7급
	자기가치 이론	심화										
행동주의 학습이론	행동주의 이론 개관	기본			지9급				지9급			
	고전적 조건화 이론	심화				국9급		국7급				
	조작적 조건화 이론	기본	지9급		국7급	국7급 국9급	지9급	지9급				국7급
	사회학습 이론	기본			국7급	국9급	국7급		국9급		국9급	국9급
인지주의 학습이론	잠재학습 이론	심화							국7급			
	통찰학습 이론	심화								지9급 국7급		
	형태주의 심리학	기본		지9급		국7급	지9급		국9급			
	정보처리 이론	기본				지9급	국7급	국9급	국9급		지9급 국7급	국9급
	학습의 전이와 망각	심화			지9급	국7급				국7급		

1 발달이론의 기초

핵심내용 정리

출포 43. 발달연구의 기초

◆ 발달의 일반적 원리

상호 작용성	– 발달은 성숙(유전)과 학습(환경)이 복합적으로 상호작용한 결과
순서와 방향성	– 발달에는 일정한 순서와 방향성이 있음 – 전체에서 부분으로, 중심에서 말초 방향으로
연속성과 불연속성	– 미시적으로는 점진적이며 연속적으로 변화 – 거시적으로는 질적으로 불연속적으로 변화
적기성	– 발달에는 결정적 시기가 있음 – 이 시기의 결핍은 이후에 회복하기 어려움
누적성	– 발달은 다음 시기에 누적적으로 영향을 줌
개별성	– 발달속도에는 개인 간, 개인 내 차이가 있음
상호 관련성	– 발달의 각 측면들은 서로 간에 영향을 주고 받음 예 인지와 정서 간의 상호관련성

◆ 주요 발달연구

이론	대표학자	발달의 원리
정신분석	프로이트, 에릭슨	발달을 무의식과 성적인 측면에서 분석, 부모와 자녀 간의 상호작용에 대해 연구
행동주의	스키너, 반두라	인간은 수동적 존재, 관찰가능한 행동의 발달에 미치는 환경의 영향에 관심
인지발달	피아제	인간은 능동적 존재, 아동은 외부 자극을 해석, 성숙과 경험 간의 상호작용
발달과업	해비거스트	성숙과 경험 사이의 상호작용에 초점, 단계별로 성취해야 할 발달과업 제시
사회문화	비고츠키	사회문화적 맥락 속에서 성인과의 상호작용이 아동의 발달에 결정적 영향
생태학	브론펜브레너	다양한 수준의 환경체계가 발달에 영향, 아동과 환경의 역동적 상호작용

기출선지 OX 정답 및 해설 p. 230   # 키워드

(1) '발달의 일반적 원리에 따르면, 발달은 성숙과 학습의 상호작용의 결과이다.   O | X

(2) 일반적으로 특수한 반응에서 전체적인 반응으로 이행하며 발달해 나간다.   O | X

대표 기출문제

문 1. 발달학자들이 제시하는 발달의 일반적 원리로 볼 수 없는 것은? [2016년 국가직 9급]
① 발달은 일정한 순서와 단계를 따른다.
② 발달은 성숙과 학습의 상호작용의 결과이다.
③ 발달 속도는 개인 간 및 개인 내 차이가 있다.
④ 특수한 반응에서 전체적인 반응으로 이행하며 발달해 나간다.

2. 인지발달이론

핵심내용 정리

출포 44. 피아제의 인지발달이론

◆ **피아제의 인지발달이론 개요**

발생론적 인식론	인식주체와 외부환경의 상호작용을 통해 환경에 적합한 인지구조로 발달됨(평형화 ← 적응, 조직화)
인지도식	외부세계의 경험을 이해하는 사고의 기본단위 또는 조직화된 사고패턴(스키마, scheme)

◆ **피아제의 인지발달기제(기능)**

평형화	자신의 인지도식으로 외부세계의 경험을 이해할 수 있는 균형 잡힌 상태를 유지하려는 과정
비평형화	기존의 도식으로 새로운 경험을 이해하지 못하는 상태가 되는 과정(예상과 실제의 불일치 인식)
동화	기존에 가지고 있던 도식에 맞추어 새로운 정보나 경험을 수용·해석하는 과정(기존 도식의 확장)
조절	기존의 도식을 새로운 정보나 경험에 적합하도록 변화·적응시키는 과정(도식의 질적 변화)

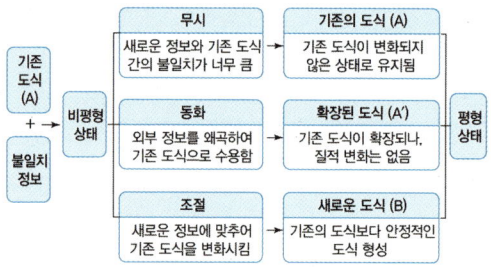

◆ **피아제의 인지발달단계**

감각운동기 (0~2세)	- 목표지향적 행동 발달 - 대상영속성 개념 획득
전조작기 (2~7세)	- 상징적 사고 능력, 언어 능력 발달 - 중심화(집중화) 경향, 직관적 사고 경향 - 비논리적 사고(전인과론, 인공론, 물활론) - 자기중심적 사고, 자기중심적 언어('혼잣말')
구체적 조작기 (7~11세)	- 서열화, 분류, 보존 개념의 획득 - 구체적 상황에 대한 논리적 사고능력 발달 - 사고와 언어의 탈자기중심화 경향
형식적 조작기 (11세 이후)	- 논리적 조작 능력의 발달 - 추상적 사고(경험적·반성적 추상화) 가능 - 명제적 사고, 가설연역적 사고, 조합적 추리 - 이상주의적 사고 경향

출포 45. 비고츠키의 인지발달이론

◆ **비고츠키의 인지발달이론 개요**

사회문화적 인식론	인간의 지식은 사회문화적 환경 속에서 일어나는 사회적 활동 속에서 구성됨(사회적 상호작용)
내면화	사회적으로 구성된 지식의 내면화를 통해 인지발달이 일어남(기본정신기능 → 고등정신기능)

◆ **근접발달영역에서의 인지발달**

근접발달 영역 (ZPD)	- 학습자의 실제적 발달 수준과 잠재적 발달 수준 사이에 있는 영역(역동적 평가를 통해 측정) - 실제적 발달 수준 : 아동이 독립적으로 성취할 수 있는 능력 수준 - 잠재적 발달 수준 : 다른 사람으로부터 약간의 도움을 받아 성취할 수 있는 능력 수준
스캐폴딩 (비계, 발판)	- 아동이 스스로 문제를 해결할 수 없을 때, 성인이나 유능한 또래가 제공하는 '약간의 도움' - 근접발달영역 내에서 이루어져야 효과적

◆ **언어발달과 인지발달의 관계**

언어와 인지발달	- 언어는 사회적 상호작용, 문화전달, 사고의 도구 - 언어가 발달될수록 인지발달이 촉진됨
언어의 발달단계	- 원시적 언어(0~2세) : 사고와 무관한 음성 사용 - 순수심리적 언어(2세경) : 사고와 언어 결합 시작 - 자기중심적 언어(사적 언어, 혼잣말, 3~6세) : 언어와 사고가 더욱 결합되면서 사고능력 발달 - 내적 언어(7세~) : 무언의 자기대화, 언어가 사고로 내면화되면서 개념적 사고능력 급증

출포 46. 피아제와 비고츠키의 비교

구분	피아제	비고츠키
공통점	인지발달에서 환경과의 상호작용을 강조함	
사회적 상호작용	자신의 인지도식을 검증하고 확인하는 수단 (비슷한 수준의 또래와의 상호작용이 효과적)	근접발달영역에서 문제해결을 위한 도움받기(성인이나 더 유능한 또래와의 상호작용이 효과적)
학습과 발달	발달이 학습을 촉진한다. (학생의 현재 발달 수준을 넘어서는 내용을 가르치는 것은 비효과적)	학습이 발달을 촉진한다. (현재의 발달 수준을 적절하게 넘어서는 교육이 가능하며 효과적)
언어와 인지발달	인지발달이 언어발달을 촉진한다. (인지 → 언어)	언어발달이 인지발달을 촉진한다. (언어 → 인지)

기출선지 OX 정답 및 해설 p. 230   # 키워드

(1) 피아제의 인지발달이론에서는 동화와 조절을 통해 환경에 적응해 나감으로써 인지발달이 이루어진다.	O | X
(2) 피아제의 인지발달단계는 감각운동기, 전조작기, 구체적 조작기, 형식적 조작기 순으로 진행된다.	O | X
(3) 전조작기에 들어 상징을 형성하고 사용하는 능력이 발달하기 시작한다.	O | X
(4) 형식적 조작기에 들어 서열화와 분류 및 가역적 사고가 가능해진다.	O | X
(5) 비고츠키는 인지발달은 사회문화적 맥락의 영향을 받는다고 본다.	O | X
(6) 근접발달영역은 잠재적(potential) 발달 수준과 실제적(actual) 발달 수준 사이의 영역을 의미한다.	O | X
(7) 비고츠키는 아동의 인지발달을 위해 성인이나 유능한 또래와의 협동적인 상호작용이 중요하다.	O | X
(8) 피아제와 비고츠키의 발달이론은 모두 인지발달에서 인식주체와 환경과의 상호작용을 강조하였다.	O | X
(9) 비고츠키는 언어가 사고를 발달시키기보다는 사고가 언어 발달을 촉진한다고 보았다.	O | X
(10) 피아제는 아동의 혼잣말(private speech)에 대해 자기중심적 언어로서 미성숙한 사고를 보여준다고 보았다.	O | X

대표 기출문제

문 1. 피아제(J. Piaget)의 인지발달단계를 순서대로 바르게 나열한 것은? [2019년 지방직 9급]

ㄱ. 전조작기 ㄴ. 형식적 조작기
ㄷ. 감각운동기 ㄹ. 구체적 조작기

① ㄱ → ㄴ → ㄷ → ㄹ
② ㄱ → ㄷ → ㄴ → ㄹ
③ ㄷ → ㄱ → ㄹ → ㄴ
④ ㄷ → ㄴ → ㄱ → ㄹ

문 2. 다음에서 설명하는 개념은? [2017년 국가직 9급]

- 학생의 인지발달을 위해서 교사가 찾아야 하는 것
- 학습자가 주위의 도움을 받아서 문제를 해결할 수 있는 범위
- 학습자의 실제적 발달 수준과 잠재적 발달 수준 간의 차이

① 비계(scaffolding)
② 근접발달영역(ZPD)
③ 내면화(internalization)
④ 메타인지(metacognition)

3. 도덕성 발달이론

핵심내용 정리

47. 콜버그의 도덕성 발달이론

◆ **콜버그의 도덕성 발달이론 개요**

성격	- 도덕성을 도덕적 추론능력으로 개념화 - 인지발달은 도덕성 발달을 위한 필수조건 - 교육목적은 도덕적 사고력 함양(교화×)
의의	- 도덕성 발달단계를 성인기까지 확장 - 도덕적 발달단계 세분화(↔ 피아제)
한계	- 도덕적 사고력과 도덕적 행위의 불일치 문제 - 서구 사회의 가치관, 남성중심 도덕성 개념에 편향(↔ 길리건의 '배려의 윤리')

◆ **콜버그의 도덕성 발달단계**

수준	단계	특징
(1수준) 전인습 수준	(1단계) 처벌 회피와 복종 지향	- 행위의 물리적 결과에 의해 옳고 그름을 판단 - 처벌을 피하고 권위에 복종하는 것을 옳은 것으로 간주
	(2단계) 개인적 보상 지향	- 자신의 욕구를 만족시킬 수 있는 것이 옳다고 봄 - 자신뿐만 아니라, 타인의 욕구도 고려(공정성, 공평성, 상호 호혜성 중시)
(2수준) 인습 수준	(3단계) 착한 아이 지향	- 타인의 승인 및 대인관계 조화 중시(비난 회피 지향) - 다른 사람을 도와주거나 다른 사람으로부터 인정받는 것이 도덕적이라고 봄
	(4단계) 법과 질서 지향	- 관습, 법과 규칙의 준수 및 사회질서 유지 행위가 옳다고 봄 - 개인적 문제보다는 사회적 의무감 중시
(3수준) 후인습 수준	(5단계) 사회계약 지향	- 법과 규칙을 융통성 있는 도구로 생각(규칙의 비판적 재검토) - 사회적 계약과 개인의 권리 사이의 균형의 필요성 인식
	(6단계) 보편적 원리 지향	- 개별 사회의 규칙보다는 자신이 선택한 보편적 도덕 원리와 양심에 따라 판단 - 정의, 평등, 생명, 인간의 존엄성과 같은 보편적 원리를 지향

48. 콜버그 외의 도덕성 발달이론

◆ **피아제의 도덕성 발달단계**

타율적 도덕성 (6~10세)	- 정해진 규칙을 절대불변의 것으로 인식 - 행위의 의도보다는 결과를 기준으로 판단 - 도덕적 절대주의, 외재적 도덕성
자율적 도덕성 (10세 이후)	- 규칙은 합의에 따라 변경가능 - 행위의 결과뿐 아니라 의도를 고려해 판단 - 도덕적 상대주의, 내재적 도덕성

◆ **길리건의 도덕성 발달단계**

이기적 단계	- 자기의 이익과 생존을 추구 - 자기이익 지향의 단계
이타적 단계	- 타인에 대한 배려, 책임감, 자기희생 - 모성적 도덕성의 단계
비폭력적 단계	- 자신의 이익과 타인의 이익의 상호공존 - 폭력, 평화, 박애 등 비폭력성 추구

◆ **콜버그와 길리건의 비교**

구분	콜버그	길리건
성별 초점	남성적 접근	여성적 접근
도덕적 기준	정의, 권리, 규칙	배려, 책임감, 관계
이성과 감성	이성 중심적 도덕	감성 중심적 도덕

기출선지 OX   정답 및 해설 p. 230   # 키워드

(1) 콜버그는 아동의 도덕성이 타율적 도덕성 단계에서 자율적 도덕성 단계로 발달한다고 보았다.	O | X	
(2) 콜버그는 도덕적 사고력을 길러 주기 위해서는 성인에 의한 도덕규범의 전수가 중요한 교육방법이라고 하였다.	O | X	
(3) 콜버그의 발달단계상 1단계의 아동은 벌을 피할 수 있거나 힘 있는 사람에게 복종하는 것 자체가 도덕적 가치를 갖는 것으로 본다.	O | X	
(4) 콜버그의 발달단계 중 '착한 아이' 지향 단계의 아동은 다른 사람을 도와주고 기쁘게 해 주며, 다른 사람으로부터 인정받는 것을 도덕적 판단의 기초로 삼는다.	O | X	
(5) 콜버그의 발달단계 중 '사회계약 정신 지향' 단계에서는 법이나 규칙을 융통성 있는 도구로 생각한다.	O | X	
(6) 콜버그의 도덕성 발달이론은 아동 초기에 초점을 둔 이론으로, 도덕성 발달은 동화와 조절의 과정을 거쳐 이루어진다.	O | X	
(7) 길리건(C. Gilligan)은 콜버그의 도덕성 발달이론에 대해 남성 중심의 이론이며, 여성의 도덕성 판단기준은 남성과 다르다고 비판하였다.	O | X	

대표 기출문제

문 1. 콜버그(Kohlberg)의 도덕성 발달이론에 대한 설명으로 옳은 것은? [2023년 국가직 9급]

① 아동 초기에 초점을 둔 이론으로 도덕성 발달은 동화와 조절의 과정을 거쳐 이루어진다.
② 전인습(preconventional) 수준에서 도덕성 발달의 시작은 처벌을 피하기 위한 행동에서 비롯된다.
③ 선악을 판단하는 초자아(superego)의 작동에 의해 도덕성이 발달한다.
④ 인습(conventional) 수준에서 도덕성은 정의, 평등, 생명과 같은 보편적인 원리를 지향한다.

문 2. 콜버그(L. Kohlberg)의 도덕성 발달이론에 대한 설명으로 옳은 것을 다음에서 고른 것은? [2016년 지방직 9급]

ㄱ. 피아제(J. Piaget)가 구분한 아동의 도덕성 발달단계를 더 세분화하여 성인기까지 확장하였다.
ㄴ. 도덕적 사고력을 길러 주기 위해서는 성인에 의한 사회적 전수가 중요한 교육방법이라고 하였다.
ㄷ. 다섯 번째 단계인 '사회계약 정신 지향' 단계에서는 '착한 소년·소녀'처럼 타인으로부터 도덕적이라고 인정받는 것이 중요하다.
ㄹ. 길리건(C. Gilligan)은 콜버그의 도덕성 발달이론에 대해 남성 중심의 이론이며, 여성의 도덕성 판단기준은 남성과 다르다고 비판하였다.

① ㄱ, ㄷ　　② ㄱ, ㄹ
③ ㄴ, ㄷ　　④ ㄴ, ㄹ

4. 성격발달이론 1

핵심내용 정리

출포 49. 프로이트의 성격발달이론

◆ 성격(자아)의 구조

자아	작동원리	성격 형성에의 역할
원초아 (id)	쾌락원리 (본능)	- 생물학적 자아(1차 과정 사고) - 인간 정신의 모든 것을 관장 - 선천적·생득적 성격(구강기)
자아 (ego)	현실원리 (합리성)	- 심리적 자아(2차 과정 사고) - 본능-초자아의 갈등 조정 역할 - 원초아의 수정과 분화(항문기)
초자아 (super-ego)	도덕원리 (사회성)	- 사회적·도덕적 자아 - 도덕성 발달에 영향 - 양육자의 가치 내면화(남근기)

◆ 프로이트의 성격발달 단계

단계	단계별 특성
구강기 (0~1세)	- 먹거나 빠는 행위와 관련해서 성격 형성 - (충족) 낙천적, 자신감, 외향적 성격 - (불만) 비관적, 가학적
항문기 (1~3세)	- 배설 충동과 배변훈련 사이에서 성격 형성 - (충족) 자율적, 창의적, 생산적 성격 - (방임) 무책임, 무질서 (엄격) 결벽, 인색함
남근기 (3~6세)	- 이성 부모와의 성적 갈등을 겪으면서 자아와 초자아 형성(성격발달의 결정적 시기) - 오이디푸스/엘렉트라 콤플렉스 : 이성부모에 대한 이성애적 감정, 동성부모와 갈등 (거세불안/남근선망) → 동성부모와의 동일시 → 가치와 규범 내면화
잠복기 (6~12세)	- 성적 욕구는 잠재되고, 사회에 대한 관심 및 지적 활동이 활발한 시기 - (충족) 도덕성, 심미성 - (불만) 수치감, 혐오감
생식기 (12세~)	- 이성과 친밀한 관계 형성, 부모로부터 독립 욕구 - (충족) 객관적 시야, 이타적이고 성숙한 성격 - (불만족) 자아 간 갈등과 혼란(비행, 불안 등)

출포 50. 에릭슨의 성격발달이론

◆ 프로이트와 에릭슨 이론의 비교

구분	프로이트	에릭슨
성격발달 요인	심리성적 욕구의 충족 본능적 욕구 충족 강조 아동기 부모 영향 중시	심리사회적 욕구의 충족 발달과업의 해결 강조 사회적 대인관계 중시
발달시기	아동기 초기에 대부분의 성격 형성	전 생애의 과정을 통해 성격 형성, 변화 가능
강조점	원초아(id), 무의식 강조 발달의 부정적 측면 강조	자아(ego), 의식 강조 발달의 긍정적 측면 강조
공통점	다양한 욕구가 적절하게 충족되어야 원만한 성격 발달 가능	

◆ 에릭슨의 성격발달단계

단계	주요 발달과업 및 영향요인
신뢰감 vs. 불신감 (0~1세)	- 세계에 대한 깊은 신뢰감 형성 - 어머니나 양육자와의 관계 중요(일관성 있는 보호와 애정, 관심)
자율성 vs. 수치심 (1~3세)	- 행동(배변 등)에 대한 통제감 - 부모의 분별력 있는 적절한 도움과 격려가 중요(부모 모방)
주도성 vs. 죄책감 (3~6세)	- 가까운 성인이 하는 일에 관심, 목표지향적 행동 시행 - 부모와의 동일시, 주도성을 발휘할 기회와 자유 제공, 적절한 격려 필요
근면성 vs. 열등감 (6~12세)	- 가정과 학교 밖의 더 큰 사회에 대한 관심, 긍정적 자아개념 형성 추구 - 인지적·사회적 기술 습득, 성취 경험
자아정체감 vs. 역할혼미 (12~20세)	- 자신의 약점과 강점 파악, 자기개념에 대한 탐색('심리적 유예기') - 또래와의 상호작용, 역할모형, 사회적 압력이 중요한 영향
친밀감 vs. 고립감 (성인기)	- 원만한 인간관계, 배우자 선택, 동료애 획득 추구 - 주변인과의 친밀한 관계 유지 필요
생산성 vs. 침체감 (장년기)	- 직업성취, 후속세대 양성, 보람 추구 - 배우자와의 관계, 직업적 결실, 자녀양육, 사회봉사에 기여
자아통합 vs. 절망감 (노년기)	- 신체적 쇠퇴, 사회적 은퇴, 인생 회고 - 가족, 친구, 지역사회, 종교 등을 통해 자신의 삶에 대한 긍정적 가치 평가

기출선지 OX   정답 및 해설 p. 231   # 키워드

(1) 프로이트의 성격 구조 요소 중 도덕적 원리를 추구하는 것은 원초아이다. O | X

(2) 프로이트는 인간의 거의 모든 행동은 무의식의 지배를 받는다고 본다. O | X

(3) 프로이트의 성격발달단계 중 항문기는 에릭슨의 심리사회적 발달단계 중 자율성 형성의 단계와 시기적으로 유사하다. O | X

(4) 에릭슨에 의하면, 각 발달단계에서 겪게 되는 위기를 어떻게 해결하느냐에 따라 성격발달이 이루어진다. O | X

(5) 에릭슨의 발달이론에서는 현 단계에서는 직전 단계에서 실패한 과업을 해결할 수 없다고 본다. O | X

(6) 에릭슨의 성격발달단계는 '신뢰감 – 자율성 – 주도성 – 근면성 – 정체성 – 친밀감 – 생산성 – 통합성' 순으로 전개된다. O | X

(7) 에릭슨의 발달이론에서 정체감 확립은 아동기의 중요한 발달과업이다. O | X

(8) 에릭슨의 이론에 따라 취학전 아동의 '주도성'을 격려하기 위하여 위인들의 업적에 대해서 토론하고 자신의 미래 직업에 대해 탐색해 보게 하는 것이 하게 적절하다. O | X

(9) 에릭슨(E. Erikson)은 심리사회적 발달이론에서 정체감 위기를 겪고 있는 청소년들의 지배적인 심리상태를 심리적 유예라고 명명하였다. O | X

대표 기출문제

문 1. 다음에 해당하는 프로이트(Freud)의 성격 구조 요소는? [2022년 국가직 9급]

- 도덕적 원리를 추구한다.
- 부모나 양육자로부터 영향을 많이 받는다.
- 양심과 자아이상이라는 두 가지 하위체계로 구성된다.

① 무의식   ② 원초아
③ 자아   ④ 초자아

문 2. 에릭슨(E. Erikson)의 심리사회적 발달단계에 대한 설명으로 옳은 것만을 모두 고른 것은? [2018년 국가직 9급]

ㄱ. 인생 주기 단계에서 심리사회적 위기가 우세하게 출현하는 최적의 시기는 개인에 따라 차이가 있지만, 그것이 출현하는 순서는 불변한다고 가정한다.
ㄴ. 현 단계에서는 직전 단계에서 실패한 과업을 해결할 수 없다고 본다.
ㄷ. 청소년기에는 이전 단계에서의 발달적 위기가 반복하여 나타난다고 본다.

① ㄱ   ② ㄴ
③ ㄱ, ㄷ   ④ ㄱ, ㄴ, ㄷ

5 성격발달이론 2

핵심내용 정리

51. 마샤의 자아정체성 지위 연구

		위기 경험 여부	
		없음	있음
몰입 여부	없음	정체성 혼미	정체성 유예
	있음	정체성 폐쇄	정체성 확립

정체성 혼미	- 정체감 위기를 경험하지 않은 채, 삶의 목표와 가치를 탐색하려는 시도도 부족한 상태 - 삶에 대한 방향 결여되어 있으며, 타인들이 어떤 일을 왜 하는 지에도 관심이 없음
정체성 유예	- 정체성 위기를 경험하였으나, 삶의 목표나 가치에 대해 여러 대안을 놓고 탐색 중인 상태 - 개인적·직업적 선택을 유보한 상태로 정체성 확립을 위해 노력하고 있는 과도기적 단계
정체성 폐쇄 (상실, 유실)	- 정체성 위기를 경험하지 않은 채, 부모나 교사의 권유에 따라 진로나 가치를 수용한 상태 - 사회적 인정 욕구가 강하고, 부모와 긴밀한 관계를 유지하는 경우에 자주 발생
정체성 확립 (성취)	- 정체성 위기를 경험하면서, 자신의 선택에 의해 스스로 자기정체성을 확립한 상태 - 현실적이고 대인관계가 안정적이며 자아존중감도 높고 스트레스에 대한 저항력도 높음

52. 셀만의 사회적 조망수용이론

자기중심적 조망수용 (3~6세)	타인의 생각이나 기분을 자기중심적으로 인지하고 해석
사회정보적 조망수용 (5~9세)	타인의 관점이 자신과 다르다는 것을 인지하기 시작, 명확히 구별 못함
자기반성적 조망수용 (7~12세)	다른 사람의 관점에서 행동의 의도와 목적을 이해할 수 있음
상호적 조망수용 (10~15세)	자신과 타인뿐 아니라, 제3자의 관점에서 객관적으로 생각 가능
사회적 조망수용 (12세 이후)	사회 전체의 일반화된 집단조망 인식, 법률과 도덕을 사회적 합의로 이해

53. 엘킨드의 자아중심적 사고

자아 중심성	청소년기에는 자기 자신에 대한 강한 몰두로 인해 왜곡된 신념(자기중심성)을 갖게 됨
상상적 청중	자신을 무대 위의 주인공으로, 다른 사람들을 청중으로 생각(과소구분) → 영웅심리 기반 비행
개인적 우화	자신을 특별한 존재로 여기고, 부정적 결과 가능성 무시(과다구분) → 위험을 감수하는 비행

54. 브론펜브레너의 생태학적 발달이론

미시체계	아동과 직접적으로 상호작용하는 환경, 아동기에 가장 큰 영향 예 가정, 친구, 학교
중간체계	미시체계들 간의 연결이나 상호관계로 이루어진 체계 예 가정과 학교의 관계
외부체계	아동이 직접적으로 접촉하지 않지만 아동에게 영향을 주는 환경 예 부모의 직장
거시체계	아동이 속해 있는 사회문화적 환경 예 법률, 제도, 문화
시간체계	아동의 일생에 걸쳐 일어나는 변화

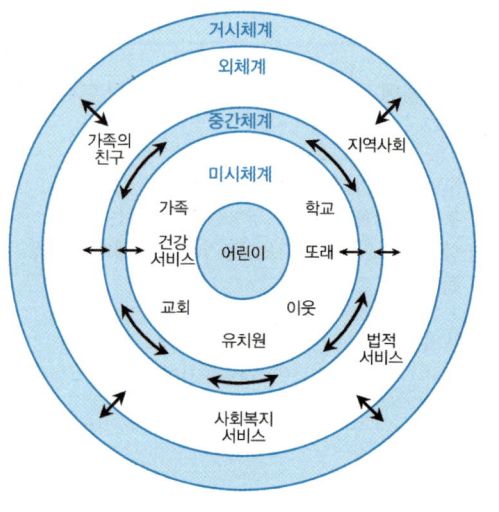

기출선지 OX   정답 및 해설 p. 231   # 키워드

(1) 의사결정을 할 때, 대안을 고려하지 않고 부모 등이 제시하는 역할이나 가치를 그대로 선택하거나 수용한다고 답한 청소년은 정체성 확립 상태에 해당한다.	O | X
(2) 마샤의 정체성 지위 이론에서 정체성 유예 상태에서는 구체적인 과업에 전념하지 못하고 있지만, 자신의 정체성에 대해 적극적으로 탐색한다.	O | X
(3) 셀만(R. Selman)은 조망수용 이론에서 형식적 조작 과제를 통과한 청소년들의 조망수용 능력이 사회정보적 조망 수준에 머물러 있다고 설명하였다.	O | X
(4) 브론펜브레너(Bronfenbrenner)에 따르면, 인간은 개인에게 직접적인 영향을 주는 가족뿐만 아니라 사회적·문화적 환경을 포함한 여러 수준의 환경과 다양한 상호작용을 통해 발달한다.	O | X
(5) 브론펜브레너의 생태학적 이론에서 중간체계는 아동이 직접적으로 접촉하고 있지는 않지만 아동에게 영향을 주는 환경(부모의 직장, 보건소 등)을 나타낸다.	O | X

대표 기출문제

문 1. 마샤(Marcia)의 정체성 지위 이론에서 다음의 특징에 해당하는 것은? [2024년 국가직 9급]

- 정체성 위기의 상태에 있다.
- 구체적인 과업에 전념하지 못하고 있다.
- 자신의 정체성에 대해 적극적으로 탐색한다.

① 정체성 동요(identity agitation)
② 정체성 상실(identity foreclosure)
③ 정체성 유예(identity moratorium)
④ 정체성 혼미(identity diffusion)

문 2. 인간 발달에 대한 연구자와 이론을 바르게 연결한 것은? [2020년 국가직 7급]

① 비고츠키(Vygotsky) - 동화와 조절을 통해 환경에 적응해 나감으로써 인지발달이 이루어진다.
② 콜버그(Kohlberg) - 아동은 인지적 성숙과 사회적 경험을 통해 타율적 도덕성 단계에서 자율적 도덕성 단계로 발달한다.
③ 프로이트(Freud) - 생의 특정 시점에서 경험하는 사회적 요구에 의해 나타나는 위기를 어떻게 해결하느냐에 따라 심리사회적 발달이 이루어진다.
④ 브론펜브레너(Bronfenbrenner) - 인간은 개인에게 직접적인 영향을 주는 가족뿐만 아니라 사회적·문화적 환경을 포함한 여러 수준의 환경과 다양한 상호작용을 통해 발달한다.

6 지능이론

핵심내용 정리

출포 55. 전통적 지능이론

◆ 지능이론 개관

	전통적 지능이론	현대적 지능이론
지능 개념	문제를 논리적·추상적으로 사고할 수 있는 능력(고차적인 정신 능력)	새로운 상황을 다루거나 문제를 해결할 수 있는 능력(실제적 삶의 영위 능력)

◆ 전통적 지능이론

스피어만 일반요인설	- 지능은 일반요인(g)과 특수요인(s)으로 구성됨 - 일반지능(g)이 높으면 어떤 분야에서든 우수함
써스톤 다요인설	- 지능은 7가지의 기본정신능력(PMA)으로 구성됨 - PMA : 언어이해, 단어유창성, 수, 공간-시각, 기억, 추리, 지각속도
길포드 지능구조 모형	- 지능은 내용, 조작, 결과의 3가지 차원이 만들어내는 180개의 정신능력들로 구성된 복합적 능력 - 내용(투입요소), 조작(과정요소), 결과(산출요소)
카텔 위계적 요인설	유동성 지능(Gf) : 유전의 영향, 생물학적 발달에 비례, 청년기까지 발달 결정성 지능(Gc) : 환경의 영향, 후천적 경험(학습)에 의해 발달, 지속적으로 발달

출포 56. 현대적 지능이론

가드너 다중지능 이론	- 지능은 특정 사회에서 가치 있는 결과물을 만들거나 문제를 해결해 내는 능력(= 전문성) - 지능의 종류(영역)의 확장 중시, 상호독립적인 지능들의 종류 구분 - 지능의 종류 : 언어지능, 논리-수학지능, 대인관계지능, 자연친화지능, 개인내적지능(자기성찰지능), 음악지능, 시각-공간지능, 신체운동지능
스턴버그 삼원지능 (성공지능) 이론	- 지능은 특정 사회문화적 맥락 내에서 성공적인 삶을 살기 위해 필요한 정보처리 능력(= 지혜) - 지능의 작용과정(인지과정) 및 상호작용 중시 - 지능의 구성요소

분석적 지능	요소하위 이론	성분 요소	개인
창의적 지능	경험하위 이론	경험 요소	행동
실제적 지능	상황하위 이론	맥락 요소	상황

정서지능 (EQ)	- 자신과 타인의 정서를 정확하게 지각, 이해, 표현, 활용, 조절하는 능력
도덕지능 (MQ)	- 타인을 배려하고 더불어 살아가려는 태도 및 도덕적으로 옳고 그름을 판단하는 능력

기출선지 OX   정답 및 해설 p. 232   # 키워드

(1) 스피어만은 지능이 일반요인과 특수요인으로 구성된다고 하였다. ○ | ×

(2) g요인설을 통해 언어 능력과 추론 능력이 동시에 우수한 사람에 대한 설명이 가능하다. ○ | ×

(3) 길포드는 지능이 내용, 형식, 조작, 산출이라는 4개의 차원으로 구성된다고 가정하였다. ○ | ×

(4) 카텔은 지능을 유동지능과 발달지능으로 구분하였다. ○ | ×

(5) 최근에 대두된 다중지능, 정서지능, 도덕지능, 성공지능에 관한 논의들은 지능을 실제적 삶의 영위 능력으로 보려고 한다. ○ | ×

(6) 가드너는 지능이 높으면 모든 영역에서 우수하다고 간주하는 종래의 지능이론을 비판하고 지능이 상호독립적인 여러 지능으로 구성된다고 주장했다. ○ | ×

(7) 스턴버그는 8개의 독립적인 지능이 존재하며, 각각의 지능의 가치는 문화나 시대에 따라 달라진다고 하였다. ○ | ×

(8) 스턴버그는 지능연구에서 상황적 측면, 경험적 측면, 그리고 요소적 측면을 고려해야 한다고 하였다. ○ | ×

대표 기출문제

문 1. 지능에 대한 학자의 설명으로 옳은 것은? [2016년 국가직 9급]

① 길포드(J. P. Guilford)는 지능이 내용, 형식, 조작, 산출이라는 4개의 차원으로 구성된다고 가정하였다.
② 스턴버그(R. J. Sternberg)는 지능이 맥락적 요소, 정신적 요소, 시간적 요소로 구성된다는 삼위일체이론을 주장하였다.
③ 가드너(H. Gardner)는 지능이 사회문화적 맥락의 영향을 받지 않는, 서로 독립적이며 다양한 능력으로 구성되어 있다고 보았다.
④ 카텔(R. B. Cattell)은 지능을 유동적 지능과 결정적 지능으로 구분하고, 결정적 지능은 교육이나 훈련의 결과로 형성되는 것으로 보았다.

문 2. 다음 설명에 해당하는 것은? [2022년 지방직 9급]

- 지능은 사회문화적 맥락의 영향을 받는, 서로 독립적인 다양한 능력으로 구성되어 있다.
- 지능의 예로 언어 지능, 논리수학 지능, 음악 지능, 공간 지능, 신체운동 지능, 대인관계 지능 등이 있다.
- 학습자는 누구나 강점 지능과 약점 지능을 가지고 있으므로, 수업방식을 다양화하는 교육방식이 필요하다.

① 스피어만(Spearman)의 일반요인이론
② 길포드(Guilford)의 지능구조모형
③ 가드너(Gardner)의 다중지능론
④ 캐롤(Carroll)의 지능위계모형

7 지능검사와 지능지수

핵심내용 정리

출포 57. 지능검사

◆ 지능검사의 유형

개인 지능검사	검사자 전문성, 검사시간과 비용 소요 많음 예 스탠포드-비네 검사, 웩슬러 검사 등
집단 지능검사	지필검사로 실시, 검사시간·비용 소요 적음 예 쿨만-앤더슨 검사, 한국 간편지능검사 등

◆ 지능검사의 종류

비네-시몬 검사	- 학습부진아 선별을 위한 검사도구 - 정신연령 개념을 도입하여 지능지수 산출
스탠포드-비네 검사	- 최초로 지능지수 개념 도입(비율→편차) - 2세부터 성인까지 연령별로 검사도구 제작
웩슬러 검사	- 인지적, 정서적, 성격적 측면 모두 포함 - 지필검사 + 동작검사로 구성 - 아동용, 청소년용, 성인용 검사

◆ 문화공평검사

개념	- 문화적 소수집단에게 불리하지 않도록 언어능력 등에 의한 영향을 최소화한 지능검사 - 지필검사 비중 줄이고, 동작검사 비중 높임
종류	- 카우프만 아동용 지능검사(K-ABC) - 레이븐 누진행렬 지능검사(PMT) 등

출포 58. 지능지수

◆ 지능지수의 종류

비율 지능지수	- 정신연령과 생활연령의 비율로 산출 - 연령에 따라 지능지수의 의미가 달라짐
편차 지능지수	- 연령집단 내에서 상대적 위치로 표준화하여 산출(웩슬러 : 평균 100, 표준편차 15) - 지능지수(범위, 가능성) • 정상지능 : IQ 70~130(±2σ 이내) • 영재아 : IQ 130 이상(+2σ 이상) • 정신지체 : IQ 70 이하(-2σ 이하)

◆ 지능지수 해석시 유의사항

지능검사의 한계	활용 시 유의사항
지능의 일부분만 측정	하나의 참고자료로만 활용
측정의 오차는 항상 존재	오차범위를 고려하여 해석
기본적으로 속도검사 성격	정보처리속도의 영향 큼
하위요인별 점수차 존재	격차 큰 경우 학습장애 의심
문화적 편향 영향이 큼	문화공평검사 활용
제작연도가 오래된 검사는 신뢰도가 낮음(플린 효과)*	최근에 개정된 검사도구 활용 필요

*플린 효과 : 시간이 갈수록 지능지수가 점차로 높게 나타나는 현상(매체 증가, 학습환경 개선 등 때문)

기출선지 OX 정답 및 해설 p.232   # 키워드

(1) 스탠포드-비네(Stanford-Binet) 검사는 집단용 지능검사로 개발되었다.   O | X

(2) 비율지능지수는 편차지능지수의 문제점을 해결하기 위해 고안된 것으로 정신연령과 생활연령의 비로 나타낸다.   O | X

(3) 지능지수는 정보처리 속도가 빠른 사람에게 높게 나타난다.   O | X

(4) 플린 효과(Flynn effect)란 인간의 지능검사 점수가 해를 거듭할수록 점차 낮아지는 세계적인 경향을 말한다.   O | X

8 학습자의 다양성

핵심내용 정리

출포 59. 창의성

◆ 창의적인 사람의 특성

창의적 사고 검사 (토랜스)	- 유창성 : 아이디어의 갯수가 많을수록 - 융통성 : 아이디어의 범주가 다양할수록 - 독창성 : 참신하고 희귀한 반응일수록 - 정교성 : 아이디어의 세부 내용이 많을수록
창의적인 사람의 성격 (스턴버그)	- 모호함에 대한 인내심 - 높은 과제 집착력(장애물 극복 의지) - 새로운 것에 대한 호기심(개방적 태도) - 위험에 도전하려는 모험심 - 자기 자신에 대한 확고한 신념

◆ 창의적 사고 기법

브레인 스토밍	아이디어의 질보다는 양 우선시, 어떤 아이디어라도 수용, 평가는 마지막까지 유보, 아이디어의 결합과 개선 추구(자유로운 소집단 토론)
PMI 기법	긍정적(P), 부정적(M), 주목할 만한 가치가 있는(I) 요소들을 차례로 생각해 보는 방법
육색사고 모자	모자 색깔마다 특정한 유형의 사고방식 부여, 모자를 쓸 때마다 각 유형의 사고 연습

출포 60. 영재와 특수학습자

◆ 영재의 특성과 교육방법

렌쥴리의 영재성 모형		- 평균 이상의 일반 능력(IQ) + - 높은 수준의 창의성 + - 높은 수준의 과제 집착력
영재교육 방법	풍부화	- 영재를 위한 특별 프로그램 제공 - 심화학습 모형 : 일반적 탐색 → 집단 훈련 → 실제적 탐구(영재)
	가속화	- 영재 학생의 학습속도 향상 - 교육과정 압축 : 성취목표 도달정도 확인, 별도의 학습계약, 과제 부여

◆ 특수학습자의 개념과 유형

「장애인 등에 대한 특수교육법」		시각장애, 청각장애, 지적장애, 지체장애, 정서행동장애, 자폐성장애, 의사소통장애, 학습장애, 건강장애, 발달지체 및 기타에 해당하는 사람 중 특수교육이 필요한 사람으로 진단·평가된 사람
유형	지적 장애	지적 수준이 심각할 정도로 낮고, 동시에 적응적 행동의 결함을 보이는 상태
	정서 행동 장애	지적, 감각적, 건강상의 문제가 없음에도, 일반적 상황에서 부적절한 감정이나 행동을 나타내어 학습에 어려움이 있는 상태
	학습 장애	지능이 낮지 않으면서도 말하기, 쓰기, 읽기, 셈하기 등 특정 학습에서 장애를 보이는 상태

출포 61. 학습유형

◆ 위트킨의 분류 : 장의존형과 장독립형

	장독립형 학습자	장의존형 학습자
인지 양식	대상을 분리하여 내적 특성을 분석적으로 지각	주변 상황의 영향을 받아 전체적인 특성을 지각
검사	잠입도형검사점수 높음	잠입도형검사점수 낮음
선호하는 학습 형태	- 논리적, 추상적 과제 - 자기주도적 개별학습 - 비구조화 과제와 자료 - 하이퍼텍스트 프로그램 - 내재적 보상 제공	- 실제적, 구체적 과제 - 상호작용적 집단활동 - 구조화된 과제와 자료 - 선형적 CAI 프로그램 - 외재적 보상 제공

◆ 콜브의 학습양식 분류

	활동적 실험	반성적 관찰
	조절형 학습자	발산형 학습자
구체적 경험	새로운 상황에 잘 적응, 계획 실행, 지도력 탁월	상상력이 뛰어나 다양한 아이디어 창출
	수렴형 학습자	동화형 학습자
추상적 개념	과학기술적 과제 능숙, 연역적 추리 잘함	여러 내용 종합 이론화, 귀납적 추리 능숙

기출선지 OX

(1) 유창성은 창의성의 주요 요소이다. ○ | ×

(2) 오스본(Osborn)이 주장한 창의적 사고 기법인 브레인스토밍(brainstorming)에서는 아이디어의 양보다는 질을 우선한다. ○ | ×

(3) 평균 이상의 지도성은 렌줄리(Renzulli)가 제시한 영재성의 세 가지 요소에 해당한다. ○ | ×

(4) 학습장애(learning disabilities)는 지능 수준이 낮지 않으면서도 말하기, 쓰기, 읽기, 셈하기 등 특정 학습에서 장애를 보인다. ○ | ×

(5) 장의존적 학습유형을 가진 학습자는 대상을 요소로 분리하지 않고 전체로 지각한다. ○ | ×

대표 기출문제

문 1. 렌줄리(Renzulli)가 제시한 영재성의 세 가지 요소에 해당하지 않는 것은? [2021년 지방직 9급]

① 높은 도덕성
② 높은 창의성
③ 높은 과제집착력
④ 평균 이상의 능력

문 2. 개인차에 대한 설명으로 옳지 않은 것은? [2017년 국가직 7급]

① 결정성 지능은 경험에 따라 변화될 수 있다.
② 창의적인 사람은 모호성을 잘 견디고 과제 집착력이 높은 경향이 있다.
③ 문제를 해결할 때 충동형 학습자는 속도에 주안을 두지만 숙고형 학습자는 정확성에 주안을 둔다.
④ 장독립형 학습자는 사물을 전체적으로 지각하기 때문에 정보 항목들 사이의 관련성을 파악하는 데 능하다.

9 학습동기 이론

핵심내용 정리

출포 62. 자기결정성 이론

개요	학습자의 기본욕구(자율성, 유능감, 관계성 욕구)를 자극하고 충족시키면 내재적 학습동기가 높아짐
학습동기 영향 요인	- 학습자가 스스로 자신의 행동을 선택할 수 있는 권한을 갖고 있다고 느낄 때 학습동기 증가 - 외적 통제나 평가를 받고 있다고 느낄 때, 자기결정성 인식 감소, 학습동기 감소 - 외재적 보상 때문에 시작한 행동이 점차 내면화되어 내재적 동기로 변화될 수 있다고 가정함

◆ 성공/실패경험과 귀인유형에 따른 학습동기

구분	노력귀인	능력귀인
성공 경험	- 노력의 효과성 인식, 긍정적 자아개념 형성 - 높은 성공기대를 갖게 되므로, 학습동기 증가	- 성공경험 누적 시, 긍정적 자아개념 형성 - 높은 성공기대를 갖게 되므로, 학습동기 증가
실패 경험	- 노력 부족에 대한 죄책감, 수치심 형성 - 학습동기 증가, 학습전략 개선, 노력 증가	- 자아존중감 훼손, '학습된 무력감' 형성 - 학습동기 감소, 영구적인 학습포기 우려

출포 63. 목표지향성 이론

숙달목표(학습목표) 지향	수행목표 지향
학습 그 자체, 과제 숙달과 이해로부터 오는 성취감을 목표로 둠(과제개입목표)	자신의 유능함을 과시하거나 타인의 인정을 받는 데 목표를 둠(자아개입목표)
학습능력에 대한 증가적 견해 (성장 마인드셋)	학습능력에 대한 고정적 견해 (고정 마인드셋)
도전적이고 새로운 과제 선택	성취가 쉽고 친숙한 과제 선택
어려운 과제 직면시, 타인의 도움이나 피드백 요청	어려운 과제 직면 시, 타인에게 이를 숨기거나 학습을 포기
절대적, 내적 자기참조 기준에 의한 평가 선호	상대적, 외적 참조 기준에 의한 평가 선호
실패를 노력 부족으로 귀인 (인정, 전략 수정, 노력 증가)	실패를 능력 부족으로 귀인 (당황, 불안 증가, 학습 회피)

출포 65. 기대-가치 이론

개요	과제의 성공가능성에 대한 '기대'와 과제가 갖는 주관적 '가치'에 따라 동기수준이 달라진다고 보는 이론(인지주의적 접근, 사회학습이론의 영향)	
학습동기 영향 요인	성공에 대한 '기대'	과제의 난이도에 대한 인식
		자기효능감(자신의 학습 능력에 대한 인식)
		선행경험(과거의 성공/실패 경험)
	과제의 '가치' 인식	과제에 대한 흥미(내재적·본질적 가치)
		개인적 중요성(자아 개념과의 관련성)
		효용가치(최종 목표 달성에의 기여 가능성)
		예상비용(과제수행에 소요되는 비용)

출포 64. 귀인 이론

◆ 귀인의 유형 분류

구분	책임소재[1]	안정성[2]	통제가능성[3]
능력	내부	안정적	통제불가
노력	내부	불안정	통제가능
과제난이도	외부	안정적	통제불가
운	외부	불안정	통제불가

1) 책임소재 : 학습결과의 원인이 학습자 내부와 외부 어디에 있는지
2) 안정성 : 학습결과의 원인이 변화 가능한 것인지 여부
3) 통제가능성 : 학습결과의 원인을 학습자가 통제가능한지 여부

기출선지 OX   정답 및 해설 p. 233   # 키워드

(1) 자기결정성 이론에 따르면, 학습자가 통제나 평가를 받고 있다고 느낄 때 내재적 동기는 감소한다. O | X

(2) 자기결정성 이론은 외재적 동기가 사회화 과정을 거치면서 점차 내면화되어 내재적 동기로 변화된다고 가정한다. O | X

(3) 숙달목표를 가진 학습자는 자신의 능력이 부족해 보이는 것을 피하기 위해 새롭고 도전적인 과제보다 이미 충분히 학습된 쉬운 과제를 선택하려는 경향이 높다. O | X

(4) 수행에 초점을 맞추는 학생은 다른 사람에게 자신의 능력을 과시하거나 인정을 받기 위해 공부하는 경향이 있다. O | X

(5) 능력에 대한 증가적 견해를 가진 학생은 학습에 대한 동기가 낮을 가능성이 높다. O | X

(6) 귀인이론은 수행결과에 대한 원인을 무엇으로 지각하느냐가 이후 행동에 영향을 준다고 본다. O | X

(7) 귀인은 통제가능성 차원에 따라 내적 귀인과 외적 귀인으로 구분된다. O | X

(8) 실패의 원인을 능력보다 노력 부족에 돌리는 학생은 다음 시험을 위해 더 노력한다. O | X

대표 기출문제

문 1. 숙달목표지향성의 특징에 해당하지 않는 것은?
① 도전 추구   [2020년 국가직 9급]
② 능력 입증
③ 노력 귀인
④ 절대적·내적 자기참조 기준

문 2. 와이너(Weiner)의 귀인이론에 의하면 그 요소가 외적이며, 안정적이고, 통제불가능한 귀인은?
① 운   ② 능력   [2021년 국가직 9급]
③ 노력   ④ 과제난이도

10 행동주의 학습이론

핵심내용 정리

출포 66. 행동주의 학습이론 개관

◆ 행동주의와 인지주의 학습이론 비교

구분	행동주의 학습이론	인지주의 학습이론
인간의 특성	백지설, 수동적 존재 (환경에 의해 지배받음)	백지설 거부, 능동적 존재(환경을 재구성함)
학습의 개념	자극과 반응의 연합을 통한 외현적 행동의 변화	경험의 적극적인 재구성을 통한 정신구조의 변화
주요 이론	- 고전적 조건화 이론 - 도구적 조건화 이론 - 조작적 조건화 이론 - 사회(인지)학습 이론	- 통찰학습 이론 - 형태주의 심리학 - 도식이론 - 정보처리이론

◆ 행동주의 학습이론의 유형 구분

구분	고전적 조건화 이론	조작적 조건화 이론
대표자	파블로프(1900년대)	스키너(1930년대)
행동	불수의적, 정서적, 생리적	수의적, 자발적, 목표지향적
조건화 원리	자극 → 행동(반응) (S형 조건화, S-R 이론)	행동(반응) ← 결과(자극) (R형 조건화, R-S 이론)

◆ 쏜다이크의 자극-반응 연합설

개요	- 보상(먹이)으로 인해 자극(상자)과 행동(탈출) 사이에 강력한 결합관계가 형성됨(도구적 조건화 이론)
시행 착오 학습	- 우연한 계기로 탈출에 성공하게 된 후, 시행을 반복하면서 점차로 탈출시간이 단축되는 학습효과가 나타남 - 학습의 원리 : 효과, 연습, 준비성의 법칙

출포 67. 파블로프의 고전적 조건화 이론

◆ 고전적 조건화 원리

구분		파블로프 개실험	교사에 대한 반감
조건화 이전	중립자극	종소리 (조건화 전)	교사 (조건화 전)
	무조건자극	먹이	교사의 꾸중
	무조건반응	침흘림	기분 나쁨
조건화 이후	조건자극	종소리 (조건화 후)	교사 (조건화 후)
	조건반응	종소리 듣고 침흘림	교사를 보고 기분 나쁨

◆ 고전적 조건화 원리를 적용한 행동수정 기법

체계적 둔감법	근육을 이완시킨 상태에서 불안 유발 상황을 약한 것에서부터 강한 것까지 차례로 경험하게 함으로써 특정 사태에 대한 불안을 제거하는 방법
역조건 형성	기존에 형성된 조건반응에 반대되는 반응을 불러일으키는 강한 자극을 제공하여 새로운 조건반응으로 대체하는 방법

출포 68. 스키너의 조작적 조건화 이론

◆ 조작적 조건화의 원리(강화 > 벌)

강화	정적 강화	유쾌자극 제시 → 특정 행동 증가 예 발표를 잘 했을 때 칭찬을 함
	부적 강화	불쾌자극 제거 → 특정 행동 증가 예 착한 일을 할 때 교실청소를 면제함
벌	수여성 벌	불쾌자극 제시 → 특정 행동 감소 예 지각한 학생에게 추가숙제 부과
	제거성 벌	유쾌자극 제거 → 특정 행동 감소 예 소란을 피운 학생에게는 자유시간을 박탈

핵심내용 정리

◆ 강화계획의 유형

계속(완전) 강화		바람직한 모든 행동에 대해 매번 강화 제시
간헐적 강화 (부분 강화)	고정간격	일정한 시간 간격에 따라 강화 제시
	변동간격	예측할 수 없는 시간 간격으로 강화 제시
	고정비율	행동의 횟수에 따라 일정 비율로 강화 제시
	변동비율	행동에 따라 예측할 수 없는 비율로 강화 제시

◆ 조작적 조건화 원리를 적용한 행동수정 기법

토큰경제	1차적 강화물 대신에, 2차적 강화물을 이용하여 바람직한 행동을 유도하는 방법
프리맥의 원리	학습자가 더 선호하는 행동을 덜 선호하는 행동을 증가시키기 위한 강화물로 활용하는 방법
강화중단 (소거)	문제행동에 대해 의도적으로 강화를 주지 않음으로써 문제행동을 감소시키는 방법
타임아웃	문제행동에 대한 정적 강화의 기회를 차단시켜 문제행동을 감소시키는 방법
행동형성 (조형)	목표행동을 세부적인 단계로 나누고, 단계별로 차별적으로 강화하여 최종 목표행동을 학습하는 방법

출포 69. 반두라의 사회학습이론

◆ 조작적 조건화이론과 사회학습이론의 비교

구분	조작적 조건화 이론 (스키너)	사회(인지)학습이론 (반두라)
공통	학습은 경험의 결과, 강화와 처벌 사용, 피드백 강조	
인간	외부 환경에 수동적으로 반응하는 존재(일방향적)	환경에 능동적으로 반응하는 존재(상보적 인과)
학습	개인의 직접 경험의 결과 → 외현적인 행동의 변화(사회적, 인지적 고려 ×)	타인과의 상호작용 → 내적인 정신구조의 변화 (사회적, 인지적 고려 ○)
강화	개인의 행동변화에 영향을 미치는 직접적 요인	개인의 신념과 기대를 통해 행동에 간접적으로 영향

◆ 강화의 유형

외적 강화	자신의 행동에 대한 직접적인 보상이나 처벌에 의한 강화
대리적 강화	다른 사람의 행동과 그 결과에 대한 관찰로 인해 형성된 기대에 의한 강화
자기강화	자신의 행동에 대해 스스로 내리는 평가나 가치에 의한 강화(가장 효과적)

◆ 대리적 강화와 관찰학습

개념		- 다른 사람의 행동을 관찰하고 모방함으로써 학습함 - 강화 없이 관찰하는 것만으로도 학습이 일어남(강화는 학습을 위한 필요조건은 아님)
단계별 특징	주의집중	- 모델의 행동에 주의를 집중하여 관찰 - 모델의 '지각된 유사성'과 '지각된 능력과 지위'가 높을수록 효과적
	파지	- 모델에 대해 관찰한 내용을 기억에 저장 - 시연, 부호화, 인지적 재구조화 등과 관련
	재생	- 모델의 행동을 반복하여 연습해 보는 단계 - 자기행동에 대한 관찰 및 교정적 피드백
	동기화	- 학습된 행동을 실천으로 옮기는 단계 - 외적 강화, 대리적 강화, 자기강화 모두 가능

◆ 자기효능감과 자기조절학습

자기 효능감	- 개념: 특정한 과제의 수행에 관한 자신의 능력에 대한 판단 또는 신념 예 "나는 수학을 잘 해." - 형성요인: 과거의 경험, 관찰을 통한 대리경험, 주변인들의 설득, 생리적·심리적 각성 상태(기분) 등
자기조절 학습	- 학습자 스스로 설정한 목표를 달성하기 위해 체계적으로 인지·행동·정서를 조절하고 유지하는 학습 - 단계: 목표설정 → 자기관찰 → 자기평가 → 자극통제 → 자기강화

기출선지 OX 정답 및 해설 p. 233   # 키워드

(1) 행동주의 학습이론에 따르면 학습의 근본적인 원리는 자극과 반응 간의 연합이다.	O | X	
(2) 행동주의 이론에서는 학습자는 상황에 관계없이 스스로 사고하고 판단하는 존재라고 본다.	O | X	
(3) 행동주의 학습이론에는 고전적 조건화 이론, 조작적 조건화 이론, 사회학습 이론 등이 포함된다.	O | X	
(4) 고전적 조건화 이론은 불수의적 행동이 어떻게 학습되는지를 이해하는 데 도움이 된다.	O | X	
(5) 고전적 조건화 과정을 통해 조건 자극이 무조건 자극으로 대체된다.	O | X	
(6) 교사가 매일 아침 학생들에게 반갑게 미소를 지으며 학생들을 맞아주려고 노력하는 것은 조작적 조건화와 관련이 깊다.	O | X	
(7) 체계적 둔감법은 근육을 이완시킨 상태에서 불안을 유발하는 상황을 약한 것에서부터 강한 것까지 차례로 경험시킴으로써 불안을 제거하는 방법이다.	O | X	
(8) 행동의 강도와 빈도를 높이는 데 있어 강화보다 벌이 더 효과적이다.	O | X	
(9) 학생의 나쁜 습관을 없애고자 한다면 그 행동을 보일 때 부적강화를 사용한다.	O | X	
(10) 고정비율 강화계획은 일정한 시간 간격을 기준으로 강화가 제시되는 것을 의미한다.	O | X	
(11) 프리맥의 원리는 상대적으로 선호도가 높은 활동을 강화물로 사용하여 선호도가 낮은 활동을 증가시키는 것이다.	O | X	
(12) 사회인지이론에 따르면 개인, 행동, 환경의 상호작용에 의해 학습이 이루어진다.	O | X	
(13) 반두라에 따르면, 학생들은 사회적 상황 속에서 다른 사람의 행동을 관찰하고 모방함으로써 학습한다.	O | X	
(14) 반두라에 의하면, 인간의 행동 변화는 보상이나 처벌보다는 자기 조절에 의해 이루어진다.	O | X	
(15) 반두라의 관찰학습은 주의집중단계 → 파지단계 → 재생단계 → 동기화단계 순으로 전개된다.	O | X	

대표 기출문제

문 1. 행동주의 학습이론에 대한 설명으로 옳지 않은 것은? [2019년 지방직 9급]
① 환경은 학습자의 행동에 영향을 끼치는 변인이다.
② 학습자는 상황에 관계없이 스스로 사고하고 판단하는 존재이다.
③ 바람직한 행동뿐만 아니라 부적응 행동도 학습의 결과이다.
④ 학습은 외현적 행동으로 나타나기 때문에 과학적 연구가 가능하다.

문 3. 행동주의 학습이론에 대한 설명으로 옳은 것은? [2020년 지방직 9급]
① 고정비율 강화계획은 일정한 시간 간격을 기준으로 강화가 제시되는 것을 의미한다.
② 부적 강화란 어떤 행동 후 싫어하는 자극을 제거함으로써 특정 행동을 증가시키는 것을 의미한다.
③ 일차적 강화물은 그 자체로 강화능력을 가지고 있지 않는 자극이 다른 강화물과 연합하여 가치를 얻게 된 강화물이다.
④ 프리맥 원리는 차별적 강화를 이용하여 목표와 근접한 행동을 단계적으로 형성해 나가는 것이다.

문 2. 행동주의 학습이론과 관련이 없는 것은? [2023년 지방직 9급]
① 강화
② 사회학습이론
③ 조작적 조건화
④ 통찰학습이론

문 4. 반두라(Bandura)의 관찰학습 단계 중 모델의 행동을 언어적·시각적으로 부호화하는 단계는? [2022년 국가직 9급]
① 재생
② 파지
③ 동기화
④ 주의집중

11 인지주의 학습이론

핵심내용 정리

출포 70. 초기 인지주의 학습이론

◆ **톨만의 잠재학습 이론**

미로찾기 실험	- 보상방식의 유형에 따라 미로찾기 과제의 수행결과에 차이가 있음 - 보상(강화)을 받지 않아도 학습이 일어나지만, 강화는 학습된 것을 행동으로 표출하게 함
목적적 행동주의	- 인간은 목적지향적 존재 : 인간은 특정한 결과를 얻을 것이라는 기대에 따라 행동함 - 학습은 인지과정의 변화를 포함 : 자극에 대한 반응에 있어서 인지과정의 변화가 영향을 미침

◆ **쾰러의 통찰학습 이론**

침팬지 실험	- 높은 곳에 매달린 바나나를 따먹는 과제에서 침팬지의 학습은 시행착오의 결과가 아니라, 통찰에 의한 인지구조의 변화를 의미함 - 형태주의 학습이론에 중요한 근거를 제공
통찰학습	- 문제 상황 속에 존재하는 여러 요소들이 유의미한 전체로 파악되어 문제해결방법을 찾는 학습 - 갑작스럽게 문제해결에 이르게 되는 비약적인 사고과정['아하(A-Ha)' 현상]

◆ **베르트하이머의 게슈탈트 심리학**

게슈탈트 심리학	- 유기체는 외부 환경을 능동적으로 형태(전체, Gestalt)를 구성하여 지각함 - 지각 과정에서 구성된 전체는 부분의 합 이상
지각의 원리	- 베르트하이머의 파이 현상 : 지각과 실재는 다름 - 전경과 배경의 원리 : 전체를 구성할 때, 개인들마다 전경과 배경을 다르게 지각 - 정보의 조직화 원리 : 불완전한 정보를 보완하여 완전한 형태로 조직화하여 지각

출포 71. 정보처리이론

◆ **정보저장소**

• 정보저장소의 종류

	감각기억	작업기억	장기기억
역할	감각정보의 임시저장, 유지	정보의 능동적 변형, 재구성	부호화된 정보의 저장
용량	무제한	7±2 청크	무제한
시간	1~4초	20~30초	반영구적

• 장기기억의 주요 구성요소

명시적 지식	- 일화기억 : 개인적 경험과 사건에 대한 기억 - 의미기억 : 사실, 개념, 명제 등에 관한 지식, 요소들의 네트워크(도식) 형태로 저장
암묵적 지식	- 절차기억 : 행위 수행의 방법, 절차, 조건 등에 관한 지식, 조건-행위 규칙의 형태 - 정서기억 : 과거 경험에 대한 정서적 반응

◆ **정보처리과정**

주의	- 자극 중 일부에만 의식적으로 주의를 집중 - 칵테일파티 효과 : 주의가 집중된 정보만 선택적으로 처리
지각	- 자극을 해석하고 의미를 부여하는 과정 - 배경지식이 부족하면 정확한 지각 형성 어려움
시연	- 정보를 반복하여 유지하는 과정 - 작업기억에서 정보의 처리를 돕는 역할
부호화	- 작업기억 속 정보를 부호화하여 장기기억에 저장하는 과정(정보의 재처리 과정) - 정교화, 조직화, 심상화 등의 정보처리
인출	- 장기기억 속 정보를 작업기억으로 가져옴 - 설단 현상 : 인출작업의 부분적 실패

핵심내용 정리

• 작업기억 관련 학습전략

청킹 (묶기)	개별적인 정보를 더 큰 단위로 묶어서, 처리해야 할 정보의 단위수를 줄임(저장되는 정보의 총량은 증가)
자동화	정보처리 과정을 의식적인 노력 없이 수행할 수 있도록 훈련(조작공간 감소, 저장공간 증가)
이중 부호화	시각정보와 청각정보가 처리되는 경로를 모두 사용(두 정보가 서로를 보충하는 역할)

• 장기기억 관련 학습전략(부호화 전략)

정교화	- 새로 학습한 내용을 기존의 선행지식과 연결하여 부호화하는 전략 - 구체적 사례, 비유, 개인화, 사전지식 활성화 등 활용
조직화	- 학습하려는 개별 정보들을 공통 범주로 묶거나 위계 관계로 정리하여 부호화하는 전략 - 도표, 그래프, 개요, 개념도, 위계도 등 활용
심상화	- 정보에 대한 시각적 이미지를 만들어 저장 - 그림, 순서도, 도식화, 마인드맵 등 활용
맥락화	- 정보와 관련된 시간과 장소, 감정 등의 맥락 정보를 담은 스토리텔링 활용
적극적 활동	- 학습과정에 능동적으로 참여함으로써 학습 - 문제풀이, 과제수행, 탐구활동, 토론 등 활용

◆ 메타인지(상위인지, 초인지)

개념	자신의 인지과정에 대한 자각과 통제로 자신의 사고를 확인하고 점검하며 조절하는 정신활동
역할	- 계획 : 학습방법 및 순서 결정, 인지전략 선택 - 점검 : 학습의 진행상태, 인지적 상태 확인 - 조절 : 부적절한 인지전략과 학습방법 수정 - 평가 : 인지적 변화와 학습전략 효과성 평가

• 메타인지 관련 학습전략

PQ4R 학습	자료를 읽는 동안 스스로 이해도를 점검하면서 읽는 전략
자기조절 학습	인지적 요소, 메타인지적 요소, 동기적 요소, 행동적 요소

기출선지 OX	정답 및 해설 p. 233		# 키워드
(1) 톨만(E. Tolman)의 미로학습 실험에 의하면, 보상을 받지 않아도 과제의 학습은 어느 정도 일어난다.		O | X	
(2) 형태주의 심리학에 따르면 학습은 계속적인 시행착오의 결과이다.		O | X	
(3) 형태주의 심리학에 따르면 학습자는 세상을 지각할 때 외부자극을 단순히 합하는 것 이상의 작업을 수행한다.		O | X	
(4) 형태주의 심리학은 문제 장면에 존재하는 다양한 요소의 관계를 파악하는 통찰에 주목한다.		O | X	
(5) 퀼러(W. Köhler)의 침팬지 실험에 의하면, 통찰에 의해 전체적 관계를 파악함으로써 학습이 이루어진다.		O | X	
(6) 전날 저녁 내내 문제가 풀리지 않았으나 새벽에 일어나서 보니 해결방법이 갑자기 떠올랐던 경험은 통찰학습의 개념으로 설명된다.		O | X	
(7) 정보처리이론에 따르면 정보저장소는 감각기억, 작업기억, 장기기억의 세 가지로 구분된다.		O | X	
(8) 작업기억에 들어갈 수 있는 정보의 양이나 정보가 머무는 시간은 한계가 없다.		O | X	
(9) 완성된 과제보다 미완성된 과제를 더 잘 회상하는 현상을 자이가닉 효과(Zeigarnik effect)라고 한다.		O | X	
(10) 묶기(chunking)는 많은 작은 정보를 몇 개의 큰 묶음으로 처리함으로써 파지할 수 있는 정보의 양을 늘릴 수 있도록 하는 인지전략이다.		O | X	
(11) 부호화는 제시된 정보를 처리가능한 형태로 변형하는 과정이다.		O | X	
(12) 정교화는 새로운 정보를 저장된 지식에 연결하고 의미를 부여하기 위해 정보를 재처리하는 과정이다.		O | X	
(13) 조직화는 공통 범주나 유형을 기준으로 새로운 정보를 장기기억에 저장되어 있는 정보와 연결하는 부호화 전략이다.		O | X	
(14) 메타인지는 인지에 대한 인지로서, 자신의 인지과정을 점검하고 조절하는 기능을 한다.		O | X	
(15) 메타인지는 시연, 정교화, 조직화와 같이 정보를 처리하는 방식을 의미한다.		O | X	

대표 기출문제

문 1. 형태주의 심리학(Gestalt psychology)에 대한 설명으로 옳지 않은 것은? [2019년 국가직 9급]
① 학습자는 세상을 지각할 때 외부자극을 단순히 합하는 것 이상의 작업을 수행한다.
② 문제 장면에 존재하는 다양한 요소의 관계를 파악하는 통찰에 주목한다.
③ 학습은 인지구조의 변화가 아니라 행동의 변화를 나타낸다.
④ 쾰러(W. Köhler)의 유인원 실험은 중요한 근거를 제공한다.

문 2. 학습이론에 대한 설명으로 옳지 않은 것은? [2022년 지방직 9급]
① 형태주의 심리학에 따르면 학습은 계속적인 시행착오의 결과이다.
② 사회인지이론에 따르면 개인, 행동, 환경의 상호작용에 의해 학습이 이루어진다.
③ 행동주의 학습이론에 따르면 학습의 근본적인 원리는 자극과 반응 간의 연합이다.
④ 정보처리이론에 따르면 정보저장소는 감각기억, 작업기억, 장기기억의 세 가지로 구분된다.

문 3. 학습에 대한 관점 중 정보처리이론에 대한 설명으로 옳은 것은? [2022년 지방직 9급]
① 감각기억 – 인지과정에 대한 자각과 통제로 자신의 사고를 확인하고 점검하는 기능을 한다.
② 시연 – 관련 있는 내용을 공통 범주나 유형으로 묶는 과정이다.
③ 정교화 – 새로운 정보를 저장된 지식에 연결하고 의미를 부여하기 위해 정보를 재처리하는 과정이다.
④ 조직화 – 정보에 대한 시각적 이미지를 머릿속에 표상하는 과정이다.

문 4. 인지주의 학습이론에 대한 설명으로 옳지 않은 것은? [2020년 국가직 9급]
① 부호화 – 제시된 정보를 처리가능한 형태로 변형하는 과정
② 인출 – 장기기억 속에 있는 정보를 작업기억으로 가져오는 과정
③ 조직화 – 기존에 가지고 있던 정보를 새 정보에 연결하여 정보를 유의미한 형태로 저장하는 과정
④ 메타인지 – 사고과정에 대한 지식으로 자신의 인지과정 전체를 지각하고 통제하는 정신활동

12 학습의 전이

핵심내용 정리

출포 72. 학습의 전이

◆ 학습의 전이 유형

전이효과여부	긍정적 전이	선행학습이 후행학습에 도움이 됨
	부정적 전이	선행학습이 후행학습을 방해함
전이효과범위	특수전이	선행학습 상황과 유사한 상황에서만 전이가 발생
	일반전이	선행학습 상황과 차별적인 다양한 상황에서 전이가 일어남
학습내용위계	수평적 전이	선행학습과 동일한 수준이나 차원에 있는 학습에서 전이 발생
	수직적 전이	선행학습보다 높거나 낮은 수준에서의 학습에서 전이 발생

◆ 학습의 전이 이론

형식도야설	- 기억력, 추리력 등 일반정신능력을 단련하면 어떤 상황에서든 적용 가능(로크) - 도야적 가치가 큰 특정 교과를 가르쳐야 함
동일요소설	- 선행학습과 후행학습 사이에 동일한 요소(내용, 활동 등)가 있을 때 전이 발생(쏜다이크) - 선-후 학습의 유사성이 클수록 전이효과 큼
일반화설	- 선행학습과 후행학습에 활용되는 원리가 동일할 때 전이 발생(동일원리설, 주드) - 부르너의 학문중심 교육과정에 영향
형태이조설	- 선행학습과 후행학습의 구조(요소들 간의 관계)가 유사할 때 전이 발생(형태주의)
상황학습설	- 특정 주제에 대해 다양한 사례와 충분한 연습을 제시할 때 전이 촉진 - 일상적 활동에 참여하는 경험을 통해 가능

기출선지 OX 정답 및 해설 p. 234

키워드

(1) 수학 시간에 사칙연산을 배우는 것은 가게에서 물건값을 지불하고 잔돈을 계산하는 데 도움을 주는 것은 일반(general) 전이에 해당한다. O | X

(2) 수학시간에 가감승제를 배운 것이 물리시간에 배우는 공식을 이해하는 데 도움이 되는 것은 긍정적 전이에 해당한다. O | X

(3) 일반적으로 원래의 학습장면과 새로운 학습장면이 다를수록 전이가 촉진된다. O | X

(4) 일반화설에 따르면, 수중 30cm 깊이에 있는 표적 맞추기 실험을 했을 때 굴절의 원리를 배운 학생들이 배우지 않은 학생들보다 표적을 잘 맞춘다. O | X

CHAPTER 03 교육사회학

출제빈도 분석

테마	출제 포인트	구분	2025	2024	2023	2022	2021	2020	2019	2018	2017	2016
교육사회학의 이해	기능론적 관점	기본			국7급	국9급	국7급					지9급 국9급
	갈등론적 관점	기본	지9급			지9급			국9급		국9급	
	신교육사회학	기본	지9급				국9급			국7급		
교육사회학의 주요 이론	기능론	뒤르켐	기본					지9급			국9급		
		파슨스	심화						지9급				
		드리븐	심화										
	갈등론	보울즈와 긴티스	심화										
		알튀세	심화										
		부르디외	기본		국9급	지9급 국7급		국9급		지9급	지9급		
교육과 사회의 관계	교육과 사회평등	기본	국9급								국7급	
	학업성취 격차	기본		국9급		국7급	지9급					지9급
	교육선발과 시험	심화						국9급				
	학교팽창과 학력상승	심화							국7급			국7급
교육평등	교육평등의 원리	기본					국9급	지9급				
	교육평등의 관점	기본		국7급		지9급		국7급	국9급		지9급 국9급	
	콜맨 보고서	기본				국7급			국9급 국7급	지9급		
새로운 교육사회학	사회적 상호작용	심화										
	교육과정 사회학	기본			지9급	국9급		국7급				국7급
사회변화와 교육개혁	교육개혁의 방향	심화										
	다문화사회와 교육	심화		지9급								

1 교육사회학의 이해

핵심내용 정리

출포 73. 교육사회학의 발달 과정

◆ 교육사회학의 발달 과정

구분	구교육사회학	신교육사회학
인간관	수동성, 사회화, 사회구조의 반영 (결정론적 관점)	주체성, 능동성, 인간의 자유의지 강조 (상대적 자율성)
연구 목적	인간의 행위와 사회현상을 설명할 수 있는 과학적 법칙 탐구 (거시적 관점)	행위자가 자신의 사회적 행위에 부여한 의미에 대한 이해 (미시적 관점)
연구 대상	학교와 사회와의 관계 (학교 외부의 문제)	학교 지식과 상호작용 (학교 내부의 문제)
연구 방법	실증주의적, 과학적 조사, 양적 연구 (실증적 접근)	해석적 이해, 관찰, 대화, 질적 연구 (해석적 접근)

출포 74. 기능론적 관점의 이해

◆ 기능론적 교육사회학 개관

기본 관점	- 사회의 각 부분들은 상호의존적, 전체 사회의 존속에 공헌하는 기능 수행(유기체 비유) - 지식과 가치에 대한 사회구성원들 간의 합의 존재 - 학교는 사회의 안정과 질서 유지에 기여하는 제도
교육의 기능	- 사회화 : 보편적 가치와 규범 전수 → 동질성 유지, 공동체의식 형성, 사회통합 - 선발 : 개인을 능력에 따라 합리적으로 분류·선발·배치, 공정한 지위 배분
교육 내용	- 보편적 가치와 합의에 기초하여 선정 - 특정 입장에 대한 편향성 지양, 가치중립성 추구
평가와 선발	- 능력주의 원칙에 따라 공정하게 이루어짐 - 학교의 선발과 배치 기능은 효과적으로 수행되고 있음
교육과 평등	- 교육기회의 균등은 공정한 사회이동을 촉진함 - 교육은 사회적 불평등을 완화하는 역할 수행("교육은 위대한 평등장치")

◆ 갈등론적 교육사회학 개관

기본 관점	- 사회는 끊임없는 경쟁과 갈등이 연속되는 곳, 사회질서 유지는 지배집단의 강제력에 기초 - 각 집단들은 서로 다른 목적, 가치, 이념 추구 - 학교는 불평등한 사회질서를 재생산하는 제도
교육의 기능	- 불평등의 재생산 : 순응적인 노동자 양산, 차별적 사회화를 통해 불평등 재생산 - 지배이데올로기의 정당화 : 지배집단의 신념과 가치를 보편적인 것으로 정당화
교육 내용	- 지배집단에게 유리한 내용으로 구성됨 - 공식적·잠재적 교육과정을 통해 불평등 정당화
평가와 선발	- 학교의 평가와 선발은 지배집단의 통제를 정당화하는 기능을 수행(능력주의는 허구) - 학생 성적은 부모의 사회경제적 지위의 영향을 받음
교육과 평등	- 학교교육을 통해 계층의 대물림이 지속됨 - 교육기회 균등화론은 불평등의 문제를 은폐

◆ 신교육사회학의 이해

기본 관점	- 인간은 주체적인 존재, 인간 스스로 행위하는 과정에 관심 - 교육의 상대적 자율성 인정, 사회의 구조의 영향으로부터 상대적으로 자유로움 - 교육에 대한 비판적 관심, 불평등 문제의 원인을 학교 내부에서 찾고자 함
접근 방법	- 해석적 접근 : 행위자의 관점에서 자신과 타자의 행위에 대한 해석과 의미 부여에 관심 - 미시적 접근 : 학교 내부의 교육현상이 일어나는 과정에 대해 깊이있는 관찰과 이해 중시 - 질적 접근 : 문화기술방법, 민속방법론, 현장연구 등 질적 자료 수집, 맥락적 이해 강조
연구 주제	- 교육과정사회학 : 학교에서 가르치는 지식의 성격, 선택·분배·조직되는 기준과 방식 등 - 교실사회학 : 교사-학생 상호작용, 학교 내 하위문화 등

기출선지 OX 정답 및 해설 p. 234 # 키워드

(1) 기능론적 관점 – 사회의 각 구성요소들은 서로 영향을 미치는 상호의존적 관계에 있으며, 전체적으로 조화롭게 통합되어 있다. O | X

(2) 기능론적 관점 – 학교는 사회구성원에게 보편적 가치를 내면화하여 구성원의 동질성을 확보한다. O | X

(3) 기능론적 관점 – 학교교육은 사회의 안정과 질서에 기여하는 제도이다. O | X

(4) 갈등론적 관점 – 사회제도와 각 집단은 동일한 목적과 이해관계를 추구한다. O | X

(5) 갈등론적 관점 – 학교는 지배집단 문화를 전수하는 기관으로 사회 안정화를 도모한다. O | X

(6) 신교육사회학은 학교의 교육과정과 내부현상에 관심을 가진다. O | X

(7) 신교육사회학은 교육내용의 성격과 그것이 전수되는 과정을 이해하고자 하였다. O | X

(8) 신교육사회학은 학교에서 일어나는 다양한 상호작용의 장면을 중요시한다. O | X

대표 기출문제

문 1. 학교교육의 기능을 보는 관점이 다른 것은?
[2019년 국가직 9급]

① 학교는 불평등한 경제적 구조를 재생산한다.
② 학교의 문화전달과 사회통합적 기능을 높이 평가한다.
③ 학교는 능력에 맞게 인재를 사회의 적재적소에 배치하는 데 기여한다.
④ 학교교육의 사회화 기능을 긍정적으로 평가한다.

문 2. (가), (나)에 들어갈 말을 바르게 나열한 것은?
[2022년 지방직 9급]

> (가) 은 학교가 개인을 사회적 존재로 성장시킨다고 본다. 학교는 능력주의에 따라 학생을 선발하고 교육 수준에 따라 인재를 적재적소에 배치하는 기능을 한다. 반면, (나) 은 학교가 기존의 불평등한 계층구조를 재생산한다고 본다. 학교는 교육내용뿐만 아니라 교육분위기를 통해 기존의 계층구조를 정당화하는 교육을 한다.

	(가)	(나)
①	기능주의적 관점	갈등론적 관점
②	갈등론적 관점	기능주의적 관점
③	해석적 관점	기능주의적 관점
④	현상학적 관점	갈등론적 관점

2. 교육사회학의 주요 이론

핵심내용 정리

출포 75. 기능론적 관점의 이론들

◆ **뒤르켐의 도덕사회화 이론**

교육의 기능	- 교육은 사회의 동질성을 형성함으로써 사회를 존속 유지·강화하는 기능을 수행 - 학교는 사회적 기능을 수행하므로, 국가가 관여하여야 함 - 사회의 변화에 따라 도덕의 내용도 변화
사회화의 유형	- 보편사회화 : 사회의 공통적인 감성과 신념, 집단의식을 새로운 세대에 내면화시키는 것(핵심적 기능) - 특수사회화 : 특정 직업집단의 규범과 전문지식을 내면화시키는 것(부차적 기능)
교사의 역할	- 교사는 도덕적 권위를 가진 존재 - 규칙위반 시 처벌을 사용하되, 체벌은 금지

◆ **파슨스의 역할사회화 이론**

교육의 기능	- 학교는 유형유지 조직으로서 체제유지의 기능을 수행(구조기능주의 관점) - 산업사회에서 학교는 역할사회화와 선발(인력배치)의 기능을 담당
사회화	- 성인이 되어 담당하게 될 역할수행에 필요한 자세와 자질을 기르는 것(≒특수사회화) - 인지적 사회화(전문적 지식과 기술)와 인성적 사회화(가치와 규범, 역할기대)로 구분
선발	- 인재를 선발하여 적재적소에 배치하는 기능 - 교육선발은 개인의 능력(지능＋노력)에 따라 사회적 지위 배분, 사회 불평등 해소

◆ **드리븐의 규범사회화 이론**

교육의 기능		산업사회에서 요청되는 규범을 학생들에게 가르침으로써 산업사회를 존속시키는 기능 수행
산업 사회의 규범	독립성	자신이 맡은 과제를 스스로 처리해야 한다는 것, 자신의 행위에 대해 개인적으로 책임을 져야 한다는 것 등
	성취성	최선을 다해 과제를 수행하고, 높은 성취를 추구해야 한다는 것 등
	보편성	동일한 학습내용을 배우며, 동일한 기준에 따라 평가받는다는 것 등
	특정성	다른 것은 다르게 취급하는 것, 합리적 이유가 있는 경우에는 예외가 있다는 것 등

출포 76. 갈등론적 관점의 이론들

◆ **보울즈와 긴티스의 경제적 재생산이론**

교육의 기능	- 학교는 자본주의 사회에 필요한 가치관과 성격 특성을 학생들에게 주입 → 순응적 노동자 양성 - 학생들이 사회경제적 계급에 따라 서로 다른 지식과 가치를 길러줌 → 차별적 사회화 - 학교는 기존의 불평등한 계급구조를 재생산하고 자본주의 경제체제를 유지하는 기능 수행
상응 원리	- 학교에서 다루는 지식의 '내용'보다는 교육이 이루어지는 '형식'이 공장에서의 작업방식과 동일 - 학교와 공장의 공통된 교육/작업 형식 : 타율성, 수단성, 분절성, 단계성
차별적 사회화	- 학생들의 능력보다는 출신배경 혹은 미래의 경제적 위치에 따라 차별적인 교육을 제공 - 중상류계층 학생들에게는 능동적·진취적 교육, 하류계층 학생들에게는 수동적·순종적 교육 실시

◆ **알튀세의 이데올로기적 재생산이론**

구분	수단	사례
억압적 국가기구	강제력	사법제도, 경찰
이데올로기적 국가기구	동의	교육, 가족, 언론

◆ **부르디외의 문화적 재생산이론**

교육의 기능	- 학교는 지배집단의 문화를 학교교육에 투입시켜 불평등한 사회적 관계를 정당화하는 기능 수행 - 학교에서 중요시하는 문화자본의 소유 정도가 학생의 학업성취에 영향을 미쳐 불평등을 재생산
문화 자본	- 계급적 위치에 따라 서로 다른 문화자본을 소유하며, 가정 내에서 다음 세대로 전수됨 - 문화자본의 유형 　• 객관화된 문화자본 : 그림, 책, 예술품 등 　• 제도화된 문화자본 : 학력, 자격, 학위 등 　• 아비투스 문화자본 : 내면화(체화)된 태도, 취향, 행동방식 등
상징적 폭력	- 특정 집단의 상징체계(언어, 지식, 규범, 취향 등)를 다른 집단에게 강요하는 행위 - 학교는 상징적 폭력을 행사하여 지배집단의 문화를 정당화하고 불평등을 재생산

기출선지 OX 정답 및 해설 p. 234   # 키워드

(1) 뒤르켐 – 사회화를 보편적 사회화와 특수 사회화로 구분하면서 도덕교육을 강조하였다. O | X

(2) 뒤르켐 – 산업사회에서 분업화가 진행될수록 보편사회화보다는 특수사회화가 더 중요해진다. O | X

(3) 파슨즈(T. Parsons)의 구조기능주의적 관점에서 보는 학교교육의 주요 기능은 사회화와 선발이다. O | X

(4) 파슨즈 – 역할을 담당할 인재를 선발하여 적재적소에 배치하는 것이 교육의 중요한 기능이다. O | X

(5) 드리븐 – 학생들은 시험에서 부정행위를 했거나 표절을 했을 때 제재를 받는다는 사실을 통해서 독립성 규범을 익히게 된다. O | X

(6) 보울스와 긴티스 – 경제적 재생산이라는 개념을 사용하여 학교교육이 자본주의 경제체제를 재생산하는 데 어떻게 기여하는지 그 메커니즘을 설명하고자 하였다. O | X

(7) 보울즈와 진티스(Bowles & Gintis) – 학교교육은 능력주의(meritocracy) 이념을 통해 계급적 모순을 은폐하고 있다. O | X

(8) 알뛰세(L. Althusser)는 학교가 이데올로기적 국가기구로서 사회적 기능을 수행한다고 보았다. O | X

(9) 부르디외 – 학교 교육과정을 하류계층보다 중상류계층의 문화를 더 많이 반영하고 있다. O | X

(10) 부르디외 – 학교교육을 통해 자본가 계급의 '아비투스(habitus)'를 노동자 계급의 아동들에게 주입하여 기존의 질서를 유지시켜나간다. O | X

대표 기출문제

문 1. (가), (나)에 들어갈 단어를 바르게 나열한 것은? [2021년 지방직 9급]

(가) 은/는 사회화를 보편적 사회화와 특수 사회화로 구분하면서 도덕교육을 강조하였다. 그리고 사회의 동질성을 유지하기 위해 한 사회의 공통적인 감성과 신념, 집단의식을 새로운 세대에 내면화시키는 (나) 가 필요하다고 주장하였다.

	(가)	(나)
①	뒤르켐(Durkheim)	특수 사회화
②	뒤르켐(Durkheim)	보편적 사회화
③	파슨스(Parsons)	특수 사회화
④	파슨스(Parsons)	보편적 사회화

문 2. 다음 설명에 해당하는 이론은? [2023년 지방직 9급]

- 사회질서는 상징적 폭력을 매개로 하여 재생산된다.
- 체화된 상태의 자본(취향, 태도 등), 객관화된 상태의 자본(책, 예술작품 등), 제도화된 상태의 자본(졸업장, 학위 등)을 강조한다.

① 경제재생산이론 ② 문화재생산이론
③ 저항이론 ④ 지위경쟁이론

3 교육과 사회의 관계 1

핵심내용 정리

출포 77. 교육과 사회평등

◆ **평등화 기여론(기능론적 관점)**

기본 관점	- 교육기회의 확대와 균등한 분배는 사회적 효율성을 신장하며 사회평등에 기여
해비거스트의 발달이론	- 학교는 개인의 능력을 계발하여 기술인력으로 공급하는 역할 - 교육은 세대 간 상향이동 촉진, 평등사회의 촉진제
블라우와 던컨의 지위획득 모형	- 가정배경(부모의 직업지위)보다 본인의 교육 수준이 본인의 직업지위에 더 강한 영향을 미침
위스콘신 모형	- 블라우와 던컨의 모형에, 사회심리적인 변인(부모의 격려) 추가하여 분석
슐츠의 인간자본이론	- 교육은 생산성 향상을 위한 투자 행위로서, 개인의 소득을 증대시킬 수 있음 - 국가적으로는 교육투자를 통해 인재를 육성함으로써 빈곤 해소 및 불평등 완화 가능

◆ **불평등 재생산론(갈등론적 관점)**

기본 관점	- 교육은 불평등을 재생산하는 사회적 장치로서, 교육을 매개로 빈부가 대물림됨
보울즈와 진티스의 재생산 이론	- 개인의 직업지위는 가정배경 요인에 의해 결정적으로 좌우되고 있음 - 자본주의 체제에서 교육은 계층 간 불평등을 정당화하는 기제에 불과
스탠트-살라자와 돈부쉬의 연줄모형	- 상류층의 학생들은 풍부한 사회자본(후원과 정보를 위한 사회적 네트워크)을 바탕으로 교육과 직업에 대해 높은 기대 형성, 높은 성취
노동시장 분단론	- 현실의 노동시장은 여러 개로 분단되어 있고 임금결정 과정과 논리가 차별적 - 교육이 직업지위에 영향을 준다는 주장은 상위 노동시장에서만 옳음, 하위 시장은 적용 안됨
카노이의 교육수익률 분석	- 학교발달의 초기 : 중상류층만 취학 → 높은 교육수익률 → 교육을 통한 사회이동 효과 큼 - 학교발달의 후기 : 교육기회 보편화, 하류층도 취학 → 낮은 교육수익률 → 사회이동 효과 감소

출포 78. 학업성취격차 발생 요인

◆ **학업성취격차에 대한 관점**

기능론적 관점	- 학업성취 격차는 자연스러운 현상, 개인의 능력 차이가 주요 원인 - 학교교육의 개선을 통해 학업성취 격차 해소 가능
갈등론적 관점	- 학업성취 격차는 사회경제적 배경의 영향이 주요 원인 - 격차 해소를 위해서는 근본적인 사회체제 개혁 필요

◆ **결핍 모형**

지능 결핍론	- 소수인종의 학업성취가 낮은 이유는 선천적 능력인 지능의 부족 때문임(젠슨) - 지능의 유전결정론에 근거(유전 vs. 환경)
문화 결핍론 (문화 실조론)	- 소수인종의 학업성취가 낮은 이유는 가정에서 학교 학습에 필수적인 문화소양을 배우지 못했기 때문 - 주류집단의 문화를 가르치는 '보상교육 프로그램(헤드스타트)'을 제공하는 근거가 됨 (동화주의 관점)

◆ **교육과정 모형 : 교사-학생 상호작용 모형**

• 로젠탈의 자기충족예언 효과 연구

개념	- 학생의 학업성취가 올라가리라는 교사의 기대가 실제 학생의 학업성취를 높이는 효과 - 교사기대 효과, 피그말리온 효과
작동 원리	교사의 차별적인 기대 → 교사의 태도와 행동 변화 → 학생의 자기개념 변화 → 학생들의 학습태도 및 행동 변화 → 학업성취 향상

• 번스타인의 사회언어학적 연구

계층별 언어 코드	- 중상류층은 정교한 어법(공식어, 세련된 언어), 하류 계층은 제한된 어법(대중어, 투박한 언어) - 가정에서의 초기 사회화 과정을 통해 부모의 언어코드가 자녀들에게 전수됨
학업 성취 격차	- 학교에서 교사가 사용하는 언어는 중상류 계층의 정교한 언어코드와 일치도가 높음 - 정교한 어법을 잘 쓰지 못하는 노동계층 학생들은 교사의 지시나 수업을 잘 이해하지 못해 학업성취 낮음

기출선지 OX   정답 및 해설 p. 235   # 키워드

(1) 블라우(P. Blau)와 던컨(O. Duncan)의 지위 획득 모형에서 지위 획득에 가장 큰 영향을 미치는 요인은 '본인의 교육 수준'이다. ○ | ×

(2) 해비거스트(Havighurst)는 교육은 다음 세대의 상향이동을 촉진하므로 교육의 보편화는 평등사회에 이르는 촉진제가 된다고 보았다. ○ | ×

(3) 슐츠(T. Schultz)의 인간자본론(human capital theory)에서는 교육은 생산성 향상을 위한 투자라고 본다. ○ | ×

(4) 보울즈(Bowles)는 학교가 경제적 불평등을 바로잡는 데 무력하다고 보았다. ○ | ×

(5) 젠슨(Jensen)은 유전적 요인이 아닌 환경적 요인 때문에 소수 인종의 학업성취가 낮다고 주장하였다. ○ | ×

(6) 문화실조론은 학생의 학습실패 중요 요인으로 학생의 문화적 경험 부족을 지목한다. ○ | ×

(7) 로젠탈(R. Rosenthal)과 제이콥슨(L. Jacobson)은 학업성취가 올라가리라는 교사의 기대가 학생의 학업성취를 높인다고 주장하였다. ○ | ×

(8) 번스타인(B. Bernstein)은 가정에서 사용하는 언어의 특성이 학업성취에 영향을 미친다고 설명하였다. ○ | ×

대표 기출문제

문 1. 학교와 사회평등의 관계에 대한 설명으로 옳지 않은 것은? [2022년 국가직 7급]

① 취약계층 학생을 위한 보상교육 프로그램은 학교가 사회평등에 기여할 수 있다는 기대를 바탕으로 한다.
② 보울즈(Bowles)는 학교가 경제적 불평등을 바로잡는 데 무력하다고 보았다.
③ 파슨스(Parsons)는 능력주의 관점을 토대로 학교와 사회평등은 무관하다는 결론에 도달했다.
④ 갈등론에서는 학교가 사회적 상승이동을 돕는 게 아니라 사회불평등을 재생산하는 통로가 된다고 본다.

문 2. 학생의 학업성취에 관한 학자의 주장을 바르게 진술한 것은? [2016년 지방직 9급]

① 젠슨(A. Jensen)은 유전적 요인이 아닌 환경적 요인 때문에 소수 인종의 학업성취가 낮다고 주장하였다.
② 콜만(J. Coleman)은 학교 시설·자원이 가정 배경보다 학업성취에 더 큰 영향을 미친다고 주장하였다.
③ 로젠탈(R. Rosenthal)과 제이콥슨(L. Jacobson)은 학업성취가 올라가리라는 교사의 기대가 학생의 학업성취를 높인다고 주장하였다.
④ 번스타인(B. Bernstein)은 노동자 계층 자녀의 학업성취가 낮은 이유는 가정에서 제한된 언어 코드가 아닌 정교한 언어 코드를 사용하기 때문이라고 주장하였다.

4 교육과 사회의 관계 2

핵심내용 정리

79. 교육선발과 시험

◆ 시험의 사회적 기능

기능론적 선발관	갈등론적 선발관
- 문화의 형성과 변화 - 능력에 따른 선발 - 공정한 지위배분 기능 - 수직적 계층이동 가능 - 지식의 공식화와 위계화	- 지배문화와 가치관 주입 - 능력주의 선발은 허구 - 상류층에만 유리 - 불평등 재생산의 도구 - 시험의 교육적 기능 상실

◆ 호퍼의 교육선발 유형 분류

선발 형식	집권주의	선발의 중앙집권화와 표준화 정도가 높음(평가 방식의 형식성과 일관성 강화)
	분권주의	선발의 지방분권화와 다양화 정도가 높음(평가 방식의 다양성과 자율성 강화)
선발 시기	조기선발	초등학교 졸업단계에서 중요한 선발 실시(→ 부모의 영향력 강화, 후원이동 자극)
	만기선발	대학단계에서야 중요한 선발이 이루어짐(→ 부모의 영향력 약화, 경쟁이동 촉진)
선발 대상	특수주의	특수한 자질을 가진 소수만을 뽑는 정예주의 선발(엘리트주의 교육 강화)
	보편주의	모두에게 교육받을 권리를 보장하는 평등주의 선발(평등주의 교육 강화)
선발 기준	집단주의	사회 전체의 이익을 우선 고려하는 방식(결과적 평등 추구 강조)
	개인주의	개인의 자아실현을 강조하는 방식(기회의 평등과 능력주의 선발 강조)

80. 학교팽창과 학력상승

◆ 기능론적 관점

욕구위계 이론 [심리적]	- 경제발전과 사회안정으로 인해 개인의 성장욕구 증가 → 학력 상승 - 한계: 학교가 학습욕구를 충족시켜주는 기관이라는 주장을 입증하지 못함
기술기능 이론 [경제적]	- 과학기술 발전으로 인해 사회에서 요구되는 직업능력 상향 → 학력 상승 - 한계: 직업적 기술수준에 관계없이 발생하는 교육수익률 변화를 설명 못함
인간자본 이론 [경제적]	- 고학력자의 임금 상승으로 인해 교육투자수익률 개선 → 소득 증가를 위한 투자행위로서 학력상승 추구 - 한계: 과잉학력 현상을 설명 못함
국민통합 이론 [정치적]	- 국민국가의 형성 과정에서 국가 정체성 확립과 국민통합을 위한 제도로 학교 팽창 - 한계: 초·중·등 교육의 확대에 대해서만 설명력을 가짐

◆ 갈등론적 관점

재생산 이론 [경제적]	- 산업화에 따른 노동력 공급 필요 + 순응적 가치와 태도 교육 → 학교교육 기회 확대 - 한계: 필요 이상의 고등교육 과잉학력의 지속 현상을 설명하지 못함
지위경쟁 이론 [사회적]	- 현대사회는 '학력주의 사회'로서, 학력이 사회적 지위 결정에 중요한 기준으로 작용 - 더 높은 사회적 지위 획득을 위해 사람들은 경쟁적으로 더 높은 학력을 취득하려고 하므로 '과잉학력'의 문제 발생 - 학력 공급 과잉으로 인해 학력의 가치가 낮아지는 '학력 인플레이션'이 발생, 더 높은 학력 취득에 집착하는 '졸업장병' 발생

기출선지 OX 정답 및 해설 p. 235   # 키워드

(1) 대학입학시험은 결과적으로 사회적 지위획득에 영향을 주므로 사회적 선발 기능을 수행하기도 한다. O | X

(2) 갈등론적 관점에서 본 학교 시험은 지배적 문화와 가치관을 주입시키는 도구이다. O | X

(3) 호퍼에 의하면, 교육선발의 형식은 특별한 자질을 구비한 사람만을 뽑아야 한다는 특수주의와 누구나 교육받을 가치를 가지고 있다고 믿는 보편주의로 나뉜다. O | X

(4) 기술기능이론에서는 과학기술의 발달로 인한 직업기술 수준의 향상을 학력 상승의 원인으로 강조한다. O | X

(5) 학습욕구이론에서는 학력이 사회적 지위획득의 수단이기 때문에 사람들이 경쟁적으로 높은 학력을 취득하는 탓에 학력이 계속 높아진다고 설명한다. O | X

(6) 국민통합이론은 정치단위인 국가의 이데올로기 통합 과정에서 교육제도가 수행하고 있는 정치적 기능을 새롭게 지적하였다는 데 의의가 있다. O | X

(7) 콜린스(R. Collins)의 계층경쟁론은 고등교육의 팽창 등 학력 인플레이션이나 과잉교육 현상의 원인을 설명하는 데 관심이 많다. O | X

대표 기출문제

문 1. 밑줄 친 부분에서 설명하고 있는 시험의 기능으로 보기 어려운 것은? [2020년 국가직 9급]

> 시험은 학문적으로 무엇이 가치가 있으며 교육제도가 선택적으로 가르치고자 하는 것이 무엇인가를 가장 극명하게 표출하지만, 시험의 의미는 그것만이 아니다. <u>지식의 사회적 의미규정과 그 표현방식을 학교의 시험을 통하여 학생들에게 강요함으로써, 지배문화와 지배문화의 가치관을 주입하는 가장 효과적인 도구로 시험이 이용되고 있는 것이다.</u>

① 교육과정과 교수방법 개선
② 지식의 공식화와 위계화
③ 기존 사회질서의 정당화와 재생산
④ 규범과 가치관 통제

문 2. 학력상승의 원인에 대한 대화이다. 기술기능이론에 바탕을 둔 B의 대답으로 옳은 것은? [2016년 국가직 7급]

> A : 학력이 지속적으로 상승하는 원인이 무엇이라고 생각하시나요?
> B : (   )

① 누구나 뭔가 새로운 것을 배우고자 하는 욕구가 있잖아요.
② 현대 사회에서 학력은 지위획득을 위한 합법적 사다리잖아요.
③ 사회에서 요구되는 직업전문성 수준이 계속 향상되기 때문이지요.
④ 교육을 통해 국민들 사이에 일체감을 형성할 필요가 있잖아요.

5. 교육평등의 관점과 정책

핵심내용 정리

81. 교육평등의 원리

공정한 경쟁의 원리	- 자유주의, 능력주의, 기회의 허용적 평등 - 평등은 공정한 경쟁에 참여할 기회의 균등을 의미, 능력에 따른 차별은 정당한 것으로 인정 - 개인의 능력에 비례하여 교육기회 배분할 것
최대 이익의 원리	- 공리주의, 최대다수의 최대행복 추구의 원칙 - 일부에게는 손해가 있더라도 사회 전체 이익의 총량이 최대가 되도록 교육기회 배분할 것
인간 존중의 원리	- 인본주의, 인간주의, 자연주의 - 모든 인간의 동등한 가치를 존중하여야 한다는 원리('같은 것은 같은 방식으로 대우하라.') - 모든 사람에게 능력을 계발할 기회를 균등하게 제공
차등의 원리	- 롤즈의 정의론, 평등주의, 결과의 평등 - 정의의 기준은 사회 전체의 평균 복지가 아니라, 가장 불리한 입장에 있는 사람들의 복지에 있음 - 가정배경이나 능력은 마치 '자연의 복권추첨'과 같은 것이므로, 불리한 조건의 사람을 배려하여야 함

82. 교육평등의 관점과 정책

기회	허용적 평등	- 모든 사람에게 교육받을 기회를 허용하기 위해 법적·제도적 차별을 철폐하려는 관점 - 교육기본법 제4조 : 모든 국민은 성별, 종교, 신념, 사회적 신분, 경제적 지위 또는 신체적 조건 등을 이유로 교육에 있어 차별을 받지 않는다.
	보장적 평등	- 취학을 가로막는 경제적, 지리적, 사회적 장애물을 제거해서 교육기회를 실질적으로 보장 - 예 의무교육 및 무상교육 실시, 무료 교통편 운영, 낙후지역 학교 설립, 방송통신학교 개설 등
조건	과정적 평등	- 누구나 평등하게 우수한 교육을 받을 수 있게 학교의 시설, 교사의 자질, 교육과정, 교육자료, 교육방법 등의 측면에서 학교 간 차이 없앰 - 예 학교운영비 국고 보조, 교사의 순환근무제도, 국가 교육과정 및 교과서 검인정제도, 단선형 학제, 고교평준화 정책 등
결과	보상적 평등	- 교육결과(성적, 진학, 직업지위 등)의 평등을 실현하기 위하여, 불리한 위치에 있는 학생들에게 적극적인 지원을 제공해야 한다고 보는 관점 - 예 보상교육 프로그램(미국 헤드스타트), 낙후지역 학교 지원(영국 교육우선지역(EPA) 사업, 취약계층에 대한 가산점 부여 및 정원 할당(사회적배려대상자 특별전형) 등

83. 콜맨 보고서

◆ 콜맨 보고서 개요

연구 목적	- 교육평등 정책의 효과를 검증하기 위한 목적 (사회평등화 기제로서의 학교 효과 검증) - 학교의 교육조건 및 가정배경의 차이가 학생들의 학업성적에 미치는 영향을 분석
연구 결과	- 학교의 교육조건은 성적에 별다른 영향을 주지 못하며, 가정배경(특히 사회자본)이 가장 큰 영향을 미침 - 학교의 사회 평등화 기능은 미흡한 것으로 해석함 - 교육평등의 관점을 기회와 조건의 평등을 넘어서 결과의 평등으로 확장
의의	- 헤드스타트 프로그램 등 보상적 평등 정책의 도입 근거 제공 - 콜맨 보고서의 분석방법과 자료의 적합성을 재검토하는 후속 연구 촉발(예 젠크스 등의 「불평등」)

◆ 가정환경의 학업성취 영향 요인

경제자본	부모의 경제적 부, 소득수준, 경제적 지원
인적자본	부모의 학력 수준, 부모의 학습지도 능력
문화자본	가정에서의 문화적 경험, 지식, 언어, 문화적 취향
사회자본	(가정 밖) 부모의 친구 관계, 이웃과의 교육정보 교류 정도, 지역사회 및 학교 활동 참여, 지역사회 분위기 등 (가정 내) 부모와 자녀 간의 상호 신뢰와 유대감, 부모와 자녀 간의 긍정적인 상호작용, 자녀 교육에 대한 관심과 기대, 학습활동에 대한 지원 등

기출선지 OX   정답 및 해설 p. 235   # 키워드

(1) 허용적 평등 – 성별이나 인종의 차별 없이 교육에 접근할 수 있는 기회를 부여한다.	O | X
(2) 모든 학생들에게 동등한 취학의 기회를 허용하는 것은 교육평등의 충분조건이다.	O | X
(3) 보장적 평등 – 취학을 가로막는 경제적, 지리적, 사회적 제반 장애를 제거해주는 취학 보장 대책이 사례이다.	O | X
(4) 학교의 시설, 교사의 자격, 교육과정 등에 있어서 학교 간의 차이를 줄이는 정책은 '교육조건의 평등'의 사례이다.	O | X
(5) 저소득층이나 장애인 등 사회적 소외계층을 위해 보상교육을 실시해야 한다는 주장은 교육의 평등을 교육결과의 평등 관점에서 보는 것이다.	O | X
(6) 콜맨 보고서는 학교별 교육조건의 차이가 학생들의 성적에 어떻게 반영되는가를 분석하였다.	O | X
(7) 콜맨 보고서는 불우한 계층의 학업실패 원인이 학교에 있기보다는 학생의 가정 배경에 있다고 결론 내렸다.	O | X
(8) 콜맨 보고서는 학업성취에 대한 가정의 영향을 규명하는 데 '사회자본(social capital)'의 유용성에 주목하였다.	O | X
(9) 가정의 사회적 자본은 부모의 친구 관계, 어머니의 취업 여부, 자녀 교육에 대한 기대 수준, 이웃과의 교육정보 교류 정도와 같은 변인을 통하여 측정될 수 있다.	O | X
(10) 콜맨 보고서는 효과적인 학교에 평등하게 취학 기회가 부여되어야 한다는 의미로 교육결과의 평등을 주장하였다.	O | X

대표 기출문제

문 1. "학교의 시설, 교사의 자질, 교육과정 등의 측면에서 학교 간의 차이가 없어야 한다."라는 관점에 해당하는 것은? [2019년 국가직 9급]

① 교육기회의 허용적 평등
② 장학금 제도
③ 교육조건의 평등
④ 대학입학특별전형제도

문 2. 교육평등에 관한 관점 중 교육결과의 평등을 위한 정책에 해당하는 것은? [2017년 국가직 9급]

① 취학을 가로막는 경제적, 지리적, 사회적 제반 장애를 제거해주는 취학 보장 대책
② 저소득층의 취학 전 어린이들을 위한 보상교육(compensatory education)
③ 한국의 고교평준화 정책
④ 초·중등교육의 의무무상화

문 3. 다음은 자녀의 학업성취 향상에 도움을 줄 수 있는 부모활동이다. 이 활동에 해당하는 자본의 명칭은? [2018년 국가직 9급]

- 부모가 이웃에 사는 친구 부모들과 자녀교육, 학습 보조 방법, 학습 분위기 조성에 관하여 대화하였다.
- 부모가 자신의 자녀가 다니는 학교의 학부모회에 참석하고 학생지도에 협력하였다.

① 재정자본(financial capital)
② 인간자본(human capital)
③ 문화자본(cultural capital)
④ 사회자본(social capital)

6 새로운 교육사회학

핵심내용 정리

출포 84. 학교 내의 사회적 상호작용

◆ **교사의 자기개념과 수업방식 연구**

기본 관점	- 교사와 학생은 각자의 상황규정 속에서 자신의 대응방식을 선택하며, 상호 영향을 주고받음 - 교사는 자기역할 개념에 따라 행동할 뿐 아니라, 학생들에게 특정한 역할기대를 가짐
교사의 자기개념 유형	- 맹수조련사형 : 전문적 지식과 기술을 중시하고, 학생들에게 교사의 지시에 따를 것을 기대 - 연예인형 : 학생들의 흥미를 중시하고, 학생들과 친구처럼 격의없는 관계 유지 - 낭만가형 : 학생들의 학습능력과 의지를 신뢰하고, 수업방식도 상의해서 결정

◆ **맥닐의 방어적 수업**

기본 관점	학급 상황에서 교사는 학생들로부터 자신을 지켜야 한다는 구조적인 방어의식을 갖게 됨
방어적 수업 전략	- 단편화 : 수업 내용을 쪼개어 단편적으로 제시 - 신비화 : 복잡한 주제는 신비한 것처럼 다루어 학생들이 깊이 파고들지 못하게 함 - 생략 : 논쟁의 여지가 있는 주제 중 일부 내용을 생략하여 가르치지 않음 - 방어적 단순화 : 단순한 개요 수준으로 가르침, 학습자의 부담을 덜어줌으로써 협력 유도

◆ **윌리스의 반학교문화 연구**

기본 관점	- 저항이론에 기초한 연구 : 인간은 사회의 지배질서에 저항하는 능동적인 존재 - 노동계급 학생들의 반학교 문화 연구 : 학생들이 학교에서 살아가는 방식을 구체적으로 분석

학생들의 저항 전략과 한계	- 간파 : 불평등한 사회구조로 인해 열심히 공부해 봤자 어차피 성공할 가능성이 없다고 인식
	- 저항 : 반학교 문화
	  • 스스로를 '싸나이들'이라 부르며, 학교의 규칙을 거부하고 반학교 문화를 형성하며 저항
	  • 육체노동을 남성적 우월성에, 정신노동을 여성적 열등성에 결부, 스스로 육체노동직 선택
	- 제약(한계) : 반학교 문화를 통한 저항은 결국 스스로를 열등한 지위에 가두게 함. 불평등 지속

출포 85. 교육과정사회학

◆ **교육과정사회학의 기본 관점**

기본 관점	- 교육과정은 사회적·정치적으로 형성된 것으로, 그 가치는 상대적이며 가변적임 - 교육과정은 지배집단의 이해와 이데올로기를 반영하는 편향적인 내용들로 구성됨
영의 지식 사회학	- 새로운 교육사회학은 학교에서 가르치고 있는 지식의 사회성에 주목해야 한다고 주장 - 학교 교육과정은 학교 밖 정치권력 구조에 의해 영향을 받아 형성되는 것이라고 봄

◆ **번스타인의 문화전수 이론**

개관	- 교육과정은 사회적인 힘과 교육적인 힘 사이의 갈등과 타협의 산물로서, 권력과 통제의 원리 내포
분석 기준	- 분류(C) : 교과목 사이 구분의 선명성 정도, 교과지식을 조직하는 방식(분과형 vs. 통합형) - 구조(F) : 교육내용에 대한 통제력 정도, 교육내용 선정과 조직의 엄격함(교과중심 vs. 경험중심)

	집합형 교육과정	통합형 교육과정
교육 과정 유형	강한 분류와 강한 구조 - 과목 간 구분 엄격 - 내용선정 기준 명확 - 전통적 지식교육	약한 분류와 약한 구조 - 과목 간 통합 활발 - 내용선정 기준 모호 - 진보주의 열린교육

◆ **애플의 문화적 헤게모니 이론**

개관	- 비판적 교육학의 입장에서, 자본주의 사회의 불평등 재생산에 학교가 어떻게 작용하는지를 탐구 - 학교는 지배집단의 의미체계와 가치체계를 주입하여 헤게모니를 정당화하고 사회를 통제하는 기능을 수행
교육 과정 분석	- 학교에서 가르치는 지식은 이데올로기적 속성을 갖고 있어, 헤게모니를 전달하는 매개체 역할을 함 - 예 갈등의 부정적인 측면 강조, 긍정적 측면 배제

◆ **애니언의 교육과정사회학 연구**

역사 교과서	자본가 집단에게 유리한 내용은 비중있게, 노동자들의 기여는 부정적으로(지배집단의 이데올로기 반영)
잠재적 교육과정	중상류 계층의 학생들은 자율적 통제 허용, 노동자 계층의 학생들은 교사가 엄격하게 통제

기출선지 OX   정답 및 해설 p. 236   # 키워드

(1) 교사와 학생의 상호작용을 연구하는 신교육사회학의 해석적 접근 방식은 내부자 관점을 강조한다. ○ | ×

(2) 맥닐의 방어적 수업에서 교사는 토론식 수업을 통해 학생과 활발하게 상호작용한다. ○ | ×

(3) 윌리스의 저항이론에서 노동자계급의 자녀가 다시 노동자계급이 되는 이유는 남성우월주의적인 육체노동문화를 자신의 이상적 가치관으로 받아들이기 때문이다. ○ | ×

(4) 윌리스가 『노동학습(Learning to labor)』에서 제시한 노동계급 학생들은 반(反) 학교 문화를 형성하는 자율적·능동적 존재이다. ○ | ×

(5) 교육과정사회학에서는 교육내용이 보편적인 가치를 지니는 것이 아니라 선택적이며 상대적인 가치를 지닌다고 본다. ○ | ×

(6) 영(Young)에 따르면 학교 교육과정은 학교 밖 정치권력 구조와 관계가 있다. ○ | ×

(7) 애플(Apple)에 따르면 학교 교육과정은 사회적 갈등의 부정적 측면을 강조하고 긍정적 측면을 배제하고 있다. ○ | ×

(8) 애니언(Anyon)은 학교에서 학생이 사용하는 언어와 그들의 사회계층과의 관계를 분석하였다. ○ | ×

대표 기출문제

문 1. 다음과 같이 주장한 교육사회학자는?
[2023년 국가직 9급]

- 학교가 지배집단의 의미체계와 가치체계인 헤게모니를 주입하여 기존 질서를 정당화한다.
- 학교 교육과정과 수업에서 가르치는 지식은 이데올로기적 속성을 갖는다.

① 애플(Apple)
② 파슨스(Parsons)
③ 로젠탈(Rosenthal)
④ 드리븐(Dreeben)

문 2. 다음과 같이 주장한 교육학자는?
[2024년 지방직 9급]

역사 교과서에서 자본가 집단에 유리한 내용을 비중 있게 다루고 노동자들의 기여를 언급하지 않거나 부정적으로 다루고 있다.

① 애니언(Anyon)
② 드리븐(Dreeben)
③ 프레이리(Freire)
④ 보울즈와 진티스(Bowles & Gintis)

7 사회변화와 교육개혁

핵심내용 정리

출포 86. 교육개혁의 방향

◆ **신자유주의 교육개혁의 방향**

교육 개혁의 목적과 원칙	- 목적: 교육의 효율성과 경쟁력 제고 - 원칙(방향) 　• 수요자(소비자)의 선택권 강화 　• 학교의 다양성과 자율성 확대 　• 학교 및 교사들 간의 경쟁 강화 　• 민간의 교육서비스 확대 　• 정부의 각종 규제 철폐
학교 선택제	- 바우처 제도: 1950년대 프리드먼 제안, 저소득층 학부모의 학교 선택권 강화, 교육비 지원 - 협약학교(차터스쿨): 교육과정, 교사고용 등 결정권한을 갖고 독자적으로 운영하는 공립학교 - 자석학교(마그넷스쿨): 음악, 미술, 과학, 컴퓨터, 외국어 등 특정 교과에 집중한 교육과정을 운영하는 형태의 공립학교
학교 책무성 강화	- 낙오방지법(NCLB): 연방정부 차원의 일제고사 실시, 낙제생이 많은 학교에 대한 지원금 중단, 전학생 수에 따라 지원금 증액 등 - 국가수준 학업성취도 평가 강화: 학생들의 학업성취도 확인, 맞춤형 보충교육 실시 - 학교평가제: 학교교육 활동에 대한 평가 강화, 학교교육의 실태 및 성과에 대한 정보 공개

◆ **대안교육의 담론들**

낭만주의 (탈학교론)	신마르크스주의 (민주화론)	생태주의 (상생의 교육)
- 시민사회, 학부모 주도 - 자율성, 다양성, 개인 선택권 강화 - 의무교육 제도 폐지, '학습조직망'으로 대체	- 시민사회 주도 - 사회적 형평성, 민주적 통제, 평등주의, 공공선 추구 - 학교의 공공성 강화, 사회참여적 교육 강화	- 교사와 학생의 협력 - 인간과 자연의 공존, 자기갱신과 자기초월을 통한 공존과 공생 추구 - 정의적 교육 강화

출포 87. 다문화사회와 교육

◆ **다문화교육의 접근방법**

동화주의 (assimilationism)	다문화주의 (multiculturalism)
- 자문화중심주의, 문화실조론, 용광로(melting pot) 정책의 관점에 기초 - 소수집단에게 주류문화를 가르쳐 단일한 문화적 정체성을 형성하게 해야 한다고 보는 관점	- 문화다원주의, 문화상대주의, 샐러드볼 정책, 모자이크 정책의 관점에 기초 - 소수집단의 고유한 문화를 인정하여 다양한 문화가 공존할 수 있게 해야 한다고 보는 관점
소수인종(민족) 집단만을 대상으로 교육	학교의 전체 구성원을 대상으로 교육

◆ **뱅크스의 다문화교육 교육과정 조직방법**

구분		교육과정 구성 방법
교육과정 유지	기여적 접근법	소수집단의 영웅 등과 같은 긍정적인 문화적 요소를 교육과정에 추가함
	부가적 접근법	소수집단과 관련된 개념, 주제, 관점을 과목이나 단원으로 교육과정에 추가함
교육과정 변화	변혁적 접근법	교육과정의 구조를 변화시켜 다양한 집단의 관점에서 개념, 이슈, 사건을 조망
	사회적 행동 접근법	소수집단에 관련된 중요한 사회적 이슈들에 대해 의사결정을 내리고 실천함

기출선지 OX 정답 및 해설 p. 236　　　　　　　　　　　　　　　# 키워드

(1) 신자유주의 관점에 기초한 교육개혁은 교육에 대한 국가 역할을 축소하려고 한다. O | X

(2) 신자유주의 교육개혁은 학교 민영화를 통해 비효율적 요소를 개혁하려고 한다. O | X

(3) 학교선택제는 교육수요자의 교육권을 존중하기 위한 제도이다. O | X

(4) 뱅크스는 특정 인종이나 민족 또는 소외받은 자만을 대상으로 교육하는 것을 다문화교육의 목적으로 제시하였다. O | X

(5) 뱅크스는 학생들에게 다른 문화의 관점을 통해 자신의 문화를 바라보게 함으로써 자기 이해를 증진시키는 것을 다문화교육의 목적으로 제시하였다. O | X

대표 기출문제

문 1. 신자유주의적 관점과 관계가 먼 교육정책은?
[2008년 국가직 7급]

① 교육기관과 교육자의 자율성을 확대시켜 나가야 한다.
② 교육서비스 내용에 대한 피교육자의 선택이 확대되어야 한다.
③ 교사들 간 및 학교들 간의 경쟁의 도입과 확대가 필요하다.
④ 우수인재 양성을 위해 교육에 대한 정부의 간섭은 불가피하다.

문 2. 뱅크스(Banks)의 다문화교육을 위한 교육과정 접근법에 해당하지 않는 것은? [2024년 지방직 9급]

① 기여적 접근
② 변혁적 접근
③ 동화주의적 접근
④ 의사결정 및 사회적 행동 접근

CHAPTER 04 교육과정

출제빈도 분석

테마	출제 포인트	구분	2025	2024	2023	2022	2021	2020	2019	2018	2017	2016
교육과정의 이해	교육과정 연구의 관점	심화								지9급		
	공식적 교육과정	기본									지9급	
	실제적 교육과정	심화										
	잠재적 교육과정	기본	국9급			국7급		지9급		국9급	국9급	
	영 교육과정	기본			지9급		국9급					지9급
교육과정 유형	교과중심 교육과정	심화										국7급
	경험중심 교육과정	기본										국9급
	학문중심 교육과정	기본	지9급	국7급	지9급	국9급 국7급			지9급			지9급
	인간중심 교육과정	심화		국7급					지9급			
	최근의 유형	심화										
교육과정 개발과 실행	보비트의 교육과정 연구	심화		지9급			국7급					
	타일러의 교육과정 개발 모형	기본		지9급 국9급	국9급	지9급	국7급	국9급	국9급	국7급	지9급	
	타바의 단원개발 모형	심화										
	스킬벡의 학교중심 모형	심화										
	위긴스의 백워드 모형	심화					국7급					
	워커의 자연주의적 모형	심화									국9급	
	아이스너의 예술적 모형	심화		국7급			국7급					
	교육과정 실행 모형	심화										
우리나라의 국가 교육과정	교육과정 시기별 특징	심화					지9급 국9급 국7급		국7급	지9급 국9급	국9급	국9급
	2022 개정 교육과정	기본		지9급 국9급								

1 교육과정의 이해 1

핵심내용 정리

88. 교육과정 연구의 관점

◆ 교육과정 연구의 관점 변화

개발 (전통주의)	- 교육과정 개발을 위한 합리적 처방 제시에 관심 - 보비트 : 교육과정학 정립, 교육과정의 과학화 - 타일러 : 교육과정 개발의 합리적 모형 제시 - 브루너 : 지식의 구조, 학문중심 교육과정
실제 (개념-경험 주의)	- 교육과정의 실제를 이해하기 위한 개념 형성 - 슈왑 : 타일러 등의 합리적·이론적 접근 비판, 교육과정 연구에 실제적 탐구 방법 도입 - 워커 : 자연주의 교육과정 모형 제시
이해 (재개념주의)	- 교육과정 문제의 복합성을 이해하는 데 관심 - 파이너 : 실존적·현상학적 접근, 자서전적 텍스트로서의 교육과정 탐구, 인간의 내적 경험과 의미 이해 - 애플 : 구조적·비판적 접근, 정치텍스트로서의 교육과정 탐구, 이데올로기 분석 - 아이스너 : 예술적 접근, 심미적 텍스트로서의 교육과정 탐구

◆ 파이너의 교육과정 연구

교육과정		학생 개개인이 갖는 실존적 체험과 그것의 의미를 형성해 나가는 과정(쿠레레의 동사적 의미)
교육과정 연구 [이해]		- 학생의 내면세계에 보다 가까이 다가가기 위해 학생 자신의 전기적 상황에 주목 - 개인의 경험의 본질을 탐구하기 위한 현상학적·자서전적 방법으로서 '쿠레레 방법' 제시
쿠레레 방법의 절차	회귀	자신의 실존적 경험을 회상하면서 상세히 묘사함(과거의 현재화)
	전진	자유연상을 통해 아직 현실화되지 않은 미래의 모습을 상상해 봄(미래에 대한 논의)
	분석	과거·미래·현재 사이 간의 복잡한 관계를 탐구함(현재로의 복귀)
	종합	내면의 소리에 집중하고, 자기에게 주어진 현재의 의미를 자문함(현재적 의미 형성)

기출선지 OX 정답 및 해설 p. 237   # 키워드

(1) 미국에서 1970년대부터 시작된 교육과정의 재개념화 운동은 과학적 합리주의에 바탕을 둔 교육과정 이론을 개발하였다. ○ | ×

(2) 교육과정 '이해' 패러다임은 교육과정 개선을 위한 처방적 원리보다 교육과정 문제의 복합성에 더 관심을 갖는다. ○ | ×

(3) 교육과정 '이해'의 패러다임은 교육과정 '개발' 패러다임의 행동주의와 과학주의를 비판한다. ○ | ×

(4) 타일러는 인간의 내면세계에 보다 가까이 다가가기 위해 학생 자신의 전기적 상황에 주목하는 쿠레레(currere) 방법을 제시하였다. ○ | ×

대표 기출문제

문 1. 미국에서 1970년대부터 시작된 교육과정의 재개념화(reconceptualization)에 대한 옳은 설명은? [2014년 지방직 9급]

① 교육과정 설계와 개발을 위한 이론 체계를 제시하였다.
② 과학적 합리주의에 바탕을 둔 교육과정 이론을 개발하였다.
③ 사회과학적 방법을 통한 지식의 구조화를 통해 교육과정 내용을 이론화하였다.
④ 해석학이나 현상학 같은 다양한 방법론을 교육과정 연구에 적용하였다.

문 2. 다음 내용과 가장 관련이 깊은 학자는? [2018년 지방직 9급]

- 교육과정이란 교육 속에서 개인들이 갖는 경험의 의미와 성질을 탐구하는 것이다.
- 교수(teaching)는 학생들이 자신의 경험을 이해하고 해석하는 학습활동에 적극적으로 임할 수 있도록 안내하고 조력해 가는 과정이다.
- 인간의 내면세계에 보다 가까이 다가가기 위해 학생 자신의 전기적(biographical) 상황에 주목하는 쿠레레(currere) 방법을 제시하였다.

① 보빗(F. Bobbit)
② 파이너(W. Pinar)
③ 타일러(R. W. Tyler)
④ 브루너(J. S. Bruner)

2. 교육과정의 이해 2

핵심내용 정리

출포 89. 교육과정의 개념

◆ 교육과정의 일반적 의미

교과과정 (교수요목)	– 학교에서 가르치는 교과의 목록 또는 교과에 담긴 교육내용('계획된' 교육과정) – 예 국어, 영어, 수학 등의 교과과정
교육활동의 계획	– 교육목적과 교육내용, 교육방법, 평가 등 교육활동을 위한 계획('계획된' 교육과정) – 예 국가 수준 교육과정, 교사 수업지도안 등
의도된 학습결과	– 학생들이 학교교육을 통해 달성하도록 계획된 학습결과의 총체('계획된' 교육과정) – 예 과목별 최소 성취기준, 행동목표
학습경험의 총체	– 학교 또는 교사의 지도하에 학생들이 겪게 되는 모든 경험('실현된' 교육과정) – 예 교육내용과 교육방법이 결합된 형태

출포 90. 교육과정의 존재형식(차원)

◆ 공식적 교육과정과 실제적 교육과정

공식적 교육과정		– 공식적으로 표명된 교육과정, 형식적 문서 형태로 제시되는 교육과정 – 국가 교육과정 문서, 시·도교육청의 교육과정 편성 및 운영지침, 학교의 교육과정 운영계획서, 교과서, 수업지도안 등으로 표현 – 예 문학수업에서 소설을 읽고 현대 소설의 특징을 이해하게 하였다.
실제적 교육과정	계획	– 계획된 교육과정 : '공약된', '의도된', '문서화된' 목표 또는 계획으로서의 교육과정
	과정	– 가르친 교육과정 : 교사에 의해서 교수활동으로 '실천된' 교육과정(교사 간, 학교 간 차이 존재)
	결과	– 학습된 교육과정 : 학생들이 학습의 결과로서 '성취된' 또는 '실현된' 교육과정(학생 개인차 존재) – 평가된 교육과정 : 다양한 유형의 시험을 통해 '평가된' 교육과정(실제적 영향이 매우 큼)

◆ 잠재적 교육과정과 영 교육과정

잠재적 교육과정 [잭슨]	– 공식적으로 계획하지 않았으나, 학교생활을 하는 동안 학생들이 은연중에 배우는 교육과정 – 주로 태도나 가치, 행동방식과 같은 정의적인 내용이며, 바람직하지 않은 교육내용도 포함 – 학교의 상과 벌, 평가, 사회적 관행, 교사의 인격, 학교풍토와 문화 등을 통해 전달됨 – 예 같은 한자를 30번씩 쓰는 숙제 때문에 한문을 싫어하게 되었다.
영 교육과정 [아이스너]	– 배울만한 가치가 있음에도 불구하고, 공식 교육과정에서 의도적으로 배제된 학습경험이나 교육내용 – 영 교육과정의 분석을 통해 현재 교육과정의 문제점을 발견할 수 있음 – 실용적 지식, 심미적인 예술 교과, 지배계층의 이해관계에 반대되는 내용 등이 대표적 사례 – 예 일본의 역사교과서에서 한국에 대한 식민지배 내용을 의도적으로 포함시키지 않았다.

◆ 잭슨의 『아동의 교실생활』(1968)

개요		– 초등학교 아동들의 교실 생활에 대한 질적 연구 – 학생들은 교실에서 생활하면서 '군집, 상찬, 권력 속에서 살아가는 방법'을 배움
잠재적 교육 과정	군집	– 학교는 다양한 가정환경에서 자란 아이들이 한 장소에 모여 어울려 생활하는 곳 – 집단 내에서 인내하며 사는 방법을 배움
	상찬	– 학교는 끊임없이 평가가 이루어지는 곳 – 공개적으로 평가받는 것에 익숙해지며, 상찬을 받기 위해 어떻게 행동해야 하는지를 배우게 됨
	권력	– 학교는 조직 내의 권위관계에 따라 행동하는 곳 – 교사의 권위를 인정하면서 규칙과 규정 및 관례에 따라 살아가는 방법을 배움

기출선지 OX 정답 및 해설 p. 237   # 키워드

(1) 교육과정을 수업을 통해 실현된 학습경험으로 본다면 교육과정은 학생마다 다를 수 있다. ○ | ×

(2) 공식적 교육과정이란 공적 문서 속에 기술되어 있는 교육계획으로서의 교육과정이다. ○ | ×

(3) 잠재적 교육과정에서는 문서 속에 담긴 교육계획이 중요한 의미를 가진다. ○ | ×

(4) 잠재적 교육과정이란 학교가 의도하지는 않았지만 학생이 학교에서 생활을 하는 동안 은연중에 배우게 되는 내용을 말한다. ○ | ×

(5) 잠재적 교육과정에는 바람직한 것뿐 아니라 바람직하지 못하다고 판단되는 것도 포함된다. ○ | ×

(6) 실생활의 군집성, 상찬, 권력구조 등이 학생들의 행동과 학습결과에 미치는 영향을 설명하면서, 잠재적 교육과정의 개념을 제시한 인물은 잭슨이다. ○ | ×

(7) 영 교육과정은 교육적 가치가 있음에도 불구하고 공식적 교육과정에서 배제된 교육과정이다. ○ | ×

(8) 영 교육과정은 아이즈너가 제시한 개념으로, 교육적 가치가 있음에도 불구하고 학교에서 학생들이 학습할 기회를 갖지 못하는 내용이다. ○ | ×

(9) 수업시간에 배운 한자를 30번씩 써 오라는 숙제 때문에 한문을 싫어하게 된 것은 영 교육과정을 설명하는 사례이다. ○ | ×

대표 기출문제

문 1. (가)~(다)에 해당하는 교육과정의 개념을 바르게 짝지은 것은? [2017년 지방직 9급]

(가) 교육적 가치가 있는 내용임에도 불구하고 학교 교육과정에서 배제하여 가르치지 않았다.
(나) 국가 교육과정과 시·도 교육청 교육과정 편성·운영 지침에 의거해 학교교육과정을 편성하였다.
(다) 학교교육과정에서 계획하거나 의도하지 않았지만, 교육과정이 전개되는 동안 학생들은 바람직하지 못한 가치와 태도도 은연중에 배우게 되었다.

	(가)	(나)	(다)
①	잠재적 교육과정	공식적 교육과정	영 교육과정
②	잠재적 교육과정	영 교육과정	공식적 교육과정
③	영 교육과정	잠재적 교육과정	공식적 교육과정
④	영 교육과정	공식적 교육과정	잠재적 교육과정

문 2. 다음과 관련된 교육과정은? [2020년 지방직 9급]

- 교실풍토의 영향
- 잭슨(Jackson)
- 군집, 상찬, 평가 등이 학생의 삶에 미치는 영향
- 학생에게 무(無)의도적으로 전달되는 교육과정

① 공식적 교육과정
② 영 교육과정
③ 잠재적 교육과정
④ 실제적 교육과정

3 교육과정의 유형

핵심내용 정리

출포 91. 교육과정의 유형 개관

구분	교과중심 교육과정	경험중심 교육과정	학문중심 교육과정	인간중심 교육과정
발달시기	1920년대 이전	1930~1950년대	1960~1970년대	1970~1980년대
대표적 사례	전통적 자유교양교육	진보교육협회의 실험학교	브루너의 교육과정안	니일의 서머힐 학교
철학적 배경	본질주의, 항존주의	진보주의	본질주의, 구조주의	실존주의, 인본주의
교육과정의 개념	문화유산을 체계적으로 정리해 놓은 교과과정	학교의 지도하에 학생들이 갖게 되는 경험의 총체	지식의 구조의 탐구 과정을 돕는 교육활동계획	교육의 과정 속에서 생성되는 경험의 총체
교육목적	문화유산 및 가치 전수	아동의 잠재능력 육성, 성장	탐구적 사고능력의 계발	자아실현, 전인적 인간 형성
교육내용	전통적 교과, 고전교과	아동의 경험, 실생활 문제	교과의 '지식의 구조'	삶 그 자체, 실존적 경험
내용 조직원리	논리적 순서와 체계에 따르는 논리적 배열	아동의 흥미, 능력, 요구에 의한 심리적 배열	지식의 구조를 심화·확장하며 반복 제시	삶의 총체성을 포괄할 수 있도록 균형적으로 구성
조직형태	분과형 교육과정	통합형(중핵) 교육과정	나선형 교육과정	통합형 교육과정
교육방법	교사 설명, 반복 연습	문제해결학습, 프로젝트법	발견학습, 탐구수업	반성, 존중, 공감적 이해
교사의 역할	지식의 전달자, 관리자	학습의 조력자, 촉진자	학습모델, 정보제공자	동등한 실존적 존재, 촉진자

출포 92. 경험중심 교육과정

등장 배경	- 이론적·학문적 지식 위주, 실제적 문제해결에 도움이 되지 않는 학교 교과에 대한 비판 - 학생중심, 경험중심, 생활중심 교육을 표방하는 진보주의 교육사조의 영향으로 등장 - 듀이의 경험주의 학습이론 : 경험의 재구성을 통한 성장, 반성적 사고를 통한 문제해결
교육 목적	- 교육은 아동이 성장하는 과정으로서, 개개인의 타고난 능력을 육성하는 데 목적이 있음
교육 내용	- 교육과정은 사전에 계획되는 것이 아니라 교사와 학생, 환경 간의 상호작용의 과정에서 생성되는 학습경험의 총체(생성 교육과정) - 교과는 생활 속에서 접하는 문제해결의 수단, 학생의 실생활이 교육내용의 중심이 되어야 함
중핵 교육 과정	- 학생들에게 중요한 주제나 영역을 중핵(core)으로 설정하고, 주변에 여러 교과의 내용을 통합적으로 조직하는 교육과정 - 진로교육 중심의 통합수업, 지역환경문제 중심의 통합수업, STEAM 교육과정
경험 학습	- 학생들이 문제를 해결하는 과정을 통해 학습 - 학생들이 자발적으로 참여하고 주도하는 수업 ["행함으로써 배운다(Learning by Doing)"]

출포 93. 학문중심 교육과정

등장 배경	- 스푸트니크 호 쇼크 이후, 진보주의 교육의 반지성주의 경향에 대한 학계의 비판 거세짐 - 브루너를 중심으로 학문적 탐구능력 계발을 위한 교육과정 개혁 운동 전개
교육 목적	- 학습자 스스로 지식(개념, 원리 등)을 발견할 수 있는 탐구 능력의 개발
교육 내용	- 지식의 구조 : 교과가 속한 학문의 핵심적인 개념 및 원리를 구조화한 것 - 교육적 가치 : 경제성(교과내용의 정련화), 전이성(다양한 상황에 적용 가능), 계속성(학문적 지식과 학교지식 간의 격차 해소)
나선형 교육 과정	- 모든 학년에서 지식의 구조를 중심으로 가르치되, 수준을 달리하여 심화·확장하여 제시 - 단점 : 동일 주제가 심화 확대되면서 지나치게 어려워질 가능성이 있음
표상 양식 발달	- 작동(행동)적 표상양식 : 운동 반응을 통해 표현 - 영상적 표상양식 : 시각적 이미지를 활용 - 상징적 표상양식 : 언어 등 추상적 상징 활용
발견 학습	- 핵심적인 개념과 원리에 대한 심층적인 학습 - 학생이 스스로 지식을 발견하는 학습 강조 - 내적 보상에 의한 학습동기 유발이 중요

기출선지 OX 정답 및 해설 p. 237

키워드

	O	X
(1) 교과중심 교육과정은 문화유산의 전달을 목적으로 하는 내용을 논리적으로 체계화하여 교과로 분류한다.	O	X
(2) 경험중심 교육과정은 학습자의 삶과 관련이 있는 다양한 경험을 주된 교육내용으로 삼는다.	O	X
(3) 경험중심 교육과정은 아동의 성장과 발달에 목적을 둔다.	O	X
(4) 경험중심 교육과정은 교육과정이 사전에 계획되는 것이 아니라 교육의 과정에서 생성되는 것으로 본다.	O	X
(5) 학문중심 교육과정은 전통적으로 내려오는 가치와 문화의 전수를 교육과정의 핵심으로 본다.	O	X
(6) 학문중심 교육과정은 핵심적인 아이디어 또는 기본적인 원리 및 개념을 중시한다.	O	X
(7) 교과의 구조란 각 교과가 모태로 삼고 있는 학문 분야의 기본적인 아이디어나 개념 및 원리를 말한다.	O	X
(8) 지식의 구조를 학습하는 것을 통해 초보 수준의 지식과 고등 수준의 지식 간의 간극을 좁힐 수 있다.	O	X
(9) 브루너가 제안한 나선형 교육과정은 학문의 공통된 내용을 수준을 달리하여 반복적으로 학습하는 것과 관련 있다.	O	X
(10) 인간중심 교육과정은 개인적 의미의 중요성을 강조하고 전인적 발달을 추구함으로써 학습자의 자아실현을 돕는다.	O	X

대표 기출문제

문 1. 교육과정 유형에 대한 설명으로 옳지 않은 것은? [2022년 국가직 9급]

① 경험중심 교육과정은 아동의 성장과 발달에 목적을 둔다.
② 교과중심 교육과정은 교사 중심의 설명식 교수법을 요구하는 경우가 많다.
③ 학문중심 교육과정은 전통적으로 내려오는 가치와 문화의 전수를 교육과정의 핵심으로 본다.
④ 인간중심 교육과정은 개인적 의미의 중요성을 강조하고 전인적 발달을 추구함으로써 학습자의 자아실현을 돕는다.

문 2. 학문중심 교육과정에 대한 설명으로 옳지 않은 것은? [2023년 지방직 9급]

① 경험을 통한 생활적응학습을 강조한다.
② 지식의 구조를 중요시한다.
③ 나선형 교육과정으로 내용을 조직한다.
④ 발견학습을 강조한다.

4 교육과정의 개발과 실행 1

핵심내용 정리

94. 타일러의 교육과정 개발 모형

◆ 타일러 모형의 개관

특징	- 처방적: 교육과정 개발자가 따라야 할 합리적 절차 제시 - 공학적: 순차적·단계적인 공학적 과정 제시, 효율성 중시 - 가치중립적: 교육과정 개발은 탈역사적, 가치문제 배제 - 목표중심: 목표에 근거하여 학습경험 선정·조직, 평가 실시
의의	- 교육과정 개발 절차를 체계적으로 제시 - 교육목표의 효율적 달성을 중시함 - 교육과정에 대한 다양한 요구를 균형 있게 고려
한계	- 교육과정 개발 과정을 지나치게 단순화하고 가치문제를 배제함 - 특정한 학습목표나 학습경험의 선정 기준을 제시 못함 - 비가시적 학습목표, 수업의 부수적·생성적 결과 간과

◆ 교육과정 개발의 절차

교육목표 설정	- 교육목표의 원천(학습자, 사회, 교과의 요구)을 조사하여 잠정적 교육목표 설정 - 교육철학과 학습심리학이라는 체에 걸러서 최종적인 교육목표 설정
학습경험 선정	- '기회, 만족, 가능성, 다경험, 다성과의 원리'에 따라 학생들에게 제공해야 할 학습경험 선정
학습경험 조직	- '계속성, 계열성, 통합성의 원리'에 따라 선정된 학습경험을 체계적으로 조직
학습성과 평가	- 교육목표 달성 여부 및 수준 확인 - 평가의 결과를 활용하여 교육목표 수정·보완

◆ 교육목표의 진술 방법

이원적 진술	- 내용요소와 행동요소를 포함하여 이원적으로 진술 - 학습내용을 목적어로, 도달점 행동을 동사로 진술
행동적 진술	수업의 종료 시점에서 학습자가 할 수 있어야 하는 행동을 명시적으로 진술 (교수·학습 활동 기술×)
예시	비례 대표제의 장점과 단점을 열거할 수 있다.

◆ 학습경험 선정의 원리

기회	특정 교육목표를 달성하기 위해 필요한 학습경험을 해 볼 수 있는 기회를 제공해야 함 (합목적성)
만족	학생들이 학습 과정 속에서 만족을 느낄 수 있는 학습경험을 제공하도록 함(흥미, 필요)
가능성	학생에게 요구되는 행동이 현재의 능력, 성취, 발달 수준에 맞는 것이어야 함(능력, 수준)
다경험	하나의 교육목표를 달성하는 데 도움이 되는 여러 가지의 학습경험을 활용하도록 함 (다양성)
다목표	하나의 학습경험을 통해 여러 가지 목표를 동시에 달성할 수 있는 경험을 선정하도록 함 (경제성)

◆ 학습경험 조직의 원리

계속성	동일한 개념이나 원리가 여러 학년에서 걸쳐 반복하여 가르치도록 조직할 것
계열성	교과의 위계적·논리적 순서에 따라 심화·확대되도록 조직하는 것 예 단순 → 복잡, 친숙 → 낯선, 전체 → 부분, 구체 → 추상, 가까운 → 먼, 역사적 발생 순서대로 등
통합성	여러 교육내용을 하나의 교과나 단원으로 함께 통합하여 조직하는 것

기출선지 OX   정답 및 해설 p. 238   # 키워드

(1)	타일러는 교육과정을 교육목적, 교육내용, 교육방법, 학습활동까지 포함하는 경험으로 파악한다.	O X
(2)	타일러가 개념화시킨 교육과정 개발의 네 가지 단계는 "교육목표 설정 – 학습경험의 선정 – 학습경험의 조직 – 학습자평가"이다.	O X
(3)	타일러의 교육과정 개발 모형은 교육과정 개발자들이 따라야 할 절차를 제시하는 합리적·처방적 모형이다.	O X
(4)	타일러의 교육과정 개발 모형은 기계적이고 절차적인 모형이라는 비판을 받았다.	O X
(5)	타일러의 모형에서 교육목표를 설정할 때 학습자, 사회, 교과를 균형 있게 고려한다.	O X
(6)	타일러는 교육목표를 인지적 영역, 정의적 영역, 심동적 영역으로 구분하였다.	O X
(7)	타일러는 교육과정 개발 과정에서 지식의 구조를 중시할 것을 강조하였다.	O X
(8)	타일러가 제시한 기회의 원리는 교육목표가 의미하는 행동을 학생 스스로 해 보는 기회를 가지게 하는 것을 의미한다.	O X
(9)	통합성의 원리는 타일러가 제시한 학습경험 선정의 일반적 원리에 해당하지 않는다.	O X
(10)	학습내용과 경험의 여러 요소가 그 깊이와 너비가 점진적으로 증가되도록 조직하여야 한다는 것은 계속성의 원리에 해당된다.	O X

대표 기출문제

문 1. 〈보기〉는 타일러(R. Tyler)의 교육목표 설정 절차에 대한 것이다. 그 순서가 올바른 것은?
[2017년 지방직 9급]

〈보기〉
㉠ 잠정적인 교육목표를 진술한다.
㉡ 교육철학과 학습심리학이라는 체에 거른다.
㉢ 학습자, 사회, 교과의 세 자원을 조사·연구한다.
㉣ 행동의 변화를 명시한 최종 교육목표를 진술한다.

① ㉠ → ㉡ → ㉢ → ㉣
② ㉠ → ㉢ → ㉡ → ㉣
③ ㉢ → ㉠ → ㉡ → ㉣
④ ㉢ → ㉡ → ㉠ → ㉣

문 2. 타일러(Tyler)가 제시한 학습경험 선정의 일반적 원리에 해당하지 않는 것은? [2021년 국가직 7급]

① 다성과의 원리
② 가능성의 원리
③ 통합성의 원리
④ 만족의 원리

문 3. 다음에서 설명하는 교육내용의 조직 원리는?
[2022년 지방직 9급]

- 학습내용과 경험의 여러 요소는 그 깊이와 너비가 점진적으로 증가되도록 조직된다.
- 예를 들어 단순한 내용에서 복잡한 내용으로, 친숙한 내용에서 친숙하지 않은 내용으로, 선수학습에 기초해서 다음 내용으로, 사건의 역사적 발생의 순서대로, 구체적인 개념에서 추상적인 개념으로 내용을 조직할 수 있다.

① 적절성
② 스코프
③ 통합성
④ 계열성

5 교육과정의 개발과 실행 2

핵심내용 정리

출포 95. 스킬벡의 학교중심 교육과정 개발 모형

상황 분석	– 외적 요인: 학부모의 기대, 지역사회의 가치, 교육정책, 교과내용, 시험제도 등 – 내적 요인: 학생들의 적성과 능력, 교사의 태도와 능력, 학교의 풍토와 시설장비 등
목표 설정	– 바람직한 교육활동의 방향 설정 – 기대되는 학습성과의 구체적 진술
프로그램 구성	– 교사 참여 교육과정 설계(교수·학습 활동 설계, 시설 환경 설계, 역할 분담 등)
해석과 실행	– 교육과정 변화로 인한 문제점 예측 및 대비
모니터링 등	– 교육과정 실행 과정에 대한 모니터링, 평가, 피드백, 교육과정 재구성 등

출포 96. 위긴스와 맥타이의 백워드 설계 모형

학습목표 설정	– 기대하는 교육결과 확정 – 핵심적 개념(빅 아이디어)를 중심으로 가르치며, 이에 대한 '영속적 이해' 형성 강조 – 영속적 이해의 수준: (저) 설명 – 해석 – 적용 – 관점 – 공감 – 자기지식 (고)
평가계획 수립	– 수용할 만한 증거의 결정 – 평가과제의 설계와 개발('참평가' 강조, GRSPS 모형)
수업활동 계획	– 학습경험과 수업내용의 선정 및 조직 – 수립된 평가계획을 실행하기에 가장 알맞은 수업활동을 계획(WHERETO 모형)

출포 97. 워커의 자연주의적 모형

특징		– 실제 상황 속에서 교육과정이 개발되는 과정을 묘사한 기술적 모형 – 다양한 의견이 타협되고 조정되는 과정 강조
개발 절차	강령	참여자들의 기본 입장을 표방하고 논의를 위한 공감대를 형성하는 단계
	숙의	집단적 대화와 논쟁을 통해 여러 교육과정 대안들 중에서 가장 적절하고 현실적인 대안을 선택하는 단계
	설계	선택된 교육과정 대안을 구체적인 프로그램 계획으로 만들고, 교육과정 문서로 변역하는 단계

출포 98. 아이스너의 예술적 모형

◆ 교육과정 개발 모형

특징	– 교육과정의 계획, 실행, 평가에 대해 예술적 접근방법을 취함(교육적 상상력, 질적 평가) – 교육과정에 개입되어 있는 정치적 이해관계와 갈등 문제를 고려(영 교육과정)
개발 절차	교육목표 설정 → 교육내용 선정 → 학습기회 개발 → 내용·기회 조직 → 제시·반응양식 개발 → 평가절차 적용

◆ 교육목표의 유형 분류

행동 목표	– 학습자의 행동 변화를 명세화하여 진술 – 예 덧셈 10문항을 10분 안에 풀 수 있다.
문제 해결 목표	– 다양한 해법이 가능한 문제 상황과 조건만 제시, 제시된 문제에 대한 해결책 발견 – 예 한정된 예산으로 학습효과가 높은 책들을 구입한다.
표현적 결과	– 다양한 성과가 가능한 학습경험 제시, 사전에 계획하지 못한 바람직한 교육성과 포함 – 예 친구들과 동네 빈 공간에 벽화를 그린다.

◆ 예술적 비평으로서의 평가

평가의 개념	– 교육평가 = 예술작품 비평 – 질적 평가, 감상과 비평, 총체적 평가
평가자의 전문성	– 교육적 감식안: 평가대상의 미묘한 차이를 인식하고 교육적 가치를 이해하는 능력 – 교육적 비평 능력: 공적인 언어로 평가대상의 특질을 표현할 수 있는 능력

출포 99. 교육과정의 실행

◆ 스나이더의 교육과정 실행 관점 구분

	효과적인 교육과정 실행
충실도 관점	당초에 계획된 교육과정을 수용하고 계획된 의도에 맞게 충실하게 이행하는 것
상호적응 관점	학교와 교실 상황, 학생의 수준 등에 맞게 계획된 교육과정을 융통성 있게 조정하는 것
생성(형성) 관점	학생의 요구를 중심으로 교사와 학생이 함께 교육과정을 창의적으로 창출하는 것

기출선지 OX
정답 및 해설 p. 238   # 키워드

(1) 스킬벡이 제안한 학교 중심 교육과정 개발 모형에서 교육과정 개발의 과정은 지속적이고 역동적인 성격을 지닌다.	O | X
(2) 위긴스와 맥타이의 백워드 설계 방식은 목표설정, 평가계획, 수업활동계획 순으로 설계한다.	O | X
(3) 위긴스와 맥타이가 제시한 이해중심 교육과정(백워드 설계)은 학습자의 요구와 상황 분석하기 단계를 포함한다.	O | X
(4) 워커(D. Walker)는 교육 수요자의 요구 분석에 기초하여 교육목표를 설정하고, 체계적 절차를 따르는 교육과정 개발 모형을 제안하였다.	O | X
(5) 워커는 실제 교육현장에서 이루어지는 교육과정 개발 과정을 3단계로 제시하였다.	O | X
(6) 아이스너는 행동적 목표에 대한 보완으로 표현적 결과(expressive outcomes)를 고려해야 한다고 주장하였다.	O | X
(7) 아이스너의 교육과정 이론에서는 학습기회의 유형을 개발할 때 교육적 상상력을 동원해야 한다고 주장하였다.	O | X
(8) 아이스너는 교육적 감식안에 토대한 표준화 검사가 필요하다고 보았다.	O | X
(9) 국가가 정한 교육과정이 얽매이기보다는 교사가 창의적으로 교육내용을 만들어서 가르치는 것이 중요하다고 보는 관점은 충실도의 관점에 해당한다.	O | X

대표 기출문제

문 1. 위긴스(Wiggins)와 맥타이(McTighe)가 제시한 이해중심교육과정(백워드 설계)의 세 가지 설계 단계에 해당하지 않는 것은? [2021년 국가직 7급]
① 학습자의 요구와 상황 분석하기
② 바라는 결과 확인하기
③ 학습경험 계획하기
④ 수용 가능한 증거 결정하기

문 2. 교육과정 학자와 그의 업적이 바르게 연결된 것은? [2014년 지방직 9급]
① 워커(Walker) : 교육과정을 쿠레레(currere)의 관점으로 재개념화하였다.
② 보비트(Bobbitt) : '목표 설정 – 학습경험의 선정 – 학습경험의 조직 – 평가'의 교육과정 구성 요소를 밝혔다.
③ 파이너(Pinar) : 실제 교육현장에서 이루어지는 교육과정 개발 과정을 3단계로 제시하였다.
④ 아이즈너(Eisner) : 예술 교육과 교육과정에 대한 질적인 연구를 시도하였다.

6. 우리나라의 국가 교육과정

핵심내용 정리

 100. 교육과정 개발 체제의 이해

	중앙집권적 체제	지방분권적 체제
개념	국가가 교육과정의 개발과 평가를 담당, 지역과 학교는 교육과정의 운영 역할만을 담당하는 체제	교육과정의 개발, 운영, 평가의 모든 활동이 해당 지역이나 단위 학교에서 이루어지는 체제
장점	- 전국 수준의 표준화된 교육과정 유지 - 지역별 교육과정 개발의 비용과 시간 절감 - 교육의 책무성 강화, 국제경쟁력 제고	- 지역 실정에 적합한 교육과정 편성·운영 - 단위 학교 및 교사의 자율성과 책무성 제고 - 지역인재를 양성하여 국가발전에 기여
단점	- 교육과정 운영의 획일화·경직화 - 지역, 학교, 학습자의 특수성에 부합하는 교육과정 운영의 어려움 - 교육과정에서 교사 소외(교사배제 교육과정)	- 질 높은 교육과정 개발이 어려움 - 지역 간·학교 간 교육과정의 일관성과 계속성 확보 어려움 - 지역 간·학교 간 교육격차의 심화 우려

 101. 교육과정 개정 시기별 특징

	개정의 방향	주요 개정 사항
1차	사회혼란 수습	- '교과과정'이란 용어 처음 사용 - 특별활동 최초 편성 - 교과중심 교육과정
2차	반공도덕 교육 강화	- '교육과정'으로 명칭 변경 - 총론과 각론으로 구분 편성 - 유치원 교육과정 최초 편성 - 경험중심 교육과정
3차	국민교육 이념 반영	- 국민교육헌장 이념 구현 - 중학교 [도덕]과 [국사]를 독립교과로 신설 - 학문중심 교육과정
4차	전인교육 강화	- 통합교육과정 도입(초 1~2 : 바른 생활, 슬기로운 생활, 즐거운 생활) - 진로교육 도입(중학교에 자유선택 과목 신설) - 인간중심 교육과정
5차	교육내용 적정화	- 기초교육 강화 - 입학적응교육 강화 : [우리들은 1학년] 신설 - 통합적 교육과정
6차	교육과정 결정의 분권화, 교육내용 적정화	- 국가-지역-학교 수준 교육과정 체제 수립 - 초등학교 : 교과 전담 교사제 - 중학교 : 필수교과 수 축소 - 고등학교 : 보통교과와 전문교과 구분 - 통합적 교육과정
7차	세계화·정보화 시대의 교육, 학생 중심 교육과정	- 국민공통기본교육과정(1~10학년) + 선택중심 교육과정(11~12학년) - 수준별 교육과정 도입(과목별로 단계형, 심화보충형, 과목선택형) - 학습자 중심 교육과정
2007 개정	수업시수 감축	- 교육과정 수시개정 체제 - 기본체제 유지, 수준별 교육과정 폐지 - 집중이수제 도입 등 학교 교육과정 편성권 확대
2009 개정	미래 사회가 요구하는 창의적인 인재 육성	- 총론 수준의 개정 - 공통 교육과정(초1~중3) + 선택 교육과정(고) - 학년군 및 교과군 도입 - 학교 교육과정의 자율성 강화 : 교과(군)별 시수 20% 범위 내에서 증감 - 창의적 체험활동 신설 (→ [우리들은 1학년] 폐지) - 학교 스포츠클럽 활동 신설 - 집중이수제 도입 : 학습부담 경감, 학기당 과목 수 8개 이내
2015 개정	미래사회 창의융합형 인재 육성, 역량중심 교육과정	- 핵심역량 개념의 도입 : 자기관리, 지식정보처리, 창의적 사고, 심미적 감성, 의사소통, 공동체 역량 - 초등학교 : 안전교육 강화 - 중학교 : 자유학기제 도입 - 고등학교 : 공통과목으로 통합사회, 통합과학 신설

핵심내용 정리

출포 102. 2022 개정 교육과정

◆ **교육과정 구성의 중점**

개정의 배경	− 디지털 전환, 기후변화, 인구변화 등 불확실성 증가 − 사회의 복잡성과 다양성 증가, 사회적 협력 필요 증가 − 학생 개개인에 맞는 맞춤형 교육에 대한 요구 증가 − 교육과정 자율화 및 분권화에 대한 요구 증가
교육과정 구성의 중점	− 자신의 삶을 스스로 이끌어가는 자기주도성 함양 − 학생 개개인의 인격적 성장 지원, 공동체 의식 함양 − 언어·수리·디지털소양에 대한 기초 소양 함양 − 학습자 특성과 진로 맞춤형 교육과정 체제 구축 − 교과 간 연계와 통합, 삶과 연계된 학습 강화 − 학생 참여형 수업, 과정 중심 평가, 학습의 질 개선 − 교육과정 자율화·분권화, 교육주체 간 협조체제 구축

◆ **추구하는 인간상과 핵심역량**

교육이념과 목적	− 홍익인간의 이념 아래 − 모든 국민으로 하여금 인격을 도야하고, 자주적 생활 능력과 민주시민으로서 필요한 자질을 갖추어 − 인간다운 삶을 영위하고, 민주 국가의 발전과 인류 공영의 이상을 실현할 수 있도록 함
추구하는 인간상	− 자기주도적인 사람 : 전인적 성장, 자아정체성, 진로 − 창의적인 사람 : 진취적 도전, 새로운 가치 창출 − 교양 있는 사람 : 문화적 소양, 다원적 가치, 문화 향유 − 더불어 사는 사람 : 공동체의식, 다양성 이해, 민주시민
핵심 역량	− 자기관리 역량 : 자아정체성, 자신의 삶과 진로 설계 − 지식정보처리 역량 : 지식과 정보, 비판적 탐구, 활용 − 창의적 사고 역량 : 다양한 분야 융합, 새로운 것 창출 − 심미적 감성 역량 : 공감적 이해, 문화적 감수성, 삶 성찰 − 협력적 소통 역량 : 타인 존중, 자신 표현, 상호협력 − 공동체 역량 : 지역·국가·세계, 개방적·포용적, 참여

◆ **공통 사항**

소프트웨어 교육 강화	− 모든 교과교육을 통한 디지털 기초소양 함양 • (초) 실과 + 학교자율시간 등 활용, 34시간 이상 편성 • (중) 정보 + 학교자율시간 등 활용, 68시간 이상 편성 • (고) 교과 신설, 다양한 진로 및 융합선택 과목 신설 ([데이터과학], [소프트웨어와 생활] 등)
안전 교육 강화	− 체험·실습형 안전교육으로 개선 • (초1~2) (종전) 「안전한 생활」 신설(64시간) (개선) 통합교과 주제와 연계(64시간) • (초3~고3) 다중밀집도 안전 포함, 체험실습형 교육
창의적 체험 활동	− 창의적 체험활동 영역 개선(4개 → 3개) : (종전) 자율활동, 동아리활동, 봉사활동, 진로활동 (개선) 자율·자치활동, 동아리활동, 진로활동

◆ **초등학교 교육과정**

입학초기 적응활동	− 입학초기적응활동은 창의적 체험활동 중심으로 실시(창의적 체험활동으로 실시하던 「안전한 생활」 폐지)
한글교육 강화	− 기초문해력 강화, 한글해득 강화를 위한 국어 34시간 증배
누리과정 연계	− 초등학교 교육과정과 누리과정의 연계 강화(즐거운생활 내 신체활동 강화)

핵심내용 정리

◆ **중학교 교육과정**

자유 학기제	− 자유학기제 영역, 시수 적정화 • 시수 : (종전) 170시간 → (개선) 102시간 • 영역 : (종전) 4개(진로탐색, 주제선택, 예술·체육활동, 동아리활동) → (개선) 2개(주제선택, 진로탐색) ※ 자유학기제 : 「초·중등교육법 시행령」에 명기(2015년부터 모든 중학교 의무 실시, 학생 참여형 수업 및 체험활동 운영)
학교스포츠 클럽	− 학교스포츠클럽활동 시수 적정화 • (시수) 136시간 → 102시간

◆ **고등학교 교육과정**

공통과목 신설 및 이수단위	− 공통과목 및 선택과목으로 구성 • 선택과목 : (종전) 일반선택, 진로선택 (개선) 일반선택, 진로선택, 융합선택으로 구분 • 진로선택, 융합선택 과목 재구조화, 맞춤형 교육
편성· 운영 기준	− 고교학점제 도입에 따른 교육과정 변경 ※ 고교학점제 : 학생들이 진로에 따라 다양한 과목을 선택·이수하고 누적학점이 기준에 도달할 경우 졸업을 인정받는 제도(2022년부터 전면 실시) − 이수학점 : (종전) 필수이수단위 94단위, 자율편성단위 86학점, 총 204단위 → (개선) 필수이수학점 84학점, 자율이수학점 90학점, 총 192학점 − 선택과목 : (종전) 기본단위 5단위(⅖단위 증감 가능) → (개선) 기본학점 4학점(1학점 내 증감 가능)
특성화고 교육과정	− 국가직무능력표준(NCS) 기반 교육과정 분류체계 − 신산업 및 융합기술 분야 인력양성 수요 반영

기출선지 OX   정답 및 해설 p. 238   # 키워드

(1) 2022 개정 교육과정에서는 학생 개개인의 인격적 성장을 지원하고, 사회 구성원 모두의 행복을 위해 서로 존중하고 배려하며 협력하는 공동체 의식을 함양한다.	O | X	
(2) 2022 개정 교육과정에서는 미래사회 핵심역량으로 자기관리, 지식정보처리, 창의적 사고, 심미적 감성, 의사소통, 공동체 역량을 제시하였다.	O | X	
(3) 2022 개정 교육과정에서는 초등학교 1~2학년의 학습부담을 줄이기 위하여 총 수업시간 수를 감축하였다.	O | X	
(4) 자유학기제 기간에는 중간고사, 기말고사, 수행평가 등의 평가를 실시할 수 없다.	O | X	
(5) 중학교의 장은 해당 학교 교원 및 학부모의 의견을 수렴하여 자유학기제의 실시 여부를 결정할 수 있다.	O | X	
(6) 2022 개정 교육과정에서 중학교 자유학기 활동으로는 진로탐색 활동, 주제선택활동, 예술·체육 활동, 동아리 활동이 있다.	O | X	
(7) 2022 개정 교육과정에서는 고등학교 공통과목으로 통합사회와 통합과학을 신설하였다.	O | X	
(8) 2022 개정 교육과정에 따르면, 교과별 평가 활동에 활용할 수 있는 다양한 평가방법, 절차, 도구 등을 개발하여 학교에 제공하는 것은 국가 수준의 지원 사항이다.	O | X	

대표 기출문제

문 1. 「2022 개정 교육과정」 총론에서 제시된 핵심 역량에 해당하지 않는 것은? [2021년 지방직 9급 변형]

① 세계시민 역량
② 자기관리 역량
③ 심미적 감성 역량
④ 창의적 사고 역량

문 2. 다음은 '2022 개정 교육과정'에서 교육과정 구성의 중점 중 일부이다. (가), (나), (다)에 들어갈 말을 바르게 연결한 것은? [2024년 국가직 9급]

- 학생 개개인의 (가) 성장을 지원하고, 사회 구성원 모두의 행복을 위해 서로 존중하고 배려하며 협력하는 공동체 의식을 함양한다.
- 모든 학생이 학습의 기초인 언어·수리·(나) 기초소양을 갖출 수 있도록 하여 학교 교육과 평생 학습에서 학습을 지속할 수 있게 한다.
- 다양한 (다) 수업을 활성화하고, 문제 해결 및 사고의 과정을 중시하는 평가를 통해 학습의 질을 개선한다.

	(가)	(나)	(다)
①	인격적	디지털	학생 참여형
②	인격적	외국어	학생 주도형
③	통합적	디지털	학생 주도형
④	통합적	외국어	학생 참여형

CHAPTER 05 교육방법 및 교육공학

출제빈도 분석

테마	출제 포인트		구분	2025	2024	2023	2022	2021	2020	2019	2018	2017	2016
교육공학과 교수체제 설계	교육공학의 이해		기본										
	교수체제 설계 모형	글레이저	심화				국9급						
		ADDIE	기본		국7급	지9급			국9급	지9급			국7급
		딕과 캐리	기본	국9급	지9급								지9급
	세부 절차	요구분석	심화										
		과제분석	심화										
		목표설정	기본		국9급				국7급				
교수설계 이론	교수설계의 3대 변인		심화						국7급				
	객관주의	캐롤	심화			국9급							국9급
		스키너											
		가네	기본	지9급 국9급		국7급			국9급		국9급	지9급	
		메릴	심화							국7급			
		브루너	기본			국7급			지9급				국9급
		오수벨	기본				지9급				국7급		
		켈러	기본		국9급			국9급			국9급		
	구성주의	개관	기본			국7급			지9급			국9급	
		조나센	심화										
		문제중심학습	기본			국7급	지9급			국7급		국7급	
		인지적 도제	기본					국7급	지9급	국9급			
		상황학습	기본					국7급		국9급			
		상보적 교수	심화										
		인지적 유연성	심화										

테마	출제 포인트		구분	2025	2024	2023	2022	2021	2020	2019	2018	2017	2016
교수·학습 방법	강의식 수업		심화								지9급		
	토의식 수업		심화				국7급						
	협동학습		기본					국9급	국7급				지9급
	개별화수업		심화										국9급
교수매체 활용	교수매체의 이해		기본								국9급		
	교수매체의 유형		기본			국9급							
	매체 활용	통신 모형	심화										
		ASSURE 모형	기본	지9급					국7급				국7급
뉴미디어 원격교육	유형	CAI	심화				국9급						
		이러닝	기본					국9급	지9급	국7급	지9급	국7급	
		스마트러닝	기본										
	이러닝 콘텐츠 개발		심화										
	이러닝 활용 수업	웹퀘스트	심화										
		GBS	심화										
		블렌디드/플립러닝	기본					지9급		국9급		지9급	
	교사의 TPACK		심화		국9급								

1 교육공학과 교수체제설계

핵심내용 정리

출포 103. 교육공학의 이해

정의	학습을 위한 과정과 자원의 설계, 개발, 활용, 관리 및 평가에 관한 이론과 실제에 관한 학문
구성 요소	- 설계 : 교수심리학과 체제이론, 학습경험 설계 - 개발 : 테크놀로지 기반 교수매체의 제작 - 활용 : 학습을 위해 절차나 자원을 사용하는 방법 - 관리 : 프로젝트 및 조직의 관리 - 평가 : 과정 및 산물에 대해 가치 부여
특징	- 체제적 접근 : 교육문제를 구성하는 제 구성요소들 간의 유기적인 상호작용을 강조 - 처방적 접근 : 실제적 교육문제의 해결을 위해 처방적 활동을 지향

출포 104. 일반적 교수체제설계(ADDIE) 모형

분석 (A)	- 학습요구 및 학습과 관련된 요인을 분석하는 단계 • 요구 분석 : 교육활동을 통해 해소할 수 있는 문제 규명, 교수목적 확인 • 학습자 분석 : 학습자의 지능, 적성, 선수지식, 학습동기와 태도 등 확인 • 환경 분석 : 기자재, 시설, 인력 등 수업에 영향을 미치는 환경 분석 • 직무 및 과제 분석 : 학습과제의 특성과 하위 요소 간의 관계 파악
설계 (D)	- 수업목표 설정과 수업계획 구체화를 통해 수업의 청사진을 수립하는 단계 • 학습목표 명세화 : 구체화·세분화된 수업목표 설정 • 평가도구 개발 : 수업목표 달성 여부를 판단할 수 있는 문항으로 개발 • 교수전략 및 교수매체 선정 : 수업내용을 어떻게 조직하고 제시할 것인지
개발 (D)	- 수립된 계획을 실제 수업에서 사용할 수 있도록 제작하는 단계 • 교수 프로그램 및 교수자료와 매체 제작 • 형성평가 실시 및 수정·보완
실행 (I)	- 개발된 교수 프로그램과 교수자료를 실제로 학습에 사용 및 관리하는 단계
평가 (E)	- 교수 프로그램과 교수자료의 효과성과 효율성을 평가하는 단계 • 총괄평가 실시 • 프로그램의 문제점 파악 및 수정사항 결정

출포 105. 딕과 캐리의 모형

특징	- 교수 프로그램 개발에 필요한 일련의 단계들과 그 단계들 간의 역동적인 관련성에 초점 - 교수설계자의 입장에서 10단계 모형 제시 (실행 단계 생략)

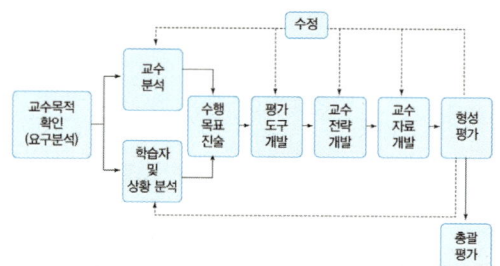

A	D	D	I	E
- 교수목적 확인 (요구분석) - 교수분석 (과제분석) - 학습자 및 상황분석	- 수행목표 진술 - 평가도구 개발 - 교수전략 개발	- 교수자료 개발 - 형성평가 실시 - 수정	×	총괄 평가 실시

기출선지 OX 정답 및 해설 p.239   # 키워드

(1)	교육공학은 학습을 위한 과정과 자원의 설계, 개발, 활용, 관리 및 평가에 관한 이론과 실제에 관한 학문이다.	O | X
(2)	일반적 교수체제 설계(ADDIE) 모형의 '분석 단계'에서는 요구 분석, 환경 분석, 학습자 분석, 직무 및 과제 분석을 실시한다.	O | X
(3)	체제적 수업 개발의 일반적 절차를 나타낸 모형에서 '평가도구를 작성해야 하는 단계'는 설계 단계이다.	O | X
(4)	체제적 교수설계(ADDIE) 모형에서 '개발(development)'단계에서는 수업에서 사용할 교수자료 및 매체를 제작한다.	O | X
(5)	교수설계절차인 ADDIE 모형 중 평가 단계에서는 평가도구를 제작하고 평가를 실시한다.	O | X
(6)	ADDIE 모형과 딕과 캐리 모형은 모두 형성평가나 파일럿 테스트를 실시하고 교수 프로그램을 수정하도록 한다.	O | X
(7)	딕과 캐리의 교수설계 모형은 교수설계자의 입장에 초점을 두어 개발된 모형으로, ADDIE 모형의 실행단계(Ⅰ)가 생략되어 있다.	O | X
(8)	요구사정, 교수분석, 학습자 및 상황 분석, 수행목표 진술, 평가도구 개발, 교수전략 개발, 교수자료 개발 및 선정, 형성평가 개발 및 시행, 교수 수정, 총괄평가 설계 및 시행의 10단계로 구성된 체제적 교수 모형은 딕과 캐리의 모형이다.	O | X

대표 기출문제

문 1. ADDIE모형에 대한 설명으로 옳지 않은 것은?
[2023년 지방직 9급]

① 분석 – 요구 분석, 학습자 분석, 환경 분석, 과제 분석 등이 실시된다.
② 설계 – 수행 목표 명세화, 교수전략 및 매체 선정 등이 실시된다.
③ 개발 – 설계명세서를 토대로 교수·학습 자료를 개발한다.
④ 평가 – 평가도구를 제작하고 평가를 실시한다.

문 2. 딕과 캐리(W. Dick & L. Carey)의 교수설계 모형에 대한 설명으로 옳지 않은 것은?
[2016년 지방직 9급]

① 교수설계자의 입장에 초점을 두어 개발된 체제적 교수설계 모형이다.
② 교수분석 단계에서는 수업목표의 유형을 구분하고 세부과제를 도출한다.
③ 수행목표 진술 단계에서는 학습자에게 기대되는 성과를 구체적으로 진술한다.
④ 각 단계명의 영어 첫째 글자를 조합하여 ASSURE 모형으로 명명하기도 한다.

2. 교수체제설계의 세부 절차

핵심내용 정리

106. 요구분석

개념	바람직한 상태와 현재 상태 사이의 차이의 분석을 통한 교수목적 도출 과정
절차	- 최적-실제 수행수준의 차이 분석 - 요구 발생의 원인 진단 - 문제해결의 우선순위 결정 - 교육 프로그램을 통해 해결할 문제 선정

107. 과제분석(가네)

개념	학습목표를 분석하여 학습내용의 요소와 단위를 분석하는 과정(목표 → 하위요소 순)	
분석 방법	유형	학습목표	분석방법
	군집분석	언어정보	동일 범주에 포함될 수 있는 요소들을 묶어 나감
	위계분석	지적기능	상위목표 달성을 위해 필요한 하위 요소를 분석
	절차분석	운동기능	수행의 과정을 세분화된 단계로 나누고 순서지음
	통합분석	태도	군집분석, 위계분석, 절차분석을 동시에 활용

108. 학습목표 설정

◆ 블룸의 인지적 교육목표 분류체계

분류 기준	- 인지과정의 복잡성 수준에 따라 위계화하고, 각 위계의 학습목표를 행위동사로 기술 - 하위 수준의 인지능력은 상위의 인지능력을 성취하기 위한 선행조건	
교육 목표 분류	지식	사실, 개념, 원리, 절차 등을 기억할 수 있는 능력
	이해	자료가 담고 있는 내용의 의미를 이해, 해석, 설명할 수 있는 능력
	적용	학습한 개념이나 원리를 구체적 상황에 적용할 수 있는 능력
	분석	전체를 구성하는 요소들을 확인하고, 구성요소들의 관계를 파악하는 능력
	종합	여러 요소들 간의 상호관련성을 파악하고 종합하여 원리를 찾아내는 능력
	평가	증거를 가지고 어떤 대상의 가치를 판단을 할 수 있는 능력

◆ 크래스월 등의 정의적 교육목표 분류체계

분류	정의적 목표의 내면화의 수준에 따라 위계적으로	
교육 목표 분류	감수	대상에 대해 주목하고 관심을 보임
	반응	능동적, 적극적으로 반응하려는 태세
	가치화	가치 판단하거나 선호를 결정한 상태
	조직화	가치 간의 위계 판단, 가치체계 구축
	인격화	자신의 가치로 받아들여 일관되게 행동

기출선지 OX

(1) 체제적 수업설계 과정에서 요구분석에서 요구란 최적의 수행수준과 실제 수행수준 사이의 격차(discrepancy)를 뜻한다.	O | X	
(2) 각 나라와 그 수도를 연결하여 암기하는 학습과제는 위계분석을 한다.	O | X	
(3) 다항식의 덧셈을 하는 학습과제는 상위목표에서부터 하위목표로 분석해 나간다.	O | X	
(4) 블룸의 인지적 영역 교육목표는 인지작용의 복잡성 정도에 따라 위계적으로 조직된다.	O | X	
(5) 크래스월의 교육목표 분류체계에서 정의적 영역 목표의 분류 준거는 다양성이다.	O | X	

정답 및 해설 p.239

키워드

대표 기출문제

문 1. 딕과 캐리(W. Dick & L. Carey)의 체제적 교수설계에서 제시하는 학습과제 분석에 대한 설명으로 옳은 것을 다음에서 모두 고른 것은? [2009년 중등]

> ㄱ. 최소공배수를 구하는 학습과제는 위계분석을 한다.
> ㄴ. 시간을 잘 지키는 태도를 기르는 학습과제는 군집분석을 한다.
> ㄷ. 각 나라와 그 수도를 연결하여 암기하는 학습과제는 통합분석을 한다.
> ㄹ. 다항식의 덧셈을 하는 학습과제는 상위목표에서부터 하위목표로 분석해 나간다.

① ㄱ, ㄴ ② ㄱ, ㄹ
③ ㄴ, ㄷ ④ ㄴ, ㄹ
⑤ ㄱ, ㄷ, ㄹ

문 2. 다음 설명에 해당하는 블룸(Bloom)의 교육목표 분류 범주는? [2023년 국가직 9급]

> • 복잡한 사상이나 아이디어의 구조를 파악하는 수준의 행동으로, 그 구성요소나 관계의 확인을 포함한다.
> • 이 범주에 속하는 목표 진술의 예로는 사실과 추론을 구분하기, 원인과 결과를 찾아내기 등이 있다.

① 적용 ② 평가
③ 종합 ④ 분석

3. 객관주의 교수설계이론 1

핵심내용 정리

출포 109. 라이겔루스의 교수설계의 3대 변인

교수의 조건	– 교사가 통제할 수 없는 주어진 상황 조건 – 교과내용의 특성, 수업의 목적, 학습자 특성, 제약조건(교수자료, 재정, 시설 등)
교수의 방법	– 교사가 통제할 수 있는 변인, 교수전략 – 조직 전략(미시/거시-수업내용 조직), 전달 전략(매체, 교사, 자료의 활용방식), 관리 전략(조직전략과 전달전략의 조합)
교수의 결과	– 교수활동의 최종 산물, 교수방법의 평가기준 – 효과성(학습목표의 달성도), 효율성(투입된 노력이나 비용), 매력성(학생의 흥미나 관심)

출포 110. 캐롤의 학교학습 모형

$$학습의\ 정도 = f\left(\frac{학습에\ 사용된\ 시간}{학습에\ 필요한\ 시간}\right)$$

$$= f\left(\frac{학습지속력,\ 학습기회}{적성,\ 수업이해력,\ 수업의\ 질}\right)$$

변인		주요 영향요인
학습에 사용된 시간	학습 지속력	학생의 학습동기
	학습기회	교사의 수업방식
학습에 필요한 시간	적성	학생의 과제 관련 기초적성, 선수학습 정도
	수업 이해력	학생의 일반지능, 언어능력
	수업의 질	교사의 설명방식, 수업내용 계열화, 피드백 활동

출포 111. 스키너의 프로그램 학습 이론

◆ 스키너의 프로그램 학습 이론

개요	– 체계적 강화의 원리와 계열적 내용조직의 원리에 바탕을 두고 구성된 수업
특징	– 목표 진술의 명확화, 학습단계의 세분화, 학습자의 반응에 대한 즉각적 처방 제시 강조

◆ 행동주의 교수설계의 원리

학습 목표	– 수업이 끝났을 때 학습자가 성취해야 하는 결과를 관찰 가능한 행동목표로 진술
수업 내용	– 학습목표 달성에 필요한 단계를 세분화 – 쉬운 것에서 어려운 것 순으로 점진적 제시
수업 방법	– 지속적인 평가와 피드백을 제공 – 외재적 동기를 유발할 수 있는 보상 전략 활용

출포 112. 가네의 학습조건 이론

◆ 가네의 수업설계 이론 개요

특징	– 행동주의와 인지주의(정보처리이론)의 아이디어를 종합하여 수업이론으로 체계화 – 학습자의 내적 인지과정을 돕는 외적 조건으로서 9가지 교수사태 제시 – 실제 수업을 계획할 때에는 순서를 변경하거나 일부를 생략할 수 있음 – 학습결과의 유형에 따라 학습조건(수업)을 달리 설계하여야 함

◆ 학습결과의 유형 분류

언어정보	선언적 지식에 해당, 정보의 내용을 아는 것
지적기능	방법적 지식에 해당, 복잡성의 위계에 따라 변별, 개념, 원리, 문제해결 등으로 구분
인지전략	사고 과정에 대한 통제 및 관리 능력, 다양한 상황에서의 문제해결 경험을 통해 발달
태도	어떤 대상에 대한 개인의 내적 성향
운동기능	일련의 조직된 동작을 수행하는 능력

◆ 수업의 9가지 교수사태 모형

	수업사태		인지과정
1	주의집중	다양하고 신선한 자극 제시를 통해 주의집중 유도	주의집중
2	목표제시	학습이 끝났을 때 무엇을 할 수 있어야 하는지 알려줌	기대감 형성
3	선수학습 회상	이전에 학습한 지식이나 기능을 재생하게 함	재생
4	자극자료 제시	본시 학습내용의 핵심요소를 정리한 자료 제시	선택적 지각
5	학습안내	제시된 자료를 학습하는 방법(규칙, 암기법 등)을 제시	의미적 부호화
6	수행유도	학생의 수행을 유도하는 과제(연습문제) 제시	재생과 반응
7	피드백	수행 수준에 따라 강화 또는 교정적 피드백 제공	강화
8	수행평가	성취행동 평가 및 피드백 제공(형성평가)	단서에 의한 인출
9	파지와 전이 촉진	새로운 과제를 제시하여 전이 촉진, 복습기회 제공	일반화

기출선지 OX 정답 및 해설 p.240   # 키워드

	O / X
(1) 효율성과 매력성은 라이겔루스가 제안한 교수설계의 3요소 중 교수조건에 해당한다.	O / X
(2) 캐롤의 학교학습 모형에서는 학습 정도를 시간의 함수로 본다.	O / X
(3) 캐롤의 학교학습 모형에서는 학생의 적성과 수업이해력 및 교사의 수업의 질이 학습에 사용된 시간에 영향을 미친다고 본다.	O / X
(4) 행동주의 교수설계에서는 평가 결과에 따라 교정이 이루어지거나 보충·심화 과제가 주어진다.	O / X
(5) 행동주의 교수설계에서는 학습자의 인지구조에 알맞게 포섭·동화되도록 학습과제를 제시한다.	O / X
(6) 가네(R. Gagné)는 교수목표에 따라 학습조건은 달라져야 한다고 주장하였다.	O / X
(7) 가네는 학습의 영역(목표)을 언어정보, 지적기능, 운동기능, 태도, 인지전략으로 구분한다.	O / X
(8) 가네의 교육목표 중 선언적 지식에 해당하는 것은 인지전략이다.	O / X
(9) 가네는 학습의 내적 인지과정을 돕는 외적 조건으로 주의집중, 학습안내, 피드백 제공 등의 교수사태를 제시한다.	O / X
(10) 가네의 수업모형 중 '학습 안내 제공' 단계에서는 학습을 위한 적절한 자극 자료를 제시하고, 교재나 보조자료의 구성과 활용방법을 안내한다.	O / X

대표 기출문제

문 1. 다음 설명에 해당하는 것은? [2023년 국가직 9급]

- 학습 정도를 시간의 함수로 본다.
- 적성은 최적의 학습 조건하에서 학습 과제를 일정한 수준으로 성취하는 데 필요한 시간으로 표현된다.
- 수업 이해력은 학습자가 수업내용, 교사의 설명, 제시된 과제를 이해하는 정도를 의미한다.

① 글래이저(Glaser)의 교수과정
② 캐롤(Carroll)의 학교학습 모형
③ 브루너(Bruner)의 발견학습
④ 가네(Gagné)의 학습위계

문 2. 다음 설명에 해당하는 가네(R. Gagné)의 학습 결과 유형은? [2018년 국가직 9급]

- 학습자가 그의 주위 환경을 개념화하여 반응하는 능력을 말한다.
- 지식이나 정보의 내용(what)을 아는 것이 아니라, 그 방법(how)을 아는 것으로 정의한다.
- 복잡성 수준에 따라 가장 단순한 것에서부터 변별, 개념, 규칙, 문제해결 등의 형태로 이루어져 있다.

① 지적기능   ② 인지전략
③ 언어정보   ④ 운동기능

4. 객관주의 교수설계이론 2

핵심내용 정리

113. 메릴의 내용요소 제시 이론

개요	- 규칙 기반 교수설계이론으로, 일관성과 적절성을 교수설계의 기본 원리로 제시 - 학습목표(내용요소)를 유형별로 분류하고 교수전략(제시형태)을 구체적으로 처방
학습 목표의 분류	- 수행-내용 매트릭스: 학습내용을 '내용'과 '수행'의 이차원적 구분에 따라 분류 • 내용 차원: 사실, 개념, 절차, 원리 • 수행 차원: 기억, 활용, 발견
수업 방법의 분류	- 일차적 자료제시 형태: 법칙, 회상, 예시, 연습으로 구분 - 이차적 자료제시 형태: 맥락, 선수학습, 암기법, 도움말, 표현법, 피드백 등을 포함

116. 오수벨의 유의미학습이론과 설명식 수업

유의미 학습	- 새로운 학습과제가 학습자의 인지구조에 연결되는 학습(유의미학습 ↔ 기계적 학습) - 새로운 정보를 정착아이디어에 연결하여 인지구조 내부로 포섭·동화시키는 학습 - 선행조직자의 원리, 점진적 분화의 원리, 통합적 조정의 원리, 학습준비도의 원리
선행 조직자 수업	- 수업단계: 선행조직자 제시 → 학습과제 및 자료 제시 → 인지구조 강화 - 선행조직자의 개념: 본시 학습과제를 학습하기 전에 제공되는 일반적, 포괄적, 추상적인 도입자료(정착 아이디어의 역할을 수행)

114. 라이겔루스의 정교화 이론

개요	- 수업내용의 범위와 계열의 설정에 관한 거시적 수준의 조직전략에 관한 이론
정교화 전략의 요소	- 정교화된 계열: 단순하고 기본적인 것에서 복잡하고 상세한 것으로, 일반적이고 추상적인 내용에서 세부적이고 구체적인 내용으로 - 선수학습 요소의 계열화: 어떤 과제를 학습하기에 앞서 학습해야 할 내용을 먼저 제시 - 요약자: 먼저 학습한 것을 체계적으로 복습 - 종합자: 아이디어들을 서로 연결시키고 통합 - 비유: 낯선 내용을 친숙한 내용에 빗대어 제시 - 인지전략의 활성자: 적절한 학습방법을 학습 - 학습자 통제: 학습내용, 속도, 학습전략 등을 학습자 스스로 선택하고 관리하게 함

117. 켈러의 학습동기설계(ARCS) 모형

주의집중 전략 (A)	- 비일상적 내용이나 사건으로 흥미 유발 - 탐구적 호기심을 자극하는 질문 제시 - 다양한 교수방법, 교수자료나 매체 활용
관련성 전략 (R)	- 학습자에게 의미 있는 학습목표 제시 - 학습자의 흥미와 필요에 부합하는 학습과제 제시 - 친밀한 소재나 예문과 자료 활용
자신감 전략 (C)	- 성공적인 학습의 필요조건을 명확히 제시 - 쉬운 것에서 어려운 것 순으로 과제 제시 - 학생들에게 학습속도, 학습과제, 학습방법 등을 조절할 수 있는 권한 부여
만족감 전략 (S)	- 지적 희열과 만족감을 느낄 수 있는 과제 - 학습자에게 의미 있는 보상 제공 - 수업내용과 시험 사이의 일관성 유지

115. 브루너의 발견학습이론과 탐구식 수업

발견 학습	- 학습자가 스스로 각 교과가 가지고 있는 지식의 구조를 발견해 나가는 방식의 학습 - 학습자 스스로 학습에 능동적으로 참여하고자 하는 경향성을 갖도록 유도 - 외재적 보상보다 내재적 보상을 중시
탐구 수업	- 학습자가 관찰, 실험 등의 탐구활동을 통해 지식을 발견하게 하는 수업 - 일반적으로 '문제 인식-가설 설정-가설 검증-적용'의 순으로 수업 전개 - 교과에 따라 탐구방식을 달리 적용할 수 있음

기출선지 OX   정답 및 해설 p. 240   # 키워드

(1) 메릴(Merrill)의 내용요소제시이론은 '내용' 수준과 '수행' 수준의 이차원적 구분에 따라 교수전략을 제안한다.   O | X

(2) 라이겔루스(Reigeluth)의 정교화이론은 미시적 조직전략을 대표하는 것으로 복잡한 내용에서 점차 단순한 내용으로의 수업전개를 제안한다.   O | X

(3) 라이겔루스의 정교화이론은 주의집중, 관련성, 자신감, 만족감을 학습동기 유발의 주요 요인으로 고려한다.   O | X

(4) 발견학습 모형에 따른 수업에서 학습자는 문제 인식 – 가설 설정 – 가설 검증 – 결론의 사고과정을 거친다.   O | X

(5) 브루너의 발견학습이론에서는 학습자 스스로 문제를 인식하고 해결해 가는 과정을 중시한다.   O | X

(6) 발견학습을 촉진하기 위해 모든 교과 학습에 동일한 탐구 방식을 적용하며, 내재적 보상보다 외재적 보상을 강조하도록 한다.   O | X

(7) 오수벨의 유의미학습이론에서는 새로운 지식·정보와 선행 학습내용의 통합을 강조한다.   O | X

(8) 선행조직자는 학습자의 인지구조의 조정을 위해 학습 이전에 미리 제공되는 일반적, 포괄적, 추상적인 도입자료이다.   O | X

(9) 켈러(Keller)의 ARCS 모형은 주의집중, 관련성, 자신감, 만족감을 학습동기 유발의 주요 요인으로 고려한다.   O | X

(10) 비일상적인 내용이나 사건을 제시함으로써 학습자의 흥미를 유발하는 것은 켈러의 학습동기설계이론(ARCS) 중 자신감 요소에 해당한다.   O | X

대표 기출문제

문 1. 다음 내용에 해당하는 교수·학습이론은? [2022년 지방직 9급]

- 새로운 지식·정보와 선행 학습내용의 통합을 강조한다.
- 학습자의 인지구조에 알맞게 포섭 및 동화되도록 학습과제를 제시한다.
- 일반적이고 포괄적인 지식을 먼저 제시하고, 그 다음에 세부적이고 상세한 지식을 제시한다.

① 블룸(Bloom)의 완전학습이론
② 오수벨(Ausubel)의 유의미학습이론
③ 스키너(Skinner)의 행동주의 학습이론
④ 콜린스(Collins)의 인지적 도제학습이론

문 2. 다음의 교수설계 전략에 해당하는 ARCS 모형의 요소는? [2021년 국가직 9급]

- 학습에서 성공기회를 제시한다.
- 학습의 필요조건을 제시한다.
- 개인적 조절감 증대 기회를 제시한다.

① 주의집중   ② 관련성
③ 자신감   ④ 만족감

5 구성주의 교수설계이론 1

핵심내용 정리

118. 구성주의 교수설계이론 개관

◆ **구성주의 학습이론**

철학적 기초	− 실재에 대한 지식은 인식주체인 인간에 의해 구성되는 것임(상대주의 인식론) − 역사·문화적 상황을 떠난 절대적 관점의 지식은 존재하지 않음(객관주의 인식론 비판)	
유형	인지적 구성주의 (피아제)	학습은 개인의 능동적인 경험에 기반하여 세계에 대해 주관적 해석을 구성하는 과정
	사회적 구성주의 (비고츠키)	학습은 사회·문화적 상황 속에서 다른 사람과의 사회적 상호작용을 통해 공유된 의미를 구성하는 과정
	상호작용적 구성주의 (듀이)	학습은 실생활 활동과 사회적 상호작용에 참여하는 과정에서의 반성적 사고와 실용적인 지식이 구성되는 과정

◆ **구성주의 수업설계의 원리**

학습자 중심	− 학습자가 지식을 생성할 수 있는 환경 중시 − 학습자의 능동적 참여와 문제해결 과정 중시 − 교사는 학습자의 학습과정에 대한 보조자나 촉진자
실제적 과제	− 지식이 사용되는 실제적 과제와 맥락 중시 − 복잡하고 비구조화된 과제 제시
문제해결 중심	− 학습자 스스로 문제해결에 참여하는 환경 − 실제적 과제를 통해 학습 내용과 실제 세계를 연결
협동적 학습	− 사회적 상호작용에 참여하면서 지식구성에 기여 − 동료들과의 협력을 통해 지식 생산

◆ **객관주의와 구성주의 수업설계 비교**

구분	객관주의	구성주의
목표	− 수업목표를 사전에 명세화하여 기술함	− 수업의 종합적 결과로 목표가 생성됨
수업 내용	− 객관적인 사실이나 개념, 원리 등을 이해하는 것	− 실제 상황 속에서 지식을 출하는 방법을 아는 것
수업 활동	− 목표에 도달할 수 있는 최적의 방법 제시 − 사회적으로 공인된 지식을 효과적으로 전달 − 구조화된 문제와 반복학습	− 학습자 중심의 학습 환경 설계 제시 − 학습자의 능동적 지식구성을 촉진하는 학습환경 − 모델링, 코칭, 스캐폴딩

119. 조나센의 구성주의 학습환경 모형

◆ **학습환경의 요소**

문제/프로젝트	실제적인 문제의 해결방법을 모색하는 과정을 통해 학습을 유발하는 출발점
관련 사례	문제와 관련된 사례들을 풍부하게 제공하여, 학습자의 경험 부족의 문제 해소
정보 자원	학습자가 필요할 때 언제든지 활용할 수 있는 풍부한 정보 자원 제공
인지적 도구	문제해결 과정에서 겪는 인지적 부담을 줄이고 인지적 활동을 활성화하는 도구 제공
대화/협력도구	학습공동체 속에서 대화와 협력을 통해 문제해결을 촉진하는 도구 제공
사회적·맥락적 지원	교사들에 대한 수업운영 지원 체제, 학생들에 대한 학습 안내 체제 등 환경적 지원 요소들을 제공

◆ **교수자의 교수 활동**

모델링	교사가 시범을 보여주는 것에 중점을 두며, 학습자가 그 과정을 관찰하고 모방하게 함
코칭	학습자가 스스로 과제를 수행할 때 모니터링, 피드백, 지지를 제공하는 전략
스캐폴딩	학습자가 독립적으로 과제를 해결할 수 있도록 도움을 제공하되, 그 양을 점차 줄여나감

기출선지 OX 정답 및 해설 p. 241   # 키워드

(1) 구성주의 이론은 듀이(Dewey), 피아제(Piaget), 비고츠키(Vygotsky) 등으로부터 직접적인 영향을 받았다. O | X

(2) 구성주의 수업이론에서는 지식을 효과적으로 전달하기 위해 구조화된 문제와 반복학습을 강조한다. O | X

(3) 구성주의 교수설계에서는 문제해결에 초점을 맞추어 학습자의 능동적 지식 구성을 촉진하는 학습환경을 개발한다. O | X

(4) 구성주의 관점에서 볼 때, 진정한 의미에서의 학습은 학습자의 일상적 삶과 밀착된 상황에서 이루어진다. O | X

(5) 구성주의 관점에서 학습환경을 설계할 때의 중심은 학습자가 활용할 자원과 정보이다. O | X

(6) 조나센(D. H. Jonassen)의 구성주의 학습 환경 설계 모형에서 교수자의 교수 활동에 해당하는 것은 모델링, 코칭, 스캐폴딩, 통찰이다. O | X

대표 기출문제

문 1. 구성주의 교육에 대한 설명으로 옳은 것만을 모두 고르면? [2020년 지방직 9급]

ㄱ. 교수의 내용은 객관적 법칙이라고 밝혀진 체계화된 지식이다.
ㄴ. 실재하는 지식을 효과적으로 전달할 수 있는 교수·학습 방법을 강조한다.
ㄷ. 학습자가 정보를 획득하고 의미를 재구성할 수 있도록 복잡하고 비구조화된 과제를 제시한다.
ㄹ. 협동 수업, 소집단 활동, 문제해결학습 등을 통해 사고와 메타인지를 촉진하는 다양한 교육방법을 적용한다.

① ㄱ, ㄴ   ② ㄱ, ㄹ
③ ㄴ, ㄷ   ④ ㄷ, ㄹ

문 2. 괄호 안에 들어갈 용어로 가장 적절한 것은? [2012년 국가직 9급]

- 사회적 (   )는 비고츠키(Vygotsky)의 영향을 받아 전개되었다. 우리의 지식과 가치는 사회와 문화에 깊은 영향을 받는다.
- (   ) 이론은 듀이(Dewey), 피아제(Piaget), 비고츠키(Vygotsky) 등으로부터 직접적인 영향을 받았다.
- (   ) 학습모형에는 문제중심학습과 상황학습 등이 있다.

① 구조주의   ② 구성주의
③ 실용주의   ④ 인지주의

6 구성주의 교수설계이론 2

핵심내용 정리

출포 120. 문제중심학습(PBL)

개요	- 배로우즈 등이 의과대학 교육방식을 개선하기 위해 개발한 모형 - 현실의 비구조된 문제 상황에서 추론 및 문제해결 능력을 기르는 데 초점을 둠	
기본 원리	실제적 문제	- '문제'는 복잡하고 비구조적이며 실제적인 특성을 지닐수록 효과적
	학습자 중심	- 학습자가 자기주도적으로 문제해결 방법을 찾기 위해 노력 - 교사는 학습의 촉진자, 학습자와 상위인지적 수준에서 상호작용
	개별 학습과 협동 학습	- 개별학습을 통해 문제해결 전략을 선택하고 적용하는 방법을 배움 - 협동학습의 촉진을 위해 역할분담, 토의, 발표 등이 포함됨
	과정 중심 평가	- 학습결과에 대한 평가보다는 학습과정에 대한 평가가 강조됨 - 교사뿐만 아니라 학생 자신과 동료 학생들에 의한 평가도 포함됨

출포 121. 인지적 도제학습이론

개요	- 전문가와 초보자가 함께 실제적 과제를 해결해 나가는 과정을 통해 전문가의 사고과정을 내면화할 수 있도록 돕는 학습 모형 - 학습환경의 요소 : 내용, 방법, 순서, 사회학	
교수 학습 방법	모델링 (시범)	학습자가 관찰할 수 있도록 교사가 과제수행 과정을 시범 보이는 단계
	코칭	학습자의 수행을 관찰·점검·분석·피드백하여 수행을 돕는 단계
	스캐 폴딩 (발판)	학습자가 과제를 수행하는 과정을 돕되, 점진적으로 도움을 중지(fading)하여 학습자 스스로 문제를 해결하게 함
	명료화 (발화)	학습자가 학습한 지식과 기능 등을 분명하게 정리하여 표현하게 하는 단계
	성찰 (반성)	학습자 자신의 수행과 전문가의 수행을 비교해 봄으로써 문제점을 찾고 수정할 수 있도록 하는 단계
	탐색 (탐구)	학습자 스스로 새로운 문제해결 방법과 전략을 탐색해 봄으로써 점차 독립적인 전문가가 되어 가는 단계

출포 122. 상황학습이론

상황 학습 이론	- 유의미한 학습이 일어나기 위해서는 지식이 사용되는 구체적 맥락 안에서 학습해야 함 - 사회공동체 활동에 참여하는 과정을 통해 학습이 일어나며, '실행공동체'와 '정당한 주변적 참여'가 중요
정착 수업 모형	- 구체적인 내용과 실제적인 맥락을 중시하는 상황학습이론에 근거한 수업의 형태 - 재스퍼 시리즈 : 재스퍼라는 소년이 겪는 모험 이야기 속에 수학적 기능을 활용하여 문제해결 능력을 기르는 학습 프로그램

123. 펠린사와 브라운의 상보적 교수 모형

개요	비고츠키 이론에 기초한 독해력 지도 모형으로, 단기간에 독해 교육의 성과를 얻는 데 유용	
수업 활동 요소	요약	학생들이 각자가 이해한 내용을 자신의 용어로 요약하기
	질문	교사-학생, 학생-학생이 번갈아가며 질문을 하고 대답하기
	명료화	질문과 대답에 근거하여 요약한 내용을 보다 명료화하기
	예측	주어진 글의 다음에는 어떤 내용이 이어질지 예언하기

124. 스피로의 인지적 유연성 이론

개요	- 스피로(Spiro) 등이 복잡하고 다차원적인 개념의 학습을 안내하기 위해 제안한 이론 - 비구조화·비계열화된 교과 영역의 학습에 적합한 이론
학습의 원리	- 복잡하고 다차원적인 개념을 단순화·구조화하여 제시하는 것은 고차적 지식 습득을 방해함 - 구체적인 적용 사례들을 통해 다양한 형태의 지식을 다각도로 체험하게 하여야 함
하이퍼 미디어 활용	- 장점 : 비구조화된 내용을 비선형적으로 탐색하면서 학습, 인지적 유연성에 도움 - 단점 : 학습자의 방향감 상실이나 인지 과부하 문제를 야기할 수 있음

기출선지 OX 정답 및 해설 p. 241   # 키워드

(1) 문제중심학습은 비구조화된 문제해결 능력을 함양하고자 하는 의과대학의 교육적 요구를 충족시키기 위해 개발된 것이다.	O X
(2) 문제중심학습에서 문제는 복잡하고 비구조적이며 실제적인 특성을 지닌다.	O X
(3) 문제중심학습에서 학습자들은 문제를 협력적이고 자기주도적으로 해결해 간다.	O X
(4) 인지적 도제학습은 전문가의 사고과정을 내면화하는 것에 초점을 둔다.	O X
(5) 인지적 도제 수업은 모델링, 코칭, 비계설정, 발화, 반성, 탐구의 수업방법을 활용한다.	O X
(6) 상황학습이론에 바탕을 둔 수업에서 지식이나 기능은 유의미한 맥락 안에서 제공되어야 한다.	O X
(7) 상황학습에서는 전이(transfer)를 촉진할 수 있도록 추상적인 형태의 지식을 제공한다.	O X
(8) 상보적 학습 모형에서 예측하기, 질문 만들기, 요약하기, 명료화하기가 수업 활동의 핵심적인 요소가 된다.	O X
(9) 인지적 유연성 이론에서는 동일한 자료를 다른 시기에 다른 목적과 관점으로 검토함으로써 다양한 차원에서 지식을 이해하게 한다.	O X

대표 기출문제

문 1. 문제중심학습(Problem-Based Learning)의 특징이라고 보기 어려운 것은? [2015년 국가직 9급]
① 실제성 ② 협동학습
③ 자기주도학습 ④ 구조적인 문제

문 2. 상황학습(situated learning)의 설계 원리에 대한 설명으로 옳지 않은 것은? [2019년 국가직 9급]
① 지식이나 기능은 유의미한 맥락 안에서 제공되어야 한다.
② 교실에서 학습한 것과 교실 밖에서 필요로 하는 것의 관계 형성을 돕는다.
③ 전이(transfer)를 촉진할 수 있도록 추상적인 형태의 지식을 제공한다.
④ 다양한 사례를 활용하여 능동적인 문제해결을 유도한다.

7 교수·학습 방법

핵심내용 정리

125. 토의식 수업

원탁토의	- 참가자 전원(5~10명)이 상호 대등한 관계 속에서 자유롭게 의견을 교환하는 방법 - 고정된 규칙은 없지만, 참가자 모두가 발언할 수 있는 기회를 갖도록 함
배심토의 (패널토의)	- 주제에 대해 상반된 의견을 갖는 소수(4~6명)의 대표자(패널)끼리 토론 - 찬반이 명확한 주제, 일정한 규칙과 안내에 따라 토의(판결식 토의)
공개토의 (포럼)	- 주제에 대해 특별한 전문지식이나 의견을 소수(1~3명)의 발표자가 발표 - 발표 후 발표자와 청중 간 질의응답을 통해 토의[공론(公論)식 토의]
단상토의 (심포지엄)	- 주제에 대해 서로 다른 입장을 가진 소수(2~5명)의 전문가가 발표 - 원칙적으로는 발표자와 청중의 질의응답 없음(강연식 토의)
버즈토의	- 3~6명으로 편성된 4~6개의 소집단들이 주어진 주제에 대해 토의 시작 - 소집단들을 점점 합쳐 가며 더 큰 소집단에서 토의, 최종적으로 전체 공유 - 소집단에서 토의하기 때문에 자유롭게 의견을 교환 가능(학습소외, 무임승차 예방)

◆ 협동학습 방법의 유형

직소 모형	- 아론슨이 개발한 모형으로, 과제의 상호의존성은 높고 보상의존성은 낮은 모형 - 수업 절차 : 소집단 구성 및 과제분담 → 전문가 집단 활동 → 원집단 활동 → 평가 및 보상
팀성취 분배보상 모형 (STAD)	- 슬래빈이 개발한 모형으로, 과제의 상호의존성은 낮고 보상의존성은 높은 모형 - 개인의 성취 결과를 집단 점수에 반영하여 모든 학생들이 책무성을 갖도록 함
팀경쟁 학습 모형 (TGT)	- STAD 모형과 마찬가지로 소집단별 보상을 실시하되, 토너먼트 게임 방식을 활용 - 학습자의 능력별로 토너먼트 게임에 참가하므로, 모든 아동에게 균등하게 성공기회 제공
팀보조 개별학습 모형 (TAI)	- 학습방식과 보상방식에 있어서 개별학습과 협동학습의 구조가 혼합된 모형 - 학생 각자의 수준에 맞는 학습과제를 개별적으로 학습한 후, 소집단에서 짝을 지어 교환채점
각본협동 모형	- 두 명의 학생이 짝을 지어 정해진 방식과 순서에 따라 상호작용하도록 하는 방법 - 협동기능의 부족으로 인한 혼란 예방

126. 협동학습

◆ 협동학습의 개념과 원리

일반적 원리	- 공동의 목표 : 모든 구성원이 함께 참여하여 성취할 수 있는 명확한 공동의 목표가 있어야 함 - 개별 책무성 : 집단 구성원 각자가 최선의 노력을 기울여 자신의 역할을 완수하도록 해야 함 - 긍정적 상호의존 : 신뢰에 바탕을 둔 구성원 간의 상호의존 관계가 중요 - 이질적 집단 : 학업 능력, 성별, 계층 등에 있어서 이질적인 학생들로 집단을 구성해야 효과적
장단점	- 장점 : 의사소통기술 등 사회적 기능 학습, 협동심 등 긍정적 태도 형성 - 단점 : 수업시간과 학습량 조절 어려움, 무임승차 현상 및 학습의 빈익빈 부익부 현상

127. 개별화 수업과 적성-처치 상호작용

개별화 수업	- 학습과제를 단계적으로 설계 - 학생의 동기, 능력에 따라 교육목표 선택 - 각 단계의 학습목표를 최종 달성한 경우에만 다음 단계의 학습으로 진행 - 평가결과에 따라 보충·심화 과제 제시 - 전체적으로 학습의 주도권은 학생이 가짐 - 학습조력자가 학습을 도와주되 개입 최소화
적성- 처치 상호 작용 모형	- 동일한 수업방식이라도 학습자의 적성(개인차)에 따라 효과가 다르게 나타남 - 학습자의 특성에 적합한 수업방법을 선택하여야 수업의 효과가 극대화될 수 있음 - 예 학교 수업 장면에서 불안수준이 높은 학습자는 토의법보다 강의법에서 성취수준이 높음

기출선지 OX 정답 및 해설 p. 241   # 키워드

(1) 특정 주제에 대해 전문가의 발표를 듣고 청중들이 그 내용에 대해서 질의응답을 하면서 진행하는 토의법을 배심토의(패널토의)라고 한다. ○ | ×

(2) 버즈토의에서는 소수 인원으로 소집단이 구성되기 때문에 서로 친근감을 갖게 되어 자유롭게 의견을 교환할 수 있다. ○ | ×

(3) 협동학습에서 모든 구성원이 함께 참여하여 성취할 수 있는 명확한 공동의 목표가 있어야 효과적이다. ○ | ×

(4) Jigsaw 모형, STAD 모형, TGT 모형은 공통적으로 학습자 간의 협력적인 상호작용을 통한 학습을 강조한다. ○ | ×

(5) 직소 모형은 모둠원들에게 학습과제를 세부 영역으로 할당하고, 해당 세부 영역별로 전문가 집단을 구성한 후 전문가 집단별로 학습하도록 한다. ○ | ×

(6) STAD 모형은 협동학습 시 집단 구성원 간의 긍정적 상호의존성을 높여 무임승차를 줄일 수 있는 보상방식을 제시한 것이다. ○ | ×

(7) 개별화 수업에서 교육목표는 학습자 개인의 동기·능력·희망·흥미에 따라 선택되고 결정된다. ○ | ×

(8) 개별화 수업에서 효율적인 수업을 위해 교수자가 주도권을 가진다. ○ | ×

대표 기출문제

문 1. 교사 중심의 교수·학습 방법은? [2018년 지방직 9급]

① 학생들에게 정해진 교과 지식을 제시하고 설명한 후 형성평가를 실시하여 학습결과를 확인하였다.
② 학생들이 현실 생활에서 당면할 수 있는 문제를 소집단 협동학습을 통해 해결하도록 안내하였다.
③ 학생들의 사고력과 창의력을 향상시키기 위해 신문에 나온 기사와 칼럼을 활용하여 토론하게 하였다.
④ 학생들에게 학습 팀을 구성하여 자신들이 실제로 겪고 있는 문제를 확인하고 자료를 수집하여 해결방안을 모색하게 하였다.

문 2. 다음 사례에 가장 잘 부합하는 협동학습 모형은? [2016년 지방직 9급]

> 박 교사는 한국사 수업을 다음과 같이 진행하였다.
> (1) 고려 시대의 학습내용을 사회, 경제, 정치, 문화의 4개 주제로 구분하였다.
> (2) 학급 인원수를 고려하여 모둠을 구성하고, 모둠에서 각 주제를 담당할 학생을 지정하였다.
> (3) 주제별 담당 학생을 따로 모아 전문가 집단에서 학습하도록 하였다.
> (4) 전문가 집단에서 학습한 학생들을 원래의 모둠으로 돌려보내 각자 학습한 내용을 서로 가르쳐 주도록 하였다.
> (5) 모둠학습이 끝난 후, 쪽지 시험을 실시하여 우수 학생에게 개별보상을 하고 수업을 종료하였다.

① 팀경쟁학습(TGT) 모형
② 팀보조개별학습(TAI) 모형
③ 과제분담학습Ⅰ(JigsawⅠ) 모형
④ 학습자팀성취분담(STAD) 모형

8. 교수매체의 선정과 활용

핵심내용 정리

128. 교수매체의 유형

◆ 데일의 경험의 원추(W. 브루너의 표상양식 발달단계)

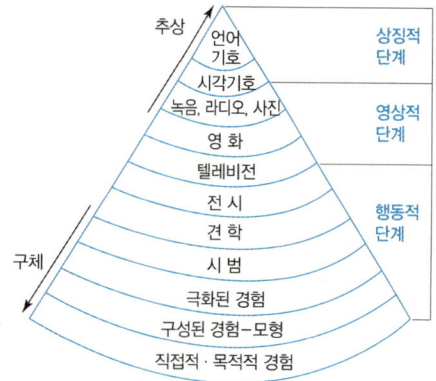

129. 디지털 매체의 특성

디지털 교과서	- 다양한 형태의 멀티미디어 자료와 상호작용적 학습관리 도구를 연계하여 사용하도록 한 학습용 자료 - 시공간 제약 적음, 학습자 맞춤형 학습 용이, 학습동기 유발 / 초기 구축 및 유지에 상당한 시간과 비용 필요
인공지능 (AI)	- 학습자의 학습행동 데이터를 수집·분석하여 개별 학습자의 능력수준에 적합한 학습 제공 가능 - AI 튜터를 활용하여 학습자 개별 지원 가능 예 인공지능형 챗봇, 검색엔진, 번역기 등
가상현실 (VR)	- VR 고글 등을 이용하여 생동감 있는 멀티미디어 정보 제공하며, 강력한 몰입경험 제공 - 현실에서 직접 경험할 수 없는 사물, 장소, 역사적 사건 등 재현, 현실감 있는 입체적 체험 제공 예 비행기 조종 시뮬레이션 등
증강현실 (AR)	- 현실세계의 영상에 가상의 컴퓨터 그래픽 영상을 합성하여 풍부한 정보 제공 - 실제 사물을 이용해서 가상객체를 조종하는 인터페이스를 제공하여 실제감과 현실감 극대화 예 증강현실 체험형 박물관 등

130. 매체 커뮤니케이션 이론

벌로의 SMCR 모형	송신자(Sender)로부터 메시지(Message)가 의사소통 통로(Channel)를 통해 수신자(Receiver)에게 전달되는 과정을 보여주는 모델
쉐논과 쉬람의 커뮤니케이션 모형	경험의 장, 피드백, 잡음(noise)을 커뮤니케이션 과정의 중요한 변인으로 고려하는 모델

131. 교수매체활용(ASSURE) 모형

학습자 분석 (A)	학습자의 일반적인 특성과 출발점 능력, 학습양식 등을 분석하는 단계
목표 진술 (S)	학습자가 수업이 끝난 후 성취하게 될 능력을 목표로 진술하는 단계
매체·자료 선정 (S)	학습목표 달성을 위해 적절한 수업 방법, 매체 및 자료를 선정하는 단계
매체·자료 활용 (U)	자료 내용을 검토하고 학습자와 환경을 준비하며 실제 수업을 진행하는 단계 * 5P : 자료의 사전검토, 자료 준비, 환경 준비, 학습자 준비, 학습경험 제공
학습자 참여 유도 (R)	학습자의 능동적인 참여와 적극적 사고활동을 유도하는 단계
평가와 수정 (E)	수업의 효과 및 영향에 대한 평가와 그에 따른 수정이 이루어지는 단계

기출선지 OX 정답 및 해설 p. 242   # 키워드

(1) 교수매체는 학습자에게 교수·학습 내용을 전달하는 모든 수단이나 방법을 총칭한다. O | X

(2) 데일(Dale)의 경험원추설은 시청각 교재를 구체성과 추상성에 따라 분류한 모형이다. O | X

(3) 데일(Dale)이 제시한 경험의 원추에 근거해 볼 때, '실물 표본'은 브루너(Bruner)의 인지적 학습단계 중 영상적 단계에 해당한다. O | X

(4) 가상현실(VR) 기술을 활용한 교육에서는 현실에서 직접 경험할 수 없었던 사물, 장소, 역사 속 사건 등을 재현할 수 있다. O | X

(5) 쉐논과 슈람의 통신 모형을 수업 과정으로 해석할 때, 학생은 교육내용을 자신의 경험의 장에 비추어 받아들인다. O | X

(6) 교수매체의 효과적인 선정과 활용을 위한 ASSURE 모형에서 수업계획의 첫 단계는 학습자를 분석하는 것이다. O | X

(7) ASSURE 모형에서는 학습 내용에 대한 연습과 피드백 기회를 통해 학습자의 능동적인 참여를 유도한다. O | X

대표 기출문제

문 1. 다음 설명과 가장 관계가 깊은 시청각교육 이론은? [2013년 지방직 9급]

- 시청각 교재를 구체성과 추상성에 따라 분류한 모형이다.
- 브루너(Bruner)의 세 가지 표현양식과 일치한다.
- 학습자의 학습유형을 행동, 관찰, 추상의 학습으로 분류한다.

① 벌로(Berlo)의 SMCR 모형
② 데일(Dale)의 경험원추설
③ 하인리히(Heinrich)의 ASSURE 모형
④ 블룸(Bloom)의 완전학습이론

문 2. 하이니히(Heinich) 등의 ASSURE 모형에 따른 교수매체 선정 및 활용 절차이다. ㉠~㉢에 들어갈 절차로 옳은 것은? [2016년 국가직 7급]

(㉠) – (㉡) – 매체와 자료의 선정 – 매체와 자료의 활용 – (㉢) – 평가와 수정

	㉠	㉡	㉢
①	학습자 분석	학습자 참여유도	목표진술
②	목표진술	학습자 분석	학습자 참여유도
③	학습자 분석	목표진술	학습자 참여유도
④	목표진술	학습자 참여유도	학습자 분석

9 뉴미디어와 원격교육

핵심내용 정리

132. 뉴미디어와 원격교육

원격교육	- 교수자와 학습자가 물리적으로 분리된 상태로 이루어지는 교육 - 인쇄물, 라디오, TV 등 다양한 통신매체 사용
이러닝 (e-러닝)	- 컴퓨터와 네트워크 기반 학습형태를 총칭 - 다양한 전자매체를 활용하여 활발한 상호작용과 다양한 학습경험을 지원하는 체제
모바일 러닝 (m-러닝)	- PDA, 태블릿PC 등을 활용하여 물리적 공간에서 이동하면서 가상공간을 통해 학습 - 무선네트워크를 통해 모바일 기간 간의 상호통신이 가능해 확장된 교육서비스 제공이 가능
유비쿼터스 러닝 (u-러닝)	- 각종 정보화기기, 사물에 이식된 센서, 칩 등을 통해 언제, 어디서나 교수·학습활동 가능 - 학습자가 정보를 찾아가는 것이 아니라, 학습정보가 학습자를 찾아다니는 방식
소셜러닝 (s-러닝)	- 소셜미디어를 통해 불특정 다수의 사람들이 쌍방향 커뮤니케이션을 통한 학습 - 정보의 생성, 공유, 확장, 집단지성 창출

133. 컴퓨터의 교육적 활용

◆ 컴퓨터보조수업(CAI)의 유형

개인 교수형	- 새로운 정보의 학습에 대한 평가 및 피드백 제공 - 독자적으로 학습, 학습능력에 따라 속도 개별화 - 개념 및 원리 학습에 활용, 가네의 수업모형 적용
반복 학습형	- 학습 내용에 대한 반복 연습과 피드백 제공 - 학습내용의 파지와 과제수행 숙련도 제고 - 수학문제, 단어암기, 기술훈련에 유용
모의 실험형	- 실제와 유사한 상황, 모의경험 기회 제공 - 실제 학습과제 수행의 비용이 클 때, 다양한 상황에 대한 시뮬레이션이 필요할 때
게임형	- 경쟁, 흥미, 도전, 몰입 등 게임 요소 첨가 - 스토리텔링을 통해 실제감 및 동기 부여 - 사실, 원리, 기능, 태도 등 학습에 유용

◆ 우리나라의 이러닝 활용 동향

원격 대학 및 대학원	- '원격대학'(고등교육법): 한국방송통신대학교, 사이버대학 등 - '원격대학 형태의 평생교육시설'(평생교육시설): 총 21개교 설치
교육 자원 공유 시스템	- KOCW: 국내 대학의 교육콘텐츠 공유 시스템(한국교육학술정보원) - K-MOOC: 국내 대학의 온라인 공개강좌 공유(국가평생교육진흥원, 학점인정 가능)

134. 이러닝 콘텐츠 개발

◆ 컴퓨터 화면의 설계 원리

인지 과부하 이론	- 한 번에 처리해야 하는 정보의 양이 너무 많으면 인지적 과부하 발생 - 한 화면에 한 주제에 대한 정보만 제시
이중 부호화 이론	- 언어정보와 시각정보는 각각의 경로로 동시에 처리됨, 두 정보가 서로를 보완 가능 - 언어자료와 관련된 시각자료를 함께 제시
형태 주의 심리학	- 정보를 지각할 때 부분들을 하나의 전체로 구성하여 지각하는 경향이 있음 - 관련된 요소들은 화면에서 서로 가까이 배치

135. 이러닝 활용 수업

웹퀘스트 수업	- 인터넷을 활용한 과제해결 활동으로, 학생들에게 탐구를 위해 적합한 자료를 탐색할 수 있도록 도움 - 학습내용 소개 → 과제 제시 → 탐구 절차 안내 → 정보자원 제공 → 평가기준 제시 → 학습내용 정리
블렌디드 러닝 (혼합 학습)	- 원격 형태의 이러닝과 면대면 교육이 함께 활용되는 형태의 교수·학습 방법 - 면대면 수업이 갖는 시간적·공간적 제한점을 온라인 학습의 장점을 통해 극복 - 인간접촉 부재, 학습자의 고립, 동기 저하 등 온라인 학습의 문제를 대면수업으로 보완
플립드 러닝 (거꾸로 학습)	- 블렌디드 러닝의 한 유형 - 수업 전 온라인 동영상 강의 수강 → 교실수업에서 학습자 중심 학습활동 전개 (과제해결 토론, 실험, 보충지도 등)

기출선지 OX
정답 및 해설 p. 242 # 키워드

(1) 원격교육 기술의 발달은 다양한 교육프로그램에 접근할 수 있는 가능성을 높여 교육대상의 범위를 확대하였다.	O | X	
(2) 이러닝은 면대면 교실수업에 비해 교사와 학생 간 인격적 접촉을 증가시킨다.	O | X	
(3) 유비쿼터스 러닝(u-러닝)은 인터넷 네트워크 기술을 바탕으로 시간과 장소, 수준의 제약 없이 학습자가 다양한 학습경험을 할 수 있도록 지원하는 학습이다.	O | X	
(4) 몰입(flow), 경쟁 및 도전, 스토리텔링을 주요 요소로 하는 컴퓨터 기반 학습환경은 디지털 게임 기반 학습(digital game-based learning)이다.	O | X	
(5) 우리나라의 경우 현재 이러닝을 통해 학사 및 석사학위를 받을 수 있다.	O | X	
(6) 이중부호화 이론에 따르면, 멀티미디어 활용 수업에서 한 화면에 여러 가지 학습내용들이 동시에 제시되었을 경우 내용에 대한 이해도가 떨어진다.	O | X	
(7) 블렌디드 러닝은 면대면 수업이 갖는 시간적·공간적 제한점을 온라인학습의 장점을 통해 극복한다.	O | X	
(8) 블렌디드 러닝은 인간접촉의 부재, 홀로 학습하는 것에 대한 두려움, 동기 저하 등의 문제를 면대면 교육으로 보완한다.	O | X	
(9) 플립 러닝은 학생이 사전에 온라인 등으로 학습내용을 공부해 오게 한 후 학교 수업에서는 문제해결이나 토론 등의 상호작용에 중점을 두는 수업 형태이다.	O | X	
(10) 플립 러닝은 블렌디드 러닝의 한 형태로서, 거꾸로 수업 등으로 불린다.	O | X	

대표 기출문제

문 1. 다음에 해당하는 학습 형태는?
[2022년 국가직 9급]

- 학습자가 언제 어디에서나 어떤 내용이건, 어떤 단말기로도 학습 가능한 지능화된 학습 형태
- 획일적이거나 강제적이지 않으며, 창의적이고 학습자 중심적인 교육과정 실현 가능
- 원하는 정보를 찾기 위해 학습자가 특정 시간에 특정 장소를 찾아가는 것이 아니라, 학습정보가 학습자를 찾아다니는 방식

① e-러닝(electronic learning)
② m-러닝(mobile learning)
③ u-러닝(ubiquitous learning)
④ 기계학습(machine learning)

문 2. 다음 설명에 해당하는 학습법은?
[2022년 지방직 9급]

- 면대면 수업이 갖는 시간적·공간적 제한점을 온라인학습의 장점을 통해 극복한다.
- 인간접촉의 부재, 홀로 학습하는 것에 대한 두려움, 동기 저하 등의 문제를 면대면 교육으로 보완한다.

① 상황학습(situated learning)
② 블렌디드 러닝(blended learning)
③ 모바일 러닝(mobile learning)
④ 팀기반학습(team-based learning)

06 교육평가와 교육연구

출제빈도 분석

테마	출제 포인트		구분	2025	2024	2023	2022	2021	2020	2019	2018	2017	2016
교육평가 이해	교육평가의 개념		기본										
	교육평가의 모형		심화			국7급							
교육평가 유형	평가기준에 따른 구분 (규준/준거/성장/능력)		기본	지9급		지9급 국9급		국9급	지9급		국9급		국7급	국7급
	평가시점에 따른 구분 (진단/형성/총괄)		기본	지9급		국7급 국9급			국7급	지9급		지9급	
	검사방식과 활용에 따른 구분		심화			국9급					지9급	국9급	
	수행평가		심화	지9급							국7급		
평가도구 양호도	타당도		기본		지9급 국9급	국7급	지9급		국9급			지9급	
	신뢰도		기본		국9급	국7급	국9급	국7급		지9급	지9급 국9급		
	객관도와 실용도		기본					국9급	지9급		국7급		
문항제작 및 분석	지필평가 문항의 제작		심화									국9급	
	문항 분석	고전검사이론	기본			지9급							지9급 국9급 국7급
		문항반응이론	심화										
평가결과 분석	자료의 특성		기본		지9급	국7급			국7급				
	규준점수의 산출과 해석		기본	국9급	국7급						국9급		국9급
교육연구	연구대상의 표집		심화										
	조사연구의 방법		기본						국9급		지9급	국7급	
	실험연구의 방법		심화				국7급			국7급			
	통계적 가설검정		심화							지9급			

1. 교육평가의 이해

핵심내용 정리

136. 교육평가의 개념

	측정관 (measurement)	평가관 (evaluation)	총평관 (assessment)
평가 개념	학습자 특성을 양적인 수치로 기술	교육목표에 비추어 학습자 변화 판정	전인적 특성을 종합적으로 평가
평가 목적	우수자의 선발과 개인차 변별	학습목표 달성 여부 및 저해 요인 확인	학습자에 대한 종합적·맥락적 이해
평가 방법	객관적인 평가가 가능한 지필고사(표준화 검사)	학습자의 변화를 파악할 수 있는 양적·질적 방법	상황에 따른 변화를 알 수 있는 다양한 직간접적 자료
검사 도구	신뢰도, 객관도 강조 중시	(내용)타당도 강조 중시	구인타당도, 예언타당도 중시
평가 유형	규준참조평가, 총합평가	준거참조평가, 진단·형성·총괄평가	자기참조평가, 수행평가

137. 교육평가의 모형

◆ 타일러의 목표중심 평가 모형(공학적 모형)

평가 개념	사전에 수립한 교육목표를 준거로 삼아 그 목표가 얼마나 성취되었는지를 판단하는 활동
평가 방법	− 교육목표 설정(명세화된 행동적 용어로 진술) − 평가절차 및 방법 결정 − 평가도구 개발(객관화된 수량적 측정 중심) − 평가를 통해 수집된 자료 수집과 분석
장점	− 교육목표, 내용, 평가 간의 논리적 일관성 유지 − 학교의 교육의 질 관리 및 개선과 책무성 강화 − 평가에 소요되는 비용, 시간, 인력 소모가 적음

◆ 스터플빔의 CIPP 평가 모형(의사결정 중심 모형)

평가 개념	조직의 관리를 위한 의사결정에 유용한 정보를 제공하여 의사결정을 지원하는 활동
평가 방법	− 상황평가(C) : 목표수립의 배경, 상황, 여건 파악 − 투입평가(I) : 투입되는 산물과 투입 정도 파악 − 과정평가(P) : 활동 실행 과정에 대한 정보 수집 − 산출평가(P) : 산출된 교육 결과의 가치 판단
장점	− 교육평가에서 평가자와 의사결정자의 역할 구분 − 의사결정을 위한 체계적이며 종합적인 정보 제공

◆ 스크리븐의 탈목표 평가 모형(가치판단 중심 평가)

평가 개념	평가자의 전문성을 활용하여 평가대상의 가치를 총체적으로 판단하는 활동(전문가 중심 모형)
평가 방법	− 목표중심 평가와 탈목표 평가 − 내재적 준거 참조 평가와 외재적 준거 참조 평가 − 비교 평가와 비비교 평가 − 총괄평가와 형성평가
장점	− 교육활동의 부수적 효과까지 평가 가능 − 교육활동 자체의 가치를 평가에 포함 − 진행 중에 있는 교육활동에 대한 평가 포함

◆ 교육평가 모형 비교

목표 중심 평가	가치판단 중심 평가	의사결정 중심 평가
의도된 목표들이 어느 정도까지 성취되었는지를 판단	프로그램의 가치에 대한 총체적이고 전문적인 판단	프로그램 관리를 위한 의사결정에 유용한 정보 제공
− 타일러의 목표달성 모형 − 하몬드의 3차원 평가 모형	− 스크리븐의 탈목표 평가 모형 − 스테이크의 반응적 평가 모형 − 아이스너의 비평적 평가 모형	스터플빔의 CIPP 모형

기출선지 OX 정답 및 해설 p. 243   # 키워드

(1) 목표중심 평가 모형은 교육목표, 교육내용, 교육평가 간의 논리적 일관성을 유지해 준다. … O | X

(2) 목표중심 평가 모형은 교육목표로 설정되지 않은 부수적 교육활동에 대한 평가가 용이하다. … O | X

(3) 스크리븐(M. Scriven)의 판단 모형에서는 목표 중심 평가와 탈목표 평가를 활용한다. … O | X

(4) 스터플빔(D. L. Stufflebeam)의 의사결정 평가 모형은 상황(Context)평가, 투입(Input)평가, 과정(Process)평가, 산출(Product)평가로 구성된다. … O | X

대표 기출문제

문 1. 다음 중 교육평가모형에 대한 설명으로 옳지 않은 것은? [2010년 국가직 9급]

① 타일러(Tyler)는 행동적 용어로 진술된 목표와 학생의 성취도와의 일치 정도를 알아보는 데 평가의 초점을 맞추고 있다.
② 아이즈너(Eisner)는 교육평가가 예술작품을 비평하는 것과 같은 방식으로 이루어져야 한다고 주장하였다.
③ 스크리븐(Scriven)은 프로그램이 의도했던 효과만을 평가하고 부수적인 효과는 배제하였다.
④ 스터플빔(Stufflebeam)은 의사결정에 유용한 정보를 획득·기술·제공하는 과정으로 평가를 정의하였다.

문 2. 스터플빔(D. L. Stufflebeam)의 의사결정 평가 모형에 대한 설명으로 옳은 것만을 모두 고르면? [2023년 국가직 7급]

ㄱ. 경영자의 결정에 판단적 정보를 제공한다는 점에서 경영자 위주의 접근이라고 불린다.
ㄴ. 상황(Context)평가, 투입(Input)평가, 과정(Process)평가, 산출(Product)평가로 구성된다.
ㄷ. 평가의 주된 목적은 목표 실현 정도를 파악하는 데 있다.
ㄹ. 예술작품을 비평하는 것과 같은 전문가의 감식안(connoisseurship)에 근거한 평가를 의사결정에 활용할 것을 제안하고 있다.

① ㄱ, ㄴ   ② ㄱ, ㄹ
③ ㄴ, ㄷ   ④ ㄷ, ㄹ

2 교육평가의 유형 1

핵심내용 정리

출포 138. 평가기준에 따른 구분

◆ 규준참조평가와 준거참조평가

	규준참조평가 (상대평가)	준거참조평가 (절대평가)
개념	집단 내에서 개인들의 상대적 위치에 따라 점수를 부여하는 평가방법	수업목표(성취기준)에 비추어 개인의 수행수준을 해석하는 평가방법
비교 대상	개인과 개인 (규준과 개인)	준거와 수행 (준거와 개인)
기본 관점	선발적 교육관 (지능의 불변성, 개인차 강조)	발달적 교육관 (지능의 가변성, 완전학습 추구)
평가 관점	측정관(개인차 변별 → 선별, 선발, 분류, 배치)	평가관(성취수준 확인 → 교정, 개선, 자격부여)
기능	행정적 기능 강조	교수적 기능 강조
점수 분포	정규분포 기대	부적 편포 기대
평가 도구	- 검사의 신뢰도 강조 - 난이도와 변별도 강조	- 검사의 (내용)타당도 강조 - 문항의 대표성 강조
장점	- 집단 내 상대적 위치에 대한 정보 파악 용이 - 경쟁을 통한 동기 유발	- 학습결과에 대한 정확한 정보 제공 - 내재적 동기에 의한 학습
단점	- 암기 위주의 학습 조장 - 학생 간의 점수 경쟁 조장	- 개인차 변별이 어려움 - 집단 간 비교 어려움

◆ 성장참조평가와 능력참조평가

	성장참조평가	능력참조평가
개념	학습자가 교수·학습 과정을 통해 얼마나 성장하였는지에 관심을 두는 평가방법	개인이 지닌 잠재능력에 비해 얼마나 최선을 다하였는지를 중시하는 평가방법
비교 대상	사전 능력과 현재 능력 (과거와 현재)	잠재 능력과 실제 성취 (능력과 수행)
기본 관점	발달적 교육관 (학습의 개별화, 개선가능성 강조)	
평가 관점	총평관(assessment) (개인에 대한 종합적 이해 → 교수·학습 개선, 상담)	
기능	교수적 기능 강조	
장점	- 평가의 개별화 및 개별화교육 촉진 - 능력개선에 대한 피드백 제공, 학습동기 유발	- 평가의 개별화 및 개별화교육 촉진 - 학습자의 노력에 대한 피드백, 학습동기 유발
단점	- 고부담시험에 적용 곤란 - 평가의 경제성 낮음 - 점수의 신뢰도가 낮음	- 고부담시험에 적용 곤란 - 평가의 경제성 낮음 - 수행과 능력 구분 어려움

기출선지 OX

(1) 규준참조평가는 개인의 성취수준을 비교집단의 규준에 비추어 판단하는 평가방법이다.	O | X	
(2) 준거참조평가는 성취목표를 기준으로 목표의 달성 여부 또는 달성 정도를 확인하는 평가방법이다.	O | X	
(3) 규준참조 평가와 비교할 때, 준거참조 평가는 선발적 교육관보다는 발달적 교육관에 근거한다.	O | X	
(4) 규준참조평가는 서열화가 쉽고 경쟁유발에 유리하다.	O | X	
(5) 평가도구의 양호도 측면에서, 규준지향평가는 타당도를, 준거지향평가는 신뢰도를 강조한다.	O | X	
(6) 성장참조평가는 교수·학습 과정을 통한 변화에 관심을 두며 초기 능력수준에 비해 얼마만큼 능력의 향상을 보였느냐를 강조하는 평가이다.	O | X	
(7) 성장참조평가는 사전 측정치와 현재 측정치의 상관이 높을수록 타당한 결과를 얻을 수 있다.	O | X	
(8) 능력참조평가는 학생들의 상대적 서열에 초점을 맞춰 능력의 변별에 관심을 둔 평가이다.	O | X	
(9) 능력참조평가는 학업 증진의 기회를 부여하고 평가의 개별화를 강조한다.	O | X	

대표 기출문제

문 1. 준거참조평가의 특징으로 옳은 것만을 모두 고르면? [2021년 지방직 9급]

ㄱ. 경쟁을 통한 학습자의 외적 동기 유발에 부족하다.
ㄴ. 탐구정신 함양, 지적인 성취동기 자극 등을 장점으로 들 수 있다.
ㄷ. 고등 정신능력의 함양보다는 암기 위주의 학습을 유도할 가능성이 있다.
ㄹ. 일정 점수 이상을 획득한 대상에게 자격증을 부여할 때 주로 사용하는 평가이다.

① ㄴ, ㄷ
② ㄷ, ㄹ
③ ㄱ, ㄴ, ㄹ
④ ㄱ, ㄴ, ㄷ, ㄹ

문 2. 다음 설명에 해당하는 교육평가의 유형은? [2023년 지방직 9급]

- 평가의 교수적 기능을 중시한다.
- 최종 성취수준에 대한 관심보다는 사전 능력 수준과 현재 능력 수준의 차이에 관심을 둔다.
- 고부담시험보다는 영향력이 낮은 평가에서 사용하는 것이 바람직하다.

① 규준참조평가
② 준거참조평가
③ 능력참조평가
④ 성장참조평가

3 교육평가의 유형 2

핵심내용 정리

출포 139. 평가시점에 따른 구분

◆ 진단평가, 형성평가, 총괄평가

구분	진단평가	형성평가	총괄평가
시점	수업 전	수업 중	수업 후
목적	출발점 행동을 진단하여 수업계획에 반영	학습목표 도달 정도나 문제점 발견하여 수업 지도방법 개선	학습목표 달성 정도를 판단하여 성적 판정 및 정치
기능	- 출발점 행동(선수학습 등)의 진단 - 학생 특성의 체계적인 관찰 및 측정 - 학습결손의 원인 파악	- 학습의 진전 상황 확인 - 학습곤란 지점 파악 - 학습의 진행 속도 조절 - 학습의 강화 및 개별화	- 학업성적 산출 및 서열화 - 진급 자격이나 당락 결정 - 미래 학업성적의 예측 - 프로그램의 지속 여부 결정
평가방법	비형식적 평가, 형식적 평가 (표준화 검사, 교사제작검사, 관찰 등)	비형식적 평가, 형식적 평가 (교사제작 검사, 구두문답, 관찰 등)	주로 형식적 평가 활용 (주로 표준화 학력검사 사용)

출포 140. 검사방식 및 활용에 따른 구분

◆ 교사제작검사와 표준화 검사

교사제작 검사	- 학생들을 대상으로 수업을 전개한 교사가 제작한 검사로 표준화 과정을 생략 가능 - 특정한 피험자를 대상으로 실시하기 위해 제작 - 예 형성평가용 쪽지시험, 학교 기말시험
표준화 검사	- 평가전문가가 검사도구를 제작하며 예비검사를 통해 검사내용 및 점수분포를 표준화시킨 검사 - 대규모 피험자를 대상으로 실시하기 위해 제작 - 예 일반지능검사, 대학수학능력시험

표준화 검사 활용시 유의점
- 검사 실시 목적에 적합한 내용의 검사를 선택함 - 검사 사용자가 검사에 대한 객관적인 식견이 있어야 함 - 검사의 소요시간, 비용 및 실시 장소 등 조건을 점검해야 함 - 검사의 실시·채점·결과의 해석 시 표준화된 검사절차를 준수해야 함(임의변경 ×)

◆ 속도검사와 역량검사

속도검사	제한된 시간 내에 얼마나 많은 문항을 정확하게 풀었는지를 측정하는 검사
역량검사	모든 학생에게 문항에 답할 수 있는 충분한 시간을 준 상태에서 측정하는 검사

◆ 저부담 시험과 고부담 시험

저부담 시험	교육평가 결과의 활용이 피험자에게 미치는 영향이 비교적 적은 시험
고부담 시험	교육평가 결과의 활용으로 인해 피험자에게 중대한 영향과 파급효과를 주는 시험

출포 141. 수행평가

◆ 수행평가의 특징

구분	전통적 평가	수행평가
도입 배경	- 산업화 시대 - 표준적 인재 육성 필요 - 객관주의 학습이론 - 절대주의적 진리관	- 지식정보화 시대 - 창의적 인재 육성 필요 - 구성주의 학습이론 - 상대주의적 진리관
평가 목적	- 선발, 분류, 배치 - 학습결과의 예언, 통제	- 지도, 조언, 개선 - 학습과정 이해, 재구성
특징	- 문제의 정답을 선택하게 하는 평가 - 간접평가 위주(평가도구를 이용) - 일회적·부분적 평가 - 인위적 상황에서 평가 - 평가의 준거와 기준을 사후에 공개	- 학생 스스로 정답을 구성하도록 하는 평가 - 직접평가 위주(수행을 직접 관찰) - 지속적·종합적 평가 - 실제적 상황에서 평가 - 평가의 준거와 기준을 사전에 공개
평가방법	- 지필고사(선택형, 단답형, 서술형 문항 등)	- 논술·구술시험, 보고서, 실기시험, 포트폴리오 평가

◆ 수행평가 채점 시 유의점

평정의 오류	- 인상의 오류(후광효과) : 평상시 인상을 토대로 평가 - 논리적 오류 : 서로 다른 특성을 비슷한 것으로 취급 - 집중경향의 오류 : 극단값을 피하고 중간 점수에 집중 - 표준의 오류 : 평가자마다 점수 기준을 달리 적용
채점 방법	- 루브릭 : 학습자 반응의 수준을 구체적으로 제시하는 평가지침(채점규정) 활용

기출선지 OX   정답 및 해설 p. 243   # 키워드

(1) 진단평가는 어떤 단원의 학습을 위해, 수업 전에 학습자가 알고 있는 기초 지식이나 기술 등을 점검하는 평가이다.	O | X	
(2) 진단평가는 출발점 행동과 학습결손의 원인을 확인하고자 하는 평가이다.	O | X	
(3) 형성평가는 학습이 시작되기 전에 학생의 특성을 체계적으로 관찰·측정하는 평가이다.	O | X	
(4) 형성평가는 학습자 개개인에게 적합한 교수·학습의 기회를 제공하여 주어진 학습목표에 도달시킬 수 있다는 발달적 교육관을 바탕으로 하는 평가방식이다.	O | X	
(5) 총괄평가는 교수·학습이 완료된 시점에서 교육 목표의 달성 여부나 정도를 종합적으로 판정할 때 활용한다.	O | X	
(6) 총괄평가는 절대평가를 지향하며 검사도구의 제작과 평가는 교사 중심으로 이루어진다.	O | X	
(7) 역량검사는 모든 학생이 모든 문항을 풀어볼 수 있도록 충분한 시간을 준 다음 측정한다.	O | X	
(8) 표준화검사는 상황에 맞춰 검사의 실시·채점·결과의 해석을 융통성 있게 변경하여 활용한다.	O | X	
(9) 수행평가는 학습자가 학습한 내용, 지식, 기술, 기능 등을 행위나 결과물로 나타낸 정도를 평가하는 방법이다.	O | X	
(10) 수행평가는 학습결과뿐만 아니라 학습과정에 대한 평가도 중시하는 대안적 평가방법이다.	O | X	

대표 기출문제

문 1. 다음 내용에 가장 부합하는 교육평가 유형은?
[2017년 지방직 9급]

- 교과내용 및 평가 전문가가 제작한 검사를 주로 사용한다.
- 서열화, 자격증 부여, 프로그램 시행 여부 결정의 목적을 위해 시행한다.
- 교수·학습이 완료된 시점에서 교육목표의 달성 정도를 종합적으로 판정한다.

① 총괄평가(summative evaluation)
② 형성평가(formative evaluation)
③ 능력참조평가(ability-referenced evaluation)
④ 성장참조평가(growth-referenced evaluation)

문 2. 교육평가에 관한 설명으로 옳은 것은?
[2023년 국가직 9급]

① 속도검사 - 모든 학생이 모든 문항을 풀어볼 수 있도록 충분한 시간을 준 다음 측정한다.
② 준거지향평가 - 학생의 점수를 다른 학생들의 점수와 비교하여 상대적 서열 또는 순위를 매긴다.
③ 형성평가 - 학기 중 학습의 진척 상황을 점검하여 학습속도 조절이나 학습자 강화에 활용한다.
④ 표준화검사 - 교사가 제작하여 수업 진행 중 학생들의 학업성취도나 행동 특성을 측정한다.

4 평가도구의 양호도

핵심내용 정리

142. 평가도구의 양호도 개관

◆ 좋은 검사도구가 갖추어야 할 조건

타당도	- 검사점수가 본래 측정하고자 하는 특성을 얼마나 충실히 나타내 주는지를 의미하는 지표 - 체계적 오차(고정오차) 없이 측정하는 정도 - 실제(현실)에 대한 근접 정도
신뢰도	- 검사도구가 얼마나 안정적이고 일관성 있게, 그리고 오차 없이 측정하는지를 의미하는 지표 - 비체계적 오차(무선오차, 측정오차) 없이 측정 - 측정치를 재현할 수 있는 정도
객관도	- 채점자가 얼마나 공정하게 채점하는지, 채점자의 채점결과가 신뢰성이 있는지를 의미하는 지표 - 평가자 신뢰도
실용도	- 평가과정에 소요되는 시간, 비용, 노력 측면에서 검사가 얼마나 경제적인지를 의미하는 지표

타당한 점수	타당하지 않은 점수	일관성이 없는 점수
← 타당도 →	[체계적 오차]	
← 신뢰도 →		
[진점수]		[무선오차]
[관찰점수]		

◆ 타당도와 신뢰도의 관계

- 평가도구가 높은 타당도를 갖기 위해서는 신뢰도가 높아야 함. 즉, 높은 신뢰도는 높은 타당도의 선행조건
- 신뢰도가 높더라도 타당도는 낮을 수 있음. 높은 신뢰도는 높은 타당도가 되기 위한 필요조건일 뿐, 충분조건은 아님
- 신뢰도가 높은 검사라 할지라도 타당도가 낮다면 평가의 목적에 적합한 검사라 할 수 없음

143. 평가도구의 타당도

◆ 타당도 개념의 종류

내용타당도		- 검사도구가 평가하고자 하는 목표나 내용에 충실한 정도(논리적 타당도, 목표지향 타당도) - 전문가가 검사가 측정하고자 하는 속성을 제대로 측정하고 있는지와 내용영역을 잘 대표하는지를 주관적으로 판단(이원분류표 활용)
준거 타당도	예언 타당도	- 검사도구가 미래의 행동 특성을 정확하게 예언하는 정도(경험적 타당도) - 검사에서 높은 점수를 받은 학생이 학교에서도 우수한 성적을 보이는지를 확인(상관분석 등)
	공인 타당도	- 새로운 검사도구가 이미 공인된 기존의 검사가 유사한 결과를 나타내는 정도(경험적 타당도) - 새로 제작한 검사 점수와 기존의 공인된 검사 점수 사이의 일치도 확인(상관분석 등) - 경험적 타당도
구인타당도		- 조작적으로 정의된 심리적 개념의 구인(구성요인)을 충실하게 측정하는 정도(이론적 타당도) - 검사가 조작적으로 정의한 검사대상을 구성하는 하위 요인들을 제대로 측정하고 있는지를 종합적으로 분석(요인분석 등)
결과타당도		- 검사가 학생, 학교, 사회에 미치는 영향이 검사의 실시 목적에 부합하는 정도(실태조사 등)

핵심내용 정리

출포 144. 평가도구의 신뢰도

◆ 상관계수를 이용한 신뢰도 추정 방법

재검사 신뢰도	– 동일한 집단에게 동일한 검사를 일정한 시간(2~4주) 간격을 두고 반복 실시하고, 두 검사점수 간의 유사성 분석을 통해 신뢰도 추정(2회 검사, 검사지 1개) – 장점 : 동형검사지를 개발 필요 없음(검사지 1개) – 단점 : 기억효과가 결과에 영향을 미침, 검사실시 간격에 따라 신뢰도가 다르게 추정됨
동형검사 신뢰도	– 동일한 집단의 피험자에게 두 개의 동형검사를 거의 같은 시기에 실시하고, 두 검사 점수 간의 유사성 분석을 통해 신뢰도 추정(2회 검사, 검사지 2개) – 장점 : 기억효과의 영향 감소됨 – 단점 : 동질적인 동형검사 제작이 쉽지 않음
반분검사 신뢰도	– 실시한 하나의 검사를 반으로 나누어 각각의 반을 독립된 두 개의 검사로 간주, 두 부분의 측정결과 간의 유사도를 통해 신뢰도 추정(1회 검사) – 속도검사의 경우, 검사를 전반부와 후반부로 양분하는 방법을 사용하지 않아야 함 – 스피어만–브라운 공식을 이용하여 신뢰도 값 교정(반분으로 인해 발생하는 문제 최소화)
문항내적 합치도	– 검사문항들 각각을 하나의 검사로 간주하고 문항들 간의 유사성을 종합하여 신뢰도 추정(1회 검사) – KR 20, 21 계수, Cronbach's 계수, Hoyt 계수 – 속도검사의 경우에는 문항내적 일관성으로 신뢰도를 추정하는 것이 바람직하지 않음

◆ 신뢰도 영향 요인 및 제고 방법

검사도구	– 검사에 포함되는 문항의 수를 늘린다. – 시험 범위를 좁게 해서 동질성을 높인다. – 내용타당도가 높은 문항을 출제한다. – 문항의 변별도를 높인다. – 문항의 난이도를 적절한 수준으로 조정한다.
피험자	– 피험자 집단을 이질적으로 구성한다. – 피험자들이 일정 정도의 성취동기를 갖게 한다.
검사상황	– 부정행위를 철저하게 방지한다. – 충분한 검사시간을 부여한다(역량검사).

출포 145. 평가도구의 객관도와 실용도

◆ 객관도의 개념 및 제고 방법

객관도의 개념	– 채점자 내 신뢰도 : 한 채점자가 하나의 검사결과를 반복 채점했을 때 채점결과의 일치도 – 채점자 간 신뢰도 : 둘 이상의 채점자가 하나의 검사결과를 채점한 결과의 일치도 (→ Kappa 계수를 통해 추정)
객관도 제고 방법	– 채점자의 주관이나 편견의 영향을 줄이기 위해 채점기준을 미리 정해 놓아야 함 – 편견을 제거하기 위해 답안 작성자의 이름과 번호를 답안지와 분리해서 채점해야 함 – 답안지를 답안 작성자 단위로 채점하지 말고 평가문항별로 채점하는 것이 바람직 – 단독채점보다 다수의 평가자가 채점하여 평균 점수를 내는 것이 보다 바람직 – 극단값의 영향을 최소화하기 위해 평균값보다는 중앙값이나 절삭평균을 최종점수로 활용

◆ 실용도의 영향 요인

검사 및 채점의 용이성	– 객관식 지필문항으로 구성된 성취도 검사는 동시에 다수의 피험자를 대상으로 단시간에 검사를 실시하고 채점할 수 있어 실용도가 높음
피험자의 시간과 노력	– 수행평가는 피험자가 들여야 하는 시간, 비용, 노력의 양이 많아 실용도가 낮음 – 수행평가를 실시하더라도 실용도를 고려하여 수행과제의 수를 최대한 줄여야 함

기출선지 OX 정답 및 해설 p. 244   # 키워드

(1) 타당도란 검사 또는 측정 도구가 본래 측정하고자 하는 것을 충실히 측정하고 있는가의 문제이다.	O | X	
(2) 성취도 검사를 제작하기 전에 이원분류표를 작성하면 내용타당도를 높일 수 있다.	O | X	
(3) 공인타당도는 새로운 평가도구의 타당도를 기존의 타당성을 인정받고 있는 도구와의 유사성 혹은 연관성에 의해 검증한다.	O | X	
(4) 구인타당도는 검사점수가 심리적 구성요인들을 제대로 측정하였는가를 요인분석을 통해 검정하는 타당도이다.	O | X	
(5) 결과타당도는 검사도구에서 구한 점수와 미래에 피험자에게 나타날 행동 특성을 수량화한 준거점수 간의 상관을 토대로 한다.	O | X	
(6) 신뢰도란 검사도구가 측정하려는 것을 안정적이고 일관성 있게, 그리고 오차 없이 측정하는가의 문제이다.	O | X	
(7) 신뢰도란 검사대상을 얼마나 정확하게 무선오차(random error) 없이 측정하는지를 의미한다.	O | X	
(8) 평가도구가 높은 신뢰도를 갖기 위해서는 평가도구의 타당도가 높아야 한다.	O | X	
(9) 검사가 너무 어렵거나 쉬우면 신뢰도는 낮아지며, 난이도가 중간 수준으로 적절해야 신뢰도가 높아진다.	O | X	
(10) 시험에서 문항의 수가 많을수록, 문항 변별도가 높을수록 신뢰도가 높아지는 경향이 있다.	O | X	
(11) 객관도는 채점자가 편견없이 얼마나 공정하게 채점하느냐의 문제와 관련된다.	O | X	
(12) 객관도는 신뢰도보다는 타당도에 가까운 개념이다.	O | X	
(13) 객관도란 평가대상자의 신뢰도로서 검사점수가 어느 정도 신뢰성과 일관성이 있는가에 대한 개념이다.	O | X	
(14) 실용도는 시간, 비용, 노력 측면에서 검사가 얼마나 경제적인지를 나타낸다.	O | X	
(15) 지필평가는 수행평가에 비해 객관도와 실용도가 양호한 평가방법이다.	O | X	

대표 기출문제

문 1. 검사도구의 타당도에 대한 옳은 설명을 〈보기〉에서 고른 것은? [2017년 지방직 9급]

〈보기〉
ㄱ. 검사점수가 사용 목적에 얼마나 부합하는가를 의미한다.
ㄴ. 검사대상을 얼마나 정확하게 무선오차(random error) 없이 측정하는지를 의미한다.
ㄷ. 동일한 검사에 대한 채점자들 간 채점 결과의 일치 정도를 의미한다.
ㄹ. 측정하고자 하는 특성을 검사점수가 얼마나 잘 나타내 주는지를 의미한다.

① ㄱ, ㄷ
② ㄱ, ㄹ
③ ㄴ, ㄷ
④ ㄴ, ㄹ

문 2. 좋은 검사도구가 갖추어야 할 다음의 조건은? [2021년 국가직 9급]

• 여러 검사자(채점자)가 어느 정도로 일치된 평가를 하느냐를 의미한다.
• 검사자의 신뢰도를 의미하기도 한다.

① 타당도
② 객관도
③ 실용도
④ 변별도

문 3. 다음 설명에 해당하는 타당도는? [2022년 지방직 9급]

• 검사도구에서 구한 점수와 미래에 피험자에게 나타날 행동 특성을 수량화한 준거점수 간의 상관을 토대로 한다.
• 선발, 채용, 배치를 목적으로 하는 적성검사나 선발시험 등에서 요구된다.

① 예언타당도
② 공인타당도
③ 구인타당도
④ 내용타당도

문 4. 검사도구의 양호도에 대한 설명으로 옳은 것은? [2020년 지방직 9급]

① 실용도는 시간, 비용, 노력 측면에서 검사가 얼마나 경제적인지를 나타낸다.
② Cronbach's α 계수는 재검사 신뢰도의 일종이다.
③ 객관도는 신뢰도보다는 타당도에 가까운 개념이다.
④ 높은 신뢰도는 높은 타당도가 되기 위한 충분조건이다.

5. 문항제작과 문항분석

핵심내용 정리

출포 146. 지필평가문항의 제작

◆ 지필평가문항의 대표 유형

	선다형	논술형
특징	2개 이상의 답지 중 알맞은 답을 선택하는 문항 형태	자신의 주장을 창의적이고 설득력있게 진술하는 문항 형태
장점	- 추측요인 비교적 적음 - 타당도 제고, 난이도·변별도 조절 용이	- 추측요인 영향 최소화 - 다양한 성취결과 확인
단점	- 문항 제작에 시간 소요 많음	- 문항표집 대표성 낮음 - 객관적 채점의 어려움

◆ 선다형 문항의 제작 지침

일반지침	- 단순암기가 아닌 고등사고 능력을 측정해야 함 - 추측만으로 정답을 선택할 가능성이 낮아야 함
질문	- 출제의도가 분명하게 드러나도록 할 것 - 정답을 암시하는 내용을 포함시키지 않을 것 - 문항의 구조와 질문을 최대한 간결하게 제시
답지	- 자주 나타나는 오류의 유형을 반영하여 구성 - 하나의 답지에는 한 가지 차원의 내용만 포함 - 오답지에 '절대' 등의 단어를 사용하지 않을 것 - 답지들의 길이와 형태를 유사하게 할 것 - 정답의 번호를 무선적으로 배열할 것

출포 147. 문항분석의 이론과 방법

◆ 문항분석의 접근방법

고전검사이론	문항반응이론
- 문항 정답률에 따라 분석	- 문항특성곡선으로 분석
- 문항난이도, 문항변별도, 문항추측도, 문항반응분포	- 문항난이도, 문항변별도, 문항추측도
- 문항 특성의 가변성(피험자집단에 따라 변화) - 피험자 특성의 가변성	- 문항특성의 불변성, 단일차원성, 지역독립성 - 피험자 특성의 불변성

◆ 고전검사이론에 의한 문항분석

문항 난이도	- 전체 피험자 중 문항에 대한 정답자 비율로 산출(0~1 사이의 값) - 정답자 수가 적을수록 난이도 지수는 낮게 나오며, 더 어려운 문제이며, 난이도(곤란도)는 높은 문항
문항 변별도	- 상위집단의 정답자 비율에서 하위집단의 정답자 비율을 뺀 값(-1~+1) - 문항 변별도 지수가 0이나 음수로 나오는 경우에는 해당 문항을 검사에게 제외 - 변별도와 신뢰도의 관계 • 변별도를 높이기 위해서는 적정 수준의 난이도가 바람직 • 변별도가 높으면 신뢰도가 높아지므로, 규준지향검사는 변별도가 높아야 함
문항 추측도	- 전체 피험자 중 문항의 답을 알지 못한 채 추측으로 정답을 맞힌 피험자의 비율 - 문항의 답지 개수가 많을수록 추측도 낮아짐
문항 반응 분포	- 문항의 각 답지에 반응한 비율로 산출 - 특정 오답지를 선택한 비율이 2% 미만인 경우, 오답지의 매력도를 높이도록 수정

◆ 문항반응이론에 따른 문항분석

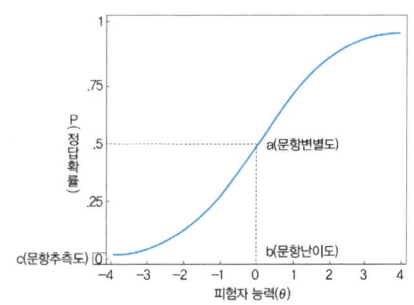

문항 변별도 (a)	- 정답확률 0.5에서 문항특성곡선의 기울기 - 기울기가 가파를수록 문항변별도가 높은 문항이며, 완만할수록 변별도가 없는 문항
문항 난이도 (b)	- 정답확률 0.5에 대응하는 피험자의 능력치 - 문항특성곡선이 오른쪽에 위치할수록 문항의 난이도가 높은(어려운) 문항 - 난이도가 높을수록 능력 수준이 높은 피험자들을 변별하는 데 적합
문항 추측도 (c)	- 가장 낮은 능력 수준의 피험자가 문항의 답을 맞히는 확률에 해당하는 값 - 문항추측도가 높을수록 좋지 않은 문항

기출선지 OX   정답 및 해설 p. 244   # 키워드

	O | X	
(1) 선택형 문항을 제작할 때에는 문항의 질문에 정답을 암시하는 내용을 포함시키지 않는다.	O | X	
(2) 2개의 문항으로 된 논술형 시험은 20개의 문항으로 된 사지선다형 시험보다 문항표집의 대표성이 높다.	O | X	
(3) 난이도는 총 피험자 중 오답을 한 피험자의 비율로 산출한다.	O | X	
(4) 검사점수가 낮은 하위집단이 높은 상위집단에 비해 정답을 고른 수험자의 수가 더 많을 때, 그 문항은 변별 기능을 제대로 하지 못한 것이다.	O | X	
(5) 난이도가 어려울수록 변별도는 높아진다.	O | X	
(6) 능력 수준이 다른 두 집단을 대상으로 각각 계산하더라도 문항변별도는 동일하다.	O | X	
(7) 검사점수가 높은 상위집단과 낮은 하위집단의 학생이 모두 맞힌 문항의 변별도는 0이다.	O | X	
(8) 고전검사이론에 의한 문항분석에서는 피험자의 능력과 문항의 답을 맞힐 확률 간의 관계를 나타내는 문항특성곡선을 사용한다.	O | X	
(9) 문항반응이론은 피험자의 능력과 문항의 답을 맞힐 확률 간의 관계를 나타내는 문항특성곡선을 사용한다.	O | X	
(10) 문항반응이론에서 피험자 집단의 능력이 달라져도 결과적으로는 하나의 고유한 문항특성곡선이 추정된다.	O | X	

대표 기출문제

문 1. 변별도에 대한 설명으로 옳은 것만을 모두 고른 것은? [2016년 국가직 9급]

> ㄱ. 난이도가 어려울수록 변별도는 높아진다.
> ㄴ. 정답률이 50%인 문항의 변별도는 1이다.
> ㄷ. 모든 학생이 맞힌 문항의 변별도는 0이다.

① ㄴ   ② ㄷ
③ ㄱ, ㄴ   ④ ㄱ, ㄷ

문 2. 고전검사이론에 대한 설명으로 옳지 않은 것은? [2023년 지방직 9급]

① 문항난이도는 문항의 쉽고 어려운 정도를 나타낸다.
② 피험자의 능력과 문항의 답을 맞힐 확률 간의 관계를 나타내는 문항특성곡선을 사용한다.
③ 문항변별도는 문항이 피험자의 능력을 변별하는 정도를 나타낸다.
④ 관찰점수는 진점수와 오차점수의 합으로 가정한다.

6. 평가결과의 분석

핵심내용 정리

출포 148. 자료의 특성

◆ 척도(자료)의 유형

명명 척도	- 평가대상을 단순히 구분하거나 분류하기 위해 사용하는 척도 - 예 성별, 거주지역, 학급 번호 등 - 질적 의미만 있으므로, 가감승제 불가능
서열 척도	- 순위나 서열을 부여하는 척도 - 예 성적석차, 백분위, 리커트척도 - 수치 간 등간성이 없기 때문에 가감승제 불가능
등간 척도	- 각 측정단위 사이의 크기나 간격이 동일한 척도 - 예 IQ 지수, 시험의 원점수, 써스톤 척도 등 - 임의영점과 등간성이 존재하므로, 가감은 가능
비율 척도	- 분류·순위·등간·비율의 속성을 모두 가짐 - 예 수량, 길이, 백분율, 표준점수 등 - 절대영점을 가지므로, 가감승제 모두 가능

◆ 자료의 중심경향값(대푯값)

최빈값	- 빈도수가 가장 많은 수치(여러 개일 수 있음) - 명목척도에서도 대푯값으로 사용 가능 - 표집에 따라 변동이 심하고 안정이 낮음
중앙값	- 순위상 가장 중앙에 위치한 값 - 주로 서열척도의 대푯값으로 사용 - 표집에 따른 변동 및 극단값의 영향이 거의 없으므로, 분포가 매우 편포된 경우에 사용
평균	- 모든 자료의 총합 값을 자료의 개수로 나눈 값 - 등간·비율척도 자료의 대푯값으로 널리 사용 - 극단값의 영향을 가장 크게 받으므로, 매우 편포되거나 사례수가 적을 때는 부적절

◆ 자료의 분포형태

정규 분포	- 개인들의 점수가 평균을 중심으로 좌우 대칭 (평균 = 중앙값 = 최빈값) - 규준지향평가에서 전제 → 개인차 변별, 서열화
부적 편포	- 개인들의 점수가 평균 이상에 집중하여 분포 - 준거지향평가에서 전제 → 교육목표 달성, 완전학습

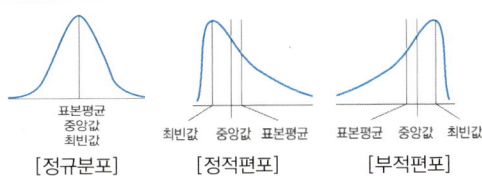

[정규분포] [정적편포] [부적편포]

출포 149. 규준점수의 산출과 해석

◆ 규준점수의 유형

백분위 점수(석차)	표준점수(Z, T)
- 서열척도	- 비율척도
- 상대적 우열만 비교 가능(점수 간 동간성 없음) - 가감승제 불가능	- 상대적 우열과 능력 수준을 모두 비교 가능 - 가감승제 가능
동일한 점수를 획득하였더라도, 피험자 집단의 점수 분포에 따라 백분위 점수는 달라짐	서로 다른 검사에서 획득한 점수나 서로 다른 두 집단의 점수 간의 상대적 비교 가능

◆ 규준점수의 종류

백분위 점수	- 특정 점수를 맞은 학생보다 낮은 점수를 받은 학생들의 비율을 백분위(%)로 표시
Z점수	- 원점수를 평균이 0, 표준편차가 1인 표준정규분포로 변환하여 나타낸 점수 - Z = (원점수 − 평균) / 표준편차
T점수	- 평균 50, 표준편차 10으로 표준화한 점수 - T점수 = Z점수×10 + 50
스테나인 점수	- 표준점수를 9개의 구간으로 나눈 점수로, 평균 5, 표준편차 2로 표준화한 점수 - 수능시험의 등급점수에 활용(최상위 : 스테나인 점수 9점 = 1등급) - 문항 변별력이 낮은 경우, 특정 등급에 포함한 학생이 한 명도 없는 현상이 발생

◆ 원점수와 규준점수 비교

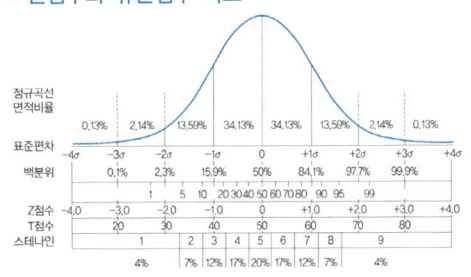

원점수	−3σ	−2σ	−1σ	평균	+1σ	+2σ	+3σ
백분위	0.5	2.5	16	50	84	97.5	99.5
Z점수	−3	−2	−1	0	1	2	3
T점수	20	30	40	50	60	70	80
스테나인 점수	1구간 (9등급)	3구간 (7등급)		5구간 (5등급)	7구간 (3등급)		9구간 (1등급)

기출선지 OX 정답 및 해설 p. 245

키워드

	O / X
(1) 명명척도(nominal scale)는 단순히 분류하거나 범주화할 목적으로 사용하는 척도이다.	O / X
(2) 서열척도는 순위 또는 상대적 중요성에 대한 정보를 갖고 있는 측정치로, 측정치가 절대량의 크기를 나타내지 않는다.	O / X
(3) 표준점수는 '절대 영점'을 포함하고 있는 척도인 비율척도이다.	O / X
(4) 한 전집의 추정 값으로서 표집을 통하여 그 값을 계산하는 경우에, 극단값의 영향을 가장 크게 받는 것은 중앙값(median)이다.	O / X
(5) 점수의 분포가 정상분포(normal distribution)를 이루는 경우에는 최빈값, 중앙값, 평균이 일치한다.	O / X
(6) 표준점수는 준거지향평가에서 주로 사용되는 척도이다.	O / X
(7) 두 검사에서 똑같이 50점을 받았다고 하더라도 표준점수는 다를 수 있다.	O / X
(8) Z점수는 편차를 그 분포의 표준편차로 나눈 값이다.	O / X
(9) T점수는 평균을 5, 표준편차를 2로 표준화한 점수이다.	O / X
(10) 스테나인 척도는 9개의 등급으로 나누어진 척도로서, 동일 등급 내 상대적 서열에 대한 자세한 정보를 제공하지는 않는다.	O / X

대표 기출문제

문 1. 다음 설명에 해당하는 척도는?
[2024년 지방직 9급]

- 사물이나 사람을 구분하거나 분류하기 위해 사용되는 척도이다.
- 예를 들어 성별을 표시할 때, 여학생을 0, 남학생을 1로 표시한다.

① 명명척도 ② 서열척도
③ 동간척도 ④ 비율척도

문 2. 다음은 지능 원점수 4개를 서로 다른 척도로 나타낸 것이다. 지능 원점수가 가장 낮은 것은? (단, 지능 원점수는 정규분포를 따른다.)
[2018년 국가직 9급]

① Z점수 1.5 ② 백분위 90
③ T점수 60 ④ 스테나인 2등급

7 교육연구 1

핵심내용 정리

출포 150. 교육연구의 패러다임

◆ 양적 연구와 질적 연구

	양적 연구	질적 연구
철학적 기반	- 실증주의 - 인과관계의 설명, 일반법칙 강조	- 현상학, 해석학 - 인간의 의도, 주관적 실재 중시
연구의 관점	- 거시적 · 연역적 접근 - 외현적 행동 연구 - 연구대상과의 거리 유지	- 미시적 · 귀납적 접근 - 내재적 의미 연구 - 연구대상과 근접성 강조
연구의 방법	- 표본 연구, 조사 연구, 실험 연구 - 체계적, 객관적 측정 강조 - 통계적 분석, 인과관계 분석 중시 - 객관적, 가치중립적 보고	- 사례 연구, 관찰 연구, 실행 연구 - 자연적, 참여적 관찰 강조 - 총체적 분석, 주관적 의미 이해 중시 - 해석적, 가치지향적 보고

출포 151. 연구대상의 표집

◆ 확률적 표집 방법

단순무선 표집	모집단의 모든 구성원이 표집될 확률이 같도록 표집하는 방법
체계적 표집	모집단에서 무선으로 첫 번째 조사대상을 선정한 후, 일정한 간격으로 조사대상 표집
유층 표집	모집단을 몇 개의 하위집단으로 분할한 후, 각 하위집단에서 표본을 무선으로 표집하는 방법
군집 표집	이미 형성되어 있는 집단을 표집단위로 하여 연구대상을 표집하는 방법

◆ 비확률적 표집 방법

의도적 표집	연구자가 주관적으로 설정한 기준에 따라 임의로 표집하는 방법
할당 표집	모집단을 몇 개의 하위집단으로 구분한 뒤, 각 집단에서 연구자가 임의로 조사대상을 표집
편의적 표집	특별한 표집의 기준 없이 연구자가 손쉽게 접근할 수 있는 대상들 중에서 표집하는 방법
눈덩이 표집	선택된 조사대상자로부터 다음 대상을 연속적으로 소개받으면서 표집하는 방법

출포 152. 조사연구의 방법

◆ 질문지법

개념	어떤 주제에 관한 일련의 질문에 대해 응답자가 자신의 생각을 진술하도록 하는 방법
종류	구조적/비구조적, 자유응답/선택형/체크리스트/평정법
장점	- 단시간에 다양한 자료 수집 및 결과 처리 가능 - 다양한 내면적 특성의 측정 용이
단점	- 언어능력이 부족한 응답자에게 실시 어려움 - 응답 진위 확인이 어려우므로 해석에 유의

◆ Q-분류법

개념	다양한 진술문들을 응답자들에게 분류하게 하고 이를 통해 태도와 행동을 연구(스티븐슨)
장점	특정 주제에 대한 의견이나 인식의 구조 확인 가능
단점	응답자들이 진술문 카드를 분류하는 일이 어려움

◆ 사회성 측정법

개념	서로 선호하는 개인을 지적하게 함으로써 집단의 인간관계 구조, 응집성, 안정성 등을 측정·평가하는 방법(모레노)
장점	- 개인의 집단 내 위치 파악 예 따돌림 현상 - 사회적응력 및 집단의 사회구조 개선에 활용 - 문항작성 및 검사시간이 짧아 이용이 간편
유의사항	- 조사 시 선택 집단의 범위가 명확해야 함 - 최대한 집단 전원을 일시에 조사해야 함 - 신뢰할 만한 교사가 실시, 비공개 처리

기출선지 OX 정답 및 해설 p. 245 # 키워드

(1) 단순무선 표집방법(simple random sampling)은 모집단의 모든 구성원이 표집될 확률이 같도록 하는 방법이다.	O | X
(2) 편의적 표집방법(convenience sampling)은 표집의 단위가 개인이 아니라 집단을 표집단위로 표집하는 방법이다.	O | X
(3) 질문지법은 의견, 태도, 감정, 가치관 등을 측정하기 용이하지만, 응답 내용의 진위 확인이 어려워 결과 해석에 유의해야 한다.	O | X
(4) Q-분류법은 스티븐슨(Stephenson)이 개발한 것으로, 인간의 태도와 행동을 연구하는 데 유용하다.	O | X
(5) Q-분류법은 단시간에 다양한 자료를 수집하고 결과 또한 신속하게 처리할 수 있다.	O | X
(6) 사회성 측정법은 집단 내 개인의 사회적 위치를 알아낼 수 있는 방법으로, 활용 시에는 선택 집단의 범위가 명확해야 한다.	O | X
(7) 사회성 측정법은 학급에서 집단따돌림이 발생하고 있는가를 알아보는 데 유용한 방법이다.	O | X

대표 기출문제

문 1. 전집의 주요 특성을 감안하여 하위집단을 나누고 각 하위집단으로부터 난수표나 제비뽑기를 이용하여 표집하는 방법은? [2002년 국가직 9급]

① 유층 표집 ② 단계적 표집
③ 군집 표집 ④ 단순무선 표집

문 2. 다음 설명에 해당하는 정의적 특성 측정방법은? [2020년 국가직 9급]

- 의견, 태도, 감정, 가치관 등을 측정하기 용이하다.
- 단시간에 다양한 자료를 수집하고 결과 또한 신속하게 처리할 수 있다.
- 응답 내용의 진위 확인이 어려워 결과 해석에 유의해야 한다.

① 관찰법 ② 사례연구
③ 질문지법 ④ 내용분석법

8 교육연구 2

핵심내용 정리

출포 153. 실험연구의 방법

◆ 실험연구의 기초

개념	외부 영향을 통제한 실험 상황에서 독립변인(X)을 체계적으로 변화시켜 종속변인(Y)에 미치는 영향을 규명하려는 연구방법
인과 관계 성립 조건	– 동시발생 조건 : X가 변화하면 Y도 같이 변화해야 함(통계적으로 유의미한 상관관계) – 시간적 순서 : X가 Y보다 시간적으로 앞섬 – 외생변수의 통제 : Y의 변화가 제3의 변수에 의해 설명될 가능성이 없어야 함

◆ 실험의 내적 타당도 저해 요인

역사 (사건)	연구기간 동안 발생한 특수한 사건이 가외변수로 작용하여 인과관계를 왜곡하는 효과
성숙	시간 흐름에 따른 피험자의 생물학적·심리적 변화가 종속변수에 영향을 미치게 되는 효과
검사	사전검사와 사후검사가 동일한 경우 사전검사가 사후검사에 영향을 미치게 되는 효과
도구	사전–사후검사에서 사용한 검사도구가 달라지는 변화로 인해 실험결과에 영향을 미치는 효과
피험자 선발	실험집단을 구성할 때 무선배치를 하지 않아서 두 집단 간의 동질성이 결여되어 나타나는 효과
피험자 탈락	실험이 진행되는 과정 중에 일부 대상자가 중도 탈락함으로써 실험결과에 영향을 주는 효과
통계적 회귀	극단적인 수치를 보인 대상들을 일정 기간 후 다시 측정하면 평균값으로 회귀하는 경향

◆ 실험의 내적 타당도 제고 방법

집단의 동질화	가외변인이 각 실험집단에서 동일한 수준이 되도록 집단을 구성
무선화	피험자들을 무선으로 실험집단에 배치하여 가외변인의 영향을 무작위로 분산
가외변인 포함	주요 가외변인을 독립변인이나 매개변인으로 설정하여 분석에 포함시킴
통계적 검증	사전검사를 통해 실험집단과 통제집단 간 차이를 확인하고 통계적 기법으로 영향 제거

출포 154. 통계적 가설검정

차이 분석	개념	집단 간 평균이나 분산에 통계적으로 유의한 차이가 있는지를 확인
	종류	– T-검정 : 두 집단 간의 평균 차이 분석 – ANOVA : 셋 이상의 집단 간 차이 분석
관계 분석	개념	두 변수들 간에 통계적으로 유의한 관계가 있는지를 확인
	종류	– 카이제곱 검정 : 표본집단의 관찰빈도와 기대빈도의 차이를 검정(명목척도) – 상관분석 : 두 변수가 함께 변하는 정도와 방향을 분석(상관계수, r) – 회귀분석 : 둘 이상의 변수 간의 인과관계의 여부와 영향 정도를 분석 – 요인분석 : 다수 변수들 간의 상관관계를 분석하여 관련성이 높은 변수들끼리 모아서 요인을 추출

◆ 상관분석의 종류와 특징

구분	변수	특징
스피어만 서열 상관분석	서열 척도	– 두 변수 간의 선형적 관계를 수량화하는 상관계수(r) 산출 – 측정치 중에 극단값이 있을 때 영향을 크게 받을 수 있음 – 두 변수가 곡선적인 관계를 보이면 상관관계가 과소 추정됨
피어슨 적률 상관분석	등간 비율 척도	

기출선지 OX   정답 및 해설 p. 246   # 키워드

(1) 실험연구에서 사전-사후검사에서 사용한 검사도구의 변화로 인하여 측정치에 변화가 생기는 것을 측정도구의 효과라고 한다. O | X

(2) 실험의 내적 타당도 위협 요인 중 피험자의 선발효과는 실험집단과 비교집단의 피험자들을 선발할 때 동질성이 결여되어 나타나는 영향을 말한다. O | X

(3) T-검정은 특정 집단의 관찰빈도와 그 집단의 기대빈도를 비교하여 검정하는 방법이다. O | X

(4) 상관계수가 0으로 나타나는 것은 상관관계가 없다는 것을 의미한다. O | X

(5) 상관계수는 공통요인의 정도를 나타낼 뿐 인과관계를 나타내지 않는다. O | X

대표 기출문제

문 1. 실험연구의 내적 타당도 저해요인에 대한 설명으로 옳지 않은 것은? [2022년 국가직 7급]

① 성숙 - 시간 흐름에 따른 피험자의 내적 변화가 종속변수에 영향을 미치게 된다.
② 통계적 회귀 - 극단적인 측정값을 보인 사례를 다시 측정하면 실험처치와 무관하게 덜 극단적인 측정값으로 회귀하는 경향이 있다.
③ 반복검사 - 사전검사와 사후검사가 동일한 경우 사전검사가 사후검사에 영향을 미치게 된다.
④ 피험자 탈락 - 실험집단과 통제집단을 구성할 때 무작위배치를 하지 않음으로써 두 집단 간의 동질성이 결여된다.

문 2. 피어슨(Pearson)의 적률상관계수를 활용하여 독서량과 국어 원점수 간의 상관을 분석하는 과정에 나타날 수 있는 현상으로 옳은 것만을 모두 고르면? [2020년 지방직 9급]

ㄱ. 극단한 값(outlier)의 영향을 크게 받을 수 있다.
ㄴ. 두 변수가 곡선적인 관계를 보이면 상관이 과소 추정될 우려가 있다.
ㄷ. 국어 원점수를 T점수로 변환하면 두 변수 간의 상관계수는 달라진다.

① ㄱ, ㄴ   ② ㄱ, ㄷ
③ ㄴ, ㄷ   ④ ㄱ, ㄴ, ㄷ

CHAPTER 07 생활지도와 상담

출제빈도 분석

테마	출제 포인트		구분	2025	2024	2023	2022	2021	2020	2019	2018	2017	2016
생활지도	생활지도의 개념과 원리	활동 영역	기본	지9급		국9급					지9급		지9급
		원리	기본		국9급								
	진로지도 이론	홀랜드	기본						국9급	국7급			
		그 외	심화										
	청소년 비행 이론		기본				국9급 지9급						
상담의 기초	상담의 개념과 원리		기본										
	상담의 실제		심화										
	심리검사의 활용		심화									국7급	
	상담대화의 기법		기본		지9급	국7급	국7급						
상담의 이론과 기법	특성-요인 상담		심화										
	정신분석적 상담	프로이트	기본			국9급	국7급			국9급		지9급	
		그 외	심화										
	행동주의 상담		기본						국7급		지9급 국9급		
	인간중심 상담		기본					지9급		지9급		국9급	
	인지주의 상담		기본		국7급	국7급	지9급		지9급		국7급		지9급
	게슈탈트 상담		심화										
	교류분석 상담		심화										
	현실치료 상담		기본				지9급	지9급					
	해결중심 상담		심화										

1 생활지도의 개념과 원리

핵심내용 정리

155. 생활지도의 개념과 원리

◆ 생활지도의 활동 영역

학생조사	학생을 이해하고 지도하는 데 필요한 각종 정보와 자료를 수집하는 활동
정보제공	학생들이 직면한 다양한 문제를 해결하는 데 도움이 되는 각종 자료와 정보를 제공해 주는 활동
상담	부적응 학생을 상담하여 정신건강을 향상시켜 적응과 문제해결을 돕는 활동
정치(배치)	학생의 희망, 적성, 흥미, 능력에 맞는 환경을 선택하도록 도와주거나 안내하는 활동
추수지도	생활지도를 일차 완료한 후 학생의 적응 상태와 변화 정도를 점검하고, 추가로 도움을 제공하는 활동
위탁	학교 내외부의 전문가나 전문기관에 의뢰·위탁하여 학생에게 도움을 주는 활동

◆ 생활지도의 기본 원리

전인성	학생의 전인적인 성장과 발달에 역점을 두고 학교의 전체적인 활동과 교육과정 전반에 생활지도 활동을 통합하여야 함
균등성	문제 학생이나 부적응 학생만을 대상으로 하는 것이 아니라, 학교의 모든 학생을 대상으로 포함
민주성	학생의 존엄성과 권리에 관심을 가지고, 일방적인 지시나 억압, 명령은 배제
친화성	교사와 학생의 인격적 관계를 바탕으로, 학생의 입장을 공감적으로 이해하여야 함
적극성	문제행동에 대한 사후적인 치료나 교정보다는 사전적인 예방에 중점을 둠
자율성	학생의 자율적인 문제해결 능력과 태도 육성에 역점
과학성	상식적 판단보다는 과학적이며 객관적인 방법과 자료에 근거하여 지도
계속성	일회적인 지도에 그치지 않고, 추수지도 활동을 통해 전학, 졸업, 취업 후에도 지도
협력성	담임교사, 상담교사는 물론이고, 교직원 전체, 지역사회, 학부모 등이 유기적으로 협력

기출선지 OX 정답 및 해설 p. 247   # 키워드

(1) 학기 초에 생활지도 계획을 수립하기 위해 전교생에게 학교생활 적응검사를 실시한 것은 생활지도의 조사 활동에 해당한다. O | X

(2) 정치 학생들이 관심이 있어 하는 진로 및 진학 정보를 학교 게시판에 게시한 것은 생활지도의 정치 활동에 해당한다. O | X

(3) 학생의 희망 및 능력에 맞추어 동아리를 선택하도록 도와주고 배정한 것은 생활지도의 정보 활동에 해당한다. O | X

(4) 생활지도를 일차 완료한 후 학생의 적응 상태와 변화 정도를 점검하고, 필요하면 추가로 도움을 제공하는 활동은 추수지도 활동에 해당한다. O | X

(5) 학교의 교사는 부모의 동의를 얻어 외부의 전문상담기관에 ADHD 증상을 보이는 학생의 지도를 요청할 수 있다. O | X

(6) 학교에서의 생활지도는 개인의 권리와 존엄성 및 가치의 인정을 기초로 한다. O | X

(7) 학교에서 생활지도에서 문제유발 가능성이 없는 학생은 대상에 포함되지 않는다. O | X

대표 기출문제

문 1. 생활지도 활동과 적용 사례가 바르게 짝지어진 것은? [2023년 국가직 9급]

① 학생조사 활동 – 진로 탐색을 위한 학생 맞춤형 프로그램을 실시하였다.
② 정보제공 활동 – 신입생에게 학교의 교육과정 및 특별활동에 관한 안내 자료를 배부하였다.
③ 배치(placement) 활동 – 학생들의 수업 적응 정도를 점검하고 부적응 학생을 상담하였다.
④ 추수(follow-up) 활동 – 학기 초에 학생에 관한 신체적·지적 특성과 가정환경 등 기초적인 정보를 수집하였다.

문 2. 생활지도의 원리로 옳은 것만을 모두 고르면? [2024년 국가직 9급]

ㄱ. 모든 학생을 대상으로 해야 한다.
ㄴ. 치료나 교정이 아니라 예방에 초점을 두어야 한다.
ㄷ. 인지적 발달뿐만 아니라 정의적·신체적 발달도 함께 도모해야 한다.

① ㄱ, ㄴ   ② ㄱ, ㄷ
③ ㄴ, ㄷ   ④ ㄱ, ㄴ, ㄷ

2. 진로지도 이론

핵심내용 정리

출포 156. 홀랜드의 진로지도 이론

개요	– 진로선택의 핵심요소로 직업흥미(성격) 중시
4가지 기본 가정	– 성격을 실재적, 탐구적, 예술적, 사회적, 기업가적, 관습적인 여섯 가지 유형으로 구분 – 직업환경 또한 성격유형과 같은 범주의 여섯 가지 종류의 환경으로 구분할 수 있음 – 자신의 능력을 발휘하고 태도를 표현하며 자신에게 맞는 역할을 수행할 수 있는 직업환경을 선호함 – 개인의 직업적 행동은 성격과 환경의 상호작용의 결과로, 성격에 맞는 직업을 선택했을 때 높은 성과와 만족감

6가지 성격 유형 (직업환경 유형)	실재적 (R)	– 기계를 조작하는 것을 좋아하며, 몸을 움직이는 활동 선호 – 기계기술자, 농부, 운동선수 등
	탐구적 (I)	– 분석적이며, 지적 호기심이 많고 체계적인 활동 선호 – 과학자, 인류학자, 의사 등
	예술적 (A)	– 변화와 다양성을 좋아하고, 자유롭고 창의적인 활동 선호 – 음악가, 배우, 소설가 등
	사회적 (S)	– 사람들과 어울리는 것을 좋아하고, 다른 사람들을 도와주는 활동 선호 – 교사, 간호사, 상담사 등
	기업가적 (E)	– 지도력과 통솔력이 있으며, 다른 사람들을 설득하거나 관리하는 활동 선호 – 정치가, 관리자, 영업사원 등
	관습적 (C)	– 계획에 따라 일하기를 좋아하며, 자료를 기록, 정리, 조직하는 활동 선호 – 회계사, 은행원, 사서, 법무사 등

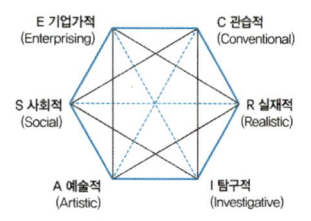

출포 157. 그 외 진로지도 이론

파슨스의 특성-요인 이론	– 개인의 고유한 특성과 각 직업의 특성이 일치해야 만족과 성공 가능성이 큼 – 과학적·객관적 방법에 의해 직무와 개인 분석
로우의 욕구이론	– 부모의 양육태도가 자녀의 성격 형성과 직업선택에 중요한 영향을 줌 – 온정적 → 인간지향적 성격/직업 – 냉담한 → 비인간지향적 성격/직업 – 흥미에 기초해서 직업을 8개의 군집으로 분류
블로의 사회학적 이론	– 개인이 속한 사회계층 내의 압력집단이 갖는 역할기대가 직업선택에 영향 – 저소득층 가정의 학생들은 능력이 있음에도 불구하고 직업적 열망을 포기하는 경향 있음
크럼볼츠의 사회학습 이론	– 다양한 진로의사결정 요인이 상호작용하면서 영향을 미침(특히 학습경험이 성격과 행동에 영향) – 진로의사결정 요인 • 유전적 재능과 특별한 능력 • 환경적 조건과 사건 • 직간접적 학습경험: 도구적/연상적 • 과제접근기술: 진로교육의 초점
타이드만과 오하라의 진로발달 이론	– 직업발달은 직업적 자아정체감을 형성해가는 과정이며, 전 생애에 걸친 의사결정 과정에서 일어남 – 직업적 의사결정의 단계 • 예상기: 탐색, 구체화, 선택, 명료화 • 적응기: 적응, 개혁, 통합
수퍼의 진로발달 이론	– 개인의 흥미, 능력, 자아개념이 전 생애에 걸친 진로발달단계를 거치면서 형성 – 진로발달 단계: 생애진로 무지개 모델 • 성장기(0~14), 탐색기(15~24), 확립기(25~44), 유지기(45~64), 쇠퇴기(65세 이상)

기출선지 OX   정답 및 해설 p. 247   # 키워드

(1) 성격 및 직업 행동에 관한 홀랜드의 이론은 행동은 타고난 성격에 의해 결정되며, 직업 흥미 또한 일과 관련된 개인의 성격과 관련이 깊다고 전제한다. O | X

(2) 홀랜드는 직업환경을 실재적(realistic), 탐구적(investigative), 예술적(artistic), 사회적(social), 설득적(enterprising), 관습적(conventional) 환경으로 분류한다. O | X

(3) 홀랜드의 성격유형 분류에서 탐구형은 정확하고 분석적이며, 지적 호기심이 많고 체계적인 활동을 선호한다. O | X

(4) 홀랜드의 인성이론은 진로정체감의 발달이 자아개념과 사회적 역할의 변화에 따라 전생애에 걸쳐 이루어진다고 본다. O | X

(5) 블로(P. Blau)의 사회학적 이론에 따르면 가정, 학교, 지역사회 등의 사회적 요인이 직업 선택에 큰 영향을 미친다. O | X

(6) 크럼볼츠(J. D. Krumboltz)는 진로의사결정에 영향을 미치는 요인들의 상호작용을 중시하였다. O | X

(7) 타이드만과 오하라(D. Tiedeman & R. O'Hara)의 진로이론 : 직업발달이란 직업 자아정체감을 형성해 나가는 계속적 과정이며, 직업 자아정체감은 의사결정을 되풀이 하는 과정에서 성숙된다. O | X

대표 기출문제

문 1. 홀랜드(Holland)가 제안한 직업흥미유형 간 유사성이 가장 낮은 조합은? [2020년 국가직 9급]
① 탐구적(I) - 기업적(E)
② 예술적(A) - 사회적(S)
③ 사회적(S) - 기업적(E)
④ 예술적(A) - 탐구적(I)

문 2. 홀랜드(Holland)의 인성이론에 관한 설명으로 알맞지 않은 것은? [2013년 지방직 9급]
① 직업적 성격으로 현실적, 탐구적, 예술적, 사회적, 설득적, 관습적 유형이 있다고 가정한다.
② 개인의 흥미 분야를 발견하고 그것을 발휘할 수 있는 직업을 찾도록 하는 것이 진로지도의 기본 전략이다.
③ 현실적 유형은 관습적 유형과는 높은 관련성을, 사회적 유형과는 낮은 관련성을 보인다.
④ 진로정체감의 발달이 자아개념과 사회적 역할의 변화에 따라 전생애에 걸쳐 이루어진다고 본다.

Chapter 07. 생활지도와 상담

3 청소년 비행 이론

핵심내용 정리

158. 청소년 비행 이론

머튼의 아노미 이론	- 뒤르켐의 아노미 개념을 기초로, 머튼이 일탈 행위 설명 이론으로 정립 - 문화적 가치와 사회적 수단 사이의 불일치로 인한 사회·심리적 긴장 상태(아노미 상태)에서 벗어나기 위해 비행 행동을 하게 됨 - 아노미 상태에서의 적응방식 유형 : 순응형(가장 일반적), 혁신형(범죄, 비행), 관습형(무기력), 도피형(모두 포기), 혁명형(새로운 대안 추구)	사이크스와 맛짜의 표류(중화) 이론	- 비행청소년들이 특별한 집단이라는 주장을 거부하며, 청소년기의 비행을 일시적인 표류로 설명 - 청소년들은 자신의 행동의 의미를 중화시키는 기술을 가지고 있어 죄의식 없이 비행을 저지름 - 중화의 기술 : 책임의 부정, 가해의 부정, 피해자의 부정, 비난자의 비난, 대의명분에의 호소
코헨의 하위문화 이론	- 집단비행을 유발하는 사회구조적 조건에 초점을 맞추는 이론 - 하위계층에게는 목표 달성을 위한 합법적 수단은 결여되어 있으나, 비합법적 수단을 배울 수 있는 기회가 더 많이 주어지므로 집단비행 발생	서덜랜드의 차별접촉 이론	- 비행은 주로 친밀한 집단 내에서의 사회적 상호작용을 통해서 학습된 행동이라고 보는 관점 - 비행청소년과 직간접적으로 자주, 지속적으로, 오랫동안 접하게 되면 누구나 비행청소년이 됨
허쉬의 사회통제 이론	- 누구나 비행잠재성을 가지고 있지만 모든 청소년들이 비행을 저지르지 않는 이유에 관심 - 사회가 개인에게 부과하는 억제력(사회통제)이 제거되면서 비행행동 발생 - 사회통제 요소 : 애착, 관여(전념), 참여, 신념	레머트의 낙인이론	- 타인이 자신을 비행자로 취급하면 자기 기대가 부정적으로 변화되면서 비행행동을 지속하게 된다고 봄(상징적 상호작용론에 근거) - 낙인에 의한 비행의 과정 : 모색 단계(일시적, 우연적 비행) → 명료화 단계(차별적 기대, 자기지각의 변화) → 공고화 단계(의식적, 상습적 비행)

기출선지 OX 정답 및 해설 p. 247

		# 키워드
(1) 머튼의 아노미 이론에서는 문화적인 가치와 사회적 수단 간의 불일치로 인한 사회·심리적 긴장 상태에서 벗어나고자 비행을 시도한다고 본다.	O | X	
(2) 사회통제이론에서는 일탈행위가 오히려 정상행동이며, 규범준수행위가 비정상적인 행동이라고 본다.	O | X	
(3) 중화이론에 따르면, 청소년 비행은 모방이나 모델링을 통해 학습되며, TV, 영화 등을 통해서 동기나 정서의 영향을 받아 비행이 이루어진다.	O | X	
(4) 낙인이론에 따르면, 일시적이거나 우연히 가벼운 문제를 일으킨 청소년에 대해 주위 사람들이 일탈 청소년으로 규정하면 실제로 일탈 청소년이 될 수 있다.	O | X	

대표 기출문제

문 1. 다음 설명에 해당하는 청소년 비행 관련 이론은? [2023년 국가직 9급]

- 뒤르켐(Durkheim)의 이론을 발전시켜 머튼(Merton)이 정립하였다.
- 문화적인 가치와 사회적 수단 간의 불일치로 인한 사회·심리적 긴장 상태에서 벗어나고자 비행을 시도한다.

① 낙인 이론
② 사회통제 이론
③ 아노미 이론
④ 합리적 선택 이론

문 2. 청소년 비행이론 중에서 중화이론을 설명한 것은? [2014년 지방직 9급]

① 지배적인 가치가 중산층 기준에 의해 형성되어 있기 때문에 하층계급 자녀들은 상대적으로 불리한 입장에 처하게 되어 비행을 저지르게 된다.
② 특정 개인은 유전 또는 취향이 일탈 행위자와 관계를 맺도록 형성되어 있으며, 법을 위반하는 비슷한 심리상태를 가진 사람들과 접촉하면서 범죄기술을 학습하게 된다는 것이다.
③ 청소년 비행은 모방이나 모델링을 통해 학습되며, TV, 영화 등을 통해서 동기나 정서의 영향을 받아 비행이 이루어진다.
④ 자신의 잘못된 행위를 주변환경을 탓하거나 피해자가 유혹하였다는 등 타인에게 책임을 지워 자신의 잘못을 경감시키고자 한다.

4 상담활동의 기초

핵심내용 정리

출포 159. 상담활동의 기초

◆ 상담의 개념과 원리

개념	내담자의 변화와 성장을 촉진하는 심리적 조력 과정
원리	개별화, 의도적 감정표현, 통제된 정서관여, 수용, 비심판적 태도, 자기결정, 비밀보장 등

◆ 상담자의 윤리

이중적 관계 회피	- 상담자와 내담자의 관계가 상담실 밖에서의 유지되거나 영향을 미치지 않도록 해야 함 - 교사와 학생 사이의 상담시 특히 주의해야 함
비밀 보장 원칙의 예외	- 법정의 정보공개 요구가 있을 때 - 내담자가 범죄 피해를 받은 사실을 알게 된 때 - 내담자가 누군가를 가해하려는 의도를 밝힌 때 - 내담자가 스스로 비밀 공개를 허락했을 때

◆ 상담의 형태

개인 상담	- 상담자와 내담자가 일대일의 관계로 상담 - 내담자 문제가 위급하며 문제가 복잡할 때
집단 상담	- 공통된 요구나 문제를 가진 집단으로 상담, 집단 구성원 간의 상호작용 효과 활용 - 대화독점, 소극적 참여, 일시적 구원 등의 문제 존재

출포 160. 심리검사의 활용

◆ 자기보고식 성격검사

특징	- 구조화된 질문지에 응답자가 스스로 응답 - 검사실시와 채점 간단, 객관적인 평가 가능 - 솔직하지 않은 응답으로 결과 왜곡 우려
예시	- 성격유형 검사(MBTI) : 융의 분석심리학에 기초, 4개 영역을 기준으로 16가지로 성격 구분 - 미네소타 다면적 인성검사(MMPI) : 정신건강 문제(우울, 불안, 정신이상 등)의 원인과 증상을 평가하는 임상진단 검사

◆ 투사적 성격검사

특징	- 비구조화된 모호한 자극을 제시하여 응답자의 자유로운 반응을 유도 - 응답자의 솔직한 반응, 심층적 조사 가능 - 검사실시와 채점 어려움, 높은 전문성 필요
예시	- 로르샤흐 잉크반점검사 : 10매의 잉크반점 카드를 통해 반응 유도, 주로 우울이나 정신분열증, 강박증 등의 정신건강 진단에 사용 - 주제통각검사(TAT) : 30매의 흑백사진과 1매의 백지로 구성된 카드를 활용해 검사, 우울, 불안 등 심리적 갈등 상황에 있는 경우 활용

출포 161. 상담대화의 기법

◆ 관계형성 기법

주의 집중	상담자가 내담자의 문제에 최선을 다하는 태도로, 내담자가 하는 말과 행동에 주목하는 것
경청	내담자가 말하는 이야기의 내용뿐 아니라 그 이면에 담겨있는 의미와 내면의 감정에까지 귀를 기울이는 것
수용	상담자가 내담자의 생각을 수용하고 있다는 언어적·비언어적 반응을 보이는 것
공감	내담자 내면에 있는 감정을 상담자가 자신의 감정인 것처럼 느끼면서 내담자와 소통하는 것
요약	상담 동안 내담자가 표현했던 주요한 주제를 상담자가 정리하면서, 내담자를 이해하고 있음을 보여주는 것

◆ 탐색 및 정보제공 기법

질문	내담자의 사고·느낌·행동방식을 구체적으로 확인하기 위해 질문을 던지는 것
명료화	내담자의 진술내용이 모호하거나 분명하지 않은 경우보다 구체적으로 말하도록 돕는 것
자기 개방	상담자가 자신이 겪은 경험이나 생각이나 느낌 등을 내담자에게 솔직하게 드러내 보이는 것

◆ 통찰 유발 기법

재진술	내담자의 말을 그대로 되풀이하는 것으로, 주목할 만한 내용을 확인하여 드러내는 것(내용 되돌려 주기)
반영	내담자의 말이나 행동의 밑바탕에 있는 감정을 내담자에게 되비쳐 전달해 주는 것(감정 되돌려 주기)
해석	상담자가 내담자가 자신의 문제를 새로운 관점에서 이해할 수 있도록 다른 시각으로 설명해 주는 것
재구조화	내담자가 비합리적인 방식으로 지각하는 상황을 보다 합리적으로 재구조화하여 제시하는 것
직면	내담자가 모르고 있거나 인정하기를 거부하는 생각과 느낌을 지적하여 방어기제에 도전하는 것
즉시적 반응	상담 장면에서 내담자의 부적절한 행동이 반복해서 나타날 때 그에 대해 즉각적인 반응을 보이는 것
탈중 심화	내담자가 자신의 경험을 숙고해 볼 수 있는 기회를 제공해서 자기중심적 사고에서 벗어나게 하는 것

기출선지 OX
정답 및 해설 p. 248

키워드

(1) MMPI, MBTI는 자기보고식 성격검사이다.	O X	
(2) 투사적 성격검사는 구조화되지 않은 모호한 자극 제시를 통해 내적 심리상태를 파악한다.	O X	
(3) 로르샤흐(Rorschach) 잉크반점검사는 융의 성격유형을 근거로 한 16가지 성격 유형 분류에 활용된다.	O X	
(4) 명료화는 상담자가 상담시간, 약속, 상담자와 내담자의 행동, 역할 등 상담 체계와 방향에 대해 알려주는 것이다.	O X	
(5) 경청은 상담자가 자신의 선입견, 편견, 고정관념에서 벗어나 내담자의 생각, 감정, 입장까지 생각하면서 듣는 것이다.	O X	
(6) 수용은 '음', '네', '이해가 갑니다' 등의 긍정적인 언어와 비언어적 표현으로 이루어진다.	O X	
(7) 상담자가 내담자에게 "지금 답답한 느낌이라고 하셨는데 좀 더 말씀해 주시겠어요?"라고 말하는 것은 요약 기법에 해당한다.	O X	
(8) 반영은 내담자의 말이나 행동의 밑바탕에 흐르고 있는 감정을 정확히 파악하여 내담자에게 전달해 주는 것이다.	O X	
(9) 해석은 내담자로 하여금 자기 문제를 새로운 각도에서 이해하도록 행동이나 말의 의미를 설명해 주는 것이다.	O X	

대표 기출문제

문 1. (가)~(다)와 개인상담 기법을 바르게 연결한 것은? [2024년 지방직 9급]

(가) 내담자가 하는 말의 이면에 담겨 있는 의미와 내면의 감정에까지 귀 기울이는 것을 의미한다.
(나) 내담자의 감정상태를 공감하여, 그 공감내용을 내담자에게 다시 되비쳐 주는 기법이다.
(다) 정보수집을 위한 기능 외에도 내담자가 자신의 내면을 탐색하도록 자극하거나 유도하는 기능을 한다.

	(가)	(나)	(다)
①	감정 반영	재진술	직면
②	경청	감정 반영	질문
③	주의집중	감정 반영	구조화
④	주의집중	재진술	질문

문 2. 상담기법에 대한 설명으로 옳지 않은 것은? [2022년 국가직 7급]

① 경청 - 상담자가 자신의 선입견, 편견, 고정관념에서 벗어나 내담자의 생각, 감정, 입장까지 생각하면서 듣는 것이다.
② 질문 - 내담자의 사고·느낌·행동방식을 구체적으로 확인하는 것으로, 내담자가 새로운 시각에서 생각해 볼 수 있는 자극이 된다.
③ 반영 - 내담자의 왜곡된 사고와 신념을 논박하여 내담자가 이를 깨닫게 하는 것이다.
④ 공감 - 내담자의 내면에 있는 감정을 상담자가 자신의 감정인 것처럼 느끼면서 내담자와 소통하는 것이다.

5 상담의 이론과 기법 1

핵심내용 정리

162. 정신분석 상담이론

◆ 프로이트의 정신분석 상담이론

개요	인간의 행동을 결정론적 관점으로 해석하는 프로이트의 정신분석학에 기초한 상담이론
기본 관점	인간의 행동은 무의식 속에 억압된 과거의 경험과 심리성적인 에너지에 의해서 결정됨
심리적 문제의 원인	– 자아갈등과 불안 : 자아, 원초아, 초자아 사이의 갈등을 억압한 결과로 불안(심리적 위기) 발생 – 자아방어기제 : 불안으로부터 자아를 보호하기 위해 방어기제에 의존하여 비합리적 조절 시도
상담 목표	내담자의 무의식 세계를 의식화하여 자아의 문제해결 기능을 강화하는 데 목표를 둠
상담 기법	– 자유연상 : 마음에 떠오르는 것을 생각나는 대로 이야기 – 꿈의 분석 : 꿈에 자주 나타나는 내용 분석, 욕구 파악 – 전이의 분석 : 상담자에게 감정을 표현하게 하고 분석 – 저항의 분석 : 내담자가 억압하고 있거나 피하려는 생각이나 감정을 찾아내고 분석함 – 해석 : 상담자의 시각에서 내담자의 문제를 설명해줌

◆ 자아방어기제

억압	외면하고 싶은 충동, 욕구, 기억을 의식 밖으로 몰아내서 무의식에 머무르게 하는 것
부인	불쾌한 충동, 생각, 경험 등을 있는 그대로 받아들이기를 거부하는 것
투사	용납할 수 없는 충동, 생각 혹은 행동들을 무의식적으로 다른 사람에게 귀속시킴으로써 자신을 방어하는 것
동일시	다른 사람의 행동특성이나 심리특성을 자신의 특성처럼 받아들여 불안을 극복하려는 것
퇴행	만족이 주어졌던 발달 초기의 수준으로 돌아가 미숙한 반응을 나타내어 불안을 극복하려는 것
반동 형성	사회적으로 용납될 수 없는 욕구가 외부로 나타나지 않도록 욕구와 반대되는 말이나 행동을 보이는 것
치환	어떤 대상에 대한 충동이나 욕망을 다른 대상, 일반적으로 덜 위험한 대상에게 전이시켜 표출하는 것
합리화	욕구 충족이 어려운 상황에서 그럴듯한 이유를 찾아 자신의 행동을 정당화시키는 것(신포도 기제/단레몬 기제)
승화	사회적으로 가치 있는 일을 성취하려고 노력함으로써 자신이 억압당하고 있는 욕구를 만족시키는 것

출포 163. 행동주의 상담이론

개요	인간의 행동을 학습된 것으로 보고, 내담자의 행동 변화를 위해 체계적 학습이론을 적용하는 상담이론
기본 관점	– 인간의 행동을 인과적으로 해석하는 결정론적 관점에 기초하는 행동주의 학습이론에 근거 – 과거나 미래의 행동보다는 겉으로 드러난 현재의 행동을 변화시키는 데 관심을 둠 – 상담자는 지시적이며, 내담자에게 효과적인 행동을 가르치는 교사나 조련사와 같은 역할을 함
상담 목표	내담자의 부적응 행동을 약화·제거하고 적응 행동을 형성·강화시키는 데 상담의 목표를 둠
상담 기법	– 고전적 조건화 : 체계적 둔감법, 홍수법, 혐오법 등 – 조작적 조건화 : 프리맥의 원리, 토큰강화, 타임아웃, 행동조성법 등 – 대리적 조건화 : 모델링, 행동시연, 역할연기, 행동연습 – 기타 : 사고중지, 행동계약, 주장훈련 등

164. 인간중심 상담이론

◆ 로저스의 인간중심 상담이론

개요	내담자를 수용, 인정, 존중하는 심리적 환경을 조성하여 내담자의 자발적인 문제해결을 돕는 것에 초점을 두는 상담이론(내담자중심, 비지시적 상담)
기본 관점	– 인간의 행동을 개인이 자유의지로 선택한 것으로 봄(결정론적 관점에 반대) – 인간은 선천적으로 자아실현을 추구하는 경향이 있으며, 누구나 자아실현을 이룰 수 있다고 봄
상담 목표	– 이상적 자아와 현실적 자아가 완전히 일치된 상태로의 성장, 즉 자아실현을 목표로 함 – 인간 행동의 원인보다는 목적, 과거보다는 미래에 주목
상담의 접근 방법	– 내담자가 자신의 감정과 의견을 자유롭게 표현할 수 있도록 상담자와 내담자 사이의 촉진적 인간관계 형성 – 상담자는 내담자에 대해 무조건인 존중과 수용, 공감적 이해, 진실성의 태도를 취하여야 함
상담자 태도	– 무조건인 존중과 수용 : 내담자의 사고와 정서, 행동을 있는 그대로 받아들임 – 공감적 이해 : 객관적 현실보다는 내담자의 경험과 감정을 정확하게 공감하고 반영해 주어야 함 – 진실성(솔직함, 일치성, 진정성) : 진실하고 정직한 모습으로 내담자를 대해야 함

기출선지 OX
정답 및 해설 p. 248

키워드

(1) 정신분석 상담이론에서는 따르면, 내담자의 행동은 무의식 속에 억압된 과거의 경험과 심리성적인 에너지에 의해서 결정된다.	O X
(2) 정신분석 상담이론에서는 따르면, 내담자는 합리적으로 불안을 조절할 수 없을 때 자아방어기제에 의존한다.	O X
(3) 정신분석 상담이론에서 상담자는 내담자의 저항과 전이 감정을 분석하여 무의식적 갈등을 해결하도록 돕는다.	O X
(4) 자아방어기제로서 승화는 사회적으로 가치 있는 일을 성취하려고 노력함으로써 자신이 억압당하고 있는 욕구를 만족시키는 것을 의미한다.	O X
(5) 자아방어기제인 합리화는 사회적으로 용납될 수 없거나 수치스러운 욕구가 외부로 나타나지 않도록 욕구와 반대되는 행동과 태도를 보이는 것을 말한다.	O X
(6) 행동주의 상담에서 상담자는 '두 개의 빈 의자'를 사용하여 대인갈등 상황에서 내담자가 경험하는 자신의 숨은 욕구와 감정을 자각하도록 촉진한다.	O X
(7) 인간주의 상담이론에서는 내담자의 이상적 자아와 현실적 자아의 일치를 정신건강의 지표로 간주한다.	O X
(8) 인간주의 상담에서는 인간의 행동을 개인이 선택한 것으로 바라보며 행동의 원인보다는 목적에 더 주목하면서 자아실현을 강조한다.	O X
(9) 로저스(C. Rogers)의 인간중심 상담이론에서는 상담자의 태도로서 공감, 수용, 진정성을 중요시한다.	O X
(10) 인간중심 상담이론에서 상담자의 태도 중 수용은 내담자의 '자기실현 경향성(self-actualization tendency)'을 인정하고 신뢰하는 것이다.	O X

대표 기출문제

문 1. 다음 설명에 해당하는 방어기제는?

[2019년 국가직 9급]

- 사회적으로 용인될 수 없는 충동을 정반대의 말이나 행동으로 표출하는 과정
- 친구를 좋아하면서도 표현하기가 힘든 아이가 긴장된 상황에서 '난 네가 싫어!'라고 말하는 것

① 억압(repression)
② 반동형성(reaction formation)
③ 치환(displacement)
④ 부인(denial)

문 2. 다음 내용과 가장 관련이 깊은 상담이론가는?

[2015년 지방직 9급]

- 비지시적 상담 혹은 내담자 중심 상담을 제안하였다.
- 인간의 잠재력과 성장 가능성을 신뢰하며, 상담자와 내담자 사이의 인간관계를 중시하였다.
- 상담자의 자세로 진실성(congruence), 무조건적인 긍정적 존중, 공감적 이해를 강조하였다.
- 충분히 기능하는 인간(fully functioning person)이 되는 것을 상담의 목표로 하였다.

① 올포트(G. Allport)
② 로저스(C. Rogers)
③ 프랭클(V. Frankle)
④ 매슬로우(A. Maslow)

6. 상담의 이론과 기법 2

핵심내용 정리

출포 165. 인지주의 상담이론

◆ 엘리스의 합리적·정서적 행동 상담이론

개요	합리성, 정서, 행동주의의 원리를 절충한 방법으로, 심리적 문제의 원인과 해결책을 신념체계에서 찾는 상담이론(인지적 상담)
기본 관점	인간의 감정과 행동은 개인의 내적 정신과정인 사고, 가치, 신념 등에 의해 결정됨
심리적 문제의 원인	- 인간의 정서적 문제의 원인은 사건 자체가 아니라 비합리적인 신념에 있음 - 비합리적 신념: 비논리적, 비현실적, 비실용적인 사고 예 당위적 사고, 지나친 과장
상담 목표	내담자의 비합리적 신념체계를 합리적으로 수정, 변화, 재구성하여 정서적 문제를 극복
상담의 접근 방법	- 감정 표현보다는 사고와 행동의 변화에 중점 - 내담자의 비합리적 신념에 대한 논박 중시 - 상담자의 적극적 중재 필요
상담의 과정	ABCDE 모형: 선행사건, 신념체계, 결과, 논박, 효과들 간의 관계 분석
상담 기법	- 인지적 기법: 비합리적 신념의 논박, 인지적 과제 주기, 언어 변화시키기 - 정서적 기법: 수치감-공격(제거) 연습, 합리적 정서 상상하기 - 행동적 기법: 역할연기, 활동과제 부과

◆ 벡의 인지행동 치료이론

개요	심리적 문제를 일으키는 인지도식을 찾아내어 긍정적인 인지도식으로 바꾸는 데 중점을 두는 상담이론
심리적 문제의 원인	- 역기능적 인지도식: 개인의 삶에 부정적인 기능을 하는 인지도식 예 '결국 실패할거야.' - 인지적 오류: 현실을 왜곡하여 받아들이는 것 - 부정적 자동적 사고: 자신의 의지와 관계없이 즉각적으로 떠오르는 생각이 부정적으로 형성됨
상담 기법	- 인지적 기법: 재귀인하기, 재정의하기, 절대성에 도전 - 행동적 기법: 노출치료, 사고중지, 행동실험 등

출포 166. 현실치료 상담이론

◆ 글래써의 현실치료 상담이론

개요	내담자의 감정이나 태도보다는 행동에 초점을 맞추고 자신의 삶에 대한 책임감을 강조하는 상담이론
기본 관점	인간은 자신의 행동을 선택할 수 있는 능력을 가진 존재이며, 자신의 삶은 자신이 내린 선택의 결과이므로 자신의 삶에 대한 책임을 가져야 함
심리적 문제의 원인	- 기본 욕구: 인간은 선천적인 기본욕구를 가지며, 모든 행동은 이들 욕구를 충족시키기 위한 것임 - 책임 있는 행동(3R): 현실적이고 도덕적이며 책임 있는 행동을 의미, 성공적인 자아정체감 형성됨
상담 목표	내담자가 자신의 욕구를 충족시킬 수 있는 책임 있는 행동을 학습하여 성공정체감을 발달시키게 함
상담 기법	- 숙련된 질문: 자신이 원하는 것이 무엇인지 질문 - 적절한 유머: 친밀하고 편안한 상담관계 형성 - 토의와 논쟁: 욕구와 행동 사이의 모순성 파악 - 직면하기: 내담자의 말과 행동 간의 불일치 인식 - 역설적 기법: 상담목표와는 모순되는 행동 시도

◆ 우볼딩의 WDEP 모형

개요	내담자가 자신의 욕구를 충족시킬 수 있는 행동을 하고 있는지를 평가하고 새로운 행동계획을 수립하고 책임 있게 실천하도록 도와주는 방법
상담 절차	- 욕구 파악하기(W) - 현재 행동 탐색하기(D) - 자신의 행동 평가하기(E) - 책임 있는 행동 계획하기(P)

기출선지 OX

정답 및 해설 p. 249

키워드

(1) 인간중심 상담은 내담자의 사고 과정을 수정 또는 변화시켜 정서적 장애와 행동적 장애를 극복하게 하는 데 상담의 중점을 둔다. ○ | ×

(2) 인지주의 상담에서 정서적 장애는 주로 비적응적인 사고 과정의 결과로서, 이 잘못된 사고 과정을 재구성하는 것이 상담의 주요 과제라고 본다. ○ | ×

(3) 합리적·정서적 행동치료(REBT)에서는 정서적 문제를 유발하는 원인이 사건 자체가 아니라, 그 사건에 대한 비합리적인 신념 때문이라고 본다. ○ | ×

(4) 엘리스(A. Ellis)의 합리·정서·행동 상담이론(REBT)은 신념 체계를 강조하며, 주요한 상담기법 중의 하나로 논박을 사용한다. ○ | ×

(5) 내담자 중심 상담에서는 ABCDE의 적용, 수치감-공격 연습, 부적절한 정서와 행동의 확인과 같은 기법을 활용한다. ○ | ×

(6) 현실치료 상담이론에서는 인간이 통제력 또는 선택할 수 있는 능력을 갖고 있으므로, 궁극적으로 자기 삶에 책임을 가져야 한다고 주장한다. ○ | ×

(7) 현실치료 상담에서는 숙련된 질문 기술, 적절한 유머, 토의와 논쟁, 직면하기, 역설적 기법을 사용한다. ○ | ×

(8) 해결중심 상담에서는 내담자에게 '원하는 게 무엇인지를 확인한 후 지금부터 계획을 세우자'고 유도함으로써 자신의 행동에 책임을 지도록 도와준다. ○ | ×

대표 기출문제

문 1. 다음 설명에 해당하는 상담은?

[2022년 지방직 9급]

- 엘리스(Ellis)가 창시자이다.
- 상담과정은 A(Activating events, 선행사건) → B(Beliefs, 신념) → C(Consequences, 결과) → D(Disputing, 논박) → E(Effects, 효과) 과정으로 진행된다.
- 자신, 타인, 세상에 대한 비현실적인 기대와 요구를 합리적으로 변화시키는 데 초점을 둔다.

① 합리적·정서적 행동 상담
② 게슈탈트 상담
③ 개인심리학적 상담
④ 정신분석적 상담

문 2. 다음의 상담기법이 활용되는 상담이론은?

[2023년 지방직 9급]

- 숙련된 질문 기술
- 적절한 유머
- 토의와 논쟁
- 직면하기
- 역설적 기법

① 게슈탈트 상담
② 인간중심 상담
③ 행동주의 상담
④ 현실치료

7 상담의 이론과 기법 3

핵심내용 정리

출포 167. 아들러의 개인심리 상담이론

개요	개인의 사회적 관심과 생활양식에 초점을 두고, 열등감의 극복을 강조하는 상담이론
문제의 원인	- 우월성 추구 : 인간은 선천적으로 우월성 추구를 통해 자기완성과 자기실현에 근접해 나감 - 열등감 : 정상적인 수준의 열등감은 자기발전을 위한 원동력, 열등감 극복 실패하면 콤플렉스 - 생활양식 : 삶에서 반복적으로 나타나는 생활 패턴(지배형, 기생형, 회피형, 사회적 유용형)
상담 목표	내담자의 사회적 관심을 개발하여 사회적으로 유용한 생활양식으로 재정향하는 것을 목표로 함
상담 기법	- 즉시성 : 상담과정에서 내담자의 말과 행동에 내포되어 있는 모순점을 즉각적으로 지적 - 역설적 의도 : 내담자가 두려워하는 행동이나 사고를 의도적으로 과장하여 행동하도록 함 - 내담자의 수프에 침 뱉기 : 내담자의 부정적인 태도나 행동의 문제점을 분명하게 지적함 - '마치 ~인 것처럼' 행동하기 : 내담자가 성취하고 싶으나 실패를 두려워하여 아직 하지 못한 것을 성취한 것처럼 행동해 보게 하기

출포 168. 펄스의 게슈탈트 상담이론

개요	지금-여기의 상황 속에서 미해결 과제를 자각하고 해결하는 데 초점을 두는 상담이론
문제의 원인	- 전경과 배경 구분 실패 : 자신의 욕구나 감정을 정확히 알아차리지 못할 때, 욕구 충족에 실패 - 미해결 과제(사태) : '불완전한' 게슈탈트, 미해결 과제가 많아질수록 욕구 해소에 실패
상담 목표	- 미해결 과제를 자각하고 표현하게 하여 비효율적인 감정의 고리에서 벗어나게 하는 것 - 전경과 배경의 자연스러운 교체를 통해 '지금-여기'의 감정에 충실해지는 것
상담 기법	- 알아차림(자각) : '지금-여기'에서 자신의 욕구와 감정 자각, 신체감각 자각, 언어 자각 등 - 꿈 작업 : 내담자가 반복적으로 꾸는 꿈을 통해 미해결 감정이나 욕구에 직면하게 함 - 역할연기 : 그동안 회피해왔던 역할이나 행동들을 연기해 봄으로써 자신의 감정을 자각 - 빈 의자 기법 : 빈 의자에 갈등 대상이 앉아 있다고 상상하며 내담자의 생각이나 감정 표현

출포 169. 번의 교류분석 상담이론

개요	내담자의 자아 상태, 교류, 개인, 각본 등을 분석하여 내담자의 자아를 보다 성숙하게 변화시킴
상담 목표	- 개별상담 : 성인 자아를 확립하여 자신의 삶에 책임을 질 수 있는 자율성을 갖추게 함 - 집단상담 : 내담자가 중요한 상대방과 상보적 교류 관계를 맺게 함
상담 절차	**구조 분석** - 자아상태를 부모 자아, 성인 자아, 어린이 자아로 구분 - 세 가지 자아 상태가 독립적이면서도 유동적일 때 건강한 성격 **교류 분석** - 대인관계에서 각자 어떤 자아상태가 관여하고 있는지를 통해 교류 유형 파악 - 상보교류, 교차교류, 이면교류로 구분 **각본 분석** - 개인의 가장 기본적인 생활양식을 분석 - 생활각본의 유형을 승리자 각본, 비승리자 각본, 패배자 각본으로 구분
상담 기법	질의, 특별 세부반응, 맞닥뜨림, 설명, 실증, 확립, 해석, 구체적 종결 등의 상담기법 사용

출포 170. 드 세이저의 해결중심 상담이론

개요	문제의 원인을 밝히려는 노력보다는 내담자와 협력하여 해결책을 찾는 데 중점을 둠
접근 방법	- 현재와 미래에 초점 : 최근의 중요하고 반복적인 문제에 초점, 미래의 문제에 대처 - 문제해결적 접근 : 문제중심 접근(의료모델)에서 벗어나 해결중심으로 접근(성장모델)
상담 목표	내담자의 성공경험을 통해 강점을 발견하고 이를 확대시켜 미래에 발생할 수 있는 문제에 대한 해결책을 발견하고 대처기술을 발달시킴
상담 기법	- 예외 질문 : 일반적인 상황과 달리 문제가 없었던 상황을 질문하기 - 기적 질문 : 기적적으로 문제가 해결된 상황을 상상해 보기, 부정적 집착에서 벗어나기 - 척도 질문 : 문제의 심각성, 목표의 성공가능성, 자신감 등을 숫자로 표현하기 - 대처 질문 : 내담자의 대처방법 확인, 내담자가 가진 자원과 강점 발견 - 간접적인 칭찬 : 내담자의 긍정적 측면을 암시하는 질문, 자신의 강점을 발견하도록 유도

기출선지 OX 정답 및 해설 p.249   # 키워드

(1) 열등감, 생활양식, 사회적 관심, 허구적 최종 목적론 등을 강조한 상담이론가는 아들러(A. Adler)이다.	O | X	
(2) 형태주의 상담에서는 지금 상황에서 무엇을 경험하는 지를 중시하며 내적 욕구와 외적 욕구에 따라 전경과 배경이 바뀐다는 것에 주목한다.	O | X	
(3) 게슈탈트 상담에서는 상담자는 '두 개의 빈 의자'를 사용하여 대인갈등 상황에서 내담자가 경험하는 자신의 숨은 욕구와 감정을 자각하도록 촉진한다.	O | X	
(4) 번(E. Berne)의 교류분석 상담이론은 세 가지 자아상태(부모, 성인, 아동)를 강조하며, 주요한 상담기법 중의 하나로 구조분석을 사용한다.	O | X	
(5) 행동주의 상담에서는 "기적이 일어나서 각자의 소망이 이루어진다면 여러분의 삶은 어떻게 달라질까요?"라고 질문하여 변화에 대한 욕구를 확인한다.	O | X	

대표 기출문제

문 1. 게슈탈트(Gestalt) 상담이론의 특징은?

[2008년 중등]

① 자유와 책임, 삶의 의미, 죽음과 비존재, 진실성을 강조한다.
② 미해결사태를 해결하기 위해 전경과 배경의 자연스러운 교체를 강조한다.
③ 개인의 사회적 관심과 생활양식에 초점을 두고, 열등감의 극복을 강조한다.
④ 자아 상태를 부모 자아, 성인 자아, 어린이 자아로 나누고, 세 가지 자아 상태의 균형을 강조한다.

문 2. 상담이론에 대한 설명으로 옳지 않은 것은?

[2012년 국가직 9급]

① 프로이드(Freud) 정신분석이론의 핵심개념은 무의식으로, 상담의 목표는 무의식을 의식화하는 것이다.
② 글레이서(Glasser)의 현실주의 이론은 책임있는 행동이 성공적인 자아정체의식을 효과적으로 형성한다고 가정한다.
③ 엘리스(Ellis)의 합리적-정서적 치료이론은 인지적 측면의 합리성과 정의적 측면의 정서, 행동주의의 원리를 절충한 방법이다.
④ 번(Berne)의 교류분석이론은 인간을 원본능, 자아, 초자아의 세 가지 자아상태로 구성된 존재로 간주한다. 이에 인간이 가진 신체적 욕구와 심리적 욕구들은 다른 사람과의 교류를 통해서만 충족될 수 있다고 강조한다.

CHAPTER 08 교육행정의 이론

출제빈도 분석

테마	출제 포인트		구분	2025	2024	2023	2022	2021	2020	2019	2018	2017	2016
교육행정의 개념과 원리	교육행정의 개념		기본										
	교육행정의 기본 원리		기본	국9급	국9급		지9급	지9급	국7급			지9급	국9급
					지9급		국7급	국7급					
교육행정 이론의 발달	고전 이론	과학적 관리론	기본			국7급		국9급	국7급				지9급
		행정과정론	기본			국9급			국9급				
		관료제론	기본							국9급	국9급		
	인간관계론		기본	국9급	국7급			국9급					국7급
	사회체제이론		심화					국7급					
	대안적 관점		심화					국7급					
조직이론	조직의 운영원리		기본		국9급			국7급				국7급	
	학교조직의 성격		기본				국7급		지9급		국7급	국7급	
	학교조직의 구조		기본			국7급	지9급	국9급					국7급
	학교의 조직풍토		심화				국9급						
	조직의 갈등관리		심화									지9급	
	조직 내 의사소통		심화		국9급								
동기이론	동기의 내용이론		기본				지9급		국9급		국7급		
							국9급		국7급				
	동기의 과정이론		기본			국7급	국7급	지9급		지9급	국7급		
지도성 이론	전통적 지도성 이론		심화										
	상황적 지도성 이론		기본					국9급		국9급		국7급	
	대안적 지도성 이론		기본		지9급	국7급	국9급	국7급	지9급				지9급
						국9급							
교육기획과 교육정책	교육기획		심화										
	교육정책		심화			지9급	국7급		국7급				
	의사결정 (정책결정)	관점	기본		지9급	지9급			국7급				
		결정모형	기본		국7급	국7급	국9급		국9급		국7급		
		참여모형	심화										국7급

1 교육행정의 개념과 원리

핵심내용 정리

171. 교육행정의 개념

◆ **교육행정의 개념: 정태적 관점(행정 현상)**

	교육에 관한 행정 (국가통치권론)	교육을 위한 행정 (조건정비론)
개념	- 교육 관련 법규에 따라 교육정책을 수립·집행하는 공권력의 작용 - 교육보다 행정을 강조	- 교육목표의 효과적 달성에 필요한 조건을 정비·확립하는 수단적 활동 - 행정보다 교육을 강조
장점	- 행정의 통제성·획일성 측면 강조 - 관료적 효율성 강조	- 교육의 자주성·전문성 측면 강조 - 행정의 지원적 성격 강조
단점	- 관리와 통제 위주 행정 - 행정편의주의, 관료주의 만연 - 교육의 다양성, 자율성, 민주성 경시	- 비능률적인 행정 우려 - 행정적 가치 경시와 자원의 비효율적 배분 - 행정의 통합성, 책무성, 생산성 경시

◆ **교육행정의 개념: 동태적 관점(행정 행위)**

행정 과정론	- 교육행정은 교육목적 달성을 위해 조직을 과학적·체계적으로 운영하는 일련의 과정 - 파욜: 기획 → 조직 → 명령 → 조정 → 통제
협동 행위론	- 교육행정은 교육목적 달성을 위해 교육체제에 작용하는 여러 변인을 합리적으로 조정하는 활동 - 행정의 본질은 집단적 협동행위, 경영적 관점
정책 실현론	- 교육행정은 국가의 권력기관이 교육정책을 수립하고 이를 실제로 수행하는 전반적인 과정 - 행정의 본질은 정치적 과정(정치 + 행정 결합)
교육 지도성론	- 교육행정은 교육목적을 수립하고 이를 달성하기 위해 지도성을 발휘하는 행위 과정 - 행정가가 능동적인 리더십을 발휘할 것을 강조

◆ **교육행정의 성격**

공공적	교육행정은 전 국민을 대상으로 하는 공익적 활동
봉사적	교육행정의 출발점은 교육활동의 지원·조장하는 것
수단적	교육행정은 교육목적 달성을 위한 조건 충족의 수단
민주적	조직, 인사, 내용, 운영 등에서 자율성과 민주성 중시
정치적	교육과 정치의 관계성 인식, 장단기적인 대책 필요

172. 교육행정의 원리

◆ **법제상의 원리**

기회 균등	- 모든 국민에게 교육받을 권리를 보장해야 함 - 예 초·중학교 무상 의무교육 실시, 교육복지 제도 확충, 고교평준화 정책의 기본 골격 유지 등
합법성	- 모든 행정행위는 법률에 근거하여야 함(법치행정) - 공무원의 부당 직무수행, 재량권 남용 방지 목적 - 교육행정의 전문성 경시, 경직된 행정 초래 우려
자주성	- 일반 행정에서 분리·독립되어야 하며, 이를 위해 정치와 종교로부터 중립성을 유지해야 함(자율성) - 교육의 전문성과 정치적 중립성 ⇒ 자주성
전문성	- 교육의 본질에 대한 이해와 고도의 지식과 기술을 갖춘 전문가들에 의해 이루어져야 함(전문적 관리) - 예 교육감 후보자 자격 제한, 교장·교감 자격증
적도 집권	- 중앙집권과 지방분권 사이의 적절한 균형 유지 - 지방분권을 위해 지역의 특수성과 다양성 반영하여 주민의 적극적인 의사와 자발적인 참여를 강조

◆ **운영상의 원리**

민주성	- 교육주체들의 의사 반영, 의사결정과정에 참여 보장, 행정과정에 대한 정보 공개 - 예 교육감 직선제 실시, 공청회·입법예고 등의 행정절차 의무화, 각종 위원회와 협의회 설치
효율성	- 최소의 비용으로 최대의 효과 달성을 추구(경제성) - 교육의 본질 손상, 민주행정의 원리와 충돌 우려
타당성	- 교육행정의 목적과 수단 간의 일치(합목적성) - 정책 대상의 본질과 중요도에 대한 이해 필요
안정성	- 교육행정은 일관되고 지속적으로 추진해야 하며, 교육정책의 급격한 변화는 경계함 - 예 대입전형사전예고제
적응성	- 환경변화에 신축적으로 대응하고 능동적으로 대처하여 변화를 주도하여야 함 - 예 지식기반사회에서 교육행정의 방향 모색
책무성	- 교육기관에 주어진 교육적 성과를 달성해야 하는 책임을 다해야 함(신자유주의에서 강조) - 예 국가수준 학업성취도평가의 전수 실시 등
균형성	- 교육행정에서 추구하는 다양한 가치와 원리들 간의 조화와 균형을 이루어야 함

기출선지 OX 정답 및 해설 p. 250   # 키워드

(1) 교육행정을 '교육에 관한 행정'으로 보는 관점은 교육행정을 행정의 하위영역으로 간주하면서 행정의 종합성을 강조하려는 입장이다. O | X

(2) 교육행정을 '교육을 위한 행정'으로 보는 관점은 행정의 지원적 성격에 초점을 맞추고 있다. O | X

(3) 교육행정은 교육과 행정을 구분하기 때문에 정치적 측면에 강조점을 두지 않는다. O | X

(4) 법치행정의 원리는 행정재량권의 남용을 방지하고자 하는 의도를 포함하고 있다. O | X

(5) 자주성의 원리는 교육이 일반행정에서 분리·독립되고 정치·종교로부터 중립성을 유지해야 한다는 것이다. O | X

(6) 전문성의 원리를 지나치게 강조하면 형식적이고 경직된 행정을 초래할 수 있다. O | X

(7) 민주성의 원리는 이해당사자들의 의사를 적극적으로 반영하고 그들을 의사결정과정에 적절하게 참여시켜야 한다는 것이다. O | X

(8) 효율성의 원리는 교육에 투입되는 비용을 상대적으로 적게 하면서 교육목표를 달성하려는 것이다. O | X

(9) 가계가 곤란한 학생이 능력이 있을 경우 장학금을 지급하여 교육기회를 제공하는 교육정책은 교육행정의 원리로서 안정성의 원리를 반영한 것이다. O | X

(10) 적응성의 원리는 새로운 환경변화에 신축적으로 대응하고 능동적으로 대처함으로써 변화를 주도해 나가야 한다는 것이다. O | X

대표 기출문제

문 1. 다음은 학교장이 교직원들에게 당부한 내용이다. 이 내용과 가장 부합하는 교육행정의 원리는?
[2015년 지방직 9급]

> 학교의 주요 결정에 교육 주체의 참여를 보장하고, 공익에 초점을 두면서 행정의 과정을 공개하며, 학교 내 다른 부서들과 이해와 협조를 바탕으로 사무를 집행해 주기를 바랍니다.

① 민주성의 원리 ② 자주성의 원리
③ 합법성의 원리 ④ 효율성의 원리

문 2. 다음에서 설명하는 교육행정의 기본원리는?
[2024년 지방직 9급]

> • 교육활동에 투입되는 인적·물적 자원에 대한 교육산출의 비율을 최대한 높이는 것이다.
> • 예를 들어, 국가재정의 한계로 인해 학급당 학생 수를 늘리는 것이다.

① 민주성의 원리 ② 합법성의 원리
③ 효율성의 원리 ④ 기회균등의 원리

2. 교육행정 이론의 발달

핵심내용 정리

173. 교육행정학의 발달과정 개관

◆ 교육행정학의 발달 과정

구분		세부이론	주도시기	주요 관심
교육행정 실무 시대	고전 이론	과학적 관리론	1910~ 1930년대	교육행정의 효율화
		행정과정론		
		관료제론		
	인간 관계론	(동기부여, 직무만족, 사기 등)	1930~ 1950년대	교육행정의 민주화
교육 행정 이론 시대	행동 과학론	행정행위론 사회체제이론	1950년대 이후	교육행정의 이론화
	대안적 관점	해석론, 비판론, 포스트모더니즘	1970년대 중반 이후	교육행정의 문화화

174. 과학적 관리론

◆ 테일러의 과학적 관리론

개요	– 과학적 관리를 통해 조직의 생산성 극대화 추구 – 금전적 보상을 통해 동기 부여(경제적 인간관)
주요 원리	– 과학적 직무 분석 – 작업과정의 표준화 – 과학적 선발과 훈련 – 차별적 성과급제도 – 관리와 수행의 분리

◆ 보비트의 학교행정론

개요	– 테일러의 과학적 관리론을 학교행정에 적용 – 학교의 비효율과 낭비 제거, 효율성 극대화 추구
학교 행정의 원리	– 학생의 표준화와 교수방법의 표준화를 통해 최대한 효율적인 교육활동을 실시할 것 – 교직원의 작업 능률을 최대한 유지하고, 교직원의 수를 최소로 감축할 것 – 가능한 모든 시간에 교육시설을 활용하는 등 교육에서의 낭비 요소를 최대한 제거할 것 – 교사의 자격 강화 및 훈련의 과학화를 통해 교사의 능력수준을 향상시킬 것 – 교직원의 성과에 따라 보수를 차등적으로 지급하는 보상체계를 마련할 것 – 교사는 학생을 가르치는 데에만 전념하고, 학교행정은 별도의 행정가가 책임질 것

175. 행정과정론

◆ 파욜의 행정과정 모델

기획	조직의 목표를 설정하고 목표달성에 필요한 수단을 선택하여 미래 행동을 준비하는 단계
조직	인적·물적 자원을 확보하여 배치하고, 조직 운영의 규칙과 원리를 구조화하는 단계
명령	구성원으로 하여금 조직을 위해 최선을 다해 과업을 수행하도록 하는 단계
조정	각 부서별 업무를 통합·조절하여, 다양한 업무 프로세스를 상호 연결하고 협력을 촉진하는 단계
통제	조직 활동의 모든 과정을 검토하고, 목표달성 정도와 조직운영의 효과성을 평가하는 단계

◆ 일반행정과 교육행정의 과정 모델 비교

일반행정 과정 모델		교육행정 과정 모델	
파욜(1916)	굴릭(1937)	그레그(1957)	캠벨(1958)
– 기획 – 조직 – 명령 – 조정 – 통제	– 기획 – 조직 – 인사배치 – 지시 – 조정 – 보고 – 예산편성	– 의사결정 – 기획 – 조직 – 의사소통 – 영향 – 조정 – 평가	– 의사결정 – 프로그래밍 – 자극 – 조정 – 평가

176. 베버의 관료제론

◆ 관료제의 특성 및 순기능과 역기능

구분	순기능	역기능
분업과 전문화	조직원의 전문성 발달, 조직의 효율성 향상	업무에 대한 권태감, 조직의 생산성 저하
몰인 정성	차별 없는 업무 처리로 의사결정의 합리성 제고	조직원의 사기저하, 인간성과 열정 상실
권위의 위계	상사의 지휘에 따라 업무 조정과 순응 원활	무비판적 순응, 수직적 의사소통 저해
규정과 규칙	조직원 과업 수행의 계속성과 통일성 확보	조직운영의 경직성, 목표와 수단의 전도
경력 지향성	장기근속 유인, 조직에 대한 충성심	실적평가 소홀, 실적-연공서열 간 갈등

핵심내용 정리

◆ **학교의 관료제적 특성**

분업과 전문화	− 구성원 각자가 맡을 업무를 직제와 직위에 따라 배분하고 전문화를 도모 − 교원과 행정직원의 역할구분, 업무별·교과별·학년별 조직 등으로 분업체계 구축
몰인정성	− 개인적인 감정이나 편견에 치우치지 않고 주어진 원칙에 따라 조직을 운영 − 교사나 학생 선발시 연고주의 배제, 개인적 판단을 배제하고 학칙에 의해서만 학생 생활지도
권위의 위계	− 직제상 엄격한 권위의 위계가 있으며, 공식적 명령계통을 중심으로 활동 조정 − 교장−교감−교사의 위계구조에 따라 업무를 수직적으로 분화, 직무수준에 따라 권한 배분
규정과 규칙	− 조직원의 활동을 통일된 직무수행 기준에 따라 엄격하게 통제 − 학교 운영시 교육 관련법 및 지침 등에 근거
경력 지향성	− 승진과 보수산정에 직무경력을 중요하게 반영, 해임은 규정된 조건 하에서만 가능 − 연공서열에 의한 승진체계, 호봉제의 임금구조

출포 177. 인간관계론

◆ **인간관계론에 근거한 학교행정의 방향**

심리적 보상 활용	− 교직원의 직무 만족감, 사기와 인화 촉진 − 동료들 간의 인간관계와 개인적 배려 중시
비공식 조직과 협력	− 학교 내의 비공식 조직의 중요성 인정 − 의사결정과정에 비공식 조직의 의견 반영
교육행정의 민주화	− 민주적인 권력구조, 구성원의 참여 확대 − 정확하고 신속한 의사소통 강조
교사의 행정 참여	− 교사의 교육 전문성 중시, 적극 활용 − 교육행정 과정에서 교사의 참여 확대
교장의 지도성 강조	명령과 지시보다는 비억압적이고 비지시적인 지도성(리더십) 강조

출포 178. 사회체제이론

◆ **사회체제이론 개관**

관점	− 조직을 하나의 목표 달성을 위해 상호작용하는 부분들의 통합적 체제로 이해하는 관점 − 사회체제로서의 조직 내에서 인간이 어떤 행동을 보이는지에 초점을 두고 연구하는 이론
의의	− 조직과 개인의 상호작용 : 학교 구성원들은 역할과 인성의 상호작용을 통해 행동함 − 고전이론과 인간관계론 종합 : 개인의 행동은 공식적 규칙과 비공식적 규범에 의해 평가됨 − 개방체제로서의 학교 : 학교는 외부 환경의 영향을 받는다는 점을 인식

◆ **겟젤스와 구바의 사회과정 모델**

관점	− 사회체제 속 인간의 행동은 규범적 차원과 개인적 차원에서 이해되어야 함
변인	− 규범적 차원 : 제도, 역할, 역할기대 − 개인적 차원 : 개인, 인성, 욕구성향

◆ **브루코버의 사회체제 모형**

관점	− 폐쇄체제 모형(투입−과정−산출 모형)을 이용하여 학교조직 분석(미시적 접근) − 학교의 사회·심리적 풍토를 강조하는 관점
과정 변인	− 사회적 구조 : 교사의 만족도, 학부모 참여도, 교장의 관심도, 학급 개방성 등 − 사회적 풍토 : 구성원들의 역할지각, 기대 등

◆ **호이와 미스켈의 학교사회체제 모형**

관점	− 학교를 외부 환경의 영향을 받는 개방체제로 봄(투입−변환과정−산출 + 환경 변인 포함) − 학교 하위체제들 간의 상호작용을 통한 전환
학교 하위 체제	− 구조체제 : 조직의 목적을 위한 공식적 기대 − 문화체제 : 구성원들이 공유하는 가치와 규범 − 정치체제 : 조직 내 구성원들 간의 권력 배분 − 개인체제 : 구성원의 욕구, 신념, 직무태도

출포 179. 대안적 관점

개요	− 1970년대 기존 행정이론에 대한 비판, 객관성과 보편성을 추구하는 과학적 접근의 한계 − 핫킨스의 철학적 접근 : 교육행정은 실천철학, 가치판단 활동을 핵심으로 두어야 함
연구 내용	− 해석학, 비판이론, 포스트모더니즘, 페미니즘, 문화이론 등이 교육행정이론에 도입됨 − 주관성, 불확정성, 비합리성, 우연성 등이 주요 개념으로 등장함 예) 조직화된 무질서 조직

기출선지 OX
정답 및 해설 p. 250　　　　　　　　　　　　　　　　　　　　# 키워드

(1) 과학적 관리론에 따르면, 학교의 비효율과 낭비를 제거하고 관리의 효율성을 극대화하기 위해서는 학교 구성원 및 과업에 대한 체계적인 관리가 필요하다.	O | X	
(2) 보비트의 학교행정론에 의하면, 교사는 교수자로서 학생을 가르치는 데 전념하고, 학교장은 관리자로서 학교행정을 책임지는 일에 집중한다.	O | X	
(3) 과학적 관리론에서는 구성원의 동기 유발을 위해 사회·심리적 보상보다 경제적 보상을 더 강조한다.	O | X	
(4) 보비트의 학교행정론을 따르는 교장은 학교 내의 비공식 조직의 중요성을 인정하고 이들과 협력한다.	O | X	
(5) 교육행정의 과정 중 조직의 목표를 설정하고 목표 달성에 필요한 수단을 선택하여 미래의 행동을 준비하는 단계는 '명령'의 단계이다.	O | X	
(6) 교육행정의 과정 요소 중 각 부서별 업무 수행의 관계를 상호 관련시키고 원만하게 통합, 조절하는 일은 '조정'의 요소에 해당한다.	O | X	
(7) 학교의 관료제적 특징으로서 '분업과 전문화의 원리'는 과업을 효율적으로 수행하기 위하여 직위 간에 직무를 적정하게 배분하고 전문화를 도모하는 것을 의미한다.	O | X	
(8) 관료제의 특징으로 '규칙과 규정'은 모든 직위가 공식적 명령계통을 중심으로 계층구조를 가지고 있어 부서 및 개인 활동의 조정이 용이하다는 점을 의미한다.	O | X	
(9) 학교는 교사-학생의 관계에 있어서 인간적인 감정 교류가 중시한다는 점에서 관료제의 특성을 보인다.	O | X	
(10) 학교의 관료제적 성격으로서 '몰인정성'의 순기능은 조직운영이 합리적으로 된다는 것이며, 역기능은 조직원이 사기가 저하된다는 것이다.	O | X	
(11) 인간관계론은 교육행정의 과정에 있어서 교사의 참여를 중시하며, 교장의 비지시적인 지도력을 강조한다.	O | X	
(12) 교육행정의 접근에서 인간관계론은 개인의 생산 수준은 개인의 능력이 아니라, 비공식 집단의 사회적 규범에 따라 결정된다고 본다.	O | X	
(13) 겟젤스(Getzels)와 구바(Guba)가 제시한 사회체제 모형에서는 인간의 행동은 사회조건들로 이루어진 조직적 차원과 개인의 인성적 특성으로 이루어진 심리적 차원의 기능적 관계에서 나타난다고 본다.	O | X	
(14) 호이(Hoy)와 미스켈(Miskel)은 학교에서는 환경의 영향을 받으며 각종 투입이 이루어지고, 몇 가지 하위체제를 통해 전환이 일어난다고 보았다.	O | X	
(15) 해석론은 교육의 실제에 기초해 설정된 가설을 양적 연구를 통해 과학적으로 검증하고, 결과를 해석하려는 노력을 확대시켰다.	O | X	

대표 기출문제

문 1. 보비트(Bobbit)가 학교행정에 적용한 과학적 관리의 원칙으로 옳지 않은 것은? [2022년 국가직 9급]

① 교육에서의 낭비를 최대한 제거한다.
② 가능한 모든 시간에 교육시설을 활용한다.
③ 교직원의 작업능률을 최대한 유지하고 교직원 수를 최소화한다.
④ 교원은 학생을 가르치는 일과 함께 학교행정의 책임도 져야 한다.

문 2. 다음 설명에 해당하는 교육행정 과정의 요소는? [2020년 국가직 9급]

- 각 부서별 업무 수행의 관계를 상호 관련시키고 원만하게 통합, 조절하는 일이다.
- 이것이 잘 이루어지면 노력·시간·재정의 낭비를 막고, 각 부서 간의 부조화 및 직원 간의 갈등을 예방할 수 있다.

① 기획 ② 명령
③ 조정 ④ 통제

문 3. 다음에 나타난 관료제의 역기능은? [2015년 국가직 9급]

김 교장은 교사들이 수업을 충실하게 진행하도록 유도하기 위해 모든 수업에 대한 지도안을 사전에 작성하여 제출하도록 하였다. 그 후로 교사들이 수업 지도안을 작성해서 제출하느라 수업 시간에 늦는 사례가 빈발했다.

① 권태
② 인간 경시
③ 실적과 연공의 갈등
④ 목표와 수단의 전도

문 4. 교육행정의 접근에서 인간관계론의 관점으로 보기 어려운 것은? [2021년 국가직 9급]

① 개인은 적극적이며 능동적인 존재이다.
② 경제적 유인가가 유일한 동기유발 요인은 아니다.
③ 고도의 전문화가 집단을 가장 효율적인 조직으로 이끈다.
④ 생산 수준은 개인의 능력이 아니라 비공식 집단의 사회적 규범에 따라 결정된다.

3 조직이론 1

핵심내용 정리

출포 180. 조직의 형태와 운영원리

◆ **조직의 형태**
- 계선조직과 참모조직

구분	계선조직	참모조직
형태	계층적 구조, 수직적 조직	횡적 지원, 측면 조직
기능	목적 수행, 실제 집행	전문적 권고, 지원, 보조
권한	직접적 지시권한, 결과책임	간접적인 권한 행사와 책임
강조점	통일성, 능률성, 책임성	전문성, 합리성, 개혁성

- 집권화 조직과 분권화 조직

구분	집권화 조직	분권화 조직
성격	상부조직에 권한 집중	하부조직에 권한 분산
장점	- 통일되고 신속한 업무처리 - 업무의 통합적 조정 용이 - 행정기능 중복과 혼란 예방	- 개별 조직의 특수성 반영 - 상황에 적합한 적시성 구현 - 권위적·형식적인 행정 예방

◆ **교육행정조직의 운영원리**

계층의 원리	조직의 직무를 권한과 책임의 정도에 따라 수직적으로 구분하여 조직화(→ 권한 계통이 명확)
명령통일의 원리	조직의 하급직원은 동일한 관리자에게 명령과 지시받고 그에게만 보고하도록 함(→ 계층의 질서 확립)
통솔한계의 원리	한 명의 관리자가 직접 통솔할 수 있는 하급직원의 수에 한계를 두어야 함(→ 효과적 통솔)
분업의 원리	조직의 업무를 직능이나 특성별로 구분하여 업무를 분담하게 함(→ 분업화를 통한 능률 향상)
조정의 원리	업무 간·부서 간 상호관계를 조화롭게 통합하고 조절함(→ 협동의 효과 최대화)
적도집권의 원리	조직 내 권한과 책임의 집권화와 분권화 사이의 적절한 균형 유지(→ 능률성 향상, 자율성 제고)

출포 181. 학교조직의 성격

◆ **블라우와 스콧의 조직유형론**

구분	1차적 수혜자	조직의 관심	예시
호혜조직	조직의 구성원	구성원의 참여 보장	노동조합
사업조직	조직의 소유주	조직의 이윤 극대화	기업, 은행
봉사조직	조직의 고객	고객에게 서비스 제공	학교, 병원
공공조직	일반대중 전체	공공적 서비스 제공	행정기관

◆ **칼슨의 봉사조직 유형론**

		고객의 참여선택권	
		있음	없음
조직의 고객 선발권	있음	유형 Ⅰ (야생조직)	유형 Ⅲ (강압조직)
	없음	유형 Ⅱ (적응조직)	유형 Ⅳ (온상조직)

구분	야생조직	온상조직
조직 특성	학생 유치를 위해 다른 학교와 경쟁하므로 학생의 요구나 사회변화에 민감하며 대체로 생산성이 높음	법적으로 존립을 보장받고 있어 학생의 요구나 사회의 변화에 둔감하며 비교적 비생산적인 경향
고객 특성	조직 참여를 위해 다른 학생들과 치열하게 경쟁하며 높은 성취동기를 보임	상황적 은퇴, 반항적 적응, 부수적 보상 적응 등의 독특한 적응방식을 보임
예시	유치원, 사립 초등학교, 자립형 사립 고등학교, 대학교	공립 초등학교와 중학교, 공립 고등학교(평준화 지역)

◆ **에치오니의 조직유형론**

통제권력 \ 참여수준	소외	타산	헌신
강제	강제적 조직		
보상		공리적 조직	
규범			규범적 조직

핵심내용 정리

구분	통제권력	참여수준	예시
강제적 조직	물리적 제재와 위협 (강압과 처벌)	부정적 태도, 소극적 참여	교도소
공리적 조직	물질적 보상 (임금)	온건한 태도, 타산적 참여	일반회사
규범적 조직	상징적 보상 (도덕, 신념, 존경)	긍정적 태도, 적극적 참여	학교, 종교단체

출포 182. 학교조직의 구조

◆ '이완결합체'로서의 학교(와익)

개요	- 학교에는 이질적인 요소들이 각자 정체성, 독자성, 독립성을 유지하면서 상호 공존하고 있음 - 학교의 하위체제들은 서로 연결되어 있으나 어느 정도는 분리되어 있는 '느슨하게 결합된 체제'의 특성 보임
세부 특징	- 수업의 내용과 방법에 대해 교사에게 상당한 자유재량권과 자기결정권을 부여하고 있음 - 교장은 수업에 대해 '일반적인 책임'만을 가지며, 수업을 특정 방식으로 하게 할 권한이 없음 - 교사의 직무수행에 대한 분명한 평가방법이 없으며, 교장의 통제는 형식적인 수준에 그침
시사점	- 학교 구성원들과 학교의 비전과 목표를 공유하고 '신뢰의 원칙(논리)'에 따라 조직을 운영하여야 함 - 학교를 엄격한 감독이나 평가를 통해 관리하면, 조직 내 갈등이 심해지고, 지나친 형식주의로 빠질 수 있음

◆ '조직화된 무정부 조직'으로서의 학교(코헨 등)

개요	- 학교는 외형상 체계적으로 조직화되어 있기는 하지만, 실제로는 매우 혼란스럽고 통제되지 않는 조직 - 고등교육 조직(대학)을 설명하는 데 보다 적합
세부 특징	- 유동적 참여 : 구성원들이 수시로 달라짐, 유동적·간헐적으로 참여(→ 조직운영의 일관성과 지속성 낮음) - 불분명한 목표 : 학교의 목적은 구체적이지도 명료하지도 않으며, 그에 대한 해석도 사람마다 다름 - 불확실한 기술 : 학교의 목적 달성에 효과적인 학교운영이나 교수·학습을 위한 기술이 확실하지 않음

시사점	- 단위학교의 자율성 강화 : 자율적 운영 범위 확대, 교장 공모제 도입, 단위학교 교사 임용제도 도입 등 - 단위학교의 책무성 강화 : 학교정보공시제 강화, 학교평가 강화, 학업성취도평가 지속 실시 등

◆ '이중조직'으로서의 학교(호이와 미스켈)

구분	관료적 지향	전문적 지향
영역	수업 이외의 학교운영	수업에 관련된 측면
구조	엄격하게 결합된 구조	느슨하게 연결된 구조
특징	- 조직의 이익 중시 - 위계적 계층구조에서 지시와 명령에 따라 과업 수행 - 조직에의 복종 중시	- 학생(고객)의 이익 중시 - 전문적 지식과 기술을 활용하여 과업 수행 - 의사결정의 자율성 중시

◆ '전문적 관료제 구조'로서의 학교(민츠버그)

핵심 주체	현업 핵심층	- 교사는 교육활동의 전문가로서 학교 운영에 있어 핵심적 역할을 담당함
조직 운영	직무의 전문화	- 교사의 교수방법이나 교육과정, 평가방법에 대해 상당한 자유재량권을 보장함 - 교사는 권한과 책임을 가지고 자율적으로 업무, 교장은 민주적인 방식으로 학교 운영
조정 기제	직무기술 표준화	- 교사는 전문자격 인증, 표준화된 교육과정과 교과서, 학업성취 평가 등을 통해 통제됨

◆ '학습조직'으로서의 학교(센지)

개요	조직 내·외적으로 협력적인 학습 활동을 일상적으로 전개하여, 새로운 지식을 창출하여 환경 변화에 적응해 나가는 조직
운영 원리	- 개인적 숙련 : 개인적 역량 개발을 지원하고 촉진 - 정신모델 공유 : 교사의 교육에 대한 관점 정립 - 비전의 공유 : 조직이 추구하는 방향 합의와 공감대 형성 - 팀 학습 : 구성원들이 협력하여 학습, 문제해결 참여 - 시스템 사고 : 개별 문제들을 전체 상황과 연결 지어 사고

기출선지 OX   정답 및 해설 p. 251   # 키워드

(1) 학교조직의 운영 원리 중 '적도집권의 원리'는 분권을 중심으로 학교조직을 운영하는 것이다.	O | X	
(2) 학교조직의 운영 원리 중 '분업의 원리'는 조직의 업무를 직능 또는 특성별로 구분하여 한사람에게 동일한 업무를 분담시키는 것이다.	O | X	
(3) 사육조직이란 공립학교처럼 조직이 그 조직에 들어오는 사람을 통제할 수 없고, 조직의 고객도 그 조직에 참여하는 것을 스스로 선택할 수 없는 조직유형을 말한다.	O | X	
(4) 학교는 칼슨의 구분에 따른 사육조직으로서 학생의 독특한 적응 방식(상황적 은퇴, 반항적 적응, 부수적 보상 적응)에 직면한다.	O | X	
(5) 에치오니의 순응에 기반한 조직 분류에 의하면, 학교는 규범적 권력을 사용하여 구성원들의 높은 헌신적 참여를 유도하는 규범 조직이다.	O | X	
(6) 학교가 에치오니의 구분에 의한 공리조직의 성격이 강할 때 구성원은 헌신적 참여를 한다.	O | X	
(7) 와익(K. Weick)에 의하면, 학교는 조직 구조 연결이 자체의 정체성과 독립성을 가지고 있어서 다른 조직에 비해서 구조적으로 느슨하게 결합되어 있는 조직이다.	O | X	
(8) 학교는 웨익(K. E. Weick)이 말하는 느슨한 결합조직으로서 빠르고 체계적으로 변화하지 않는 현상을 보인다.	O | X	
(9) 학교는 불분명한 목표, 불확실한 기술, 유동적인 참여를 특징으로 하는 조직화된 무질서 조직이다.	O | X	
(10) 조직화된 무질서 조직(Organized Anarchy)으로 학교조직은 어떤 방법과 자료를 활용해야 학습자가 목표에 도달할 수 있을지 합의된 견해가 없다.	O | X	
(11) 코헨 등에 의하면, 학교는 구성원들의 참여가 고정적이고 조직의 목표와 기술이 명확한 조직이다.	O | X	
(12) 코헨 등에 의하면, 학교는 느슨한 결합구조와 엄격한 결합구조를 동시에 가지고 있는 이중조직이다.	O | X	

대표 기출문제

문 1. 칼슨(Carlson)의 분류에 따를 때, 공립학교가 해당되는 유형은? [2020년 지방직 9급]

조직의 고객선택권 \ 고객의 참여결정권	유	무
유	유형 Ⅰ	유형 Ⅲ
무	유형 Ⅱ	유형 Ⅳ

① 유형 Ⅰ ② 유형 Ⅱ
③ 유형 Ⅲ ④ 유형 Ⅳ

문 2. 학교조직의 특성으로 옳지 않은 것은?
[2022년 지방직 9급]

① 중심적 활동인 수업에 대한 교사의 재량권이 발휘되는 이완조직이다.
② 통일된 직무수행 기준에 따라 엄격하게 통제되는 순수한 관료제 조직이다.
③ 불분명한 목표, 불확실한 기술, 유동적인 참여를 특징으로 하는 조직화된 무질서 조직이다.
④ 느슨한 결합구조와 엄격한 결합구조를 동시에 가지고 있는 이중조직이다.

문 3. 다음과 같은 학교조직의 특성에 가장 부합하는 조직 유형은? [2021년 국가직 9급]

> 학교의 목적은 구체적이지도 않고 분명하지도 않다. 비록 그 목적이 명료하게 나타나 있다고 하더라도 그 해석은 사람마다 다르며, 그것을 달성할 수단과 방법도 분명하게 제시하기 어렵다. 또한 학교의 구성원인 교사와 행정직원들은 수시로 학교를 이동하며, 학생들도 일정한 시간이 지나면 졸업하여 학교를 떠나게 된다.

① 야생 조직(wild organization)
② 관료제 조직(bureaucratic organization)
③ 조직화된 무질서(organized anarchy) 조직
④ 온상 조직(domesticated organization)

4 조직이론 2

핵심내용 정리

183. 학교의 조직풍토와 조직문화

◆ 핼핀과 크로프트의 학교풍토 유형 분류

	교사의 행동특성				교장의 행동특성			
	사기	친밀	방관	방해	추진	인화	냉담	실적
개방	높음	중간	낮음	낮음	높음	중간	낮음	낮음
폐쇄	낮음	중간	높음	높음	낮음	낮음	높음	높음

◆ 호이와 미스켈의 학교풍토 유형 분류

		교장의 행동특성	
		개방	폐쇄
교사의 행동특성	개방	개방풍토	몰입풍토
	폐쇄	일탈풍토	폐쇄풍토

개방풍토	교사와 교장 사이에 신뢰가 형성되어, 교장은 교사의 의견을 존중하며, 교사들은 과업에 헌신하는 풍토
몰입풍토	교장은 비효과적 통제를 시도하지만, 교사들이 전문성을 바탕으로 업무를 효과적으로 수행하는 풍토
일탈풍토	교장은 개방적·지원적이지만, 교사들은 교장을 무시하고 교사 간 불화가 심하고 헌신적이지 못한 풍토
폐쇄풍토	교장은 불필요한 업무만을 강조하고, 교사들은 교장과 불화하고 업무에 대한 관심과 책임감이 없는 풍토

◆ 스타인호프와 오웬즈의 학교문화 유형 분류

가족 문화	- 학교의 모든 사람들을 가족의 구성원으로 생각 - 구성원 간 관심과 애정, 학생에 대한 헌신 강조
기계 문화	- 학교를 기계로 생각, 대학 진학 등을 성과로 생각 - 행정가는 조직 유지를 위한 자원 투입에 관심
공연 문화	- 학교를 공연장으로 생각, 청중의 반응에 관심 - 행정가를 지휘자로 보고, 수업의 예술적 질 강조
공포 문화	- 학교를 전쟁지역이나 교도소 같은 곳으로 생각 - 구성원들이 서로를 비난하며 적대적으로 대함

◆ 학교문화와 교육행정

전통적 접근	- 지시, 명령, 통제, 감독, 규정과 절차에 의함 - 과학주의, 합리주의, 하향식, 위계적 접근
문화적 접근	- 가치와 규범의 변화를 통해 참여와 헌신 유도 - 학교문화의 변화를 통해 스스로 개혁하게 함

184. 토마스의 갈등관리(협상) 전략

	협상 전략	적용 상황
경쟁형 (강제형)	상대방을 압도하여 자신의 관심을 만족시키는 방식으로 갈등을 해결하는 유형	신속한 결정이 요구되는 긴급한 상황, 중요한 사항이지만 인기가 없는 조치가 필요한 경우
수용형 (양보형)	자신의 관심사에 대해 양보하고 상대방의 주장에 따라 갈등을 해소하는 유형	조화와 안정이 특히 중요할 때, 자기가 잘못한 것을 알았을 때, 상대방에게 더 중요한 사항일 때
회피형	자기뿐만 아니라 상대방의 관심사마저 무시하는 유형	여유가 없을 때, 자연스럽게 해결될 수 있을 때, 갈등해소 비용이 너무 클 때
협력형	양측이 모두 만족할 수 있는 해결책을 적극적으로 찾는 유형 (윈-윈 전략)	양자의 관심사가 중요하여 통합적인 해결책만이 수용될 수 있을 때, 목표가 학습하는 것일 때
타협형	양측이 상호 희생과 타협을 통해 부분적 만족을 취하는 유형 (윈-윈 전략)	복잡한 문제에 대한 일시적인 해결책을 얻고자 할 때, 당사자들의 주장이 서로 대치되어 있을 때

185. 조직 내 의사소통

◆ 조직 의사소통의 8가지 원칙(레드필드)

명료성	메시지의 수신자가 전달내용을 이해할 수 있도록 의사전달 내용이 명료해야 함
일관성	의사소통 과정에서 전달되는 메시지가 수정, 가감, 번복되거나 모순이 있어서는 안 됨
적정성	메시지의 양과 질이 적정해야 함. 과다하면 의사소통에 혼란 발생, 과소하면 의사소통에 실패
적시성	업무의 효율적이며 신속한 처리를 위해서 의사전달이 적절한 시기를 놓치면 안 됨
분포성	의사소통의 시작점에서 목적지까지 모든 정보가 의사소통의 대상에게 골고루 도달되어야 함
적응성	의사소통이 이루어지는 개별 상황에 적합하도록 신축적이며 융통성있게 이루어져야 함
통일성	조직 전체에게 동일하게 수용될 수 있게 표준화된 형태로 표현되어야 효율적으로 전달 가능
관심과 수용	수신자의 주의와 관심을 끌고 수용적 태도를 가지게 할 때 효율적인 의사소통이 이루어짐

핵심내용 정리

◆ 의사소통의 유형 분석 : 조하리의 창

자기개방 \ 피드백	자신에 관한 정보가 자신에게 알려짐	자신에 관한 정보가 자신에게 알려지지 않음
자신에 관한 정보를 상대방에게 알림	개방의 영역 (민주적)	무지의 영역 (독단적)
자신에 관한 정보를 상대에게 알리지 않음	은폐의 영역 (과묵형)	미지의 영역 (폐쇄형)

개방 (open)	자기의 생각이나 감정을 자유롭게 표출하면서 상대방으로부터 풍부하게 피드백을 받고자 함
무지 (blind)	자기의 생각이나 감정은 많이 표현하면서 상대방의 생각이나 감정에는 관심을 두지 않음
은폐 (hidden)	자기의 생각이나 감정은 표현하지 않으면서 상대방으로부터 정보를 얻기만 하려고 함
미지 (unknown)	자기의 생각이나 감정을 말하지도 않고 타인의 생각도 들으려 하지 않음

기출선지 OX   정답 및 해설 p. 251

키워드

(1) 호이(Hoy)와 미스켈(Miskel)이 구분한 학교풍토 중 몰입풍토에서 교장은 효과적인 통제를 시도하지만, 교사들은 낮은 전문적 업무수행에 그친다.   O | X

(2) 호이와 미스켈이 구분한 학교풍토 중 개방풍토에서 교장은 교사들의 의견과 전문성을 존중하고, 교사들은 과업에 헌신한다.   O | X

(3) 학생들을 일류 대학교에 많이 진학시키는 것을 학교경영 목표로 하고 있는 학교의 문화 유형은 가족문화이다.   O | X

(4) 최근 교육개혁에서는 교직사회에 공유되고 있는 광범위한 의식, 신념, 가치 등을 변화시키려는 문화적 접근방법이 중시되고 있다.   O | X

(5) 무지의 영역에 속해 있는 교사는 인간관계 개선을 위하여 다른 사람들로 하여금 자신에 대한 생각과 감정을 노출시키도록 격려할 필요가 있다.   O | X

대표 기출문제

문 1. 토마스(K.Thomas)의 갈등관리이론에 근거할 때, 다음 모든 상황에서 가장 효과적인 갈등관리의 방식은? [2015년 지방직 9급]

- 조화와 안정이 특히 중요할 때
- 자신이 잘못한 것을 알았을 때
- 다른 사람에게 더 중요한 사항일 때
- 패배가 불가피하여 손실을 극소화할 필요가 있을 때

① 경쟁 ② 회피
③ 수용 ④ 타협

문 2. 조하리(Johari)의 창에 따른 의사소통 모형에서 다음에 해당하는 것은? [2024년 국가직 9급]

- 마음의 문을 닫고 자기에 관해서 남에게 노출하기를 원치 않는다.
- 자기의 생각이나 감정은 표출시키지 않으면서 상대방으로부터 정보를 얻기만 하려고 한다.
- 자기 자신에 대하여 다른 사람들은 전혀 모르고 있고, 본인만이 알고 있는 정보로 구성되어 있다.

① 개방(open) 영역 ② 무지(blind) 영역
③ 미지(unknown) 영역 ④ 은폐(hidden) 영역

5 동기이론

핵심내용 정리

출포 186. 동기의 내용이론

◆ 매슬로우의 욕구위계이론

개요	인간은 욕구 충족을 추구하는 존재로서, 선천적인 욕구가 동기유발의 요인이라고 보는 이론
욕구의 위계	결핍의 욕구 (하위) - 생리적 욕구 : 임금, 근무환경 - 안전 욕구 : 복리후생, 직업안정성 - 소속감과 애정 욕구 : 비공식집단, 친교 - 자존과 존경 욕구 : 명예, 신망, 지위 성장의 욕구 (상위) - 지적 욕구 : 능력개발 - 심미적 욕구 : 창의적 직무수행 - 자아실현 욕구 : 성장, 참여, 자율성
동기 유발 특성	- 하위 욕구일수록 욕구 강도가 크고 우선순위 강함 - 하위 욕구가 충족되면 상위의 욕구를 추구하게 됨 - 일단 충족된 욕구는 동기유발 효과가 약화됨
시사점	충족되지 않은 상위 목표를 발견하고, 이를 충족시킬 수 있는 전략을 수립하여야 함
한계	욕구의 개인차 및 동태성 무시, 욕구단계의 퇴행 부정

◆ 앨더퍼의 생존-관계-성장(ERG) 이론

개요	매슬로우 이론과 유사하지만, 욕구들의 구체적 내용과 동기의 이동 방향에 대해서는 차별적
욕구의 위계	생존 욕구 — 관계 욕구 — 성장 욕구 저차 ←――――――――→ 고차
동기 유발 특성	- 저차 욕구가 충족되면 고차 욕구의 강도가 커지면서 이를 충족하려 함(충족-진행의 원리) - 고차 욕구의 충족이 좌절되면 저차 욕구의 충족을 통해 보상받으려 함(좌절-퇴행의 원리) - 두 가지 이상의 욕구가 동시에 작용할 수 있음
시사점	비용 절감을 위해서라도 보다 고차적인 욕구를 충족시킬 수 있는 관리전략을 수립하여야 함

◆ 허즈버그의 동기-위생 이론

개요		직무 만족과 불만족은 연속선상에 있는 것이 아니라, 별개로 존재하는 상호 독립적인 차원이라고 보는 이론
동기 요인과 위생 요인	동기 요인 (만족 요인)	- 개인 내적 요인, 접근 욕구, 상위 욕구 - 일에서의 성취, 성취에 대한 인정(존경), 책임감, 성장, 발전 등 - 동기 요인이 많으면 만족감이 커지지만, 없다고 해서 불만족감이 높아지는 것은 아님
	위생 요인 (불만족 요인)	- 개인 외적 요인, 회피 욕구, 하위 욕구 - 조직의 관리와 통제, 대인관계, 근무조건, 급여, 직업안정성 등 - 위생 요인이 많으면 불만족감이 커지지만, 없다고 해서 만족감이 높아지는 것은 아님
시사점		- 직무 만족감을 가질 수 있는 환경을 조성해야 조직의 성과를 제고할 수 있음 - 업무에 대한 권한 위임과 자율성 부여를 통해서 동기 유발 가능 예 수석교사제(직무풍요화 전략)

◆ 맥그리거의 X-Y 이론

개요	경영자가 어떤 인간관을 갖는지에 따라 조직을 관리하는 방식이 달라진다고 보는 이론	
구분	X이론	Y이론
인간관	- 인간은 천성적으로 일하기를 싫어하며, 지휘와 통제하에 있는 것을 좋아함 - 생존(E) 욕구	- 인간은 일하는 것을 좋아하며, 동기가 부여되면 자율적·창의적으로 행동함 - 관계(R)와 성장(G) 욕구
경영 전략	- 타율적 통제, 지시와 명령, 금전적 유인, 위협, 벌칙 등 강조 - 과학적 관리론, 권위주의적 지도성	- 자율적 통제, 권한 위임, 분권화, 사회적 존경과 자아실현 욕구 충족 강조 - 인간관계론, 민주적 지도성

◆ 아지리스의 미성숙-성숙 이론

개요	인간에 대한 관점을 기초로 조직관리 방식을 분류	
구분	미성숙 이론	성숙 이론
인간관	수동적, 의존적, 종속적 지위, 자아의식 결여	능동적, 독립적, 대등한 지위, 자아의식, 자기통제
조직 관리	관료적 체제(표준화, 전문화, 명령통일의 원리)	인간적 체제(인간성, 민주성, 신뢰, 협동의 원리)
조직원 반응	좌절감, 불신과 불화, 공격적 태도, 냉담한 반응	목표지향성, 자발성, 책임감, 협동적 태도, 융통성

핵심내용 정리

출포 187. 동기의 과정이론

◆ 브룸의 기대 이론

개요	- 인간은 인지적 사고과정을 통해 특정 행동을 자발적으로 선택한다고 보는 이론 - 자신의 노력에 따른 성과와 보상에 대한 주관적 기대치와 보상의 유인가 행동에 영향을 미친다고 봄	
주요 개념	성과 기대	개인이 특정 행위를 할 경우 특정한 성과가 나올 가능성에 대한 주관적 신념 (기대)
	보상 기대	업무성과와 보상의 연결정도에 대한 주관적 기대(수단성)
	유인가	특정한 목표, 성과, 보상에 대하여 개인이 가지는 선호, 매력 혹은 인지된 가치 (유의성)
동기화 과정	성과기대 → 1차적 산출 → 보상기대 → 2차적 산출 노력 → 성과 → 보상 유인가 - 유인가(V), 보상기대(I), 성과기대(E)가 모두 높은 경우 최고 수준의 동기를 유발할 수 있음(VIE 이론) - 성과와 보상의 가능성과 가치에 대한 주관적 평가를 토대로 동기가 유발됨(개별 구성원들 간 차이 존재)	
시사점	- 노력만 하면 성과를 얻을 수 있다는 확신을 주기 위한 안내, 지원, 후원 강화 예 직무훈련 프로그램 - 성과와 보상의 연결 정도를 분명히 하는 제도 도입 예 성과상여금 제도	

◆ 포터와 롤러의 성과-만족 이론

개요	브룸의 기대이론을 발전시킨 이론으로, 성과가 직무만족에 영향을 미친다는 점을 강조	
주요 개념	보상의 공정성 지각	과업성취에 따라 마땅히 받아야 한다고 생각하는 보상의 양이나 수준, 다른 사람과의 형평성 고려
	만족	받은 보상이 지각된 공정 수준에 부합하거나 초과하는 경우 만족에 이름
동기화 과정	- 과업 수행에 따른 성과와 그에 따른 보상이 만족에 영향을 미치게 되어 동기가 유발됨 - 보상의 가치뿐만 아니라 보상의 공정성에 대한 지각이 만족을 결정하며, 만족할 때 동기가 유발됨	
시사점	- 노력-성과의 기대감: 구성원 능력개발 강조 - 성과-보상의 기대감: 인센티브 강화	

◆ 아담스의 공정성 이론

개요	노력과 직무만족은 조직 내에서 얼마나 공정하게 대우받고 있다고 지각하는가에 의해 결정된다고 보는 이론	
주요 개념	공정성 지각	자신이 받은 성과와 이를 위해 자신이 투자한 투입의 비율을 타인과 비교하여 지각
	투입	노력, 경험, 교육, 훈련, 능력, 개인적 특성 등
	성과	보수, 승진, 직업 안정성, 근무조건, 인정 등
동기화 과정	공정하다고 인식하면 만족을 느끼지만, 불공정하다고 인식하면 공정성 회복 행동을 통해 심리적 긴장 해소	
	공정	$\dfrac{\text{자신의 성과}}{\text{자신의 투입}} = \dfrac{\text{타인의 성과}}{\text{타인의 투입}}$ (만족, 균형)
	불공정	과다 보상: 타인에 비하여 투입 대비 많은 성과를 얻는 상황(→ 공정성 회복행동) 과소 보상: 타인에 비하여 투입 대비 적은 성과를 얻는 상황(→ 공정성 회복행동)
	공정성 회복 행동	- 자기 자신의 투입 및 성과 조정 - 비교대상의 투입 및 성과 조정 - 투입과 성과에 대한 인지적 왜곡 - 비교대상의 변경 - 조직이탈
시사점	구성원들 간의 사회적 비교가 보다 정확해지도록 투입-성과 관련 정보를 적절히 공개하여야 함	

◆ 로크의 목표설정 이론

개요	인간의 행동은 유목적적이므로, 개인이 성취하려고 하는 목표가 강력한 동기유발 요인이 된다고 보는 이론
동기화 과정	목표는 개인의 과업에 대한 주의력을 높이며, 과업 행동에 투입하려는 노력과 지속성을 증가시킴
효과적 목표의 속성	- 목표의 구체성: 목표 행동을 명확히 제시 - 목표의 난이도: 다소 어렵거나 도전감 있는 목표 설정 - 목표설정에의 참여: 구성원들의 참여를 통해 헌신 유도 - 노력에 대한 피드백: 과업수행에 대한 피드백 있어야 함 - 동료들 간의 경쟁: 적정한 정도의 경쟁 유도 - 목표의 수용성: 구성원들이 자발적으로 수용해야 함
시사점	구성원들이 효과적인 행동 목표를 설정하도록 하며, 수시로 피드백을 제공해야 함

기출선지 OX
정답 및 해설 p. 251　　　　　　　　　　　　　　　　　　　# 키워드

(1) 매슬로우의 욕구계층이론, 앨더퍼의 ERG 이론, 허즈버그의 동기위생이론도 모두 인간의 욕구가 목표지향적인 행동을 창출하고 유지하는 주요 요인이라고 본다. 　O | X

(2) 매슬로우의 이론에 따르면, 욕구는 하나의 욕구가 충족되면 다음 단계에 있는 다른 욕구가 나타나서 그것의 충족을 요구하는 체계를 이루고 있다. 　O | X

(3) 동기위생이론에 따르면, 직무만족에 기여하는 요인과 직무불만족에 기여하는 요인은 별개로 존재한다. 　O | X

(4) 동기위생이론에서 직무 만족을 가져다주는 요인에는 대인관계, 근무조건 등이 있으며, 직무 불만족을 가져오는 요인에는 일에서의 성취, 책임감 등이 있다. 　O | X

(5) 맥그리거(D. McGregor)의 Y이론을 지지하는 교육행정가는 조직구성원에게 잠재하는 높은 수준의 상상력, 독창성, 창의성을 발휘할 기회를 부여한다. 　O | X

(6) 기대이론은 사람은 자신의 노력에 따른 성과와 보상에 대한 주관적 기대치를 바탕으로 어떻게 행동할지를 선택한다고 본다. 　O | X

(7) 브룸(Vroom)은 유인가, 성과기대, 보상기대의 세 가지 기본 요소를 토대로 이론적 틀을 구축하였다. 　O | X

(8) 공정성 이론은 보상의 양뿐 아니라 그 보상이 공정하다고 지각하는 정도가 만족을 결정한다고 본다. 　O | X

(9) 성과-만족 이론은 자신이 투자한 투입 대 결과의 비율을 타인의 그것과 비교하여 공정성을 판단한다고 본다. 　O | X

(10) 로크(Locke)의 목표설정이론에서는 대부분의 인간 행동은 유목적이며, 행위는 목표와 의도에 따라 통제되고 유지된다고 본다. 　O | X

대표 기출문제

문 1. (가), (나)에 들어갈 말을 바르게 연결한 것은?
[2023년 국가직 9급]

- 허즈버그(Herzberg)는 직무 불만족을 야기하는 근무조건, 직업안정성, 보수 등을 (가) 으로 보았다.
- 맥그리거(McGregor)는 적절하게 동기부여가 되면 누구나 자율적이고 창의적으로 행동한다는 관점을 (나) 로 불렀다.

　　(가)　　　　(나)
① 동기요인　　이론 X
② 동기요인　　이론 Y
③ 위생요인　　이론 X
④ 위생요인　　이론 Y

문 2. 다음 설명에 해당하는 동기이론은?
[2019년 지방직 9급]

- 동기 행동이 유발되는 과정에 초점을 맞춘다.
- 유인가, 성과기대, 보상기대의 세 가지 기본 요소를 토대로 이론적 틀을 구축하였다.
- 개인의 가치와 태도는 역할기대, 학교문화와 같은 요소와 상호작용하여 행동에 영향을 미친다고 가정한다.

① 브룸(V. H. Vroom)의 기대이론
② 허즈버그(F. Herzberg)의 동기-위생이론
③ 아담스(J. H. Adams)의 공정성 이론
④ 앨더퍼(C. P. Alderfer)의 생존-관계-성장 이론

6 지도성 이론

핵심내용 정리

188. 상황적 지도성 이론

◆ 피들러의 상황적 지도성 이론

상황 요소	지도자와 구성원의 관계	지도자가 조직구성원들로부터 수용되고 존경받는 정도
	과업구조	과업의 목표, 방법, 성과기준 구체화 정도
	지도자의 지위 권력	과업 수행을 위해 조직이 지도자에게 부여하는 권한의 정도
지도성 유형	과업지향형	상황이 매우 호의적이거나 비호의적일 때
	관계지향형	상황의 호의성이 중간 수준일 때 효과적

◆ 허시와 블랜차드의 상황적 지도성 이론

상황	구성원의 성숙도 = 직무수행능력 + 직무태도나 동기
상황에 따른 효과적 지도성 유형	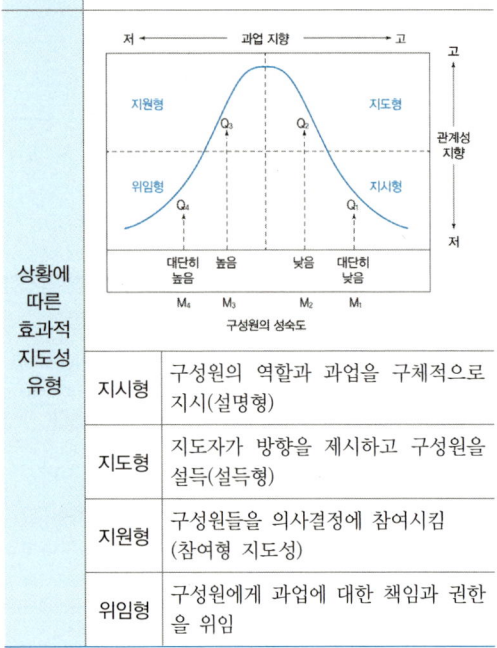
	지시형	구성원의 역할과 과업을 구체적으로 지시(설명형)
	지도형	지도자가 방향을 제시하고 구성원을 설득(설득형)
	지원형	구성원들을 의사결정에 참여시킴 (참여형 지도성)
	위임형	구성원에게 과업에 대한 책임과 권한을 위임

189. 대안적 지도성 이론

◆ 변혁적 지도성 이론(배스)

정의	구성원들과 조직의 비전을 공유하고 능력을 계발함으로써 조직의 변화와 혁신을 추구하는 지도성(↔ 거래적 지도성)
핵심 요소	- 이상화된 영향력: 인격적 감화를 통해 영향력 행사, 구성원들로부터 신뢰와 존경받음, 동일시와 모방의 대상 - 영감적 동기화: 조직의 가치와 비전 제시, 사명감 고취, 도전의식 자극 - 지적 자극: 기존 상황에 새롭게 접근하여 보다 혁신적인 방식으로 사고하고 행동하도록 유도 - 개별적 배려: 구성원 개개인의 능력, 배경, 필요, 요구에 대해 민감하고 세심한 관심을 기울임

◆ 분산적 지도성 이론(엘모어, 그론)

개념	- 지도성에 대한 중앙집권적 사고를 부정하는 것으로부터 출발하는 새로운 지도성 이론 - 다양한 개인과 집단, 상황, 인공적 장치들로 지도성 분산
특징	- 공식적 지도자뿐만 아니라 모든 구성원을 지도자로 포함 - 구성원들의 상호신뢰와 협력에 바탕을 둔 조직문화 - 인공적 장치, 활동, 구조와 제도 등 다양한 자원 활용
장점	- 다양한 자원을 활용하여 학교조직의 효과성 극대화 - 상황의 변화에 대해 탄력적으로 대응하기 쉬움

◆ 초우량 지도성 이론(맨즈와 심스)

개념	구성원 각자의 '셀프 지도성(자율적 지도성)'을 개발하여, '지도자들의 지도자'가 되려고 하는 지도성
시사점	- 학교 내의 모든 교원들의 자기통제 능력 개발을 지원 - 교원들 간의 자율적인 팀 학습과 협력적 직무수행 격려

핵심내용 정리

◆ 문화적 지도성 이론(서지오바니)

개념	지도자가 조직문화의 형성과 관리에 관심을 가지고 조직문화의 변화를 통해 조직을 개선해 나가고자 하는 지도성
지도성 유형 분류	− 기술적 지도성 : 효과적인 경영관리 기술의 활용 강조 − 인간적 지도성 : 인간관계, 동기화 능력 등의 능력 강조 − 교육적 지도성 : 교육에 대한 전문적 지식, 임상장학 − 상징적 지도성 : 학교의 비전과 목표 제시, 주의 환기 − 문화적 지도성 : 학교의 독특한 문화와 정체성, 가치와 믿음 및 관점 창조
시사점	학교문화를 변화시킬 수 있는 문화적 지도성이 지속적이며 장기적인 변화를 유도할 수 있음

◆ 도덕적 지도성

개념	지도자가 조직 구성원들에게 요구되는 도덕적 규범이나 가치를 내면화함으로써 영향력을 행사하는 지도성
학교 유형 분류	학교는 바람직한 가치를 전수하는 곳이므로, 성공보다는 선의를 추구하는 지도성이 바람직 성공: 저 ← → 고 선의: 고 ↑ ↓ 저 |	저 성공	고 성공 | |---|---|---| | 고 선의 | 도덕적인 학교 | 도덕적이고 효과적인 학교 | | 저 선의 | 비도덕적이고 비효과적인 학교 | 정략적인 학교 |
시사점	− 지도자는 도덕적 품성을 바탕으로 존경과 신뢰 획득 − 구성원들의 능력 계발과 자율적 직무수행 유도

Chapter 08. 교육행정의 이론

기출선지 OX 정답 및 해설 p. 252   # 키워드

(1) 하우스(House), 허시(Hersey)와 블랜차드(Blanchard) 등은 지도자의 행동은 사회적 맥락에 따라 유동적이고 지도성의 효과도 다르다고 보았다.	O | X
(2) 구성원의 성숙도를 지도자 행동의 효과성에 영향을 주는 주요 요인으로 보는 리더십이론으로는 허시와 블랜차드의 상황적 리더십이론이 대표적이다.	O | X
(3) 허시와 블랜차드의 지도성 유형 중 설득형(selling)은 높은 과업행동과 높은 관계행동에 적합하다.	O | X
(4) 피들러(F. Fiedler)의 상황(contingency) 지도성 이론에서 '상황 요소'에는 교장과 교사의 관계, 교장의 지위 권력, 과업구조 요소가 포함된다.	O | X
(5) 변혁적 지도성(transformational leadership)은 구성원의 개인적 성장에 관심을 보이며, 비전을 공유하고 지적 자극을 촉진하는 지도성 유형이다.	O | X
(6) 변혁적 지도성을 가진 교장은 교사에게 요구 사항의 완성에 대해 보상과 칭찬을 약속함으로써 과업을 수행하게 하며, 감독과 관찰을 주요 역할로 수행한다.	O | X
(7) 분산적 지도성을 가진 지도자는 학교구성원 개인들과 공식·비공식 집단들이 학교경영에 능동적으로 참여하고 공동으로 목표달성을 위해 노력하도록 한다.	O | X
(8) 초우량 지도성(super leadership)을 가진 지도자는 지도자의 특성이나 능력보다 구성원 스스로가 지도자로서의 능력을 계발하고 활용할 수 있도록 한다.	O | X
(9) 문화적 지도성을 가진 지도자는 가치와 의미 추구 욕구를 만족시킴으로써 구성원을 조직의 주인으로 만들고 조직의 제도적 통합을 가능하게 한다.	O | X
(10) 서지오바니의 도덕적 지도성 이론에 따르면, 학교는 도덕적 측면의 선의보다는 관리적 측면의 성공을 추구하는 것이 바람직하다.	O | X

대표 기출문제

문 1. 피들러(Fiedler)의 리더십 상황 이론에서 강조하는 '상황' 요소에 포함되지 않는 것은?   [2021년 국가직 9급]

① 구성원의 성숙도
② 과업의 구조화 정도
③ 지도자와 구성원의 관계
④ 지도자가 구성원에 대해 가지고 있는 영향력의 정도

문 2. 다음에 해당하는 지도성 유형은?   [2023년 국가직 9급]

- 지도성에 대한 중앙집권적 사고를 부정한다.
- 학교 구성원 모두가 공동의 지도성을 실행하면서 학교 조직의 효과성을 극대화하는 것을 목표로 한다.
- 학교 조직이 크고 업무가 복잡하므로 조직 내 다양한 자원을 적극 활용하는 것을 강조한다.

① 분산적 지도성   ② 상황적 지도성
③ 거래적 지도성   ④ 변혁적 지도성

7 교육기획

핵심내용 정리

출포 190. 교육기획의 접근방법

구분	사회수요에 의한 접근	인력수요에 의한 접근	교육수익률에 의한 접근	국제비교에 의한 접근
개념	모든 사람에게 교육의 기회를 부여해야 한다는 원칙에 따라, 사회적 요구에 따라 교육기회의 양을 조절	교육을 취업 및 경제성장과 연계시켜, 경제성장을 뒷받침하기 위한 필요한 인력을 고려하여 교육기회를 조절	교육에 투입되는 경비와 교육을 통해 얻을 수 있는 수익을 비교하여 교육투자의 중점과 우선순위를 결정	선진국이나 교육발전 수준이 유사한 국가와의 비교 연구를 통해 자국의 교육발전 방향과 전략을 수립
절차	인구증가 추세 등을 기초로 미래의 교육수요 예측 → 학교 설립 및 교원 양성 계획 수립	목표연도의 경제성장에 필요한 인력수요 추정 → 분야별·자격별 인력양성 계획 수립	교육투자로 인해 발생하는 추가 수익 / 직접 교육비 + 간접교육비(B/C 분석)	비교대상 국가의 교육체제 검토를 통해 발전방향 설정, 목표달성을 위한 계획 수립
적용	한국 1950년대 의무교육 계획	유네스코 교육개발원조 계획	1970년대 이후 고등교육 계획	일반적 교육계획의 참고자료
장점	- 균등한 교육기회 보장 - 기획과정이 비교적 단순 - 국민의 심리적 욕구 충족	- 경제적·사회적 필요 충족 - 세분화된 교육계획 수립 가능 - 비효율과 낭비 예방	- 경제적 효율성 제고 - 교육투자 의사결정의 합리성 추구	- 기획과정이 비교적 단순 - 구체적인 사례를 통해 사회적 동의를 얻기 쉬움
단점	- 사회수요-인력수요 불일치 - 수요 증가시 재정부담 과중 - 우선순위 결정기준 제시 못함	- 교육의 본질적 목적 경시 - 교육-취업 간 시차 존재 - 미래 인력수요 추정 곤란	- 수익률 계산방식 합의 없음 - 미래소득 추정의 어려움 - 교육과 취업의 관계 모호	- 각국의 교육제도나 사회역사적 맥락이 다름 - 통계자료의 표준화 미비

기출선지 OX 정답 및 해설 p. 252   # 키워드

(1) 교육기획의 접근방법 중 사회수요에 의한 접근법(social demand approach)은 사회의 교육적 수요에 부응함으로써 정치·사회적 안정과 불만 해소를 도모할 수 있다는 장점이 있다.   O | X

(2) 교육기획의 접근방법 중 사회수요에 의한 접근법은 목표연도의 경제성장에 필요한 인력수요를 추정한 다음 그것을 교육자격별 인력수요 자료로 전환하는 과정을 거친다.   O | X

대표 기출문제

문 1. 교육을 받고자 하는 모든 사람에게 교육의 기회를 부여해야 한다는 원칙에 가장 부합하여 이루어지는 교육기획 접근은? [2009년 국가직 7급]

① 사회수요에 의한 접근   ② 인력수요에 의한 접근
③ 수익률에 의한 접근   ④ 국제비교에 의한 접근

8 교육정책 1

핵심내용 정리

191. 교육정책의 유형(로위의 분류)

◆ 정책의 유형 구분과 사례

		강제의 적용영역	
		개별적 행위	행위의 환경
강제 수단	직접적	규제 정책 예 심야교습 규제, 학교설립 인가	재분배 정책 예 취약계층 교육비 지원
	간접적	배분 정책 예 두뇌한국(BK) 21 사업	구성 정책 예 정부기구 설립 및 법령 정비

◆ 정책의 유형과 주요 참여자

구분	개념	정책 과정 참여자
규제 정책	특정 개인이나 집단의 행동이나 권리를 규제함으로써 일반국민을 보호하는 정책	정책수혜자와 정책피해자 간의 갈등 심각
배분 정책	정부가 특정 개인이나 집단에게 권리, 이익, 서비스를 분배하는 정책	정책수혜자들이 이익배분에 적극 참여
재분배 정책	사회적 형평성을 위해 계층 간 경제·사회적 가치의 재분배를 추구하는 정책	이념적 대립이나 계층 간 갈등 발생 우려
구성 정책	정책을 결정하는 체제나 제도의 구조와 운영에 관련된 정책	광범위하고 장기적인 영향, 정당 간의 대립

192. 교육정책의 과정

◆ 교육정책의 일반적 과정

사회적 이슈화	일상적 문제가 특정 시기에 사회적 쟁점으로 부각되는 단계(일종의 '점화장치' 필요)
정책의제 설정	사회적으로 이슈화된 문제들이 정부의 정책문제로 채택되는 단계
정책결정	문제를 해결하기 위해 정책대안을 개발하고 분석하여 최종적으로 선택하는 단계
정책집행	결정된 정책의 내용(정책의 목표와 수단)을 구체적으로 실현시켜 나가는 단계
정책평가	본래 의도했던 정책의 목표에 비추어 정책의 집행과정이나 정책결과를 검토하는 단계

◆ 캠벨의 정책수립 과정

기본적인 힘	다양한 형태로 발생하는 중요한 사건이나 상황들이 정책수립에 영향을 주는 단계
선행운동	각종 위원회, 연구소, 전문기관들이 연구보고서 등을 통해 정책 수립을 제안하는 단계
정치적 활동	정부, 국회, 시민사회 등에서 제안된 정책에 관해 활발한 토의나 논쟁을 벌이는 단계
입법화	국회나 관계부처 등에 법률, 시행령, 지침 등으로 정책이 공식 수립되는 단계

◆ 던의 정책평가 기준

효과성	미리 설정된 정책목표의 달성 정도
능률성	정책효과 대비 투입비용의 비율
공평성	사회집단 간 정책효과와 비용 배분의 형평성
대응성	정책결과가 수혜집단의 요구에 부합하는 정도
적합성	정책목표가 사회적으로 바람직한 정도
충족성	정책목표 달성이 문제의 해결에 공헌하는 정도

◆ 정책평가의 방법

모니터링	정책의 수혜자나 관심 주민들로부터 직접 정보를 수집하는 방법, 집행과정 중에도 실시 가능
실험적 방법	정책 집행 후, 실험의 형식을 통해 정책수단과 정책효과 사이의 인과관계 검증
전문가 판단	정책의 수립과정이나 집행 후에 정책의 성과와 문제점에 관한 전문가 의견 수집

기출선지 OX
정답 및 해설 p. 252

키워드

(1) 교육부 산하의 자문위원회 또는 각종 연구소나 전문기관이 작성한 보고서를 통해서 교육정책이 제안되는 단계는 캠벨의 교육정책 과정의 '입법화' 단계이다. O | X

(2) 던의 정책평가 기준에서 능률성(efficiency)은 정책의 목표를 얼마나 달성했느냐를 평가하는 것이다. O | X

(3) 던의 정책평가기준에서 충족성(adequacy)은 정책목표의 달성이 문제해결에 어느 정도 공헌하고 있는가를 평가하는 것이다. O | X

(4) 교육정책의 집행과정이나 집행 후 정책내용의 진도나 성과에 대해 정책의 영향을 받는 수혜자나 정책에 관심을 가지는 주민들로부터 직접 정보를 수집하는 방법을 실험적 방법이라고 한다. O | X

(5) 교육문제가 정책으로 형성되는 과정은 사회적 이슈화, 정책의제설정, 정책결정, 정책집행, 정책평가의 과정으로 요약된다. O | X

대표 기출문제

문 1. 로위(Lowi)가 제시한 정책의 유형과 그에 해당하는 교육정책의 사례를 바르게 연결한 것은?
[2019년 국가직 7급]

	유형	사례
①	구성 정책	사립학교 설립 인가
②	규제 정책	두뇌한국(BK)21 사업
③	배분 정책	교육공무원 보수 및 연금 관련 법령 정비
④	재분배 정책	취약 지역에 기숙형 공립고등학교 집중 설립

문 2. 교육문제에 대한 정책이 이루어지는 과정을 순서대로 바르게 나열한 것은? [2020년 국가직 7급]

ㄱ. 사회적 이슈화   ㄴ. 정책결정
ㄷ. 정책의제설정   ㄹ. 정책집행
ㅁ. 정책평가

① ㄱ → ㄷ → ㄴ → ㄹ → ㅁ
② ㄱ → ㅁ → ㄷ → ㄴ → ㄹ
③ ㄷ → ㄴ → ㄹ → ㄱ → ㅁ
④ ㄷ → ㅁ → ㄱ → ㄴ → ㄹ

9 교육정책 2

핵심내용 정리

출포 193. 정책결정에 대한 관점

구분	합리적 관점	참여적 관점	정치적 관점	우연적 관점
정책결정에 대한 이해	다수 대안들 중에서 최선의 대안을 합리적으로 선택한 결과	공동의 목표 달성을 위해 관련 당사자들이 합의한 결과	이질적 목표를 위해 경쟁하는 이해집단들 간의 타협의 결과	수많은 요소들이 우연히 결합되어 나타나는 우연적 결과
의사결정 목적	합리성을 통한 조직의 목표 달성	참여를 통한 조직의 목표 달성	이해집단의 목표 달성	상징적 의미의 목표 달성
조직 형태	관료제, 중앙집권적 조직	소규모, 전문가 조직	갈등이 상존하는 조직	목표가 분명하지 않은 조직
환경	폐쇄체제	폐쇄체제	개방체제	개방체제
특징	규범적	규범적	기술적	기술적

출포 194. 정책결정 모형

◆ 합리 모형(고전 모형)

특징	– 모든 대안들을 검토하여 가장 합리적인 최선의 대안을 선택하여야 한다고 봄 – 인간은 목표 달성의 극대화를 추구하는 합리적 인간, 즉 경제인이라고 전제
절차	문제확인 → 목표설정 → 대안탐색 → 결과예측 → 비교평가 → 대안선택
의의	객관적인 합리성 추구, 정량적 평가결과 제시
비판	인간 능력이나 자원의 한계, 사회적 갈등문제에 적용 어려움

◆ 만족 모형(사이먼)

특징	– 인간은 최선의 대안보다는 현실적으로 만족할 만한 수준에서 대안을 선택한다고 봄 – 인간은 '제한된 합리성'을 추구하는 존재라고 전제(의사결정자의 주관적 입장 주목, 정서적인 측면도 고려)
절차	문제인식 → 만족수준 결정 → 만족할 만한 대안 탐색 → 대안비교 → 대안선택
의의	부분적인 정보를 지닌 복잡한 문제의 해결에 적합
비판	만족 수준의 결정기준 없음, 개인적 의사결정 이해에만 적합, 의사결정을 위한 처방 없음

◆ 점증 모형(린드블롬, 윌다브스키)

특징	– 소수의 대안들만을 비교하여 현재보다 다소 개선된 대안을 선택한다고 보는 모형(매몰비용, 실현가능성 고려) – 기존의 정책은 정치적 균형의 결과이므로, 부분적인 수정·보완을 통해서 정책을 개선하는 것이 바람직
절차	문제인식 → 목표설정 → 대안탐색 → 대안분석(기존 정책과의 차이점 중심) → 대안선택 → 환류(분석과 평가)
의의	안정적 정책집행 가능, 폭넓은 지지 획득
비판	보수적, 대중지향적, 혁신적 결정에는 부적합

◆ 혼합 모형(에치오니)

특징	합리모형(이상주의)과 점증모형(보수주의) 결합
절차	근본적 결정(중요한 문제, 개괄적 접근) → 세부적 결정(세부적 문제, 소수의 대안들 중 비교 선택)
의의	합리성과 실용성을 결합한 현실적 모형
비판	의사결정과정 불분명, 단순 절충에 불과

◆ 최적 모형(드로어)

특징	– 정보의 부족, 상황의 불확실성 등이 있는 경우, 직관, 창의력과 같은 초합리성 중요 – 최적의 정책을 산출할 수 있는 정책결정 체제 전체의 합리적 운영 방법에 관심
절차	정책결정을 상위정책결정단계, 정책결정단계, 정책결정 이후 단계 및 18개의 국면으로 세분화
의의	창의적 정책결정 지지, 정책결정체제 전반 포함
비판	지나치게 이상적인 모형, 구체적 이용방법 모호

◆ 쓰레기통 모형(코헨, 마치, 올센)

특징	– 의사결정은 관련 요소들이 우연한 계기에 한 곳에 모일 때 이루어진다고 보는 모형 – 의사결정은 불확실하고 비합리적인 상황 속에서 우연하게 이루어짐
의사결정 요소	– 의사결정 요소문제 : 불만족되고 있는 요소 – 해결책 : 이미 제안되어 있는 대안들 – 참여자 : 유동적·부분적 참여 – 선택기회 : 의사결정이 이루어질 수 있는 상황
의의	조직화된 무질서 조직에서의 의사결정 설명
비판	보편적 의사결정 모형으로 보기 어려움

> 핵심내용 정리

출포 195. 의사결정 참여 모형

◆ 브리지즈의 참여적 의사결정 모형

특징		조직의 의사결정과정에 구성원을 참여시켜야 하는지를 판단할 수 있는 기준을 제시한 모형
수용 영역	정의	구성원들이 상급자의 어떤 의사결정에 대해서 의심 없이 기꺼이 받아들이는 영역
	검증 기준	관련성	결정할 사안에 대하여 구성원이 개인적인 이해관계가 있는지
		전문성	구성원이 결정에 기여할 수 있는 지식과 경험을 갖고 있는지

구성원 참여 수준	- 수용영역 밖에 있는 문제(관련성 ○, 전문성 ○) : 구성원들을 의사결정에 참여시키는 것이 효과적(의회주의형) - 한계영역에 있는 문제(○×/×○) : 조정, 통합, 의견일치를 위해 제한적으로 참여시켜야 함(민주적 접근형) - 수용영역 안에 있는 문제(××) : 의사결정자가 직접 결정하는 것이 효과적, 구성원 참여는 비효과적

기출선지 OX 정답 및 해설 p. 253

키워드

(1) 교육정책 형성의 관점 중 의사결정을 관련 당사자 간의 논의를 통한 합의의 결과로 이해하는 것은 참여적 관점에 해당된다.	O X	
(2) 교육정책의 의사결정에 대한 참여적 관점은 전문직 조직보다 관료제 조직에 적합하다.	O X	
(3) 합리성 모형은 인간의 이성과 합리적 행동에 대한 믿음을 바탕으로 가장 합리적인 최선의 대안을 찾고자 하는 모형이다.	O X	
(4) 합리성 모형에서는 기존의 정책 대안과 경험을 기초로 약간의 개선을 도모할 수 있는 제한된 수의 대안을 검토하여 현실성 있는 정책을 선택한다.	O X	
(5) 만족 모형은 객관적 상황보다는 주관적 입장에서 정책결정자의 행동에 주목하여, 합리성의 한계를 전제하는 현실적 모형이다.	O X	
(6) 점증 모형은 문제가 복잡하고 불확실하며 갈등이 높을 때 사용되며, 기존 상황과 유사한 대안에 대해 지속적으로 비교함으로써 의사결정을 내린다.	O X	
(7) 혼합 모형은 기본적 결정은 만족화 모형을, 세부적 결정은 점증주의 모형을 활용할 것을 권장한다.	O X	
(8) 쓰레기통 모형은 조직화된 무질서 상태에서 정책 결정이 우발성에 기초하여 이루어지고 있음을 강조한 모형이다.	O X	
(9) 브리지즈의 참여적 의사결정 모형에 의하면, 구성원들이 수용영역의 안에 있는 경우 모두 참여시키는 것이 효과적이다.	O X	

대표 기출문제

문 1. 다음 설명에 해당하는 교육정책 형성의 관점은? [2023년 지방직 9급]

- 공동의 목표가 있고 이를 달성하기 위해 최선의 선택을 하며, 체제 내의 작용에 의해 의사결정이 이루어진다.
- 의사결정을 관련 당사자 간의 논의를 통한 합의의 결과로 이해한다.
- 폐쇄적 체제로, 환경의 다양한 변화에 민감하게 반응하지 않는다.
- 관료제 조직보다 전문직 조직에 적합하다.

① 합리적 관점 ② 참여적 관점
③ 정치적 관점 ④ 우연적 관점

문 2. 교육정책 결정 모형에 대한 설명으로 옳은 것은? [2022년 국가직 9급]

① 혼합 모형은 만족 모형의 이상주의와 합리성 모형의 보수주의를 혼합하여 발전시킨 모형이다.
② 점증 모형은 인간의 이성과 합리적 행동에 대한 믿음을 바탕으로 가장 합리적인 최선의 대안을 찾고자 하는 모형이다.
③ 만족 모형은 최선의 결정은 이론적으로 가능할 뿐이며 실제로는 제한된 범위 안에서의 합리성만 추구할 수 있다고 본다.
④ 합리성 모형에서는 기존의 정책 대안과 경험을 기초로 약간의 개선을 도모할 수 있는 제한된 수의 대안을 검토하여 현실성 있는 정책을 선택한다.

CHAPTER 09 교육행정의 실제

출제빈도 분석

테마	출제 포인트		구분	2025	2024	2023	2022	2021	2020	2019	2018	2017	2016
교육법과 학교제도	교육법 이해의 기초		기본						국9급	국9급			
	헌법과 교육기본법		기본		국9급 국7급					지9급			국7급
	의무교육제도		기본					국7급				국9급	
	학교교육에 관한 법		기본	국9급		지9급			국7급		지9급		
	학교교육 관련법	학교폭력 예방법	기본				국9급 국7급				지9급	국7급	국7급
		그 외	심화					국7급		국7급			국9급
	우리나라의 학교제도		심화							국7급			국7급
교육행정 조직	지방교육자치제도		기본										
	지방의 교육행정조직		기본	지9급	국7급	국7급	지9급 국7급	지9급	국7급	지9급		국9급	
교육 인사행정	교육공무원의 분류		기본				국7급			국9급 지9급	지9급		
	교육공무원의 자격기준		심화										
	교원의 의무와 권리		기본				지9급				국7급	국9급 국7급	
	교원단체 및 노동조합		심화									국9급	
	교원의 임용		기본	국9급	국7급				국9급	국9급 국7급	지9급	지9급	지9급
장학행정	장학 개념의 발달과정		기본						국9급				
	장학의 유형 및 형태		기본	지9급	지9급	국7급		지9급	지9급		지9급 국9급		국9급
교육재정	교육비의 분류		기본	국9급	지9급 국9급	지9급	국7급		국9급	지9급			
	교육재정의 운영원리		심화							국9급			
	교육재정의 구조와 흐름		기본		국7급		지9급 국7급	국9급		국9급			
	학교회계		기본		국9급 국7급		국7급	지9급		국9급	국7급	국7급	지9급
	예산편성기법		기본				국9급	국7급					국9급
학교경영	학교경영기법		심화										
	학교운영위원회		기본			국9급		국7급			국9급	지9급	

1 교육법과 학교제도 1

핵심내용 정리

196. 교육법 이해의 기초

◆ 교육관련 법의 존재형식과 적용 원칙

성문법	헌법	모든 법에 우선하는 법, 기본권 보장
	법률	국회의 의결을 통해 제정된 법 예 교육기본법
	(조약)	국제조약 및 일반적으로 승인된 국제법규는 국내법과 동일한 효력을 가짐 예 유엔의 아동권리협약
	명령	행정부가 법률 시행을 위해 만든 구체적 규정 예 초·중등교육법 시행령(대통령), 시행규칙(장관)
	자치법규	지방자치단체가 법령의 범위 안에서 제정 예 조례(지방의회), 교육규칙(교육감)
불문법		- 관습법 : 반복적 관행 → 법적 확신 - 판례 : 상급법원의 판례 → 하급법원 구속
법 적용의 우선 원칙		- 성문법 우선 - 특별법 우선 - 상위법 우선 - 국내법 우선 - 신법 우선 - 법률 불소급

197. 헌법 제31조

◆ 헌법 제31조의 현행 내용

① 모든 국민은 능력에 따라 균등하게 교육을 받을 권리를 가진다.
② 모든 국민은 그 보호하는 자녀에게 적어도 초등교육과 법률이 정하는 교육을 받게 할 의무를 진다.
③ 의무교육은 무상으로 한다.
④ 교육의 자주성·전문성·정치적 중립성 및 대학의 자율성은 법률이 정하는 바에 의하여 보장된다.
⑤ 국가는 평생교육을 진흥하여야 한다.
⑥ 학교교육 및 평생교육을 포함한 교육제도와 그 운영, 교육재정 및 교원의 지위에 관한 기본적인 사항은 법률로 정한다.

◆ 헌법 제31조의 내용 변화

제헌헌법 (1948)	- 균등하게 교육받을 권리 보장 - 초등교육에 대한 의무·무상교육 도입 - 교육기관에 대한 국가의 감독 권한 포함 - 교육제도의 법정주의 천명
5차 개정 (1962)	- 교육의 자주성·정치적 중립성 보장 규정 신설 - 교육기관 국가감독 규정 삭제
7차 개정 (1972)	- 의무교육 범위에 '법률에 정하는 교육' 추가
8차 개정 (1980)	- 교육의 전문성 보장 추가 - 국가의 평생교육 진흥 의무 신설 - 법정주의 대상에 교육재정 및 교원의 지위 포함
9차 개정 (1987)	대학의 자율성 보장 추가

198. 교육기본법

목적 (제1조)	교육에 관한 국민의 권리·의무 및 국가·지방자치단체의 책임을 정하고 교육제도와 그 운영에 관한 기본적 사항을 규정함
교육이념 (제2조)	교육은 홍익인간의 이념 아래 모든 국민으로 하여금 인격을 도야하고 자주적 생활능력과 민주시민으로서 필요한 자질을 갖추게 함으로써 인간다운 삶을 영위하게 하고 민주국가의 발전과 인류공영의 이상을 실현하는 데에 이바지하게 함을 목적으로 한다.
교육의 기회균등 (제4조)	모든 국민은 성별, 종교, 신념, 인종, 사회적 신분, 경제적 지위 또는 신체적 조건 등을 이유로 교육에서 차별을 받지 아니한다.
의무교육 (제8조)	의무교육은 6년의 초등교육과 3년의 중등교육으로 한다.
학교 등의 설립 (제11조)	① 국가와 지방자치단체는 학교와 평생교육시설을 설립·경영한다. ② 법인이나 사인은 법률로 정하는 바에 따라 학교와 평생교육시설을 설립·경영할 수 있다.

199. 의무교육제도

기본 성격	- 교육이 특권이 아니라 기본권이라는 개념에 근거 - 교육을 받을 권리를 실효성 있게 보장하기 위해 보호자와 국가에게 그 책임을 부과하고 있음
교육기간	- 헌법 : '초등교육과 법률이 정하는 교육' - 교육기본법 : '6년의 초등교육과 3년의 중등교육' - 초·중등교육법 : 의무교육 기간 중에는 퇴학 불가
무상교육	- 헌법 : 의무교육은 무상으로 한다. - 초·중등교육법 : 국·공·사립학교의 설립자·경영자는 의무교육을 받는 사람으로부터 비용(입학금, 수업료, 학교운영지원비, 교과용도서구입비)을 받을 수 없음
국가와 지방자치 단체의 의무	- 국가는 의무교육을 위한 시설을 확보하여 함 - 지방자치단체는 그 관할 구역의 의무교육 대상자를 모두 취학시키는 데에 필요한 초등학교, 중학교, 특수학교를 설립·경영하여야 함
보호자의 의무	- 초등학교 : 아동이 6세가 된 날이 속하는 해의 다음 해 3월 1일에 초등학교에 입학시켜야 함 - 중학교 : 초등학교를 졸업한 학년의 다음 학년 초에 중학교에 입학시켜야 함
취학의무 위반	- 정해진 기간 내에 취학시키지 않은 보호자는 취학 의무의 이행을 독촉·독려받게 됨 - 취학 의무의 이행을 독려받고도 이행하지 않은 자에 대하여 교육감은 100만원 이하의 과태료를 부과·징수

기출선지 OX 정답 및 해설 p. 253   # 키워드

(1) 헌법 제31조에서는 모든 국민은 능력에 따라 균등하게 교육을 받을 권리를 가진다고 규정하고 있다. ○ | ×

(2) 헌법 제31조에 의하면, 우리나라의 모든 학교교육은 무상으로 하여야 한다. ○ | ×

(3) 헌법 제31조에 따르면, 국가는 평생교육을 진흥하여야 할 의무를 가진다. ○ | ×

(4) 교육기본법에 의하면, 모든 국민은 성별, 종교, 신념, 인종, 사회적 신분, 경제적 지위 또는 신체적 조건 등을 이유로 교육에서 차별을 받지 아니한다. ○ | ×

(5) 교육기본법에서는 모든 국민은 그 보호하는 자녀에게 적어도 초등교육과 법률이 정하는 교육을 받게 할 의무를 진다고 규정하고 있다. ○ | ×

(6) 의무교육제도는 교육이 권리가 아니라 특권이라는 개념에 근거를 두고 있다. ○ | ×

(7) 모든 국민은 그 보호하는 자녀에게 6년의 초등교육과 3년의 중등교육을 받게 할 의무를 진다. ○ | ×

(8) 지방자치단체는 국립 또는 사립의 초등학교·중학교 또는 특수학교에 일부 의무교육대상자에 대한 교육을 위탁할 수 있다. ○ | ×

(9) 의무교육은 6세에서 시작되므로 초등학교의 장은 5세 아동의 취학을 허용해서는 아니 된다. ○ | ×

(10) 지방자치단체로부터 의무교육대상자를 위탁받은 사립학교의 설립자·경영자는 의무교육을 받는 자에 대하여 수업료를 받을 수 있다. ○ | ×

대표 기출문제

문 1. 「헌법」 제31조에서 규정하고 있는 교육에 관한 내용으로 옳지 않은 것은? [2019년 지방직 9급]

① 균등하게 교육 받을 권리
② 고등학교까지의 의무교육 무상화
③ 교육의 정치적 중립성
④ 교육제도의 법정주의

문 2. 「교육기본법」 제2조에 명시된 교육이념이 아닌 것은? [2015년 국가직 7급]

① 홍익인간의 이념
② 창의 인재 양성
③ 자주적 생활능력 함양
④ 민주시민으로서 필요한 자질 함양

문 3. 우리나라 의무교육제도에 대한 설명으로 옳지 않은 것은? [2017년 국가직 9급]

① 지방자치단체는 국립 또는 사립의 초등학교·중학교 또는 특수학교에 일부 의무교육대상자에 대한 교육을 위탁할 수 있다.
② 지방자치단체로부터 의무교육대상자의 교육을 위탁받은 사립학교의 설립자·경영자는 의무교육을 받는 사람으로부터 수업료와 학교운영지원비를 받을 수 있다.
③ 모든 국민은 그 보호하는 자녀에게 6년의 초등교육과 3년의 중등교육을 받게 할 의무를 진다.
④ 취학아동명부의 작성을 담당하는 읍·면·동의 장은 입학연기신청서를 제출받은 경우 입학연기대상자를 취학아동명부에서 제외하고, 입학연기대상자 명단을 교육장에게 통보하여야 한다.

Chapter 09. 교육행정의 실제

2. 교육법과 학교제도 2

핵심내용 정리

200. 학교교육에 관한 법

◆ 초·중등교육기관(초·중등교육법)

학교 급별	1. 초등학교, 2. 중학교·고등공민학교, 3. 고등학교·고등기술학교, 4. 특수학교, 5. 각종학교
설립 주체	– 국립학교 : 국가가 설립 또는 국립대학법인이 부설 – 공립학교 : 지방자치단체가 설립(시립, 도립) – 사립학교 : 법인이나 개인이 설립

◆ 고등교육기관(고등교육법)

학교의 종류	1. 대학, 2. 산업대학, 3. 교육대학, 4. 전문대학, 5. 방송대학·통신대학·방송통신대학 및 사이버대학(이하 "원격대학"), 6. 기술대학, 7. 각종학교

201. 초·중등교육법

◆ 초·중등교육법 개관

총칙 (제1장)	학교의 종류 등 학교교육에 관한 기본적인 사항
의무교육 (제2장)	– 의무교육대상자의 범위(초등학교 + 중학교), 취학 의무 및 면제 – 고용자의 의무, 국가 등의 보조 등
학생과 교직원 (제3장)	– 학생의 자치활동, 인권보장, 징계에 관한 규정 – 교직원의 구분, 임무, 교원의 자격 등
학교 (제4장)	– 교육과정, 수업, 진학 및 졸업, 교과용도서 등 – 학교운영위원회 – 각급 학교별 운영 규정

◆ 학교의 운영(초·중등교육법)

교육과정 (제23조)	– 학교는 교육과정을 운영하여야 함 – 국가교육위원회는 교육과정의 기준과 내용에 관한 기본적인 사항을 정함 – 교육감은 국가교육위원회가 정한 교육과정의 범위에서 지역의 실정에 맞는 기준과 내용을 정할 수 있음 – 학교의 교과는 대통령령으로 정함
수업 등 (제24조)	– 학교의 학년도는 3월 1일부터 시작하여 다음 해 2월 말일까지로 함 – 수업은 주간·전일제를 원칙으로 하며, 법령이나 학칙에 따라 야간수업·계절수업·시간제수업을 할 수 있음
학년제 (제26조)	– 학생의 진급이나 졸업은 학년제로 하되, – 학교의 장은 관할청의 승인을 받아 학년제 외의 제도를 채택할 수 있음
조기진급 및 조기졸업 (제27조)	초등학교·중학교·고등학교 및 이에 준하는 각종학교의 장은 재능이 우수한 학생에게 수업연한을 단축하여 조기진급 또는 조기졸업을 할 수 있도록 하거나 상급학교 조기입학자격을 줄 수 있음

◆ 학생의 징계(초·중등교육법)

학생의 징계 (제18조)	– 학교의 장은 교육을 위하여 필요한 경우에는 법령과 학칙으로 정하는 바에 따라 학생을 징계할 수 있다. – 다만, 의무교육을 받고 있는 학생은 퇴학시킬 수 없다.
재심청구 (제18조의2)	징계처분 중 퇴학 조치에 대하여 이의가 있는 학생 또는 그 보호자는 퇴학 조치를 받은 날부터 15일 이내 또는 그 조치가 있음을 알게 된 날부터 10일 이내에 시·도학생징계조정위원회에 재심을 청구할 수 있다.

◆ 고등학교의 종류(초·중등교육법 시행령)

일반 고등학교	특정분야가 아닌 다양한 분야에 걸쳐 일반적인 교육을 실시하는 고등학교
특수목적 고등학교	– 특수분야의 전문적인 교육을 목적으로 하는 고등학교 – 과학, 외국어, 국제, 예술, 체육 계열의 고등학교 및 산업수요 맞춤형 고등학교 – 국립의 고등학교는 교육부장관이, 공립 및 사립은 교육감이 지정·고시 및 지정을 취소할 수 있음
특성화 고등학교	소질과 적성 및 능력이 유사한 학생을 대상으로 특정 분야의 인재 양성을 목적으로 하는 교육 또는 자연현장실습 등 체험위주의 교육을 전문적으로 실시
자율형 고등학교	학교 또는 교육과정을 자율적으로 운영할 수 있는 고등학교(자율형 사립고, 자율형 공립고)

202. 사립학교법

설립 허가 (제10조)	– 학교법인을 설립하려는 자는 일정한 재산을 출연하고, 정관을 작성하여 교육부장관의 허가를 받아야 함 – 학교법인 설립 당초의 임원은 정관으로 정하여야 함
이사회 (제16조)	– 이사회의 심의·의결 사항 1. 학교법인의 예산·결산·차입금 및 재산의 취득·처분과 관리에 관한 사항 2. 정관 변경에 관한 사항 3. 학교법인의 합병 또는 해산에 관한 사항 4. 임원의 임면에 관한 사항 5. 학교법인이 설치한 사립학교의 장 및 교원의 임용에 관한 사항 등

기출선지 OX
정답 및 해설 p. 253

키워드

(1) 「초·중등교육법」은 의무교육대상자의 범위, 교원의 자격에 관한 일반 기준, 사립학교 설립 및 폐지의 인가 주체 등에 관한 내용을 다룬다. ○ | ×

(2) 「초·중등교육법」은 기초자치단체의 학교 설립 기준을 포함한다. ○ | ×

(3) 「초·중등교육법」 및 동법 시행령상 학생 징계의 종류 중 퇴학 조치를 받은 학생 또는 그 보호자가 시·도학생징계조정위원회에 재심을 청구할 수 있다. ○ | ×

(4) 「초·중등교육법」에 따라, 교육부장관은 학교에서 운영할 교육과정의 기준과 내용에 관한 기본적인 사항을 정한다. ○ | ×

(5) 「초·중등교육법」에 따라 학생의 진급 또는 졸업은 학기제에 의한다. 그러나 학교의 장은 필요한 경우 자율적으로 학년제를 채택할 수 있다. ○ | ×

(6) 「사립학교법」에 따라, 학교법인의 설립 당초의 임원은 정관으로 정하여야 한다. ○ | ×

대표 기출문제

문 1. 「초·중등교육법」 및 동법 시행령상 학생 징계의 종류 중 징계처분을 받은 학생 또는 그 보호자가 시·도학생징계조정위원회에 재심을 청구할 수 있는 것은? [2018년 지방직 9급]

① 사회봉사
② 출석정지
③ 퇴학처분
④ 특별교육이수

문 2. 「사립학교법」의 내용으로 옳지 않은 것은? [2023년 지방직 9급]

① 학교법인의 설립 당초의 임원은 정관으로 정하여야 한다.
② 기간제교원의 임용기간은 1년 이내로 하되, 필요한 경우 4년의 범위에서 그 기간을 연장할 수 있다.
③ 사립학교 교원은 권고에 의하여 사직을 당하지 아니한다.
④ 각급 학교의 장은 해당 학교를 설치·경영하는 학교법인 또는 사립학교경영자가 임용한다.

3. 교육법과 학교제도 3

핵심내용 정리

출포 203. 학교폭력예방 및 대책에 관한 법률

◆ **학교폭력 예방 및 대책에 관한 사항**

학교폭력의 정의	학교 내외에서 학생을 대상으로 발생한 상해, 폭행, 감금, 협박, 약취·유인, 명예훼손·모욕, 공갈, 강요·강제적인 심부름 및 성폭력, 따돌림, 사이버폭력 등에 의하여 신체·정신 또는 재산상의 피해를 수반하는 행위	
주요 기구	학교폭력대책 심의위원회	- 교육지원청에 설치 - 학교폭력의 예방 및 대책, 피해학생과 가해학생 간의 분쟁조정 등을 심의
	학교폭력 전담기구	- 학교에 설치 - 교감, 전문상담교사, 보건교사, 학교폭력문제 책임교사, 학부모 등으로 구성
학교폭력 예방교육	학교장은 학생, 직원 및 학부모에 대한 학교폭력예방교육을 학기별로 1회 이상 실시	

◆ **학교폭력 사안 발생 시 처리 절차**

학교장 자체해결	- 피해학생 및 그 보호자가 심의위원회의 개최를 원하지 아니하는 경미한 학교폭력의 경우, 학교장 자체 해결 가능 - 경미한 학교폭력의 경우(모두 충족 시) • 2주 이상의 진단서를 발급받지 않은 경우 • 재산상 피해가 없거나 즉시 복구(약속) • 학교폭력이 지속적이지 않은 경우 • 학교폭력에 대한 보복행위가 아닌 경우
심의위원 회에서의 사안처리	- 학교장 자체해결 요건을 충족하지 않는 경우, 심의위원회 회의에서 조정·심의·의결 - 가해학생 징계 조치 : (1) 피해학생에 대한 서면사과, (2) 피해학생에 대한 접촉, 협박, 보복행위 금지, (3) 학교에서의 봉사, (4) 사회봉사, (5) 교내외 특별 교육이수 또는 심리치료, (6) 출석정지, (7) 학급교체, (8) 전학, (9) 퇴학처분 * 다만, 퇴학처분은 의무교육과정에 있는 가해학생에 대하여는 적용하지 않음 - 피해학생 보호 조치 : (1) 학내외 전문가의 심리상담 및 조언, (2) 일시보호, (3) 치료 및 치료를 위한 요양, (4) 학급교체
소속교원 인사조치	- 심의위원회가 처리한 학교폭력 빈도를 학교장의 업무수행 평가에 부정적 자료로 사용하면 안 됨 - 학교폭력이 발생 시 학교의 장 또는 소속 교원이 축소·은폐를 시도한 경우 징계위원회에 회부

출포 204. 학교안전사고 예방 및 보상에 관한 법률

학교 안전 사고의 정의	- 학교안전사고 : 학교의 교육활동 중에 발생한 사고 - 교육활동 • 학교의 교육과정 또는 학교의 장이 정하는 교육계획에 따라 학교의 안팎에서 학교장의 관리·감독 하에 행하여지는 수업 등의 활동 • 등·하교 및 학교장이 인정하는 각종 행사 또는 대회 등에 참가하여 행하는 활동 • 그 외 대통령령으로 정하는 시간 중의 활동
학교 안전 교육	- 학생·교직원·교육활동참여자에게 실시, 교육감 보고 - 내용 : • 교통안전교육, 감염병 및 약물 오남용 예방 등 보건위생관리교육, 재난대비 안전교육 • 학교폭력 예방교육 • 성폭력 예방에 필요한 교육 • 성매매 예방교육 • 교육과정이 체험중심 교육활동으로 운영되는 경우 이에 관한 안전사고 예방교육 등

출포 205. 교육환경보호에 관한 법률

교육 환경 보호 구역	- 절대보호구역 : 학교출입문으로부터(예정지는 학교경계로부터) 직선거리로 50미터까지인 지역 - 상대보호구역 : 학교경계 등으로부터 직선거리로 200미터까지 지역 중 절대보호구역 제외 지역
보호 구역 내 금지 행위	절대금지 시설 1. 대기오염물질 배출시설, 2. 수질오염물질 배출시설과 공공폐수처리시설, 3. 가축분뇨 배출시설, 처리시설 및 공공처리시설, 4. 분뇨처리시설, 5. 악취 배출시설, 6. 소음·진동 배출시설, 7. 폐기물처리시설, 8. 가축 사체, 오염물건 및 수입금지 물건의 소각·매몰지, 9. 화장시설 및 봉안시설, 자연장지, 10. 도축업 시설, 11. 가축시장, 12. 제한상영관, 13. 청소년유해업소 등

핵심내용 정리

출포 206. 공교육정상화법

학교의 선행 교육 및 유발 행위 금지	− 학교의 선행교육: 학교가 국가 및 시·도 교육과정을 앞서는 교육과정을 운영하는 것 − 선행교육 유발 행위: 학교 시험이나 각종 교내 대회에서 학교교육과정의 범위와 수준을 벗어난 내용을 출제하여 평가하는 행위 − 방과후학교 과정에서 선행교육의 예외 인정 • 고등학교 휴업일 중 편성·운영되는 경우 • 중·고등학교 중 농산어촌 지역 학교 및 도시 저소득층 밀집 학교 등에서 운영되는 경우
대학 등의 입학 전형	− 대학별고사를 실시하는 경우 고등학교 교육과정을 벗어난 내용을 출제 또는 평가 불가 − 대학별고사를 실시하는 경우 입학전형영향평가위원회의 심의를 거쳐 영향평가 실시, 결과반영
이 법 적용의 배제	− 영재교육기관의 영재교육 − 조기진급 또는 조기졸업 대상자 − 체육·예술 교과(군), 기술·가정 교과(군), 실과·제2외국어·한문·교양 교과(군), 전문교과 − 초등 1~2학년의 영어 방과후학교 과정 등

출포 207. 기초학력보장법

용어 정의	− 기초학력: 학교 교육과정을 통하여 갖추어야 하는 최소한의 성취기준을 충족하는 학력 − 학습지원대상학생: 학교장이 기초학력미달 학생으로 선정한 학생(특수교육대상자 제외) − 학습지원교육: 개인의 상황과 특성에 맞는 내용과 방법으로 실시하는 맞춤형 교육
학습 지원 교육	− 학교의 장은 학습지원교육을 실시하여야 함 − 학습지원 담당교원, 「학교보건법」에 따른 보건교사, 「초·중등교육법」에 따른 전문상담교사 등이 함께 학습지원교육 실시 − 교과의 수업에 보조인력을 배치할 수 있음 − 보호자에 대한 교육·상담을 실시하거나 학교 외부의 전문기관과 연계하여 교육 실시

기출선지 OX

(1) 학교 안뿐만 아니라 학교 밖에서 발생한 학생 간의 상해, 폭행, 협박, 따돌림 등도 「학교폭력예방 및 대책에 관한 법률」의 법의 적용대상이다. O | X

(2) 교육감은 학교폭력의 실태를 파악하고 학교폭력에 대한 효율적인 예방대책을 수립하기 위하여 학교폭력 실태조사를 연 2회 이상 실시하여야 한다. O | X

(3) 학교폭력 현장을 보거나 그 사실을 알게 된 자는 학교 등 관계 기관에 이를 즉시 신고하여야 한다. O | X

(4) 경미한 학교폭력사건의 경우 가해학생 및 그 보호자가 학교폭력대책심의위원회의 개최를 원하지 않으면 학교의 장은 자체적으로 해결할 수 있다. O | X

(5) 학교폭력 가해 중학생의 경우 퇴학처분이 가능하다. O | X

(6) 교육감은 학교폭력대책심의위원회가 처리한 학교의 학교폭력 빈도를 학교의 장에 대한 업무수행 평가에 부정적 자료로 사용할 수 없다. O | X

(7) 「학교안전사고 예방 및 보상에 관한 법률」상 등·하교 시 발생하는 사고는 학교안전사고에 포함된다. O | X

(8) '교육환경보호구역'은 학교의 보건·위생 및 학습과 교육환경을 보호하기 위해 설정한 구역이다. O | X

(9) 「공교육 정상화 촉진 및 선행교육 규제에 관한 특별법」에서는 「영재교육 진흥법」에 따른 영재교육기관에서 학교교육과정의 범위와 수준을 벗어난 내용으로 영재교육을 실시하는 행위를 금지한다. O | X

대표 기출문제

문 1. 「학교폭력예방 및 대책에 관한 법률」상 중학교에서 발생한 학교폭력 문제 처리과정에서 중학생인 가해학생에 대해 취할 수 있는 조치가 아닌 것은?
[2019년 지방직 9급]

① 출석정지 ② 학급교체
③ 전학   ④ 퇴학처분

문 2. 「학교폭력예방 및 대책에 관한 법률」상 학교폭력의 예방 및 대책에 대한 설명으로 옳지 않은 것은?
[2023년 국가직 9급]

① 학교 안뿐만 아니라 학교 밖에서 발생한 학생 간의 상해, 폭행, 협박, 따돌림 등도 이 법의 적용대상이다.
② 경미한 학교폭력사건의 경우 가해학생 및 그 보호자가 학교폭력대책심의위원회의 개최를 원하지 않으면 학교의 장은 자체적으로 해결할 수 있다.
③ 학교의 장은 학교폭력의 예방 및 대책 등을 위한 교직원 및 학부모에 대한 교육을 학기별로 1회 이상 실시하여야 한다.
④ 피해학생의 보호를 위한 조치에는 학내외 전문가에 의한 심리상담 및 조언, 일시보호, 치료 및 치료를 위한 요양, 학급교체 등이 있다.

4. 교육행정조직

핵심내용 정리

출포 208. 지방교육자치제도의 이해

◆ **지방교육자치제도 개관**

개념	- 교육의 자주성, 전문성, 중립성을 보장하고, 교육 운영의 지방분권 및 주민자치를 실현하여 - 지역주민의 참여를 확대하고 지역 특성에 적합한 교육을 실시하려는 제도
제도 개관	- 지방교육자치제의 실시단위는 특별시·광역시 및 도의 광역자치단위에서만 실시함 - 의결기관과 집행기관이 따로 존재하는 기관분립형 제도로, 교육감은 집행기관

◆ **지방교육자치의 원리**

지방분권	국가행정사무 중 시·도에 위임하여 시행하는 사무로서 교육·학예에 관한 사무는 교육감에게 위임함
주민통제	주요한 의사결정에 지역주민이 참여해서 결정함(교육감은 선거에 의해 선출함)
자주성	교육의 특수성을 고려하여 교육행정은 일반행정으로부터 분리·독립하여야 함
2중립성	교육행정은 특정한 정치적 입장이나 종교로부터 중립성을 유지해야 함
전문성	교육 및 교육행정에 대한 전문성을 갖춘 사람들이 관리·운영하여야 함(교육감 후보자 자격 규정에 반영)

◆ **시·도 의회**

성격	- 시·도 단위의 주민 대의기관으로, 최종 의결기관(지방의회 의원은 선거로 선출)
상임기구	- 시·도 의회 내에 상임기구로 교육위원회를 설치하여, 교육·학예에 관한 의안(조례안 등)을 심사 - 교육의원을 따로 선출하지는 않음

◆ **중앙의 교육행정조직**

대통령	정부의 수반으로서 교육부를 지휘·감독
교육부	인적자원개발정책, 학교교육, 평생교육, 학술에 관한 사무를 관장
국가교육위원회	대통령 소속 위원회로서, 사회적 합의에 기반한 교육비전, 중장기 정책 방향, 교육제도 개선에 관한 국가교육발전계획 수립 등

출포 209. 지방의 교육행정조직

◆ **교육감**

성격	- 시·도의 교육·학예에 관한 사무의 집행기관 - 관련 사무로 인한 소송이나 재산의 등기 등에 대하여 시·도를 대표하는 기관
임기	임기는 4년이며, 계속 재임은 3기에 한정함
선거	주민 직선제(보통·평등·직접·비밀선거)로 선출
후보자 자격	- 교육 경력 또는 교육행정 경력 또는 양 경력을 합산한 경력이 3년 이상인 자 - 해당 시·도지사의 피선거권이 있는 사람으로서 과거 1년 동안 정당의 당원이 아닌 사람 - 정당은 교육감선거에 후보자를 추천할 수 없음
관장 사무	- 조례안의 작성 및 제출에 관한 사항 - 예산안의 편성 및 제출에 관한 사항 - 결산서의 작성 및 제출에 관한 사항 - 교육규칙의 제정에 관한 사항 - 학교 등 교육기관의 설치·이전·폐지에 관한 사항 - 교육과정의 운영에 관한 사항 - 평생교육, 그 밖의 교육·학예진흥에 관한 사항 등
주민 소환	주민은 당해 지역의 교육감을 소환할 권리를 가짐(「주민소환법」의 시·도지사 규정 준용)

◆ **보좌·하급기관**

교육청	- 시·도의 교육청 본청과 교육지원청 및 직속기관 등의 기관으로 구성됨 - 지방교육행정기관은 기구와 정원을 총액인건비를 기준으로 운영하여야 함
부교육감	- 교육감을 보좌하여 사무를 처리하는 기관으로, 교육감 산하 일반직공무원 또는 장학관으로 보함 - 해당 시·도의 교육감이 추천 → 교육부장관 제청 → 대통령이 임명(국가공무원)
교육장	- 교육청의 사무를 분장하는 하급교육행정 - 시·군 및 자치구를 관할구역으로 설치하되, 관할구역과 명칭은 대통령령으로 정함 - 교육지원청의 책임자인 교육장은 장학관으로 보함

기출선지 OX   정답 및 해설 p. 254   # 키워드

	O / X
(1) 지방교육자치제도는 지방자치와는 달리 시·도 수준의 광역(廣域) 단위에서만 시행하고 있다.	O | X
(2) 교육감은 시·도의 교육·학예에 관한 사무의 집행기관이다.	O | X
(3) 교육감은 교육·학예에 관한 소관 사무로 인한 소송이나 재산의 등기 등에 대하여 당해 시·도를 대표하며, 교육규칙을 제정한다.	O | X
(4) 교육감의 임기는 4년으로 하며, 교육감의 계속 재임은 2기에 한한다.	O | X
(5) 교육감후보자가 되려면 교육경력과 교육행정경력을 각각 최소 1년 이상 갖추어야 한다.	O | X
(6) 정당은 교육감선거에 후보자를 추천할 수 없다.	O | X
(7) 지방자치단체의 교육·학예에 관한 사무를 효율적으로 처리하기 위하여 지방교육행정협의회를 둔다.	O | X
(8) 부교육감은 당해 시·도 교육감이 추천한 자를 교육부장관이 임명한다.	O | X
(9) 교육지원청에 교육장을 두되 장학관으로 보하고, 그 임용에 관하여 필요한 사항은 대통령령으로 정한다.	O | X

대표 기출문제

문 1. 「지방교육자치에 관한 법률」상 교육감에 대한 설명으로 옳지 않은 것은? [2022년 지방직 9급]
① 시·도의 교육·학예에 관한 사무의 집행기관이다.
② 교육·학예에 관한 교육규칙의 제정에 관한 사항을 관장한다.
③ 교육감후보자가 되려면 교육경력과 교육행정경력을 각각 최소 1년 이상 갖추어야 한다.
④ 주민은 교육감을 소환할 권리를 가진다.

문 2. 우리나라의 현행 지방교육자치제도에 대한 설명으로 옳은 것은? [2021년 지방직 9급]
① 부교육감은 대통령이 임명한다.
② 교육감의 임기는 4년이며 2기에 걸쳐 재임할 수 있다.
③ 지방교육자치제의 실시 단위는 시·군·구 기초자치단체를 단위로 한다.
④ 시·도 교육청에 교육위원회를 두고 교육의원은 주민이 직접 선거하여 선출한다.

5 교육인사행정 1

핵심내용 정리

출포 210. 교육공무원의 분류

◆ 공무원의 분류

경력직 공무원	일반직	일반행정, 기술, 교육행정 등 예 행정실장
	특정직	법관, 검사, 교육공무원 등 예 교원
특수 경력직 공무원	정무직	선거로 취임하거나, 국회의 임명 동의가 필요한 고도의 정책결정 업무 담당 예 교육감
	별정직	비서 등 보좌업무 등 특정 업무 수행

◆ 교육공무원의 분류

교원 및 조교	(초·중등학교) 교장, 교감, 수석교사, 교사
	(유치원) 원장, 원감, 수석교사, 교사
	(대학) 총장, 학장, 교수, 강사, 조교
교육전문직	장학관, 장학사
	교육연구관, 교육연구사

출포 211. 교직원의 임무

◆ 교직원의 임무

교장	- 교장은 교무를 총괄하고, - 민원처리를 책임지며, - 소속 교직원을 지도·감독하고, - 학생을 교육한다.
교감	- 교장을 보좌하여 교무를 관리하고, - 학생을 교육하며, - 교장이 부득이한 사유로 직무를 수행할 수 없을 때에는 교장의 직무를 대행한다.
수석교사	- 교사의 교수·연구 활동을 지원하며, - 학생을 교육한다.
교사	- 법령에서 정하는 바에 따라 - 학생을 교육한다.
행정직원	- 법령에서 정하는 바에 따라 - 학교의 행정사무와 그 밖의 사무를 담당한다.

출포 212. 교원의 구분 및 자격기준

교장	교감 자격증을 가지고 3년 이상의 교육경력과 일정한 재교육을 받은 사람 등
교감	정교사(1급) 자격증을 가지고 3년 이상의 교육경력과 재교육을 받은 사람(2급은 6년)
교사	- 1급 : 정교사(2급) 자격증을 가지고 3년 이상의 교육경력과 일정한 재교육 이수 - 2급 : 사범대학을 졸업한 자 등
수석교사	- 교사 자격증을 소지하고 15년 이상의 교육경력과 일정한 재교육을 이수한 사람 - 최초 임기는 4년, 4년마다 연임 재심사 - 임기 중에 교장·원장의 자격 취득 불가

출포 213. 교직관

성직관	- 전통사회에서 성직자가 교직을 담당 - 높은 도덕적 수준을 유지하면서 사랑과 헌신, 희생과 봉사를 토대로 교육에 전념
노동직관	- 학교라는 직장에 고용된 교육노동자 - 노동자로서의 권리 보장 예 교원노동조합
공직관	- 학교는 공공성을 지닌 조직이며, 교원은 국민 전체에 대한 봉사자 - 국립, 공립 및 사립학교의 경우에도 교사의 신분은 법적으로 보장됨 - 공공의 이익을 위해 교원의 기본권은 제한될 수 있음 예 정치적 표현의 자유 제한
전문직관	- 교직은 전문적 지식과 기술 및 윤리의식을 토대로 하는 전문직 - 교사양성기관 설립과 자격제도 도입 근거

출포 214. 교원의 의무와 권리

◆ 교육공무원으로서의 의무(교육공무원법, 교육기본법)

전문성 신장	교육공무원은 직책 수행을 위해 끊임없이 연구와 수양에 힘써야 함
정치적 종교적 편향교육 금지	- 교육을 정치적·파당적 또는 개인적 편견을 전파하기 위한 방편으로 이용 안 됨 - 국가와 지방자치단체가 설립한 학교에서는 특정한 종교를 위한 종교교육 안 됨 - 교원은 특정한 정당이나 정파를 지지하거나 반대하기 위하여 학생을 지도하거나 선동하여서는 안 됨

핵심내용 정리

◆ **국가공무원으로서의 의무(국가공무원법)**

성실	법령을 준수하며 성실히 직무를 수행하여야 함
복종	소속 상관의 직무상 명령에 복종하여야 함
친절·공정	국민 전체의 봉사자로서 친절·공정하게 직무 수행
종교중립	종교에 따른 차별 없이 직무를 수행하여야 함
비밀엄수	재직 중 뿐 아니라, 퇴직 후에도 직무상 알게 된 비밀 엄수
청렴	직무와 관련하여 직·간접적 사례·증여 또는 향응 금지
품위유지	직무의 내외를 불문하고 품위가 손상되는 행위 금지
정치운동 금지	정치단체의 결성에 관여·가입 불가, 선거에서 특정 정당·특정인 지지·반대 제한
집단행위 금지	노동운동이나 그 밖에 공무 외의 일을 위한 집단 행위 금지
영리업무 겸직금지	공무 외에 영리 목적의 업무 금지 및 소속 기관장의 허가 없는 다른 직무 겸직 금지
직장이탈 금지	소속 상관의 허가 또는 정당한 사유가 없이 직장을 이탈하지 못함
영예 제한	외국정부로부터 영예·증여를 받을 시 대통령 허가 필요

◆ **교권침해 방지를 위한 교원의 권리**

신분 유지권	- 교권은 존중되어야 하며, 그 전문적 지위나 신분에 영향을 미치는 부당한 간섭을 받지 않음 - 형의 선고나 징계처분 등 이외에는, 본인의 의사에 반하여 강임·휴직 또는 면직을 당하지 않음
쟁송 제기권	교원이 징계처분과 그 밖에 불리한 처분에 대하여 불복할 때에는 '교원소청심사위원회'에 소청심사를 청구
불체포 특권	교원은 현행범인인 경우를 제외하고는 소속 학교의 장의 동의 없이 학원 안에서 체포되지 않음

출포 215. 교원단체와 교원노동조합

◆ **교원단체와 교원노동조합**

	교원단체	교원노동조합
주요 목적	교원의 자질 향상 및 전문성 신장	교원의 경제적·사회적 지위 향상
교직관	전문직관(직능단체)	노동직관(노동조합)
근거 법률	교육관계법 (교육기본법, 민법 등)	노동관계법 (교원노조법, 노조법 등)
설립	허가제(교육부)	신고제(고용노동부)
설립 단위	시·도, 전국 단위	시·도, 전국 단위 (대학은 학교 단위 허용)
대상	교원 전체(교장 포함)	교원(교장, 교감 제외)
교섭 대상	국공립 및 사립, 학교급 구분 없이 - (전국) 교육부장관 - (시·도) 교육감	유·초·중등의 경우 - (전국) 교육부장관/사립학교 전국 연합 - (시·도) 교육감/사립학교 지역별 연합
교섭 내용	교원의 처우 개선, 근무조건 및 복지후생과 전문성 신장에 관한 사항	임금, 근무 조건, 후생복지 등 경제적·사회적 지위 향상에 관한 사항
	교육과정과 교육기관 및 교육행정기관의 관리·운영에 관한 사항은 교섭·협의의 대상이 될 수 없음	
법적 효력	공동협의(민법적 합의 - 신의성실의 원칙)	단체협약(노사 간의 집단계약 - 규범적 효력)

기출선지 OX 정답 및 해설 p. 255

키워드

(1) 공무원인 교원은 특정직 공무원이고, 교장은 별정직 공무원이다. O | X

(2) 교감은 교장을 보좌하여 교무를 관리하고 학생을 교육한다. O | X

(3) 교사와 직원은 교장의 명을 받아 직무를 수행한다. O | X

(4) 수석교사는 교장을 보좌하여 교무를 관리하고, 교사의 교수·연구 활동을 감독한다. O | X

(5) 「국가공무원법」에 따라 교육공무원은 국민 전체의 봉사자로서 친절하고 공정하게 직무를 수행하여야 한다. O | X

(6) 교원은 특정한 정당이나 정파를 지지하거나 반대하기 위하여 학생을 지도하거나 선동하여서는 아니 된다. O | X

(7) 교원은 현행범인 경우를 제외하고는 소속 학교의 장의 동의 없이 학원 안에서 체포되지 아니한다. O | X

(8) 교원은 형의 선고, 징계처분 또는 법률이 정하는 사유에 의하지 아니하고는 그 의사에 반하여 휴직·강임 또는 면직을 당하지 아니한다. O | X

(9) 교직에 대한 관점 중 노동직관은 일부에서 주장되고 있지만 아직은 법적으로 전혀 인정되지 않고 있다. O | X

(10) 교원단체와 교원노동조합 모두는 파업 및 태업 등 일체의 쟁의행위를 할 수 없다. O | X

(11) 「교원의 노동조합 설립 및 운영 등에 관한 법률」에 의할 때, 교육과정의 개정 문제는 단체교섭의 대상이 될 수 있다. O | X

대표 기출문제

문 1. 초·중등학교에 근무하는 교원과 직원의 신분에 대한 설명으로 옳은 것은? [2019년 국가직 9급]

① 수석교사는 교육전문직원이다.
② 공립학교 행정실장은 교육공무원이다.
③ 교장은 별정직 공무원이다.
④ 공무원인 교원은 특정직 공무원이다.

문 2. 「교육기본법」에 명시된 교원에 관한 규정이 아닌 것은? [2017년 국가직 9급]

① 교원은 법률로 정하는 바에 따라 다른 공직에 취임할 수 있다.
② 교원은 특정한 정당이나 정파를 지지하거나 반대하기 위하여 학생을 지도하거나 선동하여서는 아니 된다.
③ 교사는 전문성을 바탕으로 학생을 교육한다.
④ 교원은 교원의 경제적·사회적 지위를 향상시키기 위하여 각 지방자치단체와 중앙에 교원단체를 조직할 수 있다.

6. 교육인사행정 2

핵심내용 정리

출포 216. 교원의 임용제도

◆ 임용 관련 용어의 정의

직위	1명의 공무원에게 부여할 수 있는 직무와 책임
승진	동일 직위 및 자격에서의 직위가 상승하는 것
강임	같은 종류의 직무에서 하위 직위에 임용하는 것
전직	공무원의 종류와 자격을 달리하여 임용하는 것 예 장학사 ⇄ 연구사 ⇄ 교사, 장학관 ⇄ 연구관 ⇄ 교장, 초등학교 교원 ⇄ 중등학교 교원
전보	같은 종류의 직무에서 근무기관이나 부서 변경 예 A 중등학교 교원 ⇄ B 중등학교 교원, A 교육청 장학사 ⇄ B 교육청 장학사

◆ 교장의 임용 (국·공립학교)

임용	교육부장관의 제청으로 대통령이 임용
임기	임기는 4년이며, 한 번만 중임할 수 있음 (단, 공모제 교장 재직 횟수는 산입하지 않음)
공모제	학교운영위원회의 심의를 거쳐야 함

◆ 기간제 교사의 임용

임용	학교의 장(공립은 교육감, 사립은 학교법인 또는 사립학교경영자가 학교장에게 위임)
임용 가능한 경우	- 교원의 휴직 또는 파견·연수·정직·직위해제 등으로 인해 후임자 보충이 불가피 - 특정 교과를 한시적으로 담당할 필요 - 교육공무원이었던 사람을 활용할 필요 - 유치원 방과후 과정을 담당하게 할 필요
자격조건	교원자격증을 가진 사람(퇴직 교원도 가능)
임용기간	- 1년 이내, 최대 3년 내에서 연장 가능 - 임용기간 만료 시 당연 퇴직, 정규 교원의 임용에서 어떠한 우선권도 인정되지 않음

◆ 승진

원칙	경력평정, 재교육성적, 근무성적, 그 밖에 실제 증명되는 능력에 의함
경력평정	- 매 학년도 종료일 기준으로 정기적 실시 - 기본경력(15년) + 초과경력(기본 이전 5년)
근무성적 평정	- 매 학년도 종료일 기준으로 정기적 실시 - 근무성적평정과 다면평가 결과의 합산 - 근무성적평정: 평정-교감, 확인-교장(근무수행태도, 근무실적, 근무수행능력) - 다면평가: 동료교사(정성평가 + 정량평가)

◆ 연수

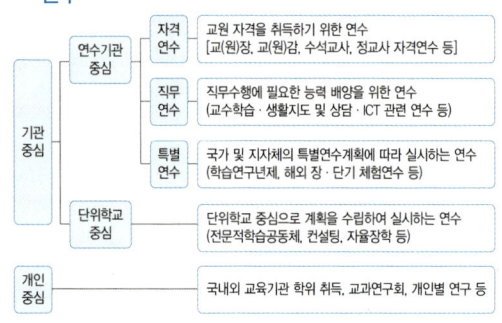

◆ 휴직

직권 휴직	- 신체상·정신상의 장애로 장기요양이 필요할 때 - 병역 복무를 위하여 징집되거나 소집된 경우 - 법률에 따른 의무를 수행하기 위하여 직무이탈한 경우 - 천재지변 등으로 생사나 소재를 알 수 없게 된 경우 - 교원의 노동조합 전임자로 종사하게 된 경우
청원 휴직	- 만 8세 이하 자녀의 양육 또는 여성의 임신 또는 출산* - 만 19세 미만의 아동을 입양하는 경우* - 불임·난임으로 인한 장기간의 치료가 필요* 　*본인이 원하는 경우, 휴직을 명하여야 함 - 학위취득을 목적으로 해외유학 또는 연수 - 국제기구, 재외교육기관 등에 임시로 고용 - 교육부장관 또는 교육감 지정 기관에서 연수 - 재직기간 10년 이상 교원이 '학습연구년제'를 하는 경우 등

◆ 징계

중징계	파면	공무원 관계로부터 배제, 5년간 공직재임용 제한
	해임	공무원 관계로부터 배제, 3년간 공직재임용 제한
	강등	동종의 직무 내에서 하위의 직위에 임명, 3개월간 직무 배제 및 보수 전액 감액
	정직	1~3개월간 직무 배제 및 보수 전액 감액
경징계	감봉	1~3개월간 보수의 3분의 1을 감액
	견책	6개월간 승진·승급 제한

기출선지 OX
정답 및 해설 p. 255   # 키워드

	O / X
(1) 강임이란 교육공무원의 직렬을 달리하여 하위 직위에 임용하는 것을 말한다.	O / X
(2) 교육지원청 장학사가 도교육청 장학사로 임용된 경우는 전보에 해당한다.	O / X
(3) 전직은 수직적 이동이고 전보는 수평적 이동이다.	O / X
(4) 교장은 교육부장관의 제청으로 대통령이 임용하며, 임기는 4년이며 1회에 한해 중임할 수 있다.	O / X
(5) 교원이 병역 복무를 사유로 휴직하게 되어 후임자의 보충이 불가피한 경우에는 「교육공무원법」상 고등학교 이하 각급학교 기간제교원을 임용할 수 있다.	O / X
(6) 교육공무원의 경력평정은 매 학년도 종료일을 기준으로 하여 정기적으로 실시한다.	O / X
(7) 학습연구년 교사로 선정되어 대학의 연구소에서 1년간 연구 활동을 수행한 경우는 특별연수에 해당한다.	O / X
(8) 여성 교육공무원이 임신 또는 출산하게 된 경우는 교육공무원 본인의 의사와 관계없이 휴직을 명하여야 하는 경우에 해당한다.	O / X
(9) 교원의 노동조합 전임자로 종사하게 된 경우는 공무원 본인의 의사에 불구하고 임용권자가 휴직을 명해야 하는 경우에 해당한다.	O / X
(10) 파면된 자는 공무원 관계로부터 배제되고 1년 동안 공무원으로 임용될 수 없다.	O / X

대표 기출문제

문 1. 현행 교육공무원법에 규정된 용어의 정의로 옳지 않은 것은? [2017년 지방직 9급]
① 직위란 1명의 교육공무원에게 부여할 수 있는 직무와 책임을 말한다.
② 전직이란 교육공무원의 종류와 자격을 달리하여 임용하는 것을 말한다.
③ 강임이란 교육공무원의 직렬을 달리하여 하위 직위에 임용하는 것을 말한다.
④ 전보란 교육공무원을 같은 직위 및 자격에서 근무기관이나 부서를 달리하여 임용하는 것을 말한다.

문 2. 교육공무원의 징계 효력에 대한 설명으로 옳은 것은? [2016년 지방직 9급]
① 정직된 자는 직무에는 종사하지만 3개월간 보수를 받지 못한다.
② 견책된 자는 직무에는 종사하지만 6개월간 승진과 승급이 제한된다.
③ 해임된 자는 공무원 신분은 보유하나 3개월간 직무에 종사할 수 없다.
④ 파면된 자는 공무원 관계로부터 배제되고 1년간 공무원으로 임용될 수 없다.

7 장학행정

핵심내용 정리

출포 217. 장학 개념의 발달과정

장학형태	장학 방법	장학사의 역할	교육행정 이론
관리장학	과학적 장학 관료적 장학	감시자, 확인자, 감독자	과학적 관리론
협동장학	협동적 장학	조력자, 지원자	인간 관계론
수업장학	교육과정 개발 임상장학	교육과정 개발자 수업 전문가	행동 과학론
발달장학	인간자원 장학 신과학적 장학	조력자	인간 자원론

출포 218. 장학의 유형 및 형태

◆ 교육행정기관 주도의 관리장학

종합장학	교육청이 추진하는 주요 시책에 대해 학교별 추진상황을 파악하고 평가하기 위한 장학
담임장학	지역 교육청의 학교 담당 장학사가 중심이 되어 수시로 실시하는 장학
표집장학	학교를 무선표집하여 학교경영 또는 주제 활동을 점검, 협의, 지원하기 위한 장학
확인장학	이전 장학지도 시 시정·보완을 요청한 지시사항에 대한 이행 여부를 확인하기 위한 장학

◆ 학교 주도의 자율장학

임상장학	- 교사의 수업기술 향상을 목적으로, 체계적이고 집중적인 지도와 조언을 제공하는 장학 - 관계 수립 → 교사와 공동으로 수업계획 / 수업관찰 계획 → 수업 관찰 → 분석 → 개선전략 계획 → 협의 - 마이크로티칭: 실제수업보다 축소된 상황에서, 수업기술 분석 및 개선 훈련 방법
동료장학	- 동료 교사들이 공동과제 및 관심사 협의·연구·추진 등을 통해 상호 협력하며 서로 가르치고 배우는 장학
자기장학	- 교사 개인이 스스로 계획을 세우고 실천해 나가는 자율적인 장학 - 전문서적 탐독, 대학원 진학, 각종 세미나 참여 등
약식장학	- 평상시에 교장이나 교감이 짧은 시간 동안의 수업 참관 등을 통해 간략하게 지도·조언하는 활동
선택적 장학	- 교사의 발달수준 및 특성에 맞는 장학모델을 선택하여 개별화된 장학 제공 - 임상장학(초임교사), 동료장학(정착기), 자기장학(성숙기), 약식장학(기타 전체 교사)

◆ 컨설팅 장학

개념	교원의 의뢰에 따라 교내외 전문성을 갖춘 사람들이 문제를 진단하고 해결책 마련을 위한 지원하고 조언하는 활동
원리	- 자발성: 교사의 자발적 의뢰, 상호 합의 계약으로 성립 - 전문성: 의뢰하는 문제에 대한 실제적 전문성이 있어야 함 - 자문성: 컨설턴트는 자문만 제공, 최종 책임은 의뢰인 - 독립성: 학교의 관리자로부터 독립적인 활동 가능해야 함 - 한시성: 협약기간만 일시적으로 진행, 과제 해결 시 종료 - 학습성: 의뢰인과 컨설턴트가 문제해결 과정을 통해 서로의 지식, 기술, 경험을 배울 수 있도록 운영

기출선지 OX 정답 및 해설 p. 255 # 키워드

(1) 임상장학은 교사의 수업기술 향상이 주된 목적이며, 일련의 체계적이고 집중적인 지도·조언의 과정으로 이루어진다. O | X

(2) 약식장학은 교장이나 교감이 간헐적이고 짧은 시간 동안의 학급 순시나 수업참관을 중심 활동으로 하는 장학 형태이다. O | X

(3) 종합장학은 수업전략을 개발하기 위한 것으로, 교사 간에 상호 협력하는 장학형태이다. O | X

(4) 자신의 수업을 녹화하여 분석·평가하거나, 대학원에 진학하여 전공 교과 또는 교육학 영역의 전문성 신장을 위해 노력하는 것은 자기장학에 해당한다. O | X

(5) 교원의 의뢰에 따라 전문성을 갖춘 장학요원들이 교원들의 직무상 문제를 진단하고 해결을 위한 대안 마련 및 실행 과정을 지원하는 것을 컨설팅 장학이라고 한다. O | X

(6) 학교컨설팅에서 학교 컨설턴트가 의뢰인을 대신하여 교육활동을 전개하거나 학교를 경영하지 않아야 한다는 것은 한시성의 원리에 해당한다. O | X

대표 기출문제

문 1. 다음 설명에 해당하는 교내 자율장학의 형태는? [2021년 지방직 9급]

- 교사들의 교수·학습 기술 향상을 위해 교장·교감이나 외부 장학요원, 전문가, 자원인사 등이 주도하는 개별적이고 체계적인 성격이 강한 조언 활동이다.
- 주로 초임교사, 저경력교사 등을 대상으로 진행된다.
- 구체적인 형태로는 임상장학, 마이크로티칭 등이 있다.

① 동료장학 ② 발달장학
③ 수업장학 ④ 자기장학

문 2. 다음 설명에 해당하는 학교컨설팅의 원리는? [2024년 지방직 9급]

- 학교 컨설턴트가 의뢰인을 대신하여 교육활동을 전개하거나 학교를 경영하지 않아야 한다.
- 컨설팅 결과에 대한 최종 책임은 의뢰인에게 있다.

① 자문성의 원리
② 자발성의 원리
③ 전문성의 원리
④ 한시성의 원리

8 교육재정 1

핵심내용 정리

출포 219. 교육비의 분류

◆ 교육비의 분류 기준

기준	유형	개념
교육목적과의 관련성	직접교육비	교육목적 달성을 위해 교육활동에 직접 투입되는 경비(명시적 비용)
	간접교육비	교육활동에 참여함으로써 포기한 이익(기회비용, 묵시적 비용)
경비의 운영형태	공교육비	공공의 회계절차를 거쳐 교육에 투입되는 경비
	사교육비	공공의 회계 절차를 거치지 않고 개인적으로 교육에 사용되는 경비
부담주체	공부담 교육비	국가, 지방자치단체 및 학교법인 등 공적 주체가 부담하는 비용
	사부담 교육비	학생 및 학부모 등 사적 주체가 부담하는 비용

◆ 교육비의 분류와 예시

교육목적	운영형태	부담주체	예시
직접교육비	공교육비	공부담	국가, 지방자치단체, 각급 학교법인 등이 부담하는 각종 교육비(교부금, 보조금, 법인전입금 등)
		사부담	학부모가 부담하는 학생 납입금(입학금, 등록금, 방과후학교 수강료, 수학여행비, 학교운영지원비 등)
	사교육비	사부담	학부모가 지출하는 교재비, 학용품비, 학원비, 과외비, 피복비, 교통비, 숙박비 등
간접교육비 (교육기회비용)		공부담	학교 건물과 장비의 감가상각비, 비영리 교육기관이 향유하는 면세의 가치 등
		사부담	교육받는 기간 동안 취업할 수 없는 데서 오는 포기된 소득(유실소득)

출포 220. 교육재정의 운영원리

◆ 교육재정의 특성

	민간경제	교육재정(정부경제)
목적	효용 및 이윤극대화(시장원리)	공공성 / 후생극대화(예산원리)
조달	합의의 원칙(등가교환)	강제의 원칙(부등가교환)
회계	양입제출(수입 → 지출)	양출제입(지출 → 수입)
수지	불균형(잉여)의 원칙	균형의 원칙
기간	단기성	영속성
보상	개별보상(특수보상)	일반보상(보편보상)

◆ 교육재정의 과정과 운영원리

단계	운영원리
확보	- 충족성 : 충분한 재원 확보 - 안정성 : 안정적 재원 확보 - 자구성 : 재원확보 방안 제도화
배분	- 효율성 : 최소비용, 최대효과 - 평등성 : 균등한 부담과 혜택 분배 - 공정성 : 정당한 기준에 의한 차등
지출	- 자율성 : 단위 기관의 자율성 보장 - 투명성 : 투명한 정보공개 - 적정성 : 결과 산출을 위한 적절한 지원
평가	- 책무성 : 지출의 근거 평가 - 효과성 : 정책목표 달성 여부 평가

기출선지 OX 정답 및 해설 p. 256   # 키워드

(1) 직접교육비는 교육활동에 직접적으로 투입되는 경비로서 사교육비는 제외된다. O | X

(2) 간접교육비는 교육기간 동안 취업할 수 없는 데서 오는 손실로서의 유실소득과 비영리교육기관이 향유하는 면세의 가치 등이 포함된다. O | X

(3) 공교육비는 공공의 회계절차를 거쳐 교육에 투입되는 교육비로서 학교에서 사용되는 수업료를 포함한다. O | X

(4) 학생이 학교에 내는 입학금, 학부모가 부담하는 학교운영지원비, 학교법인이 부담하는 법인전입금은 공교육비에 해당된다. O | X

(5) 민간경제는 양입제출의 회계원칙이 적용되는 데 반해, 교육재정은 양출제입의 원칙이 적용된다. O | X

(6) 민간경제는 등가교환 원칙에 의하여 수입을 조달하지만, 교육재정은 합의의 원칙에 의한다. O | X

(7) 교육재정 운영을 확보-배분-지출-평가 단계로 구분할 때, 지출단계에서 상대적으로 중시되는 준거는 '충족성과 안정성'보다는 '자율성과 투명성'이다. O | X

대표 기출문제

문 1. 공·사교육비를 '공공의 회계절차를 거치는가'에 따라 분류할 때, 공교육비에 해당하지 않는 것은? [2019년 지방직 9급]

① 학생이 학교에 내는 입학금
② 학생이 사설학원에 내는 학원비
③ 학부모가 부담하는 학교운영지원비
④ 학교법인이 부담하는 법인전입금

문 2. 교육재정의 특성으로 옳지 않은 것은? [2019년 국가직 9급]

① 재정은 공공의 이익을 도모하는 국가활동과 정부의 시책을 위해 사용되어야 한다는 공공성이 있다.
② 공권력을 통하여 기업과 국민 소득의 일부를 조세를 통해 정부의 수입으로 이전하는 강제성을 가지고 있다.
③ 수입이 결정된 후에 지출을 조정하는 양입제출(量入制出)의 원칙이 적용된다.
④ 존속기간이 길다고 하는 영속성을 특성으로 한다.

9 교육재정 2

핵심내용 정리

출포 221. 교육재정의 구조와 흐름

◆ 지방교육재정의 흐름도

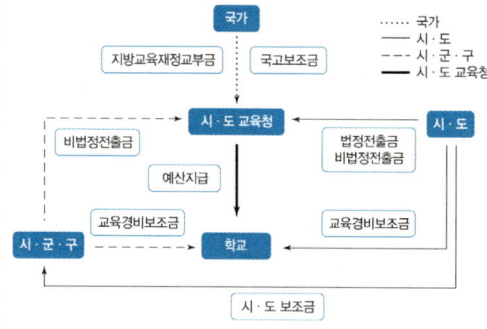

◆ 지방교육재정(시·도 교육비 특별회계)의 재원구조

재원구조	- 중앙정부로부터의 이전수입 : 지방교육재정교부금, 국고보조금(전체 예산의 약 75%) - 지방자치단체 일반회계로부터의 이전수입 : 법정전입금, 비법정전입금 - 자체수입 : 학생납입금(입학교, 수업료 등), 재산수입, 사용료, 수수료 등
세부구조	- 지방교육재정교부금 • 보통교부금 : 내국세 총액의 20.79%의 97% + 국세 교육세의 일부(유아교육지원특별회계, 고등·평생교육특별회계 교부금을 뺀 나머지) • 특별교부금 : 내국세 총액의 20.79%의 3% - 지방자치단체 이전수입 • 지방교육세 전액 • 담배소비세전입금(특별시·광역시 45%) • 시도세전입금(서울 10%, 광역시·경기도 5%, 여타 도지역 3.6%) • 학교용지부담금(매입비의 50%) • 기타 전입금(교부금보전금 등)

◆ 지방교육재정교부금

보통교부금	- 목적 : 지방자치단체 간 교육격차 해소 - 교부 : 기준재정수입액이 기준재정수요액에 미달하는 지방자치단체에 그 미달액을 총액으로 교부 - 운용 : 지역 실정에 맞게 자율적으로 운용 - 사용 : 의무교육기관 종사자의 봉급, 저소득층 학생 지원금, 학교급식 지원금, 특성화고 실습지원 등
특별교부금	- 목적 : 국가시책사업(우수지방자치단체 지원 포함), 지역현안사업, 재해대책 등 - 교부 : 시·도 교육감 신청 → 교육부장관 심사 후 교부 - 운용 : 교육부장관이 조건을 붙이거나 용도를 제한할 수 있음(지정 조건 위반시 반환을 명할 수 있음)
기타	부득이한 수요가 있는 경우, 보통·특별교부금 외에 따로 증액교부할 수 있음 예 고교 무상교육 비용

기출선지 OX

(1) 특별시·광역시 및 도의 교육·학예에 관한 경비를 따로 경리하기 위하여 당해 지방자치단체에 교육비 특별회계를 둔다. O | X

(2) 시·도교육비 특별회계의 세입 중에서 가장 큰 비중을 차지하는 것은 지방자치단체 일반회계로부터의 전입금이다. O | X

(3) 광역시는 담배소비세의 100분의 45에 해당하는 금액을 교육비 특별회계로 전출하여야 한다. O | X

(4) 중앙정부가 부담하는 지방교육재정 교부금 재원은 교육세 세입액 중 일부와 내국세의 일정 비율에 해당하는 금액으로 구성된다. O | X

(5) 국가가 지방자치단체에 교부하는 교부금은 보통교부금과 특별교부금으로 나눈다. O | X

(6) 교육부장관은 기준재정수입액이 기준재정수요액에 미치지 못하는 지방자치단체에 대해서는 그 부족한 금액을 기준으로 하여 보통교부금을 총액으로 교부한다. O | X

(7) 특별교부금은 지방교육행정 및 지방교육재정의 운용실적이 우수한 지방자치단체에 재정지원이 필요할 때 교부한다. O | X

대표 기출문제

문 1. 우리나라의 현행 교육재정의 구조에 대한 설명으로 옳지 않은 것은? [2021년 국가직 9급]

① 국가가 지방자치단체에 교부하는 교부금은 보통교부금과 특별교부금으로 나눈다.
② 교육부의 일반회계와 특별회계는 정부가 교육과 학예 활동을 위해 투자하는 예산을 말한다.
③ 교육부 일반회계의 세출 내역 중에서 가장 규모가 큰 것은 지방교육재정교부금이다.
④ 시·도 교육비 특별회계의 세입 중에서 가장 큰 비중을 차지하는 것은 지방자치단체 일반회계로부터의 전입금이다.

문 2. 지방교육재정교부금제도에 대한 설명으로 옳지 않은 것은? [2018년 국가직 9급]

① 기준재정수입액은 교육·학예에 관한 지방자치단체 교육비특별회계의 수입예상액으로 한다.
② 기준재정수입액을 산정하기 위한 각 측정단위의 단위당 금액을 단위비용이라 한다.
③ 교육부장관은 기준재정수입액이 기준재정수요액에 미치지 못하는 지방자치단체에 대해서는 그 부족한 금액을 기준으로 하여 보통교부금을 총액으로 교부한다.
④ 특별교부금은 지방교육행정 및 지방교육재정의 운용실적이 우수한 지방자치단체에 재정지원이 필요할 때 교부한다.

10 학교회계

핵심내용 정리

출포 222. 학교회계

◆ 학교회계제도

목적	단위학교의 자율적 재정운영을 보장하여 다양한 교육활동을 지원하고 교육의 질을 높이기 위함
적용 대상	국·공립의 유·초·중·고등학교 및 특수학교에 의무 설치(사립학교 적용 제외)

◆ 학교회계의 운용

설치 단위	- 단위 학교에 각 학교별로 설치하여야 함 - 학교의 시설·설비 및 교원을 통합하여 운영하는 경우 학교회계도 통합 가능
회계 연도	- 매년 3월 1일부터 다음 해 2월 말일까지 - 각 회계연도의 경비는 그 해의 세입으로 충당하여야 함(회계연도 독립)
정보 공개	- 확정된 예·결산서는 학부모 및 교직원에게 공개(교직원-에듀파인, 학부모-홈페이지)

◆ 학교회계의 절차

예산안 편성과 심의	- 편성 : 학교장이 자율적으로 편성하되, 구성원의 의견을 수렴(교직원-부서별로 예산요구서 제출) - 심의 : 학교운영위원회에 예산안 제출(회계연도 시작 30일 전까지) → 심의 → 학교장에게 심의결과 송부(회계연도 시작 5일 전까지) → 학교장 예산 확정 및 공개
결산서 작성과 심의	- 작성 : 학교장이 결산서 작성, 학교운영위원회에 제출(회계연도 종료 후 2개월 이내) - 학교운영위원회가 심의하여 심의결과 통보(회계연도 종료 후 3개월 이내)

◆ 학교회계의 세입 항목

이전 수입	- 국가의 일반회계로부터의 전입금 : 국고보조금, 국가보조지원금 - 지방자치단체 일반회계로부터의 전입금 : 광역, 기초(법정, 비법정) - 지방자치단체 교육비 특별회계 전입금 : 학교운영비*, 목적사업비 등 - 학교발전기금으로부터의 전입금 등
자체 수입	- 학부모 부담 경비(학교운영위원회 심의 필수) : 수익자 부담 수입, 학교운영지원비 - 행정활동 수입 : 사용료 및 수수료, 자산매각대금 등
기타 수입	- 전년도 이월금 : 예산의 집행잔액을 차년도로 이월할 수 있음(수익자부담경비는 반납)

* 학교운영비 : 일상경비와 도급경비의 구분 없이 학교별 '표준교육비'를 기준으로 총액으로 배부
* 표준교육비 : 단위학교가 정상적인 교육 활동을 수행하는 데 필요한 최소한의 교육비(최저소요교육비)

출포 223. 예산 편성·관리 기법

품목별 예산	- 특징 : 예산항목을 경비의 성격과 위계에 따라 제도화, 지출의 항목에 따라 예산 편성 - 장점 : 예산에 대한 엄격한 사전·사후 통제 가능, 예산 담당자의 자유재량 행위 제한 - 단점 : 예상치 못한 사태에 융통성 있게 대응하기 어려움, 지출의 통제에만 초점
성과 주의 예산	- 특징 : 예산항목을 사업계획별·활동별로 분류, 사업별 업무, 측정단위×단위원가×업무량으로 예산액 표시 - 장점 : 목표와 사업별 필요한 비용을 명시하여 예산심의 용이, 예산집행의 융통성 제고 - 단점 : 측정단위나 단위원가 계산 및 성과 측정 어려움, 회계책임 불분명해질 우려
기획 예산	- 특징 : 장기적 계획수립과 단기적 예산편성을 유기적으로 결합하는 예산편성 - 장점 : 자원배분의 합리화, 의사결정의 일원화, 장기사업계획에 대한 신뢰성 제고 - 단점 : 지나치게 중앙 집권화될 가능성, 목표설정이 어려운 경우에는 도입 곤란
영기준 예산	- 특징 : 전년도의 사업, 목표, 방법, 배정금액에 구애되지 않고 신년도 모든 사업계획을 새롭게 수립하고 검토하여 우선순위를 설정한 후 이에 따라 예산을 배분하는 방식 - 장점 : 창의적인 사업구상과 실행 유도, 구성원의 자발적 참여 유도, 우선순위가 높은 사업에 대한 집중 지원 가능 - 단점 : 예산편성에 소요되는 시간과 노력 과중, 사업이 기각될 경우 갈등 발생 우려

기출선지 OX

정답 및 해설 p. 256   # 키워드

(1) 국·공립학교 학교회계의 재원은 지방자치단체의 교육비특별회계로부터 받은 전입금, 학교발전기금으로부터 받은 전입금, 사용료 및 수수료, 지방교육세 등이다.	O | X
(2) 학교운영위원회의 심의를 거쳐 학부모가 부담하는 경비는 학교회계의 세입으로 한다.	O | X
(3) 학교회계의 회계연도는 매년 3월 1일에 시작하여 다음 해 2월 말일에 끝난다.	O | X
(4) 단위학교 행정실장이 학교회계 세입·세출예산안을 편성한다.	O | X
(5) 학교회계 세입·세출예산안은 학교운영위원회의 심의를 거쳐야 한다.	O | X
(6) 교직원은 예산요구서를 작성하여 제출하는 방식으로 학교 예산안을 편성하는 과정에 참여할 수 있다.	O | X
(7) 학교의 장은 회계연도마다 결산서를 작성하여 회계연도가 끝난 후 2개월 이내에 시·도 교육청에 제출하여야 한다.	O | X
(8) 품목별 예산제도는 지출대상을 인건비, 시설비, 운영비 등과 같이 세분화하여 금액으로 표시한다.	O | X
(9) 성과주의 예산제도는 공무원의 재량권을 제한하기 위해 만든 제도이다.	O | X
(10) 영기준 예산제도는 학교경영 계획과 예산이 일치함으로써 교장의 합리적이고 과학적인 학교경영을 지원할 수 있다.	O | X

대표 기출문제

문 1. 「초·중등교육법」에 근거할 때, 학교회계에 대한 설명으로 옳은 것은? [2016년 지방직 9급]

① 단위학교 행정실장이 학교회계 세입·세출예산안을 편성한다.
② 학교회계 세입·세출예산안은 학교운영위원회의 심의를 거쳐야 한다.
③ 학교회계의 회계연도는 매년 1월 1일에 시작하여 12월 말일에 종료된다.
④ 학교발전기금으로부터 받은 전입금은 학교회계의 세입으로 할 수 없다.

문 2. 다음에 해당하는 학교예산 편성 기법은? [2022년 국가직 9급]

- 달성하려는 목표와 사업이 무엇인가를 표시하고 이를 달성하는 데 필요한 비용을 명시해 주는 장점이 있다.
- 예산 관리에 치중하여 계획을 소홀히 하거나 회계 책임이 불분명한 단점도 있다.

① 기획 예산제도   ② 성과주의 예산제도
③ 영기준 예산제도 ④ 품목별 예산제도

11 학교경영

핵심내용 정리

출포 224. 학교경영기법

◆ 카우프만의 체제적 접근과 학교경영기법

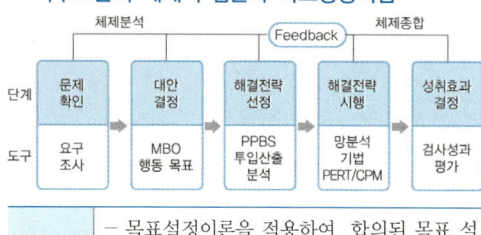

목표관리 기법 (MBO)	- 목표설정이론을 적용하여, 합의된 목표 설정을 통해 조직을 경영하는 기법 - 절차: 전체목표 설정 → 개별목표 설정 → 조정과 통합 → 평가와 피드백 - 장점: 교육의 목표와 책임 명료화, 학교운영의 분권화와 참여 확대, 관료화 방지
프로그램 평가검토 기법 (PERT)	- 과업을 달성하기 위해 수행해야 할 단계와 활동을 세분하여 분석하고 관리하는 기법 - 절차: 활동과 단계 구분 → 플로차트 작성 → 작업수행시간 산출 및 관리 - 장점: 작업 요소별로 책임부서 명확화, 효율적인 예산 통제 가능, 일정 엄수 및 단축가능

◆ 그 외 학교경영기법

정보관리 체제 (MBS)	- 의사결정자가 합리적인 결정을 내릴 수 있도록 필요한 정보를 수집·처리·보관하는 시스템 - 장점: 적시에 신속 정확한 정보 제공 가능
총체적 질 관리 기법 (TQM)	- 학교장의 강력한 지도성 아래 구성원의 헌신과 참여를 통해 지속적인 개선을 추구하는 경영기법 - 제품의 품질뿐만 아니라 새로운 기업문화를 창조하고 조직구성원의 의식을 개혁하고자 하는 기법

출포 225. 학교운영위원회

목적	- 단위학교 책임경영제를 확립하여, 학교운영의 자율성을 높이고 지역의 실정과 특성에 맞는 다양하고도 창의적인 교육을 하기 위함 (초·중등교육법 제31조)
성격	- 자문 및 의결 기능을 포함한 '심의기구' - 초·중등교육법에 따라 국·공·사립학교 모두 의무 설치
구성	- 당해 학교의 학부모, 교원 대표 및 지역사회 인사로 구성 - 위원 정수는 5명 이상 15명 이하로 하되, 학교의 규모 등을 고려하여 정함(대통령령 → 학교운영위원회 규정) - 일반적으로 학부모 40~50%, 교원 30~40%, 지역사회 인사 10~30% 비율로 구성
선출	- 학부모위원: 학부모 전체회의에서 민주적으로 직접 선출 - 교원위원: 교장은 당연직위원, 그 외 교원위원은 교직원 전체회의에서 직접 무기명투표로 선출 - 지역위원: 학부모위원 또는 교원위원의 추천을 받은 자 가운데 학부모위원과 교원위원이 무기명투표로 선출 - 위원회 대표: 위원장과 부위원장 각 1인을 투표로 선출(단, 교원위원이 아닌 위원 중에서 선출하여야 함)
기능	- 의결: 학교발전기금의 조성·운용 - 심의(사립학교의 예외 사항) • 학교헌장과 학칙의 제정 또는 개정(자문) • 학교의 예산안과 결산 • 학교교육과정의 운영방법 • 교과용 도서와 교육 자료의 선정 • 교복·체육복·졸업앨범 등 학부모 경비 부담사항 • 정규학습시간 종료 후 또는 방학기간 중의 교육·수련활동 • 공모교장의 공모방법, 임용, 평가 등(제외) • 초빙교사의 추천(제외) • 학교운영지원비의 조성·운용 및 사용 • 학교급식 • 대학입학 특별전형 중 학교장 추천 • 학교운동부의 구성·운영 • 학교운영에 대한 제안 및 건의 사항 등
시행	- 학교장은 운영위원회의 심의결과를 최대한 존중하여야 함 - 심의결과와 다르게 시행하고자 하는 경우에는 운영위원회와 관할청에 서면으로 보고 - 관할청이 정당한 사유가 없다고 판단할 경우 시정을 명령

기출선지 OX 정답 및 해설 p. 257   # 키워드

(1) 학교운영위원회는 학교운영의 자율성을 높이고 지역의 실정과 특성에 맞는 다양하고도 창의적인 교육을 하기 위한 것이다.	O X
(2) 국립·공립학교뿐만 아니라 사립학교도 학교운영위원회를 구성·운영하여야 한다.	O X
(3) 학교운영위원회는 학부모 대표, 교원 대표, 지역 사회 인사로 구성한다.	O X
(4) 학교장과 교감은 학교운영위원회의 당연직 교원위원이 된다.	O X
(5) 위원 수는 5명 이상 20명 이하의 범위에서 학교의 규모 등을 고려하여 교육부령으로 정한다.	O X
(6) 자유학기제 실시 여부는 학교운영위원회의 심의사항에 해당한다.	O X
(7) 학교발전기금의 조성·운용 및 사용에 관한 사항은 학교운영위원회의 의결을 거쳐야 한다.	O X
(8) 사립학교의 경우 공모 교장의 공모 방법, 임용, 평가 등을 위해서는 학교운영위원회에서 논의해야 한다.	O X

대표 기출문제

문 1. 학교운영위원회에 대한 설명으로 옳지 않은 것은? [2018년 국가직 9급]

① 위원 수는 5명 이상 20명 이하의 범위에서 학교의 규모 등을 고려하여 교육부령으로 정한다.
② 국립·공립 학교의 경우 학교의 예산안과 결산, 학교교육과정의 운영방법, 학교급식 등을 심의한다.
③ 국립·공립 학교의 경우 교육공무원법 제29조의3 제8항에 따른 공모 교장의 공모 방법, 임용, 평가 등을 심의한다.
④ 학교운영의 자율성을 높이고 지역의 실정과 특성에 맞는 다양하고도 창의적인 교육을 할 수 있도록 하는 데 그 목적이 있다.

문 2. 「초·중등교육법」상 학교운영위원회의 심의사항에 해당하지 않는 것은? [2023년 국가직 9급]

① 학교급식
② 자유학기제 실시 여부
③ 교과용 도서와 교육 자료의 선정
④ 대학입학 특별전형 중 학교장 추천

10 평생교육

출제빈도 분석

테마	출제 포인트		구분	2025	2024	2023	2022	2021	2020	2019	2018	2017	2016
평생교육이론	평생교육의 기초		기본	지9급		국9급	국9급		지9급 국9급				국7급
	평생교육의 발전과정		기본				국9급	지9급		지9급	국9급		국9급
	평생교육방법론	노울즈	기본			지9급		국7급					
		메지로우	심화									국7급	
		프레이리	기본					국7급				지9급	
	평생교육제도론	일리치	기본			지9급		국7급					
		크로스	심화			지9급							
		매클래건	심화		국7급								
평생교육실제	평생교육의 발달과정		심화		국7급								
	평생교육법의 기초		기본	국9급	지9급					지9급		국7급	
	평생교육 추진체계		심화		국7급								
	평생교육 기관·시설		기본		국9급					국7급			지9급 국9급
	평생교육사		심화	지9급					국9급				
	평생교육제도	학점은행제	기본	국9급			국9급		국7급				
		독학학위제	기본			지9급 국7급	지9급				국9급	국9급	
		평생학습계좌제	기본					국9급			국7급		지9급
		학습휴가제 등	심화				지9급					지9급	
		평생학습도시	심화					지9급					

1 평생교육의 기초

핵심내용 정리

출포 226. 평생교육의 개념

◆ 학습의 유형 분류

형식 학습 (formal learning)	비형식 학습 (nonformal)	무형식 학습 (informal)
공식적으로 인정된 학교 안에 이루어지는 조직적 교육활동	정규 학교교육 체제 밖에서 이루어지는 조직적 교육활동	일상적 상황에서 개인의 자발적 노력이나 우연에 의한 학습
- 표준화된 교육과정, 경직된 체계 - 학습결과가 제도적으로 인정됨	- 유동적인 교육과정, 유연한 체계 - 학습결과의 제도적 인정 없음	- 정해진 교육과정이나 체계 없음 - 학습결과의 제도적 인정 없음

	형식 학습	비형식 학습
목적	일반적인 목적, 학위 수여	특정 영역의 목적, 학위×
시간	- 장기간 학습, 전업 학생 - 상급단계로의 진급	- 단기간 학습, 시간제 학생 - 순환적 학습
내용	- 표준화된 교육과정 - 입학조건 갖춘 사람만 허가	- 개인화된 내용 - 학습자가 입학조건 결정
전달 방식	- 교육기관 및 교수자 중심 - 사회환경으로부터 고립 - 경직된 체제, 자원의 집중	- 환경 중심, 학습자 중심 - 공동체기반, 활동 중심 - 유연한 체제, 자원의 절약
관리	외부 관리, 위계적 관리	자기 관리, 민주적 관리
예시	학교교육에서의 학습	사회교육기관에서의 학습

◆ 평생교육의 개념

교육시기의 연장	유아부터 노년까지로 교육시기를 연장, 각 시기에 맞는 발달과업의 학습 중시, 교육의 수직적 통합(계속성) 추구
교육장의 확대	계획적 학습부터 우발적 학습까지의 다양한 형태의 교육을 포함, 교육의 수평적 통합 추구
교육제도의 개방	다양한 주체들의 교육활동을 제도적으로 인정, 학습내용·방법·교재 등의 유연성과 다양성 확대
삶의 질 향상	개인적·사회적 차원의 삶의 질 향상 추구, 모두에게 평등한 학습기회 제공, 교육의 민주성 추구

◆ 평생교육 관련 개념

순환교육	학교교육을 마치고 직업생활에 종사하는 성인들이 수시로 적절한 시기에 다시 정규교육기관에서 계속적인 재교육을 받을 수 있게 하는 것
인적자원 개발(HRD)	개인, 조직 및 경력 개발에 대한 내용을 포함하는 개념으로 생산성 향상을 위한 교육 및 훈련

출포 227. 평생교육의 발전과정

◆ 유네스코의 평생교육 논의

렝그랑 [평생교육 입문] (1965)	- '평생교육' 개념의 확산 : "태어날 때부터 죽을 때까지 평생 교육받을 권리" (앎과 삶의 통합) - 평생교육의 대두 배경 제시 : 급속한 사회변화와 인구증가, 과학기술의 발달, 생활양식과 인간관계의 균형상실 등
포르 [존재를 위한 학습] (1972)	- 새로운 시대의 교육제도 개혁 방향으로 '학습사회' 건설을 제시 - '완전한 인간'을 이상적 인간상으로 제시, 기능적 교육과 함께 자유교양교육 강조
다베와 스캐거 [평생교육과 학교 교육과정] (1973)	- 평생교육의 궁극적 목적 : 삶의 질 향상 - 평생교육을 위한 교육개혁의 방향(이념) : 총체성(학교 안과 밖), 통합성(수직적·수평적), 유연성(다양한 제도), 민주성(평등한 기회), 교육가능성(최대의 학습효과)
들로어 [학습 : 그 안에 감추어진 보물] (1996)	- 21세기를 위한 교육의 4가지 기둥(목표) • 알기 위한 학습 : 살아 있는 지식 습득 • 행동하기 위한 학습 : 창조적인 대응 능력 • 함께 살기 위한 학습 : 타인과의 공존 • 존재하기 위한 학습 : 궁극적 목적, 도덕적 차원, 개인의 전인적 발전을 위한 학습

◆ 그 외 국제기구들의 평생교육 논의

OECD [순환교육 : 평생학습 전략] (1973)	- 학교교육 이후 단계에서 직업활동과 교육활동에 순환적으로 참여할 수 있는 교육체제로서 '순환교육' 개념을 제안 - 일-학습 순환을 위해 직업현장과 교육체제를 근본적으로 개편할 것을 주장
OECD [모두를 위한 평생학습] (1996)	- 대표 용어로 '평생학습' 사용 : 비형식·무형식 학습의 역할 강조 - 노동시장의 변화, 노동자의 고용가능성 극대화를 지원하기 위해 '학습사회' 구축 제안
EU [유럽의 평생학습 전략] (2001)	- 글로벌 지식경제에 대응하여 개인의 고용가능성 제고를 위한 교육투자 확대 - 유럽사회 통합을 위한 적극적 시민정신 육성을 위한 인간에 대한 투자 강조

기출선지 OX 정답 및 해설 p. 257   # 키워드

	O X
(1) 평생교육은 계획적인 학습과 우발적인 학습을 모두 포함한다.	O X
(2) 무형식 학습은 정규 학교교육과 우연적 학습을 제외한 모든 형태의 학습이다.	O X
(3) 평생교육은 학교교육을 지원하는 데 주목적을 두고 지식과 이론 중심으로 교육대상을 선발하여 가르친다.	O X
(4) 지식과 정보의 주기가 짧아지고, 다양한 직업이 등장하고, 평생직장의 개념이 약화되면서 평생교육이 강조되고 있다.	O X
(5) 평생교육은 개인적 차원 및 사회공동체 차원에서 인간의 '삶의 질' 향상을 목적으로 하고 있다.	O X
(6) 유네스코는 평생교육의 기본적 성격을 교육시기의 연장과 교육장의 확대 등에서 찾으려 했다.	O X
(7) 랭그랑(Lengrand)의 『평생교육에 대한 입문』(1965)은 국제교육의 해와 개발연대를 맞아서 전 세계적으로 보급되었으며, 평생교육의 대두 배경을 제시하였다.	O X
(8) 포르(E. Faure)의 『존재를 위한 학습(Learning To Be)』(1972)은 새 시대 교육제도의 개혁방향으로 '학습사회 건설'을 제안하였다.	O X
(9) 유네스코의 『학습 : 감추어진 보물(Learning : The Treasure Within)』에서는 알기 위한 학습, 행하기 위한 학습, 존재하기 위한 학습, 함께 살기 위한 학습을 21세기 교육의 방향으로 제시하였다.	O X
(10) OECD는 학교교육을 마치고 직업생활에 종사하는 성인들에게 수시로 적절한 시기를 택하여 계속적인 재교육을 하는 것이 필요하다는 견해에서 '순환교육' 개념을 제안하였다.	O X

대표 기출문제

문 1. 형식 학습과 비교한 비형식 학습에 대한 설명으로 옳지 않은 것은? [2020년 국가직 9급]

① 시간 – 단기간 및 시간제 학생
② 목적 – 일반적인 목적 및 학위수여
③ 내용 – 개인화된 내용 및 학습자가 입학조건 결정
④ 전달방식 – 자원의 절약 및 유연한 체제

문 2. 다음 설명에 해당하는 평생교육 문헌은? [2020년 국가직 9급]

- 국제교육의 해와 개발연대를 맞아서 전 세계적으로 보급되었다.
- 평생교육 개념 확산에 크게 기여하였다.
- 평생교육의 개념 정립보다는 평생교육의 대두 배경을 제시한 입문서로 볼 수 있다.

① 랭그랑(Lengrand)의 『평생교육에 대한 입문』
② 포르(Faure)의 『존재를 위한 학습』
③ 다베(Dave)의 『평생교육과 학교 교육과정』
④ OECD의 『순환교육 보고서』

2 평생교육 이론 1

핵심내용 정리

228. 노울즈의 안드라고지 이론

페다고지(아동교육)	안드라고지(성인교육)
- 학습자는 의존적인 존재로 교사가 이끌어야 함 - 주어진 학습내용을 수동적으로 받아들이는 경향	- 학습자는 스스로 학습할 능력과 욕구를 가진 존재 - 자신에게 필요한 내용을 능동적으로 학습
- 경험을 쌓는 것이 교육의 주요 목적 - 학습자의 경험은 학습자원으로서 중요도가 낮음	- 삶의 과정 속에서 충분한 경험을 가지고 있음 - 학습자의 경험은 학습의 자원으로 활용될 수 있음
- 연령수준이 동일한 학습자는 학습의 준비도가 유사함	- 선행학습 및 경험, 역할 등에 따라 학습의 준비도 다름
- 교육내용은 교과의 논리에 따라 체계적, 논리적으로 조직(교과중심학습)	- 실생활에 적용할 수 있는 성과지향적 학습(생활·과업·문제중심학습)
- 외적 동기에 의한 학습이 주로 일어남	- 내적 동기에 의한 학습이 주로 일어남

229. 린드만의 성인학습 이론

성인학습의 특징	성인교육의 방법
자신의 필요와 흥미에 따라 학습한다.	토론과 같은 활동적인 방법을 성인교육에 활용하여야 한다.
성인학습은 삶 혹은 현장 중심적이다.	성인학습의 적절한 주제 구성은 과목이 아니라 삶의 상황이다.
경험은 성인학습의 중요한 자원이다.	성인학습의 핵심 방법은 학습자의 경험을 분석하는 것이다.
성인은 자기 주도적으로 학습한다.	교사의 역할은 지식을 전달하기보다는 탐구 과정을 거치게 하며 그 과정이 적합한지 평가하는 것이다.
학습자의 개인차에 따른 학습스타일을 존중하여야 한다.	성인학습은 스타일, 시간, 장소 및 학습 속도의 차이에 대해 최적의 방법을 마련해야 한다.

230. 메지로우의 전환학습 이론

개념	형성적 학습	개인의 인지구조 변화 없이 지식을 암기·회상하는 학습(도구적 학습)
	전환 학습	현실을 지각하고 이해하는 방식을 근본적으로 변화시켜, 자신을 구속하는 신념, 태도, 가치로부터 자신을 해방시키는 과정(해방적 학습)
과정	경험	기존 관점으로는 해석되지 않는 딜레마 경험을 통해 혼란, 분노, 죄책감 경험
	비판적 성찰	다른 사람들과 경험을 공유하고 다른 관점의 주장들을 검토하는 논쟁 과정
	발달	학습에서 습득한 결과를 행동으로 옮기는 과정 속에서 역량의 발달 추구

231. 프레이리의 의식화 이론

◆ **학습의 유형 구분**

은행 예금식 교육	- 전통적 교과지식의 교육, 수동적 지식 교육 - 교사에 의한 지식 전달, '침묵의 문화' 형성 - 학습자의 비인간화, 불평등 구조 재생산
문제 제기식 교육	- 문제 중심 학습, 교사-학생의 대화적 관계 - 비판적 탐구와 의식적 실천(프락시스) 중시 - 인간해방 지향, 불평등한 사회구조 타파

◆ **성인 문해교육**

목표	- 학습자들이 역사적 맥락에서 자신의 삶을 성찰할 수 있게 교육하는 것이 중요
방법	- 성인 각자의 삶이 반영된 일상적 용어를 활용 - 비판적 이해와 토론을 통해 비판적 의식을 형성

기출선지 OX 정답 및 해설 p. 257   # 키워드

(1) 노울즈에 따르면, 성인교육(andragogy)은 학습자가 자기주도적이라는 것을 전제로 하며, 학습자의 경험을 유용한 교육자원으로 활용한다. O | X

(2) 성인교육(andragogy)은 현재의 실생활에 적용할 수 있도록 학습하게 하므로 성과지향적이다. O | X

(3) 성인교육(andragogy)에서 학습동기는 내재적인 요인보다 외재적인 요인에 의해 유발된다. O | X

(4) 성인교육에서 학습자는 학습하기 전에 학습할 필요가 있는지 알고자 한다. O | X

(5) 메지로우의 전환학습은 경험, 비판적 성찰, 발달이 핵심 요소이다. O | X

(6) 프레이리는 성인을 위한 문해교육은 학습자 각자의 삶이 반영된 일상 용어를 활용해야 효과적이라고 주장하였다. O | X

(7) 프레이리는 진정한 교육은 학습자가 탐구(inquiry)와 의식적 실천(praxis) 활동을 하는 것이라고 보았다. O | X

(8) 프레이리의 교육론에 따르면, 교육은 주어진 지식을 전달하는 문제제기식이 아니라 은행저금식으로 이루어져야 한다. O | X

대표 기출문제

문 1. 노울즈(Knowles)가 강조하는 성인 학습자의 특징으로 옳지 않은 것은? [2021년 국가직 7급]

① 사회적으로 풍부한 경험을 바탕으로 학습한다.
② 아동·청소년과 달리 내적 동기만이 학습의 원동력이 된다.
③ 사회적 지위와 역할에 따라서 학습 준비도가 결정된다.
④ 아동기의 수동적·의존적 자아개념에서 점차 주도적·독립적 자아개념으로 변화한다.

문 2. 다음 설명에 해당하는 성인학습 유형은? [2017년 국가직 7급]

- 개인이 주변 현실을 지각하고, 이해하고, 느끼는 방식에 대한 극적이고 근본적인 변화에 관한 학습이다.
- 기존에 겪은 경험의 의미를 재해석하고 새로운 의미를 만들어가는 비판적 성찰을 필수적인 과정으로 본다.
- 주장에 대한 논쟁과 증거를 검토하는 담론 과정과 학습에서 습득한 결과를 행동으로 옮기는 과정을 중시한다.

① 자기주도학습(Self-directed learning)
② 상황학습(Situated learning)
③ 우연학습(Incidental learning)
④ 전환학습(Transformative learning)

3. 평생교육 이론 2

핵심내용 정리

출포 232. 평생교육 제도 모형

통제 모형	사회주의 모형
- 국가가 교육의 목적 내용과 형식을 결정 - 학습자가 비용 부담	- 국가가 교육 통제, 사회주의 이념 교육에 중점 - 국가가 비용 부담

시장 모형(상품 모형)	복지 모형(공공재 모형)
- 시장수요에 따라 교육내용 결정, 국가통제 약함 - 학습자가 비용 부담	- 교육목적·내용은 학습자가 결정, 자아실현 중심 - 학습비 국가 부담 원칙

출포 233. 허친스의 학습사회론

허친스 [학습사회론] (1968)	- '학습사회'는 모든 사회 구성원에게 자유로운 학습기회가 제공되는 사회 - 아동뿐 아니라 성인도 교양교육을 통해 합리적 지성을 계발하여야 함 - 평생학습도시 사업에 영향을 줌
카네기위원회	- 고등교육의 대안적 방향 모색하는 관점 - 교양교육을 중시하면서도, 생활의 중심에 있는 노동을 위한 직업교육도 강조

출포 234. 일리치의 탈학교론

◆ 탈학교론 개관

일리치 [탈학교 사회] (1971)	- 교육의 제도화가 이루어지면서 학교와 교육이 동시되는 '학교화' 현상 발생 - 학교는 '조작적 제도'라고 비판하며, 의무교육제도 및 학교 해체를 주장 - 새로운 교육제도로서 '학습망'에 기초한 학습사회 구성을 주장
기타 학자	- 라이머(E. Reimer)의 『학교는 죽었다』 - 실버만(C. Silberman)의 『교실의 위기』 등

◆ 학습망에 기초한 학습사회(학습교환의 방법)

사물 (교육자료)	학습에 필요한 사물이나 자료에 대한 접근을 용이하게 하는 것 예 도서관, 박물관
기술교환 (모범)	다른 사람들과 자신이 가진 기술을 서로 교환할 수 있는 기회를 제공하는 것 예 기술보유 인명록 제작·비치
동료	학습자 스스로 자신과 함께 학습할 동료를 찾을 수 있게 돕는 것 예 학습활동 기록의 축적·보존, 학습자 간 의사소통망 형성
교육자 (연장자)	사물, 기술교환, 동료의 선택을 도와줄 수 있는 교육자에 대한 정보를 제공 예 교육자 인명록

출포 235. 성인학습 참여의 장애요인

상황적 요인	개인의 생활조건 상의 제약 예 학습비용 부족, 시간 부족, 교통수단 부재, 보육시설 부족 등
기질적 요인	자아와 학습에 대한 부정적 태도 예 학습능력에 대한 자신감 부족, 학습을 즐기지 않음
제도적 요인	성인학습자의 학습을 지원하지 않는 제도 예 강좌개설시간의 제약, 강좌내용의 부적절성
정보적 요인	평생학습기회에 관한 정보 부족 예 평생교육기관이나 프로그램에 대한 홍보 부족

Johnstone & Rivera(1965)	Cross(1981)	Darkenwald & Merriam(1982)
• 상황적 요인 • 기질적 요인	• 상황적 요인 • 기질적 요인 • 제도적 요인	• 상황적 요인 • 기질적 요인 • 제도적 요인 • 정보적 요인

출포 236. 인적자원개발(HRD) 모형

◆ 매클래건의 '인적자원 수레바퀴' 모형

특징	- 인적자원 활동을 크게 11개 영역으로 구분 - 인적자원개발(HRD)과 인적자원관리(HRM)의 영역을 분명하게 구분
인적자원 관리	- 조직과 업무설계, 인적자원계획, 작업수행관리체제, 선발과 배치, 보상과 혜택, 종업원지원, 노사관계, 인적자원정보체제 등
인적자원 개발	- 개인개발 : 개인이 지식과 기술을 습득하고 행동이나 태도를 개선하는 교육 및 훈련 - 경력개발 : 다양한 직무로 이동하기 위한 장기적인 준비 과정으로, 경로 설계와 관련된 지식 및 기술 습득을 포함 - 조직개발 : 조직 수준의 변화를 도모하기 위한 다양한 활동

◆ 길리 등의 인적자원개발의 목표 영역

		초점	
		개인	조직
결과	단기	개인개발	성과향상
	장기	경력개발	조직개발

기출선지 OX 정답 및 해설 p. 258

(1) 허친스(R. Hutchins)는 노동시장의 변화에 대응한 인적자원 개발을 강조하는 학습사회를 주장하였다. O | X

(2) 일리치(Illich), 라이머(Reimer) 등이 제기한 '탈학교론'에서는 학교교육을 통한 성공의 신화를 깨기 위하여 학교교육을 해체하여야 한다고 주장하였다. O | X

(3) 일리치는 학습망(learning webs)을 통한 의무교육의 실현을 제안하였다. O | X

(4) 일리치(I. Illich)는 학습자원을 쉽게 활용할 수 있도록 지역 차원의 연계된 학습망에 기초한 학습사회를 주장하였다. O | X

(5) 크로스(Cross)는 평생교육 참여의 장애요인을 기질적 요인과 상황적 요인으로 구분하였다. O | X

(6) 생산 개발(production development)은 매클래건(P. McLagan)의 인적자원 수레바퀴 모형에 제시된 인적자원개발(HRD)의 영역에 해당하지 않는다. O | X

대표 기출문제

문 1. 의무교육의 대안으로 '학습망(learning web)'이라는 개념을 제시한 학자는? [2023년 지방직 9급]

① 영(Young)
② 일리치(Illich)
③ 지루(Giroux)
④ 프레이리(Freire)

문 2. 평생교육 참여의 장애요인 중 크로스(Cross)가 분류한 세 가지 요인에 해당하지 않는 것은? [2024년 지방직 9급]

① 기질적(dispositional) 요인
② 상황적(situational) 요인
③ 기관적(institutional) 요인
④ 정보적(informational) 요인

4 평생교육 실제 1

핵심내용 정리

237. 평생교육법의 기초

◆ 평생교육법의 상위 체계

헌법	- 국가의 평생교육 진흥 의무(제31조 제5항) - 평생교육 교육제도와 운영 등의 법정주의 (제6항)
교육 기본법	- 모든 국민은 평생에 걸쳐 학습하고, 능력과 적성에 따라 교육 받을 권리를 가진다. (제3조) - 평생교육의 장려, 평생교육 이수결과의 인정, 평생교육시설의 종류와 설립·경영 등의 법정주의(제10조)

◆ 평생교육법의 주요 내용

정의 (제2조)	학교의 정규 교육과정을 제외한 모든 형태의 조직적인 교육활동
이념 (제4조)	- 기회균등 : 모든 국민의 평생교육 기회를 균등하게 보장 - 자발성 : 평생교육은 학습자의 자유로운 참여와 자발적인 학습을 기초로 이루어져야 함 - 중립성 : 평생교육은 정치적·개인적 편견의 선전을 위한 방편으로 이용되어선 안 됨 - 사회적 대우 : 일정한 평생교육과정을 이수한 자에게는 그에 상응하는 자격 및 학력인정 등 사회적 대우 부여

◆ 평생교육의 영역(제2조)

학력보완 교육	학력인정을 받기 위해 필요한 이수학점 취득과 관련된 평생교육
성인 문해교육	일상생활을 영위하는데 필요한 문자해득 능력을 포함한 사회적·문화적으로 요청되는 기초생활 능력 등을 갖출 수 있도록 하는 조직화된 교육프로그램
직업능력 향상교육	직업 준비 및 직무역량 개발을 목적으로 하는 평생교육 프로그램
진로개발 역량 향상교육	성인이 직업을 찾고 진로를 인식·탐색·준비·결정 및 관리할 수 있도록 진로수업·진로심리검사·진로상담·진로정보·진로체험 및 취업지원 등을 제공하는 활동
인문교양 교육	전인적인 성품과 소양을 개발하고 배움 자체를 목적으로 하는 교육 프로그램
문화예술 교육	상상력과 창의력을 촉진하고 생활 속 문화예술을 향유할 수 있는 능력을 기르는 교육
시민참여 교육	사회적 책무성과 공익성 활용을 목적으로 민주시민 역량을 기르는 교육

238. 우리나라의 평생교육 추진체계

	(행정기구)	(전담기구)
국가 수준	교육부 장관	국가평생교육진흥원
	- 평생교육진흥 기본계획 수립(5년 마다) - 조사 및 관련 법령 제·개정	- 국가수준 평생교육 정책 집행 - 평생교육진흥 지원, 조사
광역 수준	시장, 도지사	시·도 평생교육진흥원
	- 평생교육진흥시행계획(매년, 교육감 협의) - 통계조사 및 평가	- 시·도 차원 평생학습 정책 집행 - 기관 간 연계체제 구축 등
기초 수준	시장, 군수, 구청장	시·군·구 평생학습관
	- 시·군·구 정책수립(지역교육지원청과 협의)	- 시·군·구 평생학습관(시·도 교육감 및 시·군·구의 장) - 읍·면·동의 평생학습센터(시·군·구의 장) - 자발적 학습모임 지원(시·도지사, 시·군·구의 장)

239. 평생교육기관 및 시설

◆ 평생교육기관의 설치자

- 「평생교육법」에 따라 인가·등록·신고된 시설·법인 또는 단체
- 「학원의 설립·운영 및 과외교습에 관한 법률」에 따른 학원 중 평생직업교육을 실시하는 학원(학교교과 교습학원 제외)
- 그 밖에 다른 법령에 따라 평생교육을 주된 목적으로 하는 시설·법인 또는 단체

◆ 평생교육시설의 종류

학교의 평생교육	- 초·중·고 또는 대학의 학교의 장이 직접 실시하거나, 지자체 또는 민간에 위탁하여 실시(영리 목적의 법인·단체에는 위탁 불가) - 학교의 시설 및 설비를 활용하여야 함 - 학교개방시간의 시설 관리는 지자체 조례로 정함

핵심내용 정리

학교 부설 평생교육시설	- 각급 학교의 장이 주민의 교양증진 및 직업교육을 위해 설치·운영하는 평생교육시설 - 시설을 설치하는 경우 관할청(대학 - 교육부장관, 고등학교 이하 - 교육감)에 보고하여야 함
학교형태의 평생교육시설	- 대통령령으로 정하는 시설·설비를 갖추고 교육감에게 등록하여야 설치 가능 - 교육감은 일정 기준 이상의 요건을 갖춘 경우 고교 졸업의 학력인정 시설로 지정 가능
사내대학 형태의 평생교육시설	- 사업장의 경영자가 설치·운영, 해당 사업장 또는 관련있는 업체의 종업원을 대상으로 교육 - 교육부장관 인가를 받으면 전문대학 또는 대학졸업자와 동등한 학력·학위가 인정됨
원격대학 형태의 평생교육시설	- 정보통신매체를 이용하여 특정 또는 불특정 다수인에게 유료 원격교육을 실시하는 시설 - 학습비 받는 경우, 교육감에게 신고하여야 함 - 교육부장관의 인가를 받으면 전문대학 또는 대학졸업자와 동등한 학력·학위가 인정됨
사업장 부설 평생교육시설	- 사업장(종업원 100명 이상)의 경영자가 해당 사업장의 고객 등을 대상으로 하는 설치·운영 - 교육감에게 신고 후 설치하여야 함

출포 240. 평생교육사

◆ 평생교육사의 정의 및 배치기관

정의	- 평생교육의 기획·진행·분석·평가 및 교수업무를 수행하는 자
직무	- 평생교육 프로그램의 요구분석·개발·운영·평가·컨설팅 - 학습자에 대한 학습정보 제공, 생애능력개발 상담·교수 - 기타 평생교육 진흥 관련 사업계획 등 관련 업무
배치 기관	- 시·도 평생교육진흥원, 장애인평생교육시설, 시·군·구 평생학습관, 각종 평생교육시설 및 법인 등(최소 1명 이상 의무배치)

◆ 평생교육사의 등급 및 자격요건

1급	- 평생교육사 2급 자격증 취득 후, 평생교육과 관련된 업무에 5년 이상 종사한 경력 등
2급	- 대학원에서 평생교육 과목을 15학점 이상 이수하고 석사 또는 박사학위를 취득한 자 - 평생교육사 3급 자격증을 보유하고 관련 업무에 3년 이상 종사한 경력이 있는 자
3급	- 대학 또는 학점은행기관에서 관련과목을 21학점 이상 이수하고 학위를 취득한 자 - 관련업무에 2년 이상 종사한 경력이 있는 자로서 평생교육사 3급 양성과정을 이수한 자 등

기출선지 OX   정답 및 해설 p. 258

		# 키워드
(1) 「평생교육법」에서 "평생교육"이란 학교의 정규교육과정을 제외한 모든 형태의 조직적인 교육활동을 말한다.	O | X	
(2) 「평생교육법」에서 "평생교육"이란 학력보완교육, 성인 문자해득교육, 직업능력향상교육으로 한정된다.	O | X	
(3) 「평생교육법」에 따르면, 국가 및 지방자치단체는 성인의 사회생활에 필요한 문자해득능력 등 기초능력을 높이기 위하여 노력하여야 한다.	O | X	
(4) 「평생교육법」에 따라, 일정한 평생교육 과정을 이수한 자에게는 그에 상응하는 자격 및 학력 인정 등 사회적 대우를 부여된다.	O | X	

(5) 「평생교육법」에 의하면, 평생교육은 정치적·개인적 편견의 선전을 위한 방편으로 이용되어서는 아니 된다.	O | X	
(6) 「평생교육법」에 근거할 때, 교육감에게 등록된 학교 교과 교습학원도 평생교육기관에 포함된다.	O | X	
(7) 각급학교의 장은 학생·학부모와 지역주민을 대상으로 교양의 증진 또는 직업교육을 위한 평생교육 시설을 설치·운영할 수 있다.	O | X	
(8) 각급학교의 장은 해당 학교의 교육여건을 고려하여 평생교육을 영리를 목적으로 하는 법인 및 단체에 위탁하여 실시할 수 있다.	O | X	
(9) 교육부장관은 학교형태의 평생교육시설 중 일정 기준 이상의 요건을 갖춘 시설에 대하여는 이를 고등학교 졸업 이하의 학력이 인정되는 시설로 지정할 수 있다.	O | X	
(10) 사내대학 형태 평생교육시설은 현행 「평생교육법」에 의하여 학력이 인정되는 평생교육시설 유형에 해당된다.	O | X	
(11) 평생교육사의 등급은 1급부터 3급까지로 구분한다.	O | X	
(12) 「학점인정 등에 관한 법률」에 따라 평가인정을 받은 학습과정을 운영하는 교육훈련기관에서도 평생교육사 자격 취득에 필요한 학점을 이수할 수 있다.	O | X	

대표 기출문제

문 1. 「평생교육법」상 (가), (나)에 들어갈 말을 바르게 연결한 것은? [2024년 지방직 9급]

> "평생교육"이란 학교의 정규교육과정을 (가) 학력보완교육, 성인 문해교육, 직업능력 향상교육, 성인 진로개발역량 향상교육, 인문교양교육, 문화예술교육, 시민참여교육 등을 포함하는 모든 형태의 (나) 교육활동을 말한다.

   (가)   (나)
① 포함한   조직적인
② 포함한   비조직적인
③ 제외한   조직적인
④ 제외한   비조직적인

문 2. 「초·중등교육법」에 따른 각급학교의 장이 「평생교육법」에 의거하여 학교의 평생교육을 실시하고자 할 때, 그 방법으로 옳지 않은 것은? [2016년 국가직 9급]

① 평생교육을 직접 실시하거나 영리를 목적으로 하는 법인 및 단체에 위탁하여 실시할 수 있다.
② 학교의 평생교육을 실시하기 위하여 각급학교의 교실·도서관·체육관, 그 밖의 시설을 활용하여야 한다.
③ 평생교육을 실시함에 있어서 평생교육의 이념에 따라 교육과정과 방법을 수요자 관점으로 개발·시행하도록 한다.
④ 학교를 개방할 경우 개방시간 동안의 해당 시설의 관리·운영에 필요한 사항은 해당 지방자치단체의 조례로 정한다.

5. 평생교육 실제 2

핵심내용 정리

출포 241. 학점은행제

목적	학점인정을 통하여 학력인정과 학위취득 기회를 줌으로써 평생교육의 이념 구현, 개인의 자아실현과 국가·사회의 발전에 이바지(「학점인정법」)
학점 인정	– 학점은행기관의 평생교육 이수자 : 교육부장관이 학습과정을 평가인정한 경우 학점인정 – 그 외의 경우 • 학교 또는 평생교육시설에서 「고등교육법」, 「평생교육법」 또는 학칙으로 정하는 교육과정을 마친 자 • 외국이나 군사분계선 이북지역에서 대학교육에 상응하는 교육과정을 마친 자 • 「고등교육법」과 「평생교육법」에 따라 시간제로 등록하여 수업을 받은 자 • 대통령으로 정하는 자격을 취득하거나 그 자격 취득에 필요한 교육과정을 마친 자 • 대통령으로 정하는 시험에 합격하거나 그 시험이 면제되는 교육과정을 마친 자 • 국가무형유산의 보유자로 인정된 사람과 그 전수교육을 받은 사람으로서 대통령으로 정하는 사람
학력 인정	– 일정한 학점을 인정받은 자는 대학이나 전문대학을 졸업한 자와 같은 수준 이상의 학력 인정 – 대학 140학점, 전문대학 80학점(120학점) 이상
학위 수여	– 신청자격 : 고등학교를 졸업한 자 또는 이와 같은 수준 이상의 학력이 있다고 인정된 자 – 학위수여 : 대학, 고등교육법의 각종학교, 사내대학·원격대학 형태의 평생교육시설의 장

출포 242. 독학학위제

목적	독학자에게 학사학위 취득의 기회를 줌으로써 평생교육의 이념 구현, 개인의 자아실현과 국가·사회의 발전에 이바지(「독학학위법」)
응시 자격	고등학교 졸업이나 이와 같은 수준 이상의 학력(學力)이 있다고 인정된 사람이어야 함
학위 취득 시험	– 과정별 시험: 1. 교양과정 인정시험, 2. 전공기초과정 인정시험, 3. 전공심화과정 인정시험(일정한 학력이나 자격이 있는 사람에 대하여는 시험과목의 전부 또는 일부를 면제할 수 있음) – 학위취득 종합시험 : 최종 단계의 시험, 면제할 수 없음
학위 수여	– 학위취득 종합시험에 합격한 사람에게는 교육부장관이 학위를 수여함 – 국가평생교육진흥원장이 학위취득 종합시험의 시행 및 합격·학위증명 발급(위탁)

출포 243. 평생학습계좌제

정의	국민의 평생교육을 촉진하고 인적자원의 개발·관리를 위하여 국민의 개인적 학습경험을 종합적으로 집중 관리하는 제도(「평생교육법」 제23조)
학습과정의 평가인정	– 교육부장관은 학습계좌에서 관리할 학습과정을 대통령령으로 정하는 바에 따라 평가인정할 수 있음 – 교육부장관은 평가인정을 받은 학습과정의 이수결과를 학점이나 학력 또는 자격으로 인정할 수 있음 – 교육부장관은 평가인정을 받은 학습과정을 설치·운영하는 평생교육기관에 대한 평가인정을 취소할 수 있음
평생교육 이용권의 관계	교육부장관 및 지방자치단체의 장은 평생교육이용권으로 수강한 교육이력을 학습계좌를 통해 관리할 수 있음

출포 244. 평생학습 지원제도

학습휴가 및 학습비 지원	– 국가·지방자치단체와 공공기관의 장 또는 각종 사업의 경영자가 소속 직원의 평생학습 기회를 확대하기 위한 목적으로 실시 – 유급 또는 무급의 학습휴가 실시 가능, 도서비·교육비·연구비 등 학습비 지원 가능
평생교육 이용권 발급	– 국가 및 지방자치단체는 모든 국민에게 평생교육의 기회를 제공할 수 있도록 신청을 받아 평생교육이용권을 발급할 수 있음 – 교육부장관은 평생교육 소외계층에게 우선적으로 평생교육이용권을 발급할 수 있도록 신청자의 요건을 지정할 수 있음
평생학습 도시	– 배경 : 허친스의 학습사회론에 기초, 2001년부터 국가가 지정·지원 – 목적 : 지역사회의 평생교육 활성화 – 지정 : 시·군 및 자치구를 대상으로 지정(교육부장관)

기출선지 OX 정답 및 해설 p. 259   # 키워드

(1) 학점은행제는 학교 내·외에서 이루어지는 다양한 형태의 학습경험과 자격을 학점으로 인정하고 기준이 충족되면 학위취득이 가능한 제도이다. O | X

(2) 국가무형유산의 보유자로 인정된 사람과 그 전수교육을 받은 사람은 「학점인정 등에 관한 법률」상 교육부장관이 그에 상당하는 학점을 인정할 수 있다. O | X

(3) 「학점인정 등에 관한 법률」에 의해 일정 기준의 학점을 취득하면 전문학사 또는 학사 학위를 받을 수 있다. O | X

(4) 학점은행제에서 평가인정의 기준, 학점인정의 기준, 학위 수여요건에 대한 사항은 기관운영의 편이성 차원에서 해당 대학의 장이 정한다. O | X

(5) 독학학위제는 학습자의 자기주도적 학습 정도가 학사학위 취득의 수준에 도달하였는지를 평가하여 국가가 학위를 수여하는 제도이다. O | X

(6) 학점은행제로 취득한 학점은 일정 조건을 갖추게 되면, 독학학위제의 시험 응시자격에 활용될 수 있다. O | X

(7) 독학학위제에서는 일정한 학습 수준을 보장할 수 있는 자격이나 학점을 취득한 경우 부분적으로 시험을 면제받을 수 있다. O | X

(8) 독학학위제에서 고등학교 졸업이나 이와 같은 수준 이상의 학력을 인정받지 못한 경우에도 학사학위 취득시험의 응시자격이 있다. O | X

(9) 평생학습계좌제는 평생교육을 촉진하고 인적자원의 개발·관리를 위해 국민의 개인적 학습경험을 종합적으로 집중 관리하는 제도이다. O | X

(10) 평생학습계좌제에서는 학교교육, 비형식교육 등 국민의 다양한 개인적 학습경험을 학습이력관리시스템으로 누적·관리한다. O | X

(11) 학습계좌제는 학습자에게 교육비를 무상으로 지원해주기 위한 제도이다. O | X

(12) 대표적인 평생교육제도인 독학학위제, 학점은행제, 평생학습계좌제, 내일배움카드제는 국가평생교육진흥원에서 운영하고 있다. O | X

(13) 학습휴가제는 국가·지방자치단체와 공공기관의 장 또는 각종 사업의 경영자가 소속 직원의 평생학습 기회 확대를 위해 유·무급의 학습휴가를 실시하는 제도이다. O | X

(14) 평생교육이용권은 성인의 직업능력개발을 장려하기 위해 교육비를 지원하는 제도로서 일종의 평생교육복지제도이다. O | X

(15) 우리나라의 경우 1999년에 경기도 광명시가 최초로 평생학습도시를 선언한 후 국가 단위의 학습도시사업이 전개되고 있다. O | X

대표 기출문제

문 1. 「학점인정 등에 관한 법률」상 교육부장관이 그에 상당하는 학점을 인정할 수 있는 자에 해당하지 않는 것은? [2022년 국가직 9급, 현행법률반영]

① 외국이나 군사분계선 이북 지역에서 중등교육에 상응하는 교육과정을 마친 자
② 대통령령으로 정하는 자격을 취득하거나 그 자격 취득에 필요한 교육과정을 마친 자
③ 「고등교육법」 제36조 제1항, 「평생교육법」 제32조 또는 제33조에 따라 시간제로 등록하여 수업을 받은 자
④ 「무형유산의 보전 및 진흥에 관한 법률」 제17조에 따라 국가무형유산의 보유자로 인정된 사람과 그 전수교육을 받은 사람으로서 대통령령으로 정하는 사람

문 2. 「독학에 의한 학위취득에 관한 법률」의 내용으로 옳지 않은 것은? [2023년 지방직 9급]

① 국가는 독학자가 학사학위를 취득하는 데에 필요한 편의를 제공하여야 한다.
② 학위취득시험에 응시할 수 있는 사람은 고등학교 졸업이나 이와 같은 수준 이상의 학력이 있다고 인정된 사람이어야 한다.
③ 일정한 학력이나 자격이 있는 사람에 대하여는 학위취득 종합시험을 면제할 수 있다.
④ 교육부장관은 학위취득 종합시험에 합격한 사람에게는 학위를 수여한다.

문 3. 다음에 해당하는 우리나라의 평생교육제도는? [2021년 국가직 9급]

- 국민의 학력·자격이수 결과에 대한 사회적 인정 및 활용기반을 확대하기 위한 제도이다.
- 학교교육, 비형식 교육 등 국민의 다양한 개인적 학습경험을 학습이력관리시스템으로 누적·관리한다.

① 학습휴가제
② 학습계좌제
③ 시간제 등록제
④ 평생교육 바우처

문 4. 「평생교육법」상 평생학습도시에 대한 설명으로 옳지 않은 것은? [2021년 지방직 9급]

① 평생학습도시의 지정 및 지원에 필요한 사항은 교육부장관이 정한다.
② 전국평생학습도시협의회의 구성 및 운영에 필요한 사항은 교육부령으로 정한다.
③ 평생학습도시 간의 연계·협력 및 정보교류의 증진을 위하여 전국평생학습도시협의회를 둘 수 있다.
④ 국가는 지역사회의 평생교육 활성화를 위하여 시·군 및 자치구를 대상으로 평생학습도시를 지정 및 지원할 수 있다.

강서연교육학

기본이론
복습노트

정답 및 해설

정답 및 해설

01 교육철학 및 교육사

1 교육철학

(1) 교육철학의 기초

기출선지 OX

(1) ✕   (2) ○   (3) ✕   (4) ○   (5) ○
(6) ✕   (7) ○   (8) ○

◆ 틀린 지문 옳게 고쳐쓰기
(1) ~ 사변적 기능을 ~
(3) 성장의 비유는 ~
(6) ~ 피터스의 과정적 준거에 ~

대표 기출문제

문 1. ④
피터스는 교육을 인류가 축적한 지식(학문)에 대한 깊이 있는 이해를 통해 신념의 변화를 포함한 전인적인 계발 또는 지적 안목의 획득을 추구하는 활동으로 보았다. 이렇게 교육은 인지적 안목이나 신념의 변화를 수반하는 활동이어야 하며, 이런 점에서 훈련과 구별된다. 즉, 지식, 이해, 안목과 관련되는 기준이므로 인지적 기준(준거)에 해당된다.

문 2. ①
피터스의 교육의 개념적 준거 3가지 중 규범적 준거는 교육은 모종의 가치 있는 것을 추구하는 내재적 목적의 활동이여야 한다는 것이다. 이에 대한 설명은 'ㄱ'이다.

오답 체크
ㄴ. 과정적 준거에 근거한 교육의 개념이다. 교육은 도덕적으로 온당한 방식으로 이루어져야 하며, 최소한 학습자의 의식과 자발상을 전제로 하여야 한다는 것이다.
ㄷ. 인지적 준거에 근거한 교육의 개념이다. 교육은 인간의 전인적 계발을 위해 폭넓고 깊이 있는 지식, 이해, 인지적 안목을 길러주는 일이어야 한다는 것이다.

(2) 20세기 전반의 교육철학

기출선지 OX

(1) ○   (2) ○   (3) ✕   (4) ○   (5) ○
(6) ✕   (7) ○   (8) ○   (9) ✕   (10) ○

◆ 틀린 지문 옳게 고쳐쓰기
(3) 항존주의 교육철학은 ~
(6) ~ 위대한 고전에 대한 교육과 실용적인 직업교육을 구분하려고 하였다.
(9) ~ 본질주의 입장의 재현~

대표 기출문제

문 1. ①
본질주의 철학에서는 교육을 학생의 미래준비를 위한 훈련으로 보고, 아동의 흥미보다는 철저한 학습을 지도해야 한다고 보았다.

오답 체크
② 항존주의는 실용적인 직업교육과 고전교양교육을 구분하려 하였다.
③ 본질주의에 대한 설명이다. 재건주의는 사회개혁에 필요한 교과내용을 중시하였다.
④ 허친스는 항존주의 교육철학을 지지하였다. 진보주의는 듀이의 철학적 영향을 받았다.

문 2. ③
항존주의 교육사조에 대한 설명이다. 고대 그리스의 자유 교양교육은 전통 교양교과(학문)를 통해 불변의 진리를 학습하여 인간의 이성(합리적 마음)을 계발하는 데 목적을 둔다. 항존주의 교육철학에서도 위대한 고전을 통한 이성의 훈련을 교육목적으로 둔다.

(3) 20세기 후반의 교육철학 1

기출선지 OX

(1) ○   (2) ✕   (3) ○   (4) ○   (5) ✕
(6) ○   (7) ○   (8) ✕   (9) ✕   (10) ○

◆ 틀린 지문 옳게 고쳐쓰기

(2) ~ 점진적이고 지속적으로 이루어지는 것만은 아니라고 본다.
(5) ~ 찾으려 하지 않았다.
(8) ~ 가치내재적인 것으로 ~
(9) ~ 때문에 기초가 존재하지 않는다고 본다.

대표 기출문제

문 1. ①
실존주의 교육철학은 학습자가 삶의 여러 문제들에 대한 실존적 각성과 선택을 통해 주체적 성장을 도울 수 있다고 보는 교육철학이다.

오답 체크
②재건주의, ③본질주의, ④항존주의 교육철학의 특징에 해당한다.

문 2. ③
모더니즘은 근대 계몽주의 철학에 기초한 철학이나 문화를 통칭하는 개념으로, 보편적 진리관에 기초해 있으므로 보편적·절대적 지식을 추구하는 교육을 주장한다.
포스트모더니즘에서는 지식이란 특정한 주체가 자신의 주관에 기초해서 구성한 작은 이야기(소서사)일 뿐이며, 따라서 인식주체의 가치를 내포한다고 본다. 따라서 포스트모던 철학을 반영한 교육에서는 지식의 주관성과 가치의 다양성을 강조하게 된다.

(4) 20세기 후반의 교육철학 2

기출선지 OX
(1) ✕ (2) ✕ (3) ○ (4) ○ (5) ✕ (6) ○

◆ 틀린 지문 옳게 고쳐쓰기
(1) ~ 강조하는 관점을 비판한다.
(2) ~ 부버이다.
(5) ~ 의사소통적 합리성 ~

대표 기출문제

문 1. ②
교육을 '특정한 사회적 활동(실제)'의 영역에 학생들을 입문시키는 일'로 정의한 교육철학자는 허스트이다. 1970년대에 허스트는 피터스와 함께 교육을 '지식의 형식'에 학생들을 입문시키는 일로 정의하였으나, 1990년대 들어서는 다양한 삶의 형식을 가르쳐야 한다는 입장을 표명하게 되었다. 이전의 입장이 이론적 지식을 가르치는 것에만 치중하였다는 한계를 인정한 것이다.

오답 체크
① 피터스는 교육의 내용이 고유한 개념, 논리구조, 진리 검증의 방식을 가진 '지식의 형식들'로 입문시키는 일로 이루어져야 한다고 보았다.
③ 프레이리는 교육의 내용이 학생들에게 사회의 문제에 대해 비판적 의식을 갖고 저항적 실천(프락시스)을 할 수 있도록 격려하는 일로 이루어져야 한다고 보았다.
④ 마르쿠제는 급진적 비판이론가로서 노동자 계급을 '획일적인 인간'으로 만들어내는 자본주의 산업사회와 반대세력을 비폭력적인 방식으로 억압하는 부르주아 민주주의를 비판하였다. 더 나아가 인간 해방을 위해서는 자본주의와 민주주의 모두를 전면적으로 부정하는 '위대한 거부'를 주장한 학자이다.

문 2. ①
호르크하이머, 아도르노, 하버마스로 대표되는 프랑크푸르트 학파는 인간의 자유를 억압하는 여러 제약 요인들을 분석·비판하고 인간과 사회의 해방을 추구하는 비판이론을 정립하였다. 이들 이론에 바탕을 두고 교육 현상에 대한 비판적 분석과 탐구를 추구하는 실천철학은 비판적 교육철학이다.

오답 체크
② 분석적 교육철학은 교육 현상에 대해 객관적, 과학적, 가치중립적으로 접근하였다.
③ 홀리스틱 철학은 인본주의 철학을 수용한다.
④ 프래그머티즘 교육철학은 지식이 인간의 사고와 경험에 의해 만들어진다고 본다.

2 서양교육사

(1) 고대와 중세의 교육

기출선지 OX
(1) ○ (2) ✕ (3) ○ (4) ○ (5) ○

◆ 틀린 지문 옳게 고쳐쓰기
(2) ~ 수사학교가 문법학교보다 ~

대표 기출문제

문 1. ②
고대 로마의 제정시대에는 학교교육이 발전하면서 학교급에 따라 교육목표와 내용이 세분화되었다. 초등 수준의 학교인 문자학교에서는 3R 중심의 기초소양교육이, 중등 수준의 학교인 문법학교에서는 7자유학과 중심의 자유교양교육이 이루어졌다. 가장 높은 수준의 교육기관인 수사학교, 법률학교, 철학학교에서는 각각 수사학, 법학, 윤리학이 중심이 된 교육이 이루어졌다. 이 중에서도 웅변가 양성을 위한 수사학교가 대부분을 차지하였는데, 이것은 당시의 학문적 경향이 현학적인 학문보다는 실용적인 학문이 중시되었다는 것을 보여준다.

문 2. ③
중세시대 대학의 출현은 십자군 원정 이후 외부로부터의 실용학문 유입, 도시와 상공업의 발달로 전문인력에 대한 수요 증가, 기독교 스콜라 철학의 발달 등과 관련이 깊다. 초기의 대학은 학자들과 학생들의 조합(길드)을 기반으로 하였다.
조합학교(guild school)는 중소 상공업을 중심으로 하는 조합(길드)의 조합원들이 자신들의 자제나 길드에 소속된 도제 직원을 교육시켜 상공인으로서의 직업준비를 갖추게 하는데 그 목적을 두었다. 조합학교에서는 직업교육뿐 아니라 기초교육으로 모국어로 읽기, 쓰기, 계산하기를 포함하였고, 종교적인 것도 가르쳤다. 조합학교는 초중등 수준의 학교로 대학의 발생에 미친 주요한 영향을 미쳤다고 보기 어렵다.

(2) 고대 그리스의 교육사상

기출선지 OX
(1) ✕ (2) ○ (3) ○ (4) ○ (5) ○
(6) ○ (7) ✕

◆ 틀린 지문 옳게 고쳐쓰기
(1) 아리스토텔레스는 ~
(7) ~ 자유교육은 직업을 준비하거나 실용적인 목적을 위해 행해지는 교육이 아니라 지식 자체의 목적을 두는 교육을 의미한다.

대표 기출문제

문 1. ②
학생에게 질문을 던짐으로써 자신의 무지를 깨닫게 하고 결국은 스스로 참된 지식에 이를 수 있게 하는 교육방법을 강조한 사람은 소크라테스이다.

오답 체크
① 아퀴나스는 중세의 스콜라 철학을 체계적으로 완성한 사람으로, 아리스토텔레스 철학을 이용해서 신의 존재를 논증하였다.
③ 프로타고라스는 소피스트의 대표 인물로서 '인간은 만물의 척도'라는 명제를 통해 상대주의적 가치관을 제시하였다.

④ 아리스토텔레스는 자아실현을 통한 행복 추구를 교육의 궁극적 목적으로 두고, 본성, 습관, 이성의 조화로운 발달을 강조하였다.

문 2. ②
플라톤은 각 계급들이 각자의 덕목을 실현하여 조화를 이루는 것이 이상적인 국가의 모습이라고 보았다. 이를 위해 각 계급에 적합한 교육을 하도록 해야 한다고 주장하였다.

오답 체크
① 교육의 궁극적 목적을 개인의 자아실현에 둔 고대 그리스의 철학자는 아리스토텔레스이다.
③ '백지설'에 기초하여 인간의 평등을 주장한 사상가는 로크이다.
④ 국가의 개입이 최소화된 상태, 즉 자연 상태에서의 개인의 발달을 보장할 것을 강조한 사상가는 루소이다.

(3) 근대의 교육사상 1

기출선지 OX
(1) ○ (2) ✕ (3) ○ (4) ○ (5) ○
(6) ✕ (7) ○ (8) ✕

◆ 틀린 지문 옳게 고쳐쓰기
(2) ~ 사회개혁보다는 개인에 ~
(6) 사회적 실학주의는 ~
(8) 코메니우스는 ~

대표 기출문제

문 1. ②
르네상스기의 인문주의 교육은 중세 기독교적 복음주의를 비판하며 등장하였다. 인문주의 교육은 감각적 실학주의보다 앞서 등장하였다.

문 2. ③
동굴의 비유는 플라톤이 이데아론을 설명하기 위해 만든 비유이다. 동굴 안에 살고 있는 사람들이 보고 있는 것은 실체의 그림자일 뿐이며, 실체는 동굴 밖의 세계에 존재한다는 것이다. 이와 같이 현실 세계 속에서 우리가 경험하는 것은 실체가 아닌 그림자일 뿐이며, 진정한 진리와 가치는 이데아에 존재한다는 것이다. 인간은 이데아 세계에 존재하는 진리에 도달하기 위하여 합리적 이성을 개발하여야 한다고 설명하는 것이다.

(4) 근대의 교육사상 2

기출선지 OX

(1) O (2) O (3) O (4) X (5) O
(6) X (7) O

◆ **틀린 지문 옳게 고쳐쓰기**

(4) ~ 학습자인 아동이 주도적 역할을 하는 소극교육의 중요성을 ~
(6) ~ 유아기의 ~

대표 기출문제

문 1. ③
계몽주의 교육사조에서는 과학과 철학 교과를 통한 이성 교육을 강조하였다.

문 2. ①
자연주의 교육사상을 주장하며, 『에밀』을 저술한 사람은 루소이다. 루소는 교육을 성인의 미래 준비를 위한 훈련으로서 보는 전통적 관점을 비판하면서, 아동의 자연스러운 성장 과정을 교육으로 보는 관점을 견지하였다.

(5) 근대의 교육사상 3

기출선지 OX

(1) O (2) O (3) X (4) O (5) O (6) O

◆ **틀린 지문 옳게 고쳐쓰기**

(3) ~ 중심은 가슴이 되어야 ~

대표 기출문제

문 1. ③
고전 연구와 교육을 중시한 이탈리아의 궁정학교와 독일의 김나지움 같은 학교들은 16세기 인문주의 교육사상의 영향을 받아 만들어진 학교들이다.

문 2. ①
헤르바르트는 『일반교육학』을 저술하여, 교육철학을 기초로 교육목적을, 심리학을 기초로 교육방법을 설계하는 현대 교육학의 체계를 정립하였다.

(6) 근대 공교육체제의 성립 과정

기출선지 OX

(1) X (2) O (3) O (4) O (5) X

◆ **틀린 지문 옳게 고쳐쓰기**

(1) ~ 교육의 보편화(대중화)를 촉진하였다.
(5) 독일에서는 ~
   19세기 말 독일은 급속한 산업화를 겪으면서 기술 인력에 대한 수요가 증가하여 직업계 학교를 중심으로 중등학교 취학률이 급격히 증가하였다. 독일의 중등학교는 인문계학교(김나지움)와 직업계학교의 구분이 명확한 복선제 학제를 가지고 있었으며, 이 시기를 거치면서 복선제 학제가 더욱 강화되었다.

대표 기출문제

문 1. ④
종교개혁은 1517년 교회의 부패와 타락에 대한 루터의 비판으로부터 시작된다. 당시 교황의 면죄부 판매를 반대하면서 95개조의 반박문을 발표한 것이다. 루터는 오직 성경에 쓰여 있는 하나님의 말씀에 대한 믿음과 도덕적 회개를 통해 구원을 받을 수 있다고 강조하였다. 이로 인해 종교개혁 운동은 성서 중심의 신앙해방운동으로 확장되었다. 모든 사람이 성서를 읽을 수 있도록 성서를 모국어로 번역하고, 기초문해 교육을 발달시키는 데 영향을 미쳤다. 더 나아가 교육을 교회의 통제로부터 벗어나게 하고 국가가 교육을 관리하는 근대 공교육제도의 기초를 형성하는 계기를 마련하였다.

오답 체크

① 종교개혁으로 인해 교육의 구심점이 교회에서 국가로 이동하였다.
② 중세부터 교육은 종교화되었으므로, 성서 중심 교육이 교육의 종교화를 초래한 것은 아니다.
③ 아동의 발달단계에 따른 교육을 강조하는 것은 자연주의 교육사상과 관계가 깊다.

문 2. ④
미국에서는 독립(1776년) 이후 공립학교가 설립되고 근대 학교제도가 빠르게 정착하면서 단선형 학제가 정립되었다. 미국의 중등학교 취학률이 빠르게 증가한 것은 1940~1950년대이다.
한편, 1890년대에 중등학교 취학률이 급격히 증가하여 복선제 학제가 강화된 국가는 독일이다. 당시 독일은 급속한 산업화를 겪으면서 기술 인력에 대한 수요가 증가하여 직업계 학교를 중심으로 중등학교 취학률이 급격히 증가하였다. 독일의 중등학교는 인문계학교(김나지움)와 직업계학교의 구분이 명확한 복선제 학제를 가지고 있었으며, 이 시기를 거치면서 복선제 학제가 강화되었다.

오답 체크

① 종교개혁(16세기)은 부패한 교회의 개혁운동이자, 성서 중심의 신앙해방운동이었다. 이 과정에서 일반대

중들에 의한 성서 읽기가 강조되면서 문해교육이 요청되었고, 국가가 공립학교를 설립하여 의무교육을 실시하여야 한다는 주장이 등장하였다. 즉, 종교개혁 과정에서 대중교육에 대한 국가의 책무가 강조되었으며, 근대 공교육 제도의 발달에 중요한 영향을 미쳤다.

② 프랑스 혁명기(1789~1799)에 꽁도르세는 '공교육조직법안'을 통해 공교육의 기본 원칙을 제시하였다. 이 법안은 교육의 종교로부터의 자유, 국가의 교육에 대한 통제권 강화, 완전한 무상교육 실시 등의 원칙을 제시하였다.

③ 영국의 자유주의 경제학자인 아담 스미스는 『국부론』(1776)을 통해 교육은 개인적·사회적 투자이며, 국가가 경제적 취약계층에게 교육을 제공해야 한다는 주장을 펼쳤다. 한편 영국의 비국교도들은 종교적 자유를 확보하기 위해 국교(성공회)와 국가의 분리를 주장하였으며, 산업혁명과 도시화의 과정 속에서 사회적 불평등과 노동자의 권리 문제를 개선하려는 다양한 운동을 지원하였다. 19세기 말에 이르러 자유주의자들과 비국교도들은 국가교육연맹을 구성하여 의무무상교육 운동을 전개하였다.

3 한국교육사

(1) 조선시대 이전의 교육

기출선지 OX

(1) ○　(2) ×　(3) ×　(4) ○　(5) ○
(6) ○　(7) ○　(8) ○　(9) ○

◆ 틀린 지문 옳게 고쳐쓰기

(2) ~ 지방 귀족과 서민층의 미혼 자제를 위한 교육기관이었다.
(3) 통일신라에는 ~

대표 기출문제

문 1. ④
고구려의 경당에서는 오경(五經 : 시경, 서경, 주역, 예기, 춘추)과 삼사(三史)를 중심으로 교육하였다.
유교 경전으로 사서(四書 : 논어, 맹자, 대학, 중용)가 중시된 것은 성리학의 영향이 강해진 조선시대부터이다. 송나라 주희는 성리학 체계를 집대성하면서, 공자와 맹자의 가르침을 체계화하고, 〈예기〉의 일부를 대학과 중용으로 발췌하여 사서의 체계를 갖추었다.

문 2. ④
'십이도'는 최충이 설립한 문헌공도를 위시한 12개의 사립 교육기관이었다. 고려의 교육기관 중 국가가 경영한 학교로서 문묘 없이 학생을 가르치는 교육 기능만을 수행한 기관은 '동서학당(오부학당)'이다.

(2) 조선시대의 교육

기출선지 OX

(1) ×　(2) ○　(3) ×　(4) ×　(5) ○
(6) ○　(7) ○　(8) ○　(9) ○　(10) ×

◆ 틀린 지문 옳게 고쳐쓰기

(1) ~ 담당하였으며, 조선시대에도 이와 유사했다.
(3) ~ 중앙에 있는 사학(四學)의 생도를 우선적으로 승보시켰다. 사학 생도 중에서 15세 이상으로 경전 학습에 능통한 자 등이 그 대상이 되었다.
(4) ~ 성균관과 달리 문묘를 갖추지 않았다.
(10) 권근의 『입학도설』은 ~

대표 기출문제

문 1. ④
성균관 재학 유생이 정원에 미달할 경우, 4학 생도 중 15세 이상으로 소학 및 사서오경 중 1경에 통한 자, 음직을 받을 수 있는 공신이나 현관의 적자로서 소학에 통한 자, 생원진사시의 초시인 한성시와 향시에 합격한 자, 현직 관리 중 입학을 원하는 자 등을 입학시켰다. 주로 한양에 거주하는 지배층의 자제에게 우선권이 주어졌다고 볼 수 있다.

문 2. ④
알성시는 국왕이 성균관의 문묘에 참배한 뒤 시행한 시험으로 성균관 유생만 참여할 수 있었다. 황감제는 매년 제주도의 특산물인 감귤이 진상되어올 때, 성균관의 명륜당에서 유생들에게 감귤을 나누어준 뒤 치른 시험이다. 도기과는 성균관에 거재(居齋) 중인 유생들을 대상으로 시행한 시험으로, 왕명으로 출석부인 도기를 점검하고 그날의 도기에 이름을 올린 유생에게만 응시를 허용하였다. 성균관 유생에게만 응시가 허용된 경우, 향교 유생은 시험에 참여할 수 없었다.

(3) 고려와 조선의 과거제도

기출선지 OX

(1) ○　(2) ×　(3) ○　(4) ○

◆ 틀린 지문 옳게 고쳐쓰기

(2) ~ 초시와 복시의 2단계로 ~

(4) 조선시대의 교육사상

기출선지 OX

(1) ✗　(2) ○　(3) ✗　(4) ○　(5) ○　(6) ○

◆ 틀린 지문 옳게 고쳐쓰기

(1) 이황과 이이는 모두 위기지학을 올바른 ~
(3) 이이의 『학교모범』에서는 ~

대표 기출문제

문 1. ①

위기지학이란 자신의 성찰을 통해 참된 본성의 실현을 지향하는 공부로서, 이황과 이이 모두 위기지학을 참된 공부의 모습이라고 주장하였다.

오답 체크

② 격물치지 : 앎에 이르기 위해 사물의 이치를 끝까지 파고든다는 뜻으로, 성리학에서 강조한 학문의 자세를 의미한다.
③ 실사구시 : 실제적인 것에 관심을 갖고 진리를 탐구한다는 뜻으로, 조선 후기 실학자들이 강조한 학문의 자세를 말한다.
④ 권학절목 : 1732년(영조 8)에 경상감사 조현명이 제정한 교육법규로, 리(숙사) → 면(서원·서당) → 군·현(향교) → 도(낙육재)로 이어지는 학교체제를 갖추고, 면의 서원·서당에는 면훈장, 군·현의 향교에는 도훈장이 교육을 담당하도록 하는 내용을 담고 있다.

문 2. ④

대표적 실학자인 정약용은 천자문, 사략, 통감을 아동에게 읽혀서는 되는 안 되는 책이라고 하였다. 천자문은 문자배열이 비체계적이고 아동의 이해수준 고려하지 않았기 때문에, 사략은 역사책이지만 허구적인 전설, 신화 등이 다수 포함되어 있기 때문에, 통감은 저자를 신뢰할 수 없고 그 내용도 가치가 없기 때문에 아동의 교육에 도움이 되지 않는다고 하였다.

오답 체크

① 실학은 임진왜란 후 피폐해진 사회를 구원하려는 현실 개혁의 열망과 서양 문물과 청조 문물의 유입에 따른 영향으로 일어난 새로운 학풍이다. 실학의 핵심 이념은 실사구시, 이용후생, 경제치용으로 압축된다. 이런 관점에서 실학은 현실의 개혁을 위해 실용을 위한 공부와 교육을 해야 한다고 보았다.
② 성리학은 중국 중심의 세계관으로서 우리나라가 중국의 일부로밖에 인식되지 않았으나, 실학은 민족주의적 관점으로서 우리 역사와 문화에 대한 독자적 인식을 강조하였다. 따라서 교육에서도 우리나라의 역사와 문화를 가르칠 것을 강조하였다.
③ 실학은 실학에는 사회 체제의 개혁이나 생산력의 증대를 추구한다는 점에서 근대 지향적인 성격을 내포하고 있다. 당시 신분제 사회의 한계를 극복하기 위해, 신분의 구별 없이 교육의 기회를 제공해야 한다고 보았다.

(5) 개화기와 일제강점기의 교육

기출선지 OX

(1) ○　(2) ○　(3) ○　(4) ○　(5) ○
(6) ○　(7) ✗　(8) ○　(9) ○　(10) ✗

◆ 틀린 지문 옳게 고쳐쓰기

(7) ~ 소학교에서 보통학교로 ~
(10) 제2차 조선교육령 ~

대표 기출문제

문 1. ②

우리나라 최초로 설립된 민간 신식교육기관은 원산학사이다. 우리 민족이 민관합동으로 설립하였다.
배재학당은 기독교계에서 설립한 민간 신식교육기관 중의 최초 기관이다.

문 2. ②

제2차 조선교육령 시기에는 보통학교와 소학교의 이원적 학제는 유지하였으나, 보통학교의 수업연한을 6년으로 연장하였다. 또, 대학령에 의해 경성제국대학이 설립되었다.

(6) 민족교육운동과 해방 이후의 교육

기출선지 OX

(1) ○　(2) ✗　(3) ○　(4) ✗

◆ 틀린 지문 옳게 고쳐쓰기

(2) 경성제국대학은 일제가 우리 민족의 조선민립대학설립운동을 봉쇄하기 위한 정책의 일환으로 설립한 것이다.
(4) 고교평준화 정책은 입시과열 해소를 위해 서울과 부산부터 시행되었다. / 중학교 의무교육 정책은 초등학교 완전취학이 달성된 1980년대에 도서·벽지에서부터 시행되었다.

02 교육심리학

1 발달이론의 기초

기출선지 OX

(1) ○   (2) ×

◆ 틀린 지문 옳게 고쳐쓰기

(2) ~ 전체적인 반응에서 특수한 반응으로 ~

대표 기출문제

문 1. ④
발달의 일반적 원리에 따르면, 발달은 전체적인 반응에서 특수한 반응으로 이행하며 발달해 나가는 특성을 보인다.

오답 체크

① 발달은 일정한 순서와 단계를 따른다. 발달은 머리에서 발쪽으로, 중심에서 말초 방향으로 진행되는 경향이 있다.
② 발달은 성숙과 학습의 상호작용의 결과이다. 즉, 발달은 유전과 환경의 상호작용의 결과이다.
③ 발달속도는 개인 간 및 개인 내 차이가 있다. 즉, 아동과 아동 간의 발달속도의 차이가 있을 뿐 아니라, 한 개인 아동이 가지고 있는 인지적, 정의적, 신체적 분야의 여러 능력 간에도 발달속도의 차이가 있다.

2 인지발달이론

기출선지 OX

(1) ○   (2) ○   (3) ○   (4) ×   (5) ○
(6) ○   (7) ○   (8) ○   (9) ×   (10) ○

◆ 틀린 지문 옳게 고쳐쓰기

(4) 구체적 조작기에 ~
(9) ~ 사고가 언어를 ~ ~ 언어가 사고 발달을 ~

대표 기출문제

문 1. ③
피아제의 인지발달단계는 감각운동기 → 전조작기 → 구체적 조작기 → 형식적 조작기 순으로 나타난다.

문 2. ②
근접발달영역은 학습자의 실제적 발달수준과 잠재적 발달수준 사이에 있는 영역을 의미한다. 학습자는 이 영역 내에서 성인이나 유능한 또래의 도움을 받아 혼자서는 해결할 수 없었던 과제를 해결하면서 인지발달을 이루게 된다. 따라서 교사는 학습자의 근접발달영역을 찾아서 이 영역 내에서 사회적 상호작용이 일어날 수 있도록 도와야 한다.

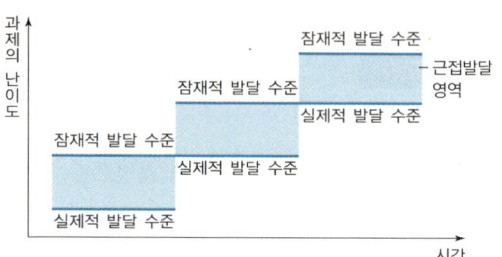

3 도덕성 발달이론

기출선지 OX

(1) ×   (2) ×   (3) ○   (4) ○   (5) ○
(6) ×   (7) ○

◆ 틀린 지문 옳게 고쳐쓰기

(1) 피아제는 ~
(2) ~ 학생 상호 간의 자유로운 토론이 중요한 ~
(6) 피아제의 ~

대표 기출문제

문 1. ②
콜버그의 도덕성 발달단계의 시작은 처벌회피 지향에서 비롯된다.

오답 체크

① 피아제의 이론에 대한 설명이다.
③ 프로이트의 이론에 대한 설명이다.
④ 정의, 평등, 생명과 같은 보편적 원리를 지향하는 것은 후인습 수준의 도덕성이다. 인습 수준의 도덕성은 타인의 인정이나 법과 사회질서를 지향한다.

문 2. ②
ㄱ. 피아제는 아동 초기의 도덕성 발달에 초점을 둔 반면, 콜버그는 피아제가 구분한 도덕성 발달단계를 3수준 6단계로 세분화하고 성인기까지 확장하였다. 콜버그

의 도덕성 발달단계는 전인습 수준은 대체로 4~10세, 인습 수준은 10세~성인기 초기, 후인습 수준은 성인기에서 나타나며, 단지 일부의 성인만이 최고 수준의 도덕성에 도달할 수 있다고 보았다.
ㄹ. 콜버그는 권리, 규칙 등을 중시하는 '정의'의 관점에서 도덕적 판단을 내리는 이성적 능력을 기준으로 도덕성 발달단계를 구분하였다. 길리건은 콜버그의 이론을 서구의 백인 남성들만의 기준을 반영한 남성 중심의 이론이라고 비판하면서, 여성이 바라보는 도덕성의 기준을 반영하는 도덕성 이론의 필요성을 제기하였다. 그에 따라, 길리건은 책임감, 인간관계 등을 중시하는 '배려'의 관점에서 도덕적 판단을 내리는 감성적 능력을 기준으로 도덕성 발달을 설명한다.

오답 체크

ㄴ. 콜버그는 도덕적 사고력을 길러 주기 위해서는 학생 상호 간의 자유로운 토론을 중요한 방법으로 활용하여 한다고 보았다. 전통적인 도덕교육의 방법이었던 성인에 의한 사회적 전수, 즉 교화는 도덕적 사고력을 길러주는 데에는 적절하지 않다고 보았다.
ㄷ. '사회계약 정신 지향' 단계에서는 법과 규칙 속에 내재되어 있는 사회적으로 합의된 기준 혹은 정신을 지키는 것이 중요하다고 한다. 타인의 인정을 중요하게 생각해서 '착한 소년·소녀'를 지향하는 단계는 세 번째 단계이다.

4 성격발달이론 1

기출선지 OX

(1) X (2) O (3) O (4) O (5) X
(6) O (7) X (8) X (9) O

◆ 틀린 지문 옳게 고쳐쓰기
(1) ~ 초자아이다.
(5) ~ 있다고 본다.
(7) ~ 청소년기의 ~
(8) ~ 청소년기 아동의 '자아정체감' 형성을 ~

대표 기출문제

문 1. ④
프로이트는 성격 구조를 구성하는 요소들로 원초아, 자아, 초자아를 제시한다. 초자아는 도덕적 원리를 추구한다. 초자아는 부모나 양육자의 영향을 많이 받아 형성되며, 양심과 자아이상이라는 하위체계로 구성된다.

오답 체크
① 무의식은 정신세계의 구조를 나타내는 개념이다.
② 원초아는 쾌락의 원리를 추구한다.
③ 자아는 현실의 원리를 추구한다.

문 2. ③
ㄱ. 에릭슨의 발달이론에서 각 단계의 출현시기는 개인에 따라 차이가 있지만, 출현순서는 불변한다고 가정한다.
ㄷ. 에릭슨은 각 단계에서 직면하는 발달적 위기를 잘 극복하면 바람직한 성격이 형성되지만, 위기 극복에 실패하면 이후 단계에서도 이전 단계의 발달적 위기가 반복하여 나타난다고 보았다.

오답 체크
ㄴ. 에릭슨은 현 단계에서는 직전 단계에서 실패한 과업을 해결할 수 있다고 보았기 때문에, 성격이 전 생애의 과정을 통해 형성·변화된다고 보았다.

5 성격발달이론 2

기출선지 OX

(1) X (2) O (3) X (4) O (5) X

◆ 틀린 지문 옳게 고쳐쓰기
(1) ~ 정체성 유실(상실, 폐쇄) 상태에 ~
(3) ~ 제3자적 조망 또는 사회적 조망 수준에까지 발달할 수 있다고 ~
(5) ~ 외부체계는 ~

대표 기출문제

문 1. ③
마샤의 정체성 지위 이론에서는 정체성 위기 경험의 여부와 정체성에의 몰입 여부에 따라 정체성 지위를 분류한다. 정체성 지위의 유형에는 정체성 혼미, 정체성 상실, 정체성 유예, 정체성 확립이 포함된다. 이 중 자신의 정체성을 아직 확립하지 못한 상태로 구체적인 과업에 전념하지 못하는 상태에 있으나, 자신의 정체성을 적극적으로 탐색하고 있는 유형은 '정체성 유예' 유형이다.

오답 체크
① 정체성 동요는 마샤의 정체성 지위 유형에 포함되지 않는다.
② 정체성 상실은 정체감 위기를 경험하지 않은 채로, 부모 등의 권유를 수용하여 이미 선택한 역할에 몰입해 있는 상태를 말한다.

④ 정체성 혼미는 정체감 위기를 경험하지 못한 상태이며, 자신의 정체성을 탐색하려는 시도나 욕구도 부족한 상태에 해당한다.

문 2. ④
브론펜브레너는 생태학적 발달이론을 제시한 학자로서, 인간을 둘러싼 다양한 수준의 환경이 상호작용하며 발달에 영향을 미친다는 점을 강조하였다.

오답 체크
① 피아제의 인지 발달이론에 대한 설명이다. 비고츠키는 사회적 상호작용과 내면화를 통해 인지발달이 이루어진다고 보았다.
② 피아제의 도덕성 발달이론에 대한 설명이다. 콜버그는 전인습 수준에서 인습 수준으로, 다시 후인습 수준으로 도덕성이 발달한다고 설명하였다.
③ 에릭슨의 성격 발달이론에 대한 설명이다. 프로이트는 아동기에 경험하는 성적 충동에 의한 위기를 어떻게 해결하느냐에 따라 발달이 이루어진다고 보았다.

6 지능이론

기출선지 OX
(1) ○ (2) ○ (3) ✕ (4) ✕ (5) ○
(6) ○ (7) ✕ (8) ○

◆ **틀린 지문 옳게 고쳐쓰기**
(3) ~ 내용, 조작, 산출이라는 3개의 차원 ~
(4) ~ 유동지능과 결정지능으로 ~
(7) 가드너는 ~

대표 기출문제

문 1. ④
카텔은 지능을 유동적 지능과 결정적 지능으로 구분하였다. 유동적 지능은 태어날 때부터 주어진 능력으로 생물학적 발달에 비례하여 발달하며, 결정적 지능은 교육이나 훈련, 문화적 경험의 결과로 형성되는 것으로 보았다.

오답 체크
① 길포드는 지능이 내용, 조작, 산출이라는 3개의 차원으로 구성된다고 가정하였다.
② 스턴버그는 지능이 성분적, 경험적, 맥락적 요소로 구성된다는 삼위일체이론을 주장하였다.
③ 가드너는 지능이 서로 독립적이며 다양한 능력들로 구성되어 있으며, 이들 능력들은 특정한 사회문화적 맥락의 영향을 받는다고 보았다.

문 2. ③
가드너의 다중지능이론은 지능이 서로 독립적인 다양한 능력들로 구성되어 있다고 본다. 각 지능의 가치를 판단하는 데에는 사회문화적 맥락이 중요한 영향을 미친다고 보았다.

7 지능검사와 지능지수

기출선지 OX
(1) ✕ (2) ✕ (3) ○ (4) ✕

◆ **틀린 지문 옳게 고쳐쓰기**
(1) ~ 개인용 ~
(2) 편차지능지수는 비율지능지수의 문제점을 해결하기 위해 고안된 것이다. / 비율지능지수는 정신연령과 생활연령의 비로 나타낸다.
(4) ~ 높아지는 ~

8 학습자의 다양성

기출선지 OX
(1) ○ (2) ✕ (3) ✕ (4) ○ (5) ○

◆ **틀린 지문 옳게 고쳐쓰기**
(2) ~ 질보다는 양을 우선한다.
(3) ~ 해당하지 않는다.

대표 기출문제

문 1. ①
렌줄리는 영재성이 세 가지 요소로 구성되었다고 보는 세 고리 모형을 제시하였다. 영재성을 구성하는 세 가지 요소는 평균 이상의 일반 능력, 높은 창의성, 높은 과제집착력이다. 즉, 지적인 특성 이외에 창의성이나 동기적 특성이 탁월한 성취를 보이는 데 중요한 영향을 미친다는 점을 보여준다. 렌줄리의 모형에서 도덕성은 영재성의 요소에 포함되지 않는다.

문 2. ④
제시된 내용은 장의존형 학습자에 대한 설명이다. 장독립형 학습자는 사물을 주변 상황과 관계없이 독립적으로 지각하기 때문에 정보의 내적 특성을 파악하는 데에는 능하지만, 정보들 사이의 관련성을 파악하는 데는 미숙하다.

오답 체크
① 카텔은 지능을 유동성 지능과 결정성 지능으로 구분한다. 유동성 지능은 생물학적 발달에 따라 변화되는

반면, 결정성 지능은 후천적인 학습이나 경험에 따라 변화될 수 있다.
② 스턴버그에 따르면, 창의적인 사람은 모호성을 잘 견디고 과제 집착력이 높은 경향이 있다. 즉, 쉽게 답을 찾을 수 없는 상황 속에서 자신만의 답을 찾을 때까지 인내하며, 어떠한 장애물이 있더라고 이를 극복해내고 답을 찾아내려는 강력한 의지를 보이는 경향이 있다.
③ 케이건은 인지양식을 충동형과 숙고형으로 구분한다. 충동형 학습자는 깊이 생각하지 않고 생각나는 대로 답하는 경향이 있지만, 숙고형 학습자는 여러 대안을 탐색하며 신중하게 답을 선택하는 경향이 있다. 즉, 문제를 해결할 때 충동형 학습자는 속도에 주안을 두지만 숙고형 학습자는 정확성에 주안을 둔다.

9 학습동기 이론

기출선지 OX

(1) ○ (2) ○ (3) × (4) ○ (5) ×
(6) ○ (7) × (8) ○

◆ 틀린 지문 옳게 고쳐쓰기
(3) 수행목표를 ~
(5) ~ 높을 ~
(7) ~ 책임소재 차원에 ~

대표 기출문제

문 1. ②
숙달목표지향성은 학습 그 자체에 관심을 가지고, 과제 숙달을 위해 도전을 추구한다. 타인과의 비교보다는 자신의 가진 절대적 또는 내적 자기참조 기준에 따라 학습성과를 평가한다. 과제 실패 시에는 노력의 부족으로 귀인하는 경향이 있으며, 따라서 과제 숙달을 위해 학습동기가 유지 또는 증가하는 경향이 있다.
자신의 능력을 과시하거나 입증하는 데 목표를 두는 것은 수행목표지향성의 특징이다.

문 2. ④
과제난이도는 학습자 외부에 존재하며, 변화되지 않는 안정성을 가지고 있으며, 학습자가 마음대로 통제(조절)할 수 없는 요인이다.

오답 체크
① 운 : 외적, 불안정, 통제불가능
② 능력 : 내적, 안정적, 통제불가능
③ 노력 : 내적, 불안정, 통제가능

10 행동주의 학습이론

기출선지 OX

(1) ○ (2) × (3) ○ (4) ○ (5) ×
(6) × (7) ○ (8) × (9) × (10) ×
(11) ○ (12) ○ (13) ○ (14) ○ (15) ○

◆ 틀린 지문 옳게 고쳐쓰기
(2) ~ 학습자는 외부 환경에 수동적으로 반응하는 ~
(5) ~ 무조건 자극이 조건 자극으로 ~
(6) ~ 고전적 조건화와 ~
(8) ~ 벌보다 강화가 ~
(9) ~ 벌을 ~
(10) 고정간격 강화계획은 ~

대표 기출문제

문 1. ②
행동주의 학습이론에서 학습자는 외부 환경의 변화에 대해 수동적으로 반응하는 존재로 전제된다. 이와 달리, 인지주의 학습이론에서는 학습자를 스스로 사고하고 판단하는 존재로 본다.

문 2. ④
통찰학습이론은 인지주의 학습이론에 포함된다.

문 3. ②
학습자가 선호하지 않는 것을 제거해 줌으로써 특정 행동의 강도와 빈도를 높이는 기법을 부적 강화라고 한다.

오답 체크
① 고정간격 강화계획, ③ 이차적 강화물, ④ 행동형성(조형) 기법에 대한 설명이다.

문 4. ②
관찰학습의 단계는 주의집중, 파지, 재생, 동기화 순이다. 이 중 모델의 행동을 부호화하여 기억에 저장하는 단계는 파지 단계이다.

11 인지주의 학습이론

기출선지 OX

(1) ○ (2) × (3) ○ (4) ○ (5) ○
(6) ○ (7) ○ (8) × (9) ○ (10) ○
(11) ○ (12) ○ (13) × (14) ○ (15) ×

◆ 틀린 지문 옳게 고쳐쓰기
(2) 행동주의 심리학에 ~
(8) ~ 한계가 있다.
(13) ~ 기준으로 정보들을 묶거나 분류하는 ~
(15) 인지는 ~

대표 기출문제

문 1. ③
형태주의 심리학은 인지주의 학습이론에 포함되는 분야로, 학습을 행동의 변화가 아니라 인지구조의 변화를 의미한다고 본다.

문 2. ①
형태주의 심리학과 행동주의 학습이론을 구분하는 개념 중의 하나가 시행착오이다. 행동주의 학습이론에서는 학습이 계속적인 시행착오의 과정을 거치면서 점진적으로 이루어진다고 본 반면, 형태주의 심리학에서는 시행착오 없이 갑작스러운 통찰을 통해 학습이 비약적으로 이루어진다고 본다.

문 3. ③
정교화는 새로운 내용과 이미 알고 있는 내용을 연결하여 새로운 정보에 의미를 부여하는 부호화 전략에 해당한다.

오답 체크

① 메타인지에 대한 설명이다. 감각기억은 감각기관을 통해 들어온 정보를 잠시 있는 그대로 유지하는 기능을 한다.
② 조직화에 대한 설명이다. 시연은 작업기억에 들어 온 정보를 생각하거나 말로 되뇌이는 과정으로서, 정보를 작업기억에 유지시켜 정보의 처리를 돕는 역할을 한다.
④ 심상화에 대한 설명이다.

문 4. ③
기존에 가지고 있던 정보를 새로 얻게 된 정보에 연결하여 정보를 유의미한 형태로 저장하는 과정은 '정교화'라고 한다.

12 학습의 전이

기출선지 OX

(1) ✗ (2) ○ (3) ✗ (4) ○

◆ 틀린 지문 옳게 고쳐쓰기
(1) ~ 특수 전이에 ~
(3) ~ 유사할수록 ~

03 교육사회학

1 교육사회학의 이해

기출선지 OX

(1) ○ (2) ○ (3) ○ (4) ✗ (5) ○
(6) ○ (7) ○ (8) ○

◆ 틀린 지문 옳게 고쳐쓰기
(4) ~ 서로 다른 목적과 ~

대표 기출문제

문 1. ①
학교가 불평등한 경제적 구조를 재생산하는 기능을 한다고 보는 관점은 갈등론적 관점이다.

오답 체크

②, ③, ④는 기능론적 관점에 해당한다.

문 2. ①
(가) 학교의 기능을 사회화와 선발(인력배치)로 보는 것은 '기능주의적 관점'에 해당한다.
(나) 학교의 기능을 사회적 불평등의 재생산과 정당화로 보는 관점은 '갈등론적 관점'이다.

2 교육사회학의 주요 이론

기출선지 OX

(1) ○ (2) ✗ (3) ○ (4) ○ (5) ○
(6) ○ (7) ○ (8) ○ (9) ○ (10) ○

◆ 틀린 지문 옳게 고쳐쓰기
(2) ~ 진행되더라도 여전히 특수사회화보다는 보편사회화가 더 중요하다.

대표 기출문제

문 1. ②
사회화를 보편적 사회화와 특수 사회화로 구분하면서 도덕교육을 강조한 교육사회학자는 뒤르켐이다. 이때 보편적 사회화는 한 사회가 전체적으로 공유하는 보편적인 태도와 신념, 의식을 갖게 하는 것을 의미한다. 한편, 특수 사회화는 특정 직업집단의 규범과 전문지식을 학습시키는 것을 의미한다.

오답 체크

파슨스는 사회화의 내용을 인지적 사회화와 인성적 사회화로 구분하였다.

문 2. ②

상징적 폭력과 문화자본 및 아비투스라는 개념을 통해 학교의 재생산 기능을 설명하는 이론은, 부르디외의 문화재생산이론이다.

문 2. ③

로젠탈과 제이콥슨은 자성예언 효과(피그말리온 효과, 로젠탈 효과)의 개념을 통해 교사와 학생 간 상호작용이 학업성취에 미치는 영향을 설명하였다.

오답 체크

① 젠슨은 환경적 요인이 아닌 유전적 요인 때문에 소수 인종의 학업성취가 낮다고 주장하였다.
② 콜만은 가정 배경이 학교 시설·자원보다 학업성취에 더 큰 영향을 미친다고 주장하였다.
④ 번스타인은 노동자 계층 자녀의 학업성취가 낮은 이유는 가정에서 정교한 언어 코드가 아닌 제한된 언어 코드를 사용하기 때문이라고 주장하였다.

3 교육과 사회의 관계 1

기출선지 OX

(1) ○ (2) ○ (3) ○ (4) ○ (5) ✕
(6) ○ (7) ○ (8) ○

◆ **틀린 지문 옳게 고쳐쓰기**
(5) ~ 환경적 요인이 아닌 유전적 요인 때문에 ~

대표 기출문제

문 1. ③

파슨스와 같은 기능론적 관점의 학자들은 학교가 능력이 있는 학생들에게 사회적으로 성공할 기회를 제공해 준다고 본다. 즉, 능력주의 관점을 토대로 학교는 사회평등에 기여할 수 있다고 본다.

오답 체크

① 기능론적 관점에서는 학교가 사회평등에 기여할 수 있다고 보고, 교육의 기회, 과정, 결과의 측면에서 평등을 추구하는 정책을 제안하고 있다. 취약계층 학생들을 위한 보상교육 프로그램은 결과의 평등을 통해 사회평등을 추구하는 정책이다.
② 보울즈는 경제적 재생산론을 주장한 갈등론적 관점의 학자로서, 학교가 경제적 불평등을 재생산하는 기능을 하고 있다고 주장한다. 따라서 학교가 경제적 불평등을 바로잡는 데 무력하다고 보았다.
④ 갈등론에서는 경제적 재생산론, 문화적 재생산론 등에서와 같이, 학교가 사회적 상승이동을 돕는 게 아니라 사회불평등을 재생산하는 통로가 된다고 본다. 따라서 교육기회의 확대는 사회불평등을 감소시키기보다는, 오히려 불평등을 심화시킬 수도 있다고 주장한다.

4 교육과 사회의 관계 2

기출선지 OX

(1) ○ (2) ○ (3) ✕ (4) ○ (5) ✕
(6) ○ (7) ○

◆ **틀린 지문 옳게 고쳐쓰기**
(3) ~ 교육선발의 대상은 ~
(5) 지위경쟁이론에서는 ~

대표 기출문제

문 1. ①

밑줄 친 부분에서는 시험의 사회적 기능을 설명하고 있다. 지식의 공식화와 위계화, 기존 사회질서의 정당화와 재생산, 규범과 가치관 통제 등이 이러한 사회적 기능에 해당된다. 반면, 시험이 교육과정과 교수방법 개선에 기여하는 기능은 시험의 교육적 기능에 해당된다.

문 2. ③

기술기능이론에서는 학력상승의 원인을 과학기술의 발달로 인해 사회적으로 요구되는 직업전문성 수준이 계속 향상되기 때문이라고 본다.

오답 체크

① 학습욕구이론, ② 지위경쟁이론, ④ 국민통합론에 바탕을 둔 대답이다.

5 교육평등의 관점과 정책

기출선지 OX

(1) ○ (2) ✕ (3) ○ (4) ○ (5) ○
(6) ○ (7) ○ (8) ○ (9) ○ (10) ✕

◆ 틀린 지문 옳게 고쳐쓰기
(2) ~ 충분조건이 아니다.
(10) ~ 교육기회의 평등을 ~

대표 기출문제

문 1. ③
학교의 시설, 교사의 자질, 교육과정 등은 학교의 교육조건에 해당하는 것이므로, 이러한 측면에서 학교 간의 차이를 없애야 한다는 것은 교육조건의 평등 관점에 해당한다.

문 2. ②
저소득층의 취학 전 어린이들을 위한 보상교육을 제공하는 것은 사회적으로 불리한 위치에 있는 학생들에게 특별한 지원을 제공하여 교육결과의 평등을 추구하는 정책이다. 미국의 헤드스타트 사업이나 영국의 교육우선지역(EPA) 사업, 한국의 위스타트 사업이나 교육복지우선지원사업 등은 이와 같은 보상교육 프로그램에 해당된다.

오답 체크
①④ 교육기회의 보장적 평등을 위한 정책이다.
③ 교육조건의 평등을 위한 정책이다.

문 3. ④
콜맨은 부모가 자녀의 교육을 지원하고 격려하기 위해 주변 사람들이나 자신의 자녀와 맺는 사회적 관계를 사회자본이라고 하였다.

오답 체크
① 재정자본은 부모가 자녀의 학업을 위해 경제적 지원을 제공할 수 있는 재정적 능력을 말한다.
② 인간자본은 부모가 자녀의 학업에 도움을 줄 수 있는 지적 능력이나 학력수준을 말한다.
③ 문화자본은 가정에서의 얻어지는 문화적 경험이나 지식, 행동방식, 문화적 취향 등을 말한다.

6 새로운 교육사회학

기출선지 OX
(1) ○ (2) ✗ (3) ○ (4) ○ (5) ○
(6) ○ (7) ○ (8) ✗

◆ 틀린 지문 옳게 고쳐쓰기
(2) ~ 논쟁의 여지가 있는 주제는 생략한다.
(8) 번스타인은 ~

대표 기출문제

문 1. ①
학교가 지배집단의 지식과 가치를 주입하여 지배집단의 헤게모니를 유지·재생산하여 기존 질서를 정당화하는 역할을 한다고 보는 관점이나, 학교에서 가르치는 지식은 보편적이며 객관적인 것이라기보다는 특정 계급의 이익에 봉사하는 이데올로기적 속성을 갖고 있다고 보는 관점은 애플의 문화적 헤게모니 이론에 해당한다. 기본적으로 애플의 이론은 학교의 기능을 부정적으로 보는 비판적 관점의 이론에 속한다.

오답 체크
②④ 파슨스와 드리븐은 학교의 교육적·사회적 기능을 긍정적으로 이해하는 기능론적 관점에 해당한다.
③ 로젠탈은 교사의 기대가 학생의 학업성취에 실제적 영향을 미치는 자성예언 효과를 학교 실험을 통해 증명한 학자이다.

문 2. ①
애니언은 교육과정의 정치적 성격을 분석하는 데 관심을 가진 교육과정 사회학자이다. 애니언은 역사 교과서는 부자와 강자의 이익을 옹호하는 내용으로 채워져 있으며, 이것은 학교교육이 지배집단의 이익에 봉사하는 이데올로기를 반영하고 있다는 점을 보여준다고 비판하였다.

오답 체크
② 드리븐은 기능론적 관점의 교육사회학자이다.
③ 프레이리는 저항이론에 기초한 비판적 교육사회학자로, 은행예금식 교육의 문제점을 지적하며 문제제기식 교육을 주장하였다.
④ 보울즈와 긴티스는 경제적 재생산론을 주장한 교육사회학자이다.

7 사회변화와 교육개혁

기출선지 OX
(1) ○ (2) ○ (3) ○ (4) ✗ (5) ○

◆ 틀린 지문 옳게 고쳐쓰기
(4) ~ 학교의 모든 학생들을 대상으로 ~

대표 기출문제

문 1. ④
신자유주의 관점에서는 교육에 대한 정부의 간섭은 불필요하며 비효율적인 결과를 낳는다고 본다. 따라서 정부의 간섭은 최소화하고, 교육기관과 교육자의 자율적인 시장 경쟁에 따라 교육이 운영되는 것이 바람직하다고 본다.

문 2. ③
뱅크스는 문화상대주의적 관점에 기초하여 다문화교육의 중요성을 강조한 학자이다. 따라서 동화주의는 자문화중심적인 관점에 해당하므로, 뱅크스의 다문화 교육의 접근방법에 해당하지 않는다. 뱅크스는 다문화교육을 위한 교육과정 접근법으로는 기여적 접근, 부가적 접근, 사회행동적 접근, 변혁적 접근을 제시하였다.

04 교육과정

1 교육과정의 이해 1

기출선지 OX
(1) ✕ (2) ○ (3) ○ (4) ✕

◆ 틀린 지문 옳게 고쳐쓰기
(1) ~ 비판하였다.
(4) 파이너는 ~

대표 기출문제

문 1. ④
교육과정의 재개념화 운동은 파이너(Pinar) 등이 교육과정을 기존의 개념과 다르게 새롭게 재정의하여야 한다고 주장한 것으로부터 시작한다. 교육과정의 재개념화론자들은 '개발' 패러다임의 행동주의, 과학주의, 기술공학적 접근을 비판하면서, 교육과정 연구가 '이해'의 패러다임으로 전환해야 한다고 주장하였다.
교육과정 재개념화 운동에서는 교육과정을 역사적, 정치적, 인종적, 심미적, 현상학적, 신학적, 제도적 맥락 등 여러 가지 맥락에서 이해될 수 있는 텍스트로 보고, 교육과정 이해를 위한 이론 체계를 제시하였다. 이러한 흐름은 파이너, 애플, 지루, 아이즈너 등에 의해 발전되었으며, 해석학 현상학, 실존주의, 정치학, 미학, 신학 등의 다양한 방법론을 교육과정 연구에 적용하였다.

오답 체크
①, ② 전통주의 교육과정 연구, ③ 개념-경험주의 교육과정 연구에 대한 설명이다.

문 2. ②
교육과정을 교육 속에서 개인들이 갖는 경험의 의미와 성질을 탐구하는 것으로 보고, 이를 위한 방법으로 쿠레레 방법을 제시한 학자는 파이너이다. 파이너는 실존주의 및 현상학적 접근에 기초하여 교육과정 재개념화 운동을 선도한 학자이다.

2 교육과정의 이해 2

기출선지 OX
(1) ○ (2) ○ (3) ✕ (4) ○ (5) ○
(6) ○ (7) ○ (8) ✕ (9) ✕

◆ 틀린 지문 옳게 고쳐쓰기
(3) 공식적 교육과정에서는 ~
(9) ~ 잠재적 교육과정을 ~

대표 기출문제

문 1. ④
(가) 가르칠 만한 가치가 있는 것임에도 불구하고 공식적인 교육과정에 배제된 교육내용에 대한 설명이므로, 영 '교육과정'에 해당된다.
(나) 교육기관이나 교사 등에 의해 명시적으로 편성되고 공표된 교육과정에 대한 설명이므로, '공식적 교육과정'에 해당된다.
(다) 공식적으로 의도하거나 계획되지 않았으나 학생들이 은연중에 배우게 된 교육내용에 대한 설명이므로, '잠재적 교육과정'에 해당한다.

문 2. ③
잭슨은 교실생활의 군집성, 상찬, 권력구조 등이 학생들의 행동과 학습결과에 미치는 영향을 설명하면서 이렇게 학습되는 결과를 잠재적 교육과정이라고 명명하였다.

3 교육과정의 유형

기출선지 OX
(1) ○ (2) ○ (3) ○ (4) ○ (5) ✕
(6) ○ (7) ○ (8) ○ (9) ○ (10) ○

◆ 틀린 지문 옳게 고쳐쓰기
(5) 교과중심 교육과정은 ~

대표 기출문제

문 1. ③
전통적으로 내려오는 가치와 문화의 전수를 교육과정의 핵심으로 보는 것은 교과중심 교육과정이다.

문 2. ①
경험을 통한 생활적응학습을 강조하는 것은 경험중심 교육과정이다.

4 교육과정의 개발과 실행 1

기출선지 OX

(1) ○ (2) ○ (3) ○ (4) ○ (5) ○
(6) ✕ (7) ✕ (8) ○ (9) ○ (10) ✕

◆ 틀린 지문 옳게 고쳐쓰기
(6) 블룸은 ~ (or ~ 내용 요소와 행동 요소로 ~)
(7) 브루너는 ~
(10) ~ 계열성의 원리에 ~

대표 기출문제

문 1. ③
타일러의 교육목표 설정 절차는 ⓒ 교육목표의 원천이 되는 학습자, 사회, 교과의 요구 조사 → ㉠ 잠정적 교육목표 선정 → ⓛ 교육철학과 학습심리학이라는 체에 걸러서 선별 → ㉣ 최종 교육목표 선정 순으로 전개된다. 이때, 교육목표는 학습자의 행동 변화를 확인할 수 있도록 진술하여야 한다.

문 2. ③
타일러는 학습경험 선정의 원리로는 기회, 만족, 가능성, 다성과, 다경험의 원리를 제시하였고, 학습경험 조직의 원리로는 계속성, 계열성, 통합성의 원리를 제시하였다.

문 3. ④
교육내용의 요소가 점진적으로 발전·심화되도록 조직하는 원리는 계열성의 원리이다.

오답 체크
① 적절성의 원리는 타당성의 원리라고도 하는데, 교육 내용이 설정된 교육목표를 달성하는 데 적절한 것으로 선정되어야 한다는 것을 의미한다.
② 스코프의 원리는 범위의 원리라고도 하는데, 학생들의 학습부담을 고려하여 특정 시점에서 학생들이 배워야 할 내용의 폭과 깊이를 적절하게 조절하여야 한다는 것을 말한다.
③ 통합성의 원리란 교육의 목표나 학습자의 수준 등을 고려하여 여러 교과나 영역에 있는 교육내용들을 관련지어 학습할 수 있도록 하나의 교과나 단원으로 함께 통합하여 조직하는 것을 말한다.

5 교육과정 개발과 실행 2

기출선지 OX

(1) ○ (2) ○ (3) ✕ (4) ✕ (5) ○
(6) ○ (7) ○ (8) ✕ (9) ✕

◆ 틀린 지문 옳게 고쳐쓰기
(3) ~ 포함하지 않는다.
(4) 타일러는 ~
(8) ~ 질적 평가가 ~
(9) ~ 생성(형성)의 관점에 ~

대표 기출문제

문 1. ①
위긴스와 맥타이의 이해중심 교육과정(백워드 설계)에서는 학습자가 교육과정에 근거한 성취목표를 효과적으로 달성할 수 있도록 수업활동을 계획하도록 하는 데 중점을 둔다. 이를 위하여 교육과정 설계의 절차는 (1) 바라는 결과 확인하기(목표설정) → 수용가능한 증거 결정하기(평가계획) → 학습경험 계획하기(수업계획) 순으로 진행한다. 이들의 모형에서 학습자의 요구와 상황을 분석하는 절차는 언급되지 않았다.

문 2. ④
아이즈너는 예술적 사고와 질적 연구의 개념을 통해 교육과정을 바라보는 새로운 시각을 제시하였다. 교육과정 설계에서는 교육적 상상력을 발휘하여 다양한 학습기회를 개발할 것을 강조하였다. 교육평가에서는 교육적 감식안을 이용한 비평적 평가를 중시하였다. 교육의 목표에 있어서도 사전에 계획하지 않았으나 결과적으로 발생한 교육적 성과를 포함시켰다. 이와 같은 아이즈너의 접근은 질적 연구의 접근방법을 교육에 적용한 것으로 해석된다.

오답 체크
① 파이너, ② 타일러, ③ 워커에 대한 설명이다.

6 우리나라의 국가 교육과정

기출선지 OX

(1) ○ (2) ✕ (3) ✕ (4) ✕ (5) ✕
(6) ✕ (7) ✕ (8) ○

◆ 틀린 지문 옳게 고쳐쓰기
(2) 의사소통 → 협력적 소통
(3) ~ 초등학교 1~2학년에서 기초 문해력 및 한글 해득 교육 강화를 위해 국어시간을 증배하였다(창의적 체험활동 시간 감축, 총 수업시간 수 유지).
(4) ~ 기간에도 ~ 실시할 수 있다.
(5) ~ 없다. (초·중등교육법 시행령에 따른 의무사항)
(6) ~ 진로탐색 활동과 주제선택활동이 있다.
(7) 2015 개정 교육과정에서는 ~
(2022 개정 교육과정에서는 고등학교 선택과목으로 '데이터과학' 등의 과목을 신설하였다.)

대표 기출문제

문 1. ①
2022 개정 교육과정에 제시된 미래사회에 필요한 핵심역량은 자기관리 역량, 지식정보처리 역량, 창의적 사고 역량, 심미적 감성 역량, 협력적 소통 역량, 공동체 역량이다. 여기에 '세계시민 역량'은 포함되지 않는다.

문 2. ①
'2022 개정 교육과정'에 제시된 교육과정 구성의 중점은 다음과 같다.
- 학생 개개인의 인격적 성장을 지원하고, 사회 구성원 모두의 행복을 위해 서로 존중하고 배려하며 협력하는 공동체 의식을 함양한다.
- 모든 학생이 학습의 기초인 언어·수리·디지털 기초소양을 갖출 수 있도록 하여 학교교육과 평생 학습에서 학습을 지속할 수 있게 한다.
- 다양한 학생 참여형 수업을 활성화하고, 문제해결 및 사고의 과정을 중시하는 평가를 통해 학습의 질을 개선한다.

05 교육방법 및 교육공학

1 교육공학과 교수체제설계

기출선지 OX
(1) ○ (2) ○ (3) ○ (4) ○ (5) ×
(6) ○ (7) ○ (8) ○

◆ 틀린 지문 옳게 고쳐쓰기
(5) ~ 설계 단계에서 평가도구를 제작하고, 평가 단계에서 평가를 실시한다.

대표 기출문제

문 1. ④
평가도구를 제작하는 일은 설계 단계에서 이루어진다.

문 2. ④
ASSURE 모형은 교수매체의 선정 및 활용에 관한 교수설계 모형이다.

2 교수체제설계의 세부 절차

기출선지 OX
(1) ○ (2) × (3) ○ (4) ○ (5) ×

◆ 틀린 지문 옳게 고쳐쓰기
(2) ~ 군집분석을 ~
(5) ~ 내면화 수준이다.

대표 기출문제

문 1. ②
딕과 캐리의 체제적 교수설계 모형에서는 가네의 학습과제 분석 방법을 적용한다. 이에 따르면, 학습과제의 유형에 따라 다양한 분석방법을 사용하는 것이 바람직하다.
ㄱ. 최소공배수를 구하는 학습과제는 지적 기능의 학습에 초점이 있으므로, 위계분석을 하는 것이 적절하다.
ㄹ. 다항식의 덧셈을 하는 학습과제는 지적 기능의 학습에 초점이 있으므로, 위계분석을 실시한다. 위계분석은 최종적으로 도달하여야 하는 상위목표에서부터 하위목표로 분석해 나가는 방식으로 전개한다.

오답 체크

ㄴ. 시간을 잘 지키는 태도를 기르는 학습과제는 태도의 학습에 해당되므로, 통합분석을 실시하는 것이 적절하다. 특정한 태도를 학습하는 것은 언어정보, 지적기능, 운동기능 등 다양한 학습요소를 포함하므로, 학습과제 분석 방법으로도 여러 방법을 통합적으로 사용한다.

ㄷ. 각 나라의 수도를 암기하는 학습과제는 언어정보의 학습에 해당하므로, 군집분석을 하는 것이 바람직하다.

문 2. ④
블룸은 인지적 영역의 교육목표를 인지과정의 복잡성 수준에 따라, 지식, 이해, 적용, 분석, 종합, 평가로 분류하였다. 복잡한 사상이나 아이디어의 구성요소나 관계를 확인하여 그 구조를 파악하는 수준의 인지적 행동(예 원인-결과 찾아내기)은 학습할 내용의 요소를 구분하고 요소들 간의 관계를 '분석'하는 수준에 해당된다.

3 객관주의 교수설계이론 1

기출선지 OX

(1) ×	(2) ○	(3) ×	(4) ○	(5) ×
(6) ○	(7) ○	(8) ×	(9) ○	(10) ×

◆ 틀린 지문 옳게 고쳐쓰기
(1) ~ 교수결과에 해당한다.
(3) ~ 학습에 필요한 시간에 ~
(5) 인지주의 교수설계에서는 ~
(8) ~ 언어정보이다.
(10) ~ '자극자료 제시' 단계에서는 ~

대표 기출문제

문 1. ②
캐롤의 학교학습 모형에서는 학습 정도가 학습에 필요한 시간과 학습에 사용된 시간 사이의 함수 관계에 의해 결정된다고 보았다.

오답 체크
① 글레이저의 교수과정은 교수의 일반적 절차를 간략하게 제시하는 교수설계 모형이다. 이에 따르면, 교수(수업)는 수업목표 설정, 출발점 행동 진단, 수업절차의 선정과 실행, 학습성과 평가 등 네 가지 구성요소가 순환적으로 서로 연계되도록 전개되어야 한다.

문 2. ①
가네의 학습결과 유형 중 방법에 관한 지식에 해당하는 것은 지적 기능이다. 가네가 제시한 지적 기능 목표는 상징을 활용하여 주위 환경을 개념화하여 반응하는 능력으로 정의되며, 방법적(절차적) 지식에 해당하는 것으로 분류된다.

4 객관주의 교수설계이론 2

기출선지 OX

(1) ○	(2) ×	(3) ×	(4) ○	(5) ○
(6) ×	(7) ○	(8) ○	(9) ○	(10) ×

◆ 틀린 지문 옳게 고쳐쓰기
(2) ~ 거시적 조직전략을 ~ 단순한 내용에서 점차 복잡한 내용으로의 ~
(3) 켈러의 동기설계이론(ARCS 모형)은 ~
(6) ~ 위해 교과별 특성에 적합한 탐구 방식을 ~, 외재적 보상보다 내재적 보상을 ~
(10) ~ 주의집중 요소에 ~

대표 기출문제

문 1. ②
선행학습을 통해 형성한 기존의 인지구조와 새로운 지식과 정보가 통합되도록 학습하는 것을 '유의미학습'이라고 한다. 오수벨의 유의미학습이론에서 제시된 개념으로, 학습자가 가진 기존의 지식과 관계없이 새로운 지식을 반복 암기하는 방식으로, 학습하는 기계적 학습과 대비되는 개념이다. 학습자가 귀납적 추리를 통해 스스로 지식을 발견하는 데 중점을 두는 브루너의 발견학습이 실제 교실에서 효과적이지 않다고 비판하면서, 설명식 수업의 새로운 접근방법으로 제안한 개념이다.

오답 체크
①③ 블룸의 완전학습이론이나 스키너의 행동주의 학습이론은 학습자의 기존 지식을 중요하게 고려하지 않는다.
④ 콜린스의 인지적 도제학습이론에서는 교수자의 모델링, 스캐폴딩, 코칭과 학습자의 명료화, 성찰, 탐색과 같은 활동을 중요하게 다룬다.

문 2. ③
학습에서 성공기회를 제시하고, 학습에 필요조건을 제시하며, 개인적 조절감 증대 기회를 제시하는 것은 학습에서 성공할 수 있을 것이란 기대와 신념을 길러주는 자신감 전략에 해당한다.

5 구성주의 교수설계이론 1

기출선지 OX

(1) ○　(2) ×　(3) ○　(4) ○　(5) ×　(6) ×

◆ 틀린 지문 옳게 고쳐쓰기
(2) 객관주의 수업이론에서는 ~
(5) ~ 문제/프로젝트이다.
(6) ~ 스캐폴딩이다.

대표 기출문제

문 1. ④
ㄷ. 구성주의 교육에서는 학습자가 스스로 현실세계의 문제를 해결하는 경험을 통해 정보를 획득하며 지식을 구성하여야 한다고 본다. 이때 다루는 문제가 복잡하고 비구조화된 과제일수록 학습자의 지식구성이 촉진된다.
ㄹ. 구성주의 교육에서는 학습자의 개인적 사고와 메타인지를 통한 지식 구성뿐 아니라 사회문화적 상호작용을 통한 지식 구성도 강조한다. 따라서 협동수업, 소집단활동, 문제해결학습 등이 자주 활용된다.

오답 체크
ㄱ. 객관적 법칙에 해당하는 지식을 체계화하여 가르칠 것을 강조하는 것은 객관주의 교육에 해당한다.
ㄴ. 구성주의 교육에서는 지식이 실재한다는 관점을 거부한다. 따라서 실재하는 지식의 효과적 전달에 초점을 두는 것은 객관주의 교육에 해당한다.

문 2. ②
듀이, 피아제, 비고츠키 이론의 영향을 받아 만들어진 학습이론으로, 문제중심학습과 상황학습 등을 대표적인 학습모형으로 하는 이론은 구성주의 학습이론이다. 구성주의 관점은 보편적이며 객관적인 지식의 존재를 부정하며, 유의미한 지식은 그것을 인식하는 주체인 인간에 의해 구성되는 것이라는 관점을 지지한다. 지식 구성의 핵심 주체와 그 과정에 대한 관점에 따라 인지적 구성주의, 사회(문화)적 구성주의, 상호작용적 구성주의로 구분하기도 한다.

6 구성주의 교수설계이론 2

기출선지 OX

(1) ○　(2) ○　(3) ○　(4) ○　(5) ○
(6) ○　(7) ×　(8) ○　(9) ○

◆ 틀린 지문 옳게 고쳐쓰기
(7) ~ 있도록 구체적 맥락에서 지식을 학습한다.

대표 기출문제

문 1. ④
문제중심학습은 문제를 학습의 핵심 자원으로 활용하는데, 이때 문제는 복잡하고 비구조적이며 실제적인 특성을 지닐수록 학습의 효과가 높다고 본다. 따라서 '구조적인 문제'는 문제중심학습의 특징이라고 보기 어렵다.

문 2. ③
상황학습이론에서는 지식의 전이를 촉진하기 위해서는 지식이 사용되는 다양한 구체적 맥락 속에 다양한 예시를 함께 다루는 것이 효과적이라고 본다. 기존의 객관주의 학습이론에서와 달리, 지식은 구체적인 상황 맥락 속에 붙박혀 있다고 보기 때문이다. 지식의 전이를 촉진하기 위하여 추상적인 형태의 지식을 제공하여야 한다고 보는 것은 부르너의 일반화론에 가까운 것으로 보인다.

7 교수·학습 방법

기출선지 OX

(1) ×　(2) ○　(3) ○　(4) ○　(5) ○
(6) ○　(7) ○　(8) ×

◆ 틀린 지문 옳게 고쳐쓰기
(1) ~ 공개토의(포럼)라고 한다.
(8) ~ 학습자가 ~

대표 기출문제

문 1. ①
교사중심의 교수·학습 방법은 교사가 학생들에게 정해진 교과 지식을 제시하고 설명하여 학습자의 이해를 촉진하는 데 초점을 두는 교수·학습 방법을 말한다.
학생 중심의 교수·학습 방법은 학생들이 자신들의 지식을 활용하거나 창출하는 활동에 주도적으로 참여하며 교사는 이를 안내하는 데 중점을 두는 교수·학습 방법이다.

문 2. ③
수업의 전체 주제를 소주제로 구분하고 각 소집단에 속한 학생들에게 개별적으로 분담하게 하며, 각 소주제별로 전문가 집단을 구성하여 학습하고 원집단으로 돌아와 서로 가르치고 배움으로써 전체 주제를 학습하도록 하고 있다. 이와 같이 과제분담을 중심으로 구성한 협동학습 모형을 과제분담학습(직소) 모형이라고 한다.

오답 체크

① 팀경쟁학습(TGT) 모형에서는 소집단 학생들이 모두 같은 주제를 함께 학습한 후, 집단 간 능력별 토너먼트 게임을 통해 집단 점수를 부여한다.
② 팀보조개별학습(TAI) 모형에서는 학생들에게 각자의 수준에 맞는 개별학습 과제를 학습하게 하되, 소집단 내에서 짝을 이루어 교환채점을 하고 서로를 가르치게 한 후, 최종 개별평가 점수에 따라 집단 보상을 실시한다.
④ 학습자팀성취분담(STAD) 모형에서는 소집단 학생들이 같은 주제를 함께 학습한 후, 개인별 평가에서 받은 개인별 향상 점수에 따라 집단 점수를 부여하는 방식의 집단 보상을 실시한다.

8 교수매체의 선정과 활용

기출선지 OX

(1) O (2) O (3) X (4) O (5) O
(6) O (7) O

◆ 틀린 지문 옳게 고쳐쓰기
(3) ~ 행동적 단계에 ~

대표 기출문제

문 1. ②
시청각 교재를 구체성/추상성의 수준에 따라 분류한 모형은 데일의 경험원추설이다. 이 모형에서는 시청각 교재를 이용하는 학습자의 학습유형을 행동, 관찰, 추상의 학습으로 분류하였는데, 이러한 분류는 브루너의 세 가지 표현양식(행동적, 영상적, 상징적)과 일치한다.

오답 체크

① 버로의 SMCR 모형은 통신과정에 관한 모형으로서, 송신자(Sender)로부터 메시지(Message)가 의사소통 통로(Channel)를 통해 수신자(Receiver)에게 전달되는 과정을 보여준다.
③ 하인리히의 ASSURE 모형은 교수매체와 자료를 활용하는 교수·학습 방법을 설계하는 절차에 관한 모형이다.
④ 블룸의 완전학습이론은 캐롤의 학교학습 모형에 기초하여 완전학습을 위한 교수·학습의 절차를 제시하는 모형이다.

문 2. ③
하이니히 등의 ASSURE 모형에서 ㉠ 'A'는 학습자 분석(Analyze learners) 단계이다. ㉡ 'S'는 목표 진술(State objectives) 단계이다. ㉢ 'R'은 학습자 참여 유도(Require learner participation) 단계이다.

9 뉴미디어와 원격교육

기출선지 OX

(1) O (2) X (3) O (4) O (5) O
(6) X (7) O (8) O (9) O (10) O

(2) ~ 인격적 접촉을 감소시킬 우려가 있다.
(6) 인지과부하 이론에 따르면, ~

대표 기출문제

문 1. ③
언제 어디서나 어떤 단말기로도 학습 가능하며, 학습자가 정보를 찾아가는 것이 아니라 학습정보가 학습자를 찾아다니는 방식은, 유비쿼터스 러닝(u-러닝)의 특징이다.

오답 체크

① e-러닝 : 컴퓨터, 인터넷 네트워크, 쌍방향 통신, 다양한 정보와 매체 활용을 특징으로 한다.
② m-러닝 : 무선 단말기(PDA 등), 무선 네트워크, 공간을 이동하면서 즉각적인 정보획득과 통신 가능 등을 특징으로 한다.
④ 기계학습 : 컴퓨터가 다양한 경험을 통해 자동으로 자신의 정보처리 알고리즘을 개선해 나가는 과정을 가리키는 개념이다.

문 2. ②
면대면 수업의 장점과 온라인학습의 장점을 상호보완적으로 결합하는 학습 형태를 블렌디드 러닝이라고 한다.

오답 체크

① 상황학습은 레이브와 웽거의 상황학습이론에서 강조하는 개념으로, 지식이 실제로 사용되는 맥락과 유사한 상황에서의 해당 지식을 학습하는 형태를 말한다.
③ 모바일 러닝은 무선 인터넷 환경에서 PDA와 같은 이동성이 높은 무선장치를 이용한 학습의 형태를 말한다.
④ 팀기반학습은 개별학습과 팀학습을 결합한 학습 형태로, 학습자들이 수업에 들어가기 전에 개별학습을 통해 사전학습을 하고, 수업시간에는 팀원들과 함께 비구조화된 문제를 해결하는 활동을 전개하는 학습방법이다. 수업 이후에는 문제해결 과정과 결과에 대한 평가를 통해 팀활동의 가치를 인식하고, 팀원으로서의 책무성을 갖도록 한다. 미래사회의 인재가 갖추어야 할 핵심역량을 강화하기 위한 학습방법으로 최근 주목을 받고 있다.

06 교육평가와 교육연구

1 교육평가의 이해

기출선지 OX

(1) ○ (2) × (3) ○ (4) ○

◆ 틀린 지문 옳게 고쳐쓰기
(2) ~ 용이하지 않다.

대표 기출문제

문 1. ③
스크리븐은 프로그램이 의도했던 효과를 평가하는 목표 중심 평가 뿐만 아니라, 의도하지는 않았으나 교육적으로 가치있는 부수적인 효과를 평가하는 탈목표 평가도 포함하여야 한다고 보았다.

문 2. ①
① ㄱ. 스터플빔의 평가 모형은 교육기관이나 교육프로그램을 운영하는 경영자의 결정에 판단적 정보를 제공한다는 점에서 경영자 위주의 접근이라고 불린다. 평가는 의사결정에 유용한 정보를 제공하여 의사결정을 지원하는 활동으로 규정된다.
ㄴ. 스터플빔의 평가 모형은 1960년대 체제이론을 평가에 적용한 것으로, 상황(Context)평가, 투입(Input)평가, 과정(Process)평가, 산출(Product)평가 네 측면으로 구성된다.

오답 체크
ㄷ. 평가의 주된 목적을 목표 실현 강도를 파악하는 데 두는 평가 모형은 타일러의 목표중심 평가 모형이다.
ㄹ. 예술작품을 비평하는 것과 같은 전문가의 감식안에 근거한 평가를 의사결정에 활용할 것을 제안하는 평가 모형은 아이스너의 비평적 평가 모형으로, 전문가의 전문성에 기초한 판단을 중시하는 가치판단 중심 평가 모형에 해당한다.

2 교육평가의 유형 1

기출선지 OX

(1) ○ (2) ○ (3) ○ (4) ○ (5) ×
(6) ○ (7) × (8) × (9) ○

◆ 틀린 지문 옳게 고쳐쓰기
(5) ~ 규준지향평가는 신뢰도를, 준거지향평가는 타당도를 ~
(7) ~ 상관이 낮을수록 ~
(8) 규준지향평가는 ~

대표 기출문제

문 1. ③
준거참조평가는 당초 교육과정에서 설정한 성취목표의 달성도를 확인하는 데 평가의 목적이 있다. 일정 점수 이상을 획득한 대상에게 자격증을 부여하거나 진급 여부를 결정할 때 주로 사용한다(ㄹ). 따라서 교육의 내적인 목적인 탐구정신 함양이나, 지적인 성취동기 자극 등에 효과적이다(ㄴ). 반면 학생들 간의 서열을 비교하는 데에는 중점을 두지 않기 때문에, 경쟁을 통한 학습자의 외적 동기 유발에는 부족한 면이 있다(ㄱ).

오답 체크
ㄷ. 암기 위주의 학습을 유도하는 것은 상대적 서열 비교를 목적으로 하는 규준참조평가의 단점이다.

문 2. ④
사전 능력수준과 현재 능력수준의 차이에 관심을 두는 평가는 '성장참조평가'이다. 즉, 교육과정을 통하여 학생이 얼마나 성장하였는지를 기준으로 점수를 부여하는 평가이므로, 평가의 교수적 기능을 중시하는 평가에 해당된다.

3 교육평가의 유형 2

기출선지 OX

(1) ○ (2) ○ (3) × (4) ○ (5) ○
(6) × (7) ○ (8) × (9) ○ (10) ○

◆ 틀린 지문 옳게 고쳐쓰기
(3) 진단평가는 ~
(6) 형성평가는 ~

(8) ~ 해석을 표준화된 검사절차를 준수해야 한다.
   (~ 변경하면 안 된다.)

대표 기출문제

문 1. ①
교수·학습이 완료된 시점에서 교육목표의 달성 정도를 종합적으로 판정하기 위한 평가는 총괄평가이다. 총괄평가에서는 교과내용 및 평가 전문가가 제작한 검사를 주로 사용한다.

문 2. ③
형성평가를 통해 확인된 학습의 진척 상황에 따라 학습 속도를 조절하거나, 학습자에게 외적 강화를 제공할 수 있다.

오답 체크
① 역량검사에 대한 설명이다. 속도검사는 제한된 시간 내에 얼마나 많은 문항을 정확하게 풀었는지를 측정하는 검사로 충분한 시간을 제공하지 않는다.
② 규준지향평가에 대한 설명이다. 준거지향평가는 성취목표의 도달정도에 따라 성적을 부여한다.
④ 교사제작검사(학급검사)에 대한 설명이다. 표준화 검사는 교과내용 및 평가 전문가가 제작하며, 수업 후에 실시되는 총괄평가에서 주로 사용된다.

4 평가도구의 양호도

기출선지 OX

(1) O	(2) O	(3) O	(4) O	(5) X
(6) O	(7) O	(8) X	(9) O	(10) O
(11) O	(12) X	(13) X	(14) O	(15) O

◆ 틀린 지문 옳게 고쳐쓰기
(5) 예언타당도는 ~
(8) ~ 높은 타당도를 ~ 신뢰도가 높아야 한다.
(12) ~ 타당도보다는 신뢰도에 ~
(13) ~ 평가자의 신뢰도로서 ~

대표 기출문제

문 1. ②
타당도는 검사점수가 검사도구가 본래 측정하고자 하는 특성을 얼마나 잘 나타내어 주는지를 의미하는 개념으로, 검사도구가 사용 목적에 얼마나 부합하는지를 보여준다.

오답 체크
ㄴ. 신뢰도, ㄷ. 객관도에 대한 설명이다.

문 2. ②
여러 검사자가 일치된 평가를 한다는 것은 검사자가 달라지더라도 일관된 평가결과를 산출한다는 의미이므로, 검사자의 신뢰도를 의미한다. 이것은 채점자가 편견 없이 공정하게 채점하느냐의 문제와 관련되는 개념이므로 객관도에 해당한다.

오답 체크
① 타당도는 검사점수가 본래 측정하고자 하는 특성을 얼마나 충실히 나타내 주는지를 의미한다.
③ 실용도는 평가 과정에 소요되는 시간, 비용, 노력 측면에서 검사가 얼마나 경제적인지를 의미한다.
④ 변별도는 검사 문항이 학생들의 능력 수준을 얼마나 명확하게 구분하는지를 의미한다.

문 3. ①
현재 평가시점에서 측정한 평가결과가 미래에 피험자에게 나타날 행동 특성을 예측해주는지를 나타내는 개념이므로, 예언타당도에 해당한다. 예언타당도는 선발, 배치 목적의 적성검사나 선발시험 등에서 중요시된다.

문 4. ①
실용도는 평가 과정에서 소요되는 시간, 비용, 노력이 얼마나 경제적인지를 나타내는 개념이다.

오답 체크
② 크론바흐 알파 계수는 문항내적 일관성 신뢰도의 일종이다.
③ 객관도는 타당도보다는 신뢰도에 가까운 개념이다.
④ 높은 신뢰도는 높은 타당도가 되기 위한 필요조건일 뿐 충분조건이 아니다.

5 문항제작과 문항분석

기출선지 OX

| (1) O | (2) X | (3) X | (4) O | (5) X |
| (6) X | (7) O | (8) X | (9) O | (10) O |

◆ 틀린 지문 옳게 고쳐쓰기
(2) ~ 낮다.
(3) ~ 정답을 ~
(5) ~ 변별도가 높아지는 것은 아니다.

(6) ~ 각각 계산하면 문항변별도는 달라진다.
(8) 문항반응이론에 의한 ~

> **대표 기출문제**

문 1. ②
ㄷ. 모든 학생이 맞힌 문항이나 틀린 문항은 상위집단과 하위집단의 능력 차이를 변별해 주는 능력이 전혀 없으므로, 변별도는 0이 된다.

> **오답 체크**

ㄱ. 난이도와 변별도는 정의 상관관계를 갖지 않는다. 난이도는 중간 정도의 수준일 때 변별도가 가장 높고, 난이도가 너무 어렵거나 쉬워지면 변별도가 낮아진다.
ㄴ. 변별도는 상위집단과 하위집단의 정답률의 차이를 알아야 도출할 수 있다. 정답률이 50%인 경우에도 문항의 변별도는 다양할 수 있다.

문 2. ②
문항마다의 고유한 문항특성곡선에 근거하여 문항을 분석하는 검사이론은 문항반응이론이다. 이때 문항특성곡선은 피험자의 능력과 문항의 정답을 맞힐 확률 간의 관계를 나타내는 곡선을 말한다.

> **오답 체크**

② 서열척도는 측정대상에 순위나 서열만을 부여하기 위해 사용되는 척도이다.
③ 동간척도는 측정대상에 수량을 나타내는 척도이다.
④ 비율척도는 측정대상에 수량을 나타내는 척도이다.

문 2. ③
Z점수로 변환하여 볼 때 가장 낮은 점수는 ③이다.

구분	Z점수	T점수	백분위	스테나인 등급
①	1.5			
②	1 이상		90	
③	1	60		
④	1 이상			2등급

원점수	-1σ	평균	$+1\sigma$
Z점수	-1	0	1
T점수	40	50	60
백분위	16	50	84
스테나인 등급	7등급	5등급	3등급

6 평가결과의 분석

> **기출선지 OX**

(1) O (2) O (3) O (4) X (5) O
(6) X (7) O (8) O (9) X (10) O

◆ 틀린 지문 옳게 고쳐쓰기
(4) ~ 평균이다.
(6) ~ 규준지향평가에서 ~
(9) 스테나인 점수는 ~
  / ~ 평균을 50, 표준편차를 10으로 ~

> **대표 기출문제**

문 1. ①
측정하고자 하는 대상의 범주를 구분하거나 분류하기 위해 사용하는 척도는 명명척도이다. 이때, 분류의 의미로 숫자를 사용하더라도 그 숫자는 수량적 의미를 포함하지 않으며, 단지 이름을 붙인 것에 불과하다.

7 교육연구 1

> **기출선지 OX**

(1) O (2) X (3) O (4) O (5) X
(6) O (7) O

◆ 틀린 지문 옳게 고쳐쓰기
(2) 군집 표집은 ~
(5) ~ 결과를 신속하게 처리하기 어렵다.

> **대표 기출문제**

문 1. ①
전집(모집단)의 주요 특성을 감안하여 하위집단을 나누고 각 하위집단으로부터 일정한 수의 조사대상을 표집하는 방법을 유층표집이라고 한다. 구분된 하위집단 내에서 최종적으로 조사대상을 선정할 때에는 난수표 등을 활용하여 무선으로 표집한다. 주요한 특성 측면에서 전집과 표집의 동질성을 확보할 수 있으므로 대표성이 높게 유지된다는 장점이 있다.

오답 체크

② 단계적 표집 : 모집단에서 1차 표집 단위를 뽑고 여기서 2차 표집 단위를 뽑고 여기서 다시 3차 표집 단위를 뽑아 최종 단위 표집을 할 때까지 여러 단계를 거쳐서 표본을 추출하는 방법이다.
③ 군집표집 : 이미 형성되어 있는 집단을 표집 단위로 하여 연구대상을 표집하는 방법이다.
④ 단순무선 표집 : 모집단의 모든 구성원 중 난수표나 제비뽑기를 이용해서 단순 무작위로 표집하는 방법이다.

문 2. ③

의견, 태도, 감정, 가치관 등과 같이 응답자가 가진 생각을 측정하는 방법으로서, 비교적 짧은 시간 내에 자료 수집과 처리가 가능한 것은 질문지법이다. 질문지법은 조사자가 작성한 질문들에 대해 응답자가 자신의 생각을 진술하도록 하는 방법으로서, 응답자가 거짓으로 응답하는 경우를 제어하기 어렵다는 단점이 있다.

오답 체크

① 관찰법은 조사자가 조사대상의 행동을 직접 관찰한 자료를 토대로 측정하는 방법이다. 일반적으로 관찰법은 비교적 장기간의 조사기간을 필요로 한다. 자연적으로 발생한 그대로의 상황에서 관찰을 실시하는 경우 조사대상의 진정한 의견, 태도, 감정, 가치관 등을 반영하는 행동을 관찰할 수 있다는 장점이 있다.
② 사례연구는 특정한 개인이나 사회집단, 기관, 사건, 프로그램 등을 대상으로 그 특성을 심층적으로 조사하고 분석하는 방법이다. 하나 혹은 소수의 사례에 대한 깊이 있는 분석을 통해 유사한 상황의 다른 사례들을 이해할 수 있다는 장점이 있다.
④ 내용분석법은 조사대상에 대해 관찰이나 면접 등을 사용하는 대신에 사람들이 이미 산출해 놓은 텍스트를 체계적으로 분석하는 연구방법이다. 텍스트 자체의 특징을 발견하는 것뿐 아니라, 맥락적 해석을 통해 숨겨진 의미를 심층적으로 이해할 수 있다는 장점이 있다.

8 교육연구 2

기출선지 OX

(1) ○ (2) ○ (3) ✕ (4) ○ (5) ○

◆ 틀린 지문 옳게 고쳐쓰기

(3) 카이제곱(x^2) 검정은 ~

대표 기출문제

문 1. ④

실험연구의 내적 타당도 저해요인 중 '피험자 탈락'이란 실험이 진행되는 과정 중에 일부 대상자가 중도 탈락함으로써 실험결과에 영향을 주는 효과를 말한다. 실험집단과 통제집단을 무작위 배치하지 않음으로써 동질성이 결여되어 발생하는 효과는 '피험자 선발' 효과라고 한다.

문 2. ①

피어슨 적률상관계수는 변수가 등간·비율척도인 경우, 변수들 간의 상관관계 분석에 이용되는 방법이다. 피어슨 적률상관분석은 두 변수의 선형적 상관관계만을 가정하므로, (ㄱ) 극단값의 영향을 크게 받으며, (ㄴ) 두 변수가 곡선적인 관계를 보일 경우 상관이 과소 추정된다.

오답 체크

ㄷ. 원점수를 T점수를 변환하더라도 두 변수 간의 상관계수가 달라지지는 않는다.

07 생활지도와 상담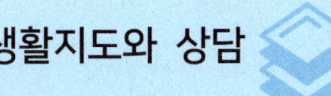

1 생활지도의 개념과 원리

기출선지 OX

(1) ○ (2) ✕ (3) ✕ (4) ○ (5) ○
(6) ○ (7) ✕

◆ 틀린 지문 옳게 고쳐쓰기
(2) ~ 정보제공 활동에 해당한다.
(3) ~ 정치 활동에 해당한다.
(7) ~ 학생도 대상에 포함된다.

대표 기출문제

문 1. ②
학생들이 직면한 다양한 문제를 해결하는 데 도움이 되는 각종 자료와 정보를 제공해주는 활동이므로 '정보제공 활동'에 해당된다.

오답 체크
① 배치 활동, ③ 상담 활동, ④ 학생조사 활동에 대한 설명이다.

문 2. ④
ㄱ. 생활지도는 문제학생만을 대상으로 하는 것이 아니라 모든 학생을 대상으로 하여야 한다(균등성).
ㄴ. 생활지도는 치료나 교정보다는 예방에 초점을 두어야 한다(적극성).
ㄷ. 생활지도는 학생의 전인적인 발달을 추구해야 하므로, 인지적 발달뿐만 아니라 정의적·신체적 발달도 함께 도모한다(전인성).

2 진로지도 이론

기출선지 OX

(1) ✕ (2) ○ (3) ○ (4) ✕ (5) ○
(6) ○ (7) ○

◆ 틀린 지문 옳게 고쳐쓰기
(1) ~ 행동은 성격과 환경의 상호작용의 결과로 나타나며, ~
(4) 수퍼의 진로발달이론은 ~

대표 기출문제

문 1. ①
홀랜드의 6각형 모형에서 인접한 곳에 위치한 유형들은 유사성이 높고, 대각선상에 위치한 유형들은 유사성이 낮은 조합이다. 탐구적(I) 유형과 기업적(E) 유형은 6각형 모형의 대각선상에 위치하는 가장 유사성이 낮은 조합이다.

문 2. ④
홀랜드의 인성이론은 개인들의 성격 및 직업흥미 유형을 분류하는 데에 관심을 두었다. 진로정체감의 전생애적 발달과정을 자아개념과 관련지어 설명하는 이론은 수퍼의 진로발달이론이다. 그는 진로를 단순한 직업 선택의 과정이 아니라, 개인의 자아개념이 직업적 경험을 통해 구체화되는 과정으로 보았다. 따라서, 자아개념과 사회적 역할이 생애에 걸쳐 변화하고 발전하는 것처럼, 진로정체감도 전생애적 발달 과정을 거친다고 보았다.

3 청소년 비행 이론

기출선지 OX

(1) ○ (2) ○ (3) ✕ (4) ○

◆ 틀린 지문 옳게 고쳐쓰기
(3) 관찰학습이론에 ~

문 1. ③
청소년 비행을 설명하는 이론들 중에서 머튼이 제안한 이론은 아노미 이론이다. 머튼의 아노미 이론은 뒤르켐의 아노미 개념을 발전시켜 만든 이론으로서, 청소년 비행의 원인을 문화적 가치와 사회적 수단 간의 불일치로 인한 사회·심리적 긴장 상태를 벗어나기 위한 행동으로 설명한다. 아노미 이론은 문화적 가치를 가진 목표를 달성하는 데 필요한 적법한 사회적 수단이나 기회가 주어지지 않는 하위계층의 비행을 설명하는 데 자주 적용된다.

문 2. ④
④ 중화이론에서는 비행청소년들은 비행행동가 자아에게 갖는 의미를 희석시키고 죄의식을 마비시키는 중화의 기술을 가지고 있다고 본다. 그들은 자신의 잘못된 행위를 주변환경의 탓이나 피해자의 탓으로 돌리면서 별다른 죄의식없이 비행을 저지른다고 본다. 사이크스와 맛짜가 제안한 중화이론은 이후 표류이론

으로 정립되었다. 표류이론은 비행청소년들이 특정한 하위문화에 지배되어 지속적으로 비행행동을 하는 집단이 아니라, 비행과 무비행의 생활양식 사이에서 표류(편류, drift)한다고 보는 이론이다.

오답 체크
① 아노미이론, ② 차별접촉이론, ③ 사회학습이론에 대한 설명이다.

4 상담활동의 기초

기출선지 OX

(1) ○　(2) ○　(3) ✕　(4) ✕　(5) ○
(6) ○　(7) ✕　(8) ○　(9) ○

◆ 틀린 지문 옳게 고쳐쓰기
(3) MBTI 검사는 ~
(4) 구조화는 ~
(7) ~ 명료화 기법에 ~

대표 기출문제

문 1. ②
(가) 내담자가 하는 말을 단순히 주의집중하는 것을 너머서 그 이면에 담긴 의미와 감정에 집중하는 것은 '경청'이다. 경청은 상담자가 자신의 선입견, 편견, 고정관념에서 벗어나 내담자의 생각, 감정, 입장까지 생각하면서 듣는 것을 의미한다.
(나) 내담자의 감정상태를 공감하며 상담자가 이해한 내담자의 감정을 내담자에게 다시 되돌려 주는 것은 '감정의 반영'이다. 재진술은 내담자의 말 중에서 주목할 만한 말을 그대로 되풀이하는 것으로, 상담자가 들은 말의 내용을 되돌려 주는 것을 말한다.
(다) 내담자에게 정보를 수집하거나 내면을 탐색하도록 자극하기 위한 기법으로 '질문'이 있다.

오답 체크
- 직면은 정보내담자가 모르고 있거나 인정하기를 거부하는 생각과 느낌에 대하여 주목하게 하는 방법으로, 내담자로부터 정보를 수집하기 위한 기법은 아니다.
- 구조화는 내담자와 상담자가 상담의 목표 설정, 상담의 진행방식, 상담시간 약속, 상담자와 내담자의 행동과 태도, 비밀보장 조건 등을 안내하는 활동을 말한다.

문 2. ③
'반영'은 내담자의 말이나 행동의 밑바탕에 흐르고 있는 감정을 정확히 파악하여 내담자에게 전달해 주는 기법으로서, 감정 되돌려 주기(reflection of feeling)라고도 한다.
내담자의 왜곡된 사고와 신념을 논박하여 내담자가 이를 깨닫게 하는 기법은 논박(disputing)에 해당한다. 논박은 인지적 상담의 주요 기법에 해당한다.

5 상담의 이론과 기법 1

기출선지 OX

(1) ○　(2) ○　(3) ○　(4) ○　(5) ✕
(6) ✕　(7) ○　(8) ○　(9) ○　(10) ○

◆ 틀린 지문 옳게 고쳐쓰기
(5) ~ 반동형성은 ~
(6) 게슈탈트 상담에서 ~

대표 기출문제

문 1. ②
자신이 가진 충동이나 욕구가 사회적으로 용납될 수 없는 것일 때, 그것을 숨기기 위해서 정반대의 말이나 행동을 나타내는 것을 반동형성이라고 한다.

오답 체크
① 억압은 외면하고 싶은 충동, 욕구, 기억을 의식 밖으로 몰아내서 무의식에 머무르게 해서 자신을 방어하는 기제이다.
③ 치환이란 어떤 대상에 대한 충동이나 욕망을 그 대상에게 표출할 수 없을 때, 자신에게 덜 위험한 다른 대상에게 그 감정을 전이시켜 표출하는 것을 말한다. 회사의 상사에게 지적을 당한 후, 집에 와서 동생에게 화풀이 하는 것이 그 예이다.
④ 부인은 불쾌한 충동, 생각, 경험 등을 있는 그대로 받아들이기를 거부하고 사실을 왜곡하거나 공상적으로 인지하는 방어기제를 의미한다. 불치병 진단을 받은 환자가 그런 병에 걸렸다는 사실을 받아들이기를 부인하는 것이 그 예이다.

문 2. ②
비지시적 상담 혹은 내담자 중심의 상담이론을 주장한 학자는 로저스이다.

오답 체크
① 올포트 − 특질이론(성격심리학)을 주장한 학자이다.
③ 프랭클 − 실존주의 상담이론을 주장한 학자이다.
④ 매슬로우 − 욕구위계이론을 주장한 학자이다.

6 상담의 이론과 기법 2

기출선지 OX

(1) ✗   (2) ○   (3) ○   (4) ○   (5) ✗
(6) ○   (7) ○   (8) ✗

◆ 틀린 지문 옳게 고쳐쓰기

(1) 인지주의 상담은 ~
(5) 합리적·정서적 행동 상담에서는 ~
(8) 현실치료 상담에서 ~

대표 기출문제

문 1. ①
엘리스가 창시한 이론으로 자신, 타인, 세상에 대한 현실적이며 합리적인 기대와 요구를 형성하는 데 초점을 두는 이론은 합리적·정서적 행동 상담이다. 상담과정은 ABCDE 모형을 제시한다.

문 2. ④
현실치료 상담에서는 숙련된 질문 기술과 적절한 유머를 통해 내담자가 원하는 것이 무엇인지를 확인하고, 토의와 논쟁 및 직면하기를 통해 내담자가 원하는 것과 행동 사이의 불일치와 모순을 파악하게 한다. 역설적 기법으로서 내담자가 달성하려는 목표에 반대되는 행동을 일부러 해보게 하고 내담자가 자신의 행동을 통제하고 선택할 수 있다는 점을 깨닫게 해보게도 한다.

7 상담의 이론과 기법 3

기출선지 OX

(1) ○   (2) ○   (3) ○   (4) ○   (5) ✗

◆ 틀린 지문 옳게 고쳐쓰기

(5) 해결중심 상담에서는 ~

대표 기출문제

문 1. ②
게슈탈트 상담이론은 미해결 과제를 자각하고 이를 해결하는 데 초점을 두는 상담이론이다. 여기에서 미해결 과제란 자신의 욕구나 감정을 게슈탈트로 형성하지 못했거나, 형성된 게슈탈트가 어떤 요소의 방해로 배경으로 사라지지 못한 것을 말한다. 미해결 과제는 해소되지 않은 혹은 불완전하게 충족된 욕구를 포함하므로, 짜증, 분노, 고통, 불안, 죄의식, 회한 등의 형태로 나타난다. 미해결 과제는 게슈탈트의 구성요소인 전경과 배경을 제대로 구분하지 못하여 자신의 욕구를 명확히 알아차리지 못하고 결과적으로 욕구 충족에 실패하게 될 때 만들어진다. 따라서, 미해결 과제를 해결하기 위해서는 전경과 배경의 자연스러운 교체를 통해 지금-여기에서의 상황을 분명하게 자각하는 것이 중요하다.

오답 체크
① 실존주의 상담이론, ③ 개인심리 상담이론, ④ 교류분석 상담이론에 대한 설명이다.

문 2. ④
인간을 원본능(원초아), 자아, 초자아의 세 가지 자아로 구성된 존재로 간주하는 것은 프로이트의 정신분석이론이다. 번의 교류분석이론에서는 개인의 자아상태가 부모 자아(P), 성인 자아(A), 어린이 자아(C)로 구분된다고 보았다.

08 교육행정의 이론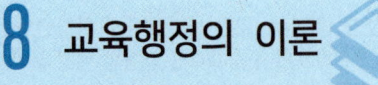

1 교육행정의 개념과 원리

기출선지 OX
(1) ○   (2) ○   (3) ✕   (4) ○   (5) ○
(6) ✕   (7) ○   (8) ○   (9) ✕   (10) ○

◆ 틀린 지문 옳게 고쳐쓰기
(3) ~ 교육과 정치의 관련성을 인식하기 때문에 정치적 측면에 관심을 둔다.
(6) 합법성의 원리를 ~
(9) ~ 기회균등의 원리를 ~

대표 기출문제

문 1. ①
교육행정의 주요 과정에 교육 주체의 참여를 보장하고 이를 위해 정보를 공개하고 내부 부서들 간의 협조를 강조하는 것은 민주성의 원리에 관련된다.

오답 체크
② 자주성의 원리는 교육행정은 일반행정으로부터 분리·독립되고 정치와 종교로부터 중립성을 유지해야 한다는 원리이다.
③ 합법성의 원리는 모든 행정행위는 법률의 근거를 필요로 하며, 법률을 위반해서는 안 된다는 원리이다.
④ 효율성의 원리는 한정된 재원으로 최대의 성과를 거둘 수 있어야 한다는 원리이다.

문 2. ③
교육행정에 투입되는 자원에 대한 산출의 비율을 최대한 높이는 것은 효율성의 원리를 말한다. 즉, 최소의 비용으로 최대의 효과 달성을 추구하여야 한다는 것을 의미한다.

오답 체크
④ 기회균등의 원리는 교육행정을 통해 모든 국민이 능력에 따라 균등하게 교육받을 기회를 보장하여야 한다는 원리이다.

2 교육행정 이론의 발달

기출선지 OX
(1) ○   (2) ○   (3) ○   (4) ✕   (5) ✕
(6) ○   (7) ○   (8) ✕   (9) ✕   (10) ○
(11) ○ (12) ○ (13) ○ (14) ○ (15) ✕

◆ 틀린 지문 옳게 고쳐쓰기
(4) 인간관계론을 따르는 ~
(5) ~ '기획'의 단계이다.
(8) ~ '권위의 위계'는 ~
(9) ~ 순수한 관료제 조직이라고 보기 어렵다.
(15) ~ 기존의 연구경향을 비판하였다.

대표 기출문제

문 1. ④
보비트가 학교행정에 적용한 과학적 관리의 원칙에 따르면, 교원은 학생을 가르치는 일에 집중하고, 학교행정은 교장 등 관리자와 행정직원이 책임지는 것이 바람직하다.

문 2. ③
파욜의 행정과정 모델은 '기획 → 조직 → 명령 → 조정 → 통제' 순으로 전개된다. 이 중 각 부서별 업무 수행을 상호 관련시키고 조절하여 낭비를 막고 부서 간 부조화와 갈등을 예방하는 단계는 '조정'의 단계이다.

오답 체크
① 기획은 행정의 첫 단계로서 미래를 예측하고 그에 대비한 조직의 목표를 설정하고 목표달성에 필요한 수단을 선택하여 미래 행동을 준비하는 단계이다.
② 명령은 조직 구성원들에게 최선을 다해 과업을 수행하도록 구체적인 업무 지시와 감독을 부여하는 단계이다.
④ 통제는 조직의 활동 결과를 검토하고 평가하는 과정으로서 행정과정의 문제를 발견하고 교정하는 단계이다.

문 3. ④
제시된 사례는 김 교장이 설정한 규칙을 지키느라 본래의 업무 목적에는 소홀히 하게 되었다는 내용이다. 이는 수업을 보다 충실하게 하고자 하는 목표와 수업지도안 작성 및 제출이라는 수단 사이에서 수단이 목표보다 중시된 경우를 보여준다. 이와 같은 특징을 '목표와 수단의 전도'라고 한다.

오답 체크
① 권태는 '분업과 전문화'의 역기능이다.
② 인간 경시는 '몰인정성'의 역기능이다.
③ 실적과 연공의 갈등은 '경력지향성'의 역기능이다.

문 4. ③

인간관계론은 조직 내 인간적 요인이 생산성에 영향을 미친다는 주장이 제기되면서 등장한 접근방법이다. 메이요와 뢰슬리스버거의 호손 실험에서 확인된 바에 따라 인간 행동의 사회적, 심리적, 비공식적인 요인을 우선시하는 조직 운영을 강조한다. 즉, 경제적 유인가가 유일한 동기유발 요인이 아니며, 사랑과 존경 등의 사회적·심리적 욕구 충족을 통한 동기유발을 중시한다. 인간은 적극적이며 능동적인 존재로 전제되며, 조직 구성원들이 자율적이며 전문적인 능력을 발휘하도록 허용하는 조직관리의 인간화가 모색된다.

한편, 조직의 업무를 분업화하여 각 단위의 업무를 고도로 전문화, 표준화, 단순화할 때 효율적으로 조직이 운영된다고 보는 관점은 과학적 관리론에 해당한다.

3 조직이론 1

기출선지 OX

(1) ✗ (2) ○ (3) ○ (4) ○ (5) ○
(6) ✗ (7) ○ (8) ○ (9) ○ (10) ○
(11) ✗ (12) ○

◆ **틀린 지문 옳게 고쳐쓰기**

(1) ~ '지방분권의 원리'는 ~
(6) ~ 규범조직의 성격이 강할 때 ~
(11) ~ 불명확한 조직이다.

대표 기출문제

문 1. ④
공립학교의 학생들은 거주지역에 따라 학교를 배정받으며, 학교는 배정된 학생을 입학시키고 가르쳐야 할 의무를 갖는다. 따라서 공립학교는 칼슨의 조직유형 분류표에서 고객의 참여결정권과 조직의 고객선택권이 모두 존재하지 않는 유형 Ⅳ(사육조직 또는 온상조직)에 해당한다.

문 2. ②
학교조직은 순수한 관료제 조직이라기보다는 '전문적 관료제 조직' 또는 관료제 조직과 전문가 조직이 공존하는 '이중조직'으로 볼 수 있다.

문 3. ③
추상적이며 불분명한 목표와 해석에 대한 합의 부재, 목표 달성을 위한 수단과 방법의 불확실성, 구성원들의 유동적이며 간헐적인 참여 등은 '조직화된 무질서 조직'의 특징이다.

4 조직이론 2

기출선지 OX

(1) ✗ (2) ○ (3) ✗ (4) ○ (5) ○

◆ **틀린 지문 옳게 고쳐쓰기**

(1) 일탈풍토는 ~
(3) ~ 기계문화 ~

대표 기출문제

문 1. ③
토마스의 갈등관리이론에서 제시된 상황들에서는 자신의 이익과 관심은 포기한 채로, 상대방의 이익과 관심을 우선시하는 협상 전략을 채택하게 된다. 이러한 협상 전략을 수용형이라고 한다.

문 2. ④
자신의 생각이나 감정은 표출하지 않으면서도 상대방으로부터 피드백 정보를 얻으려고만 하는 유형은 '은폐(비밀, hidden)의 영역'에 해당된다. 조직 내 의사소통에 있어서 은폐의 영역이 차지하는 비중이 높다면 조직 구성원 간에 신뢰를 쌓지 못하여 의사소통이 원활하게 이루어지지 못한다. 조직 내 관계 개선을 위해서는 구성원 각자가 자기 자신의 생각과 감정을 표출하도록 노력하여야 할 것이다.

5 동기이론

기출선지 OX

(1) ○ (2) ○ (3) ○ (4) ✗ (5) ○
(6) ○ (7) ○ (8) ✗ (9) ✗ (10) ○

◆ **틀린 지문 옳게 고쳐쓰기**

(4) ~ 직무 불만족을 ~, ~ 직무 만족을
(8) 성과–만족 이론은 ~
(9) 공정성 이론은 ~

대표 기출문제

문 1. ④
(가) 허즈버그의 동기–위생이론에서 직무 불만족을 야기하는 요인은 위생요인이며, 위생요인에는 조직의 관리와 통제, 동료관계, 근무조건, 직업안정성, 보수 등이 포함된다.

(나) 맥그리거의 X-Y 이론에서 인간은 누구나 동기부여가 되면 자율적이고 창의적으로 행동한다는 관점은 Y이론에 해당한다. 이와 반대로, 인간은 천성적으로 일하기를 싫어하며 타율적이며 지시받은 대로만 행동한다고 보는 관점은 X이론에 해당한다.

문 2. ①
동기 행동이 유발되는 과정에 초점을 맞춘 동기과정이론 중의 하나로서, 유인가, 성과기대, 보상기대의 개념을 통해 동기 유발의 과정을 설명하는 이론은 브룸의 기대이론이다. 그에 따르면, 인간의 동기는 특정한 행위가 특정한 결과를 가져올 것이라는 성과기대, 그 성과가 특정한 보상을 가져올 것이라는 보상기대, 그러한 성과와 보상의 주관적 유인가에 의해 결정된다고 보는 이론이다. 이때 특정한 성과나 보상에 대한 개인의 주관적 평가나 선호가 영향을 미치는데, 이것은 개인의 가치와 태도, 역할기대, 학교문화와 같은 요소들과 상호작용하여 동기와 행동에 영향을 미치게 된다.

6 지도성 이론

기출선지 OX

(1) ○   (2) ○   (3) ○   (4) ○   (5) ○
(6) ✕   (7) ○   (8) ○   (9) ○   (10) ✕

◆ 틀린 지문 옳게 고쳐쓰기
(6) 거래적(교환적) 지도성을 가진 ~
(10) ~ 관리적 측면의 성공보다는 도덕적 측면의 선의를 추구하는 것이 ~

대표 기출문제

문 1. ①
피들러의 상황적응 지도성이론에서 상황의 호의성 변수에는 지도자와 구성원 간의 관계, 과업구조, 지도자의 지위권력이 포함된다. 지도자와 구성원의 관계는 지도자가 조직 구성원들로부터 얼마나 수용되거나 존경을 받는지를 의미한다. 과업구조는 과업이 얼마나 구체적인 목표, 방법, 성과기준을 가지고 구조화되어 있는지를 의미한다. 지도자의 지위권력이란 조직이 지도자에게 부여하는 권한의 정도로서 지도자가 구성원에 대해 가지고 있는 영향력의 정도를 말한다.
구성원의 성숙도는 허시와 블랜차드의 지도성이론에서 중요시하는 상황적 변수이다.

문 2. ①
지도성에 대한 중앙집권적 사고를 부정하는 것으로부터 출발하며, 학교 구성원 모두가 공동의 지도성을 실행할 것을 강조하는 지도성은 분산적 지도성이다. 분산적 지도성은 조직 내 다양한 자원을 활용할 것을 강조하는데, 이러한 지도성은 조직이 크고 업무가 복잡한 조직에서 보다 효과적이다.

7 교육기획

기출선지 OX

(1) ○   (2) ✕

◆ 틀린 지문 옳게 고쳐쓰기
(2) ~ 인력수요에 의한 접근법은 ~

대표 기출문제

문 1. ①
교육을 받고자 하는 모든 사람에게 교육의 기회를 균등하게 보장하는 데 중점을 두는 교육기획의 접근법은 사회수요에 의한 접근이다. 현대 사회에서 교육에 대한 사회적 수요가 급증하면서 정부의 재정적 부담을 과도해진다는 점에서 한계가 있다.

8 교육정책 1

기출선지 OX

(1) ✕   (2) ✕   (3) ○   (4) ✕   (5) ○

◆ 틀린 지문 옳게 고쳐쓰기
(1) ~ '선행운동' 단계이다.
(2) ~ 효과성(efficacy)은 ~
(4) ~ 모니터링이라고 한다.

대표 기출문제

문 1. ④
로위는 정책유형 중 재분배 정책은 재산이나 권력을 많이 소유하고 있는 집단으로부터 그렇지 못한 집단으로 이전시켜 부와 권력의 재분배를 목적으로 하는 정책이 그 내용이다. 취약지역에 기숙형 공립학교를 집중 설립하는 것은 사회적 부를 재분배하는 정책에 해당된다.

문 2. ①
교육정책의 일반적 과정은 ㄱ. 사회적 이슈화 → ㄷ. 정책의제설정 → ㄴ. 정책결정 → ㄹ. 정책집행 → ㅁ. 정책평가 순으로 전개된다.

9 교육정책 2

기출선지 OX

(1) ○ (2) ✕ (3) ○ (4) ✕ (5) ○
(6) ○ (7) ✕ (8) ○ (9) ✕

◆ 틀린 지문 옳게 고쳐쓰기
(2) ~ 관료제 조직보다 전문직 조직에 적합하다.
(4) 점증 모형에서는 ~
(7) ~ 기본적 결정은 합리성 모형을, ~
(9) ~ 비효과적이다.

대표 기출문제

문 1. ②
의사결정을 공동의 목표 달성을 위해 관련 당사자들의 논의를 통해 합의를 도출하는 과정으로 이해하는 관점은 '참여적 관점'이다. 관료제 조직보다는 전문적 조직에서의 의사결정을 이해하는 데 적합한 관점이다. 참여적 관점에서는 의사결정 체제를 폐쇄적 체제로 보기 때문에, 외부 환경의 변화에는 민감하게 반응하지 않으며 안정되어 있다는 특징이 있다.

오답 체크
① 합리적 관점은 대규모 관료제적 조직에서의 의사결정에 더 적합하다.
③④ 정치적 관점과 우연적 관점은 의사결정 과정에 조직 외부 환경이 복합적으로 영향을 미친다고 본다. 즉, 의사결정 체제를 개방체제로 이해한다.

문 2. ③
만족 모형은 인간의 심리적·인지적 한계 및 시간, 비용, 자원의 한계로 인해 제한된 범위 안에서의 합리성에 기초하여 판단을 내리게 된다는 점을 기초로 한다.

오답 체크
① 혼합 모형은 합리성 모형의 이상주의와 점증 모형의 보수주의를 결합하여 발전시킨 모형이다.
② 합리성 모형에 대한 설명이다.
④ 점증 모형에 대한 설명이다.

09 교육행정의 실제

1 교육법과 학교제도 1

기출선지 OX

(1) ○ (2) ✕ (3) ○ (4) ○ (5) ✕
(6) ✕ (7) ○ (8) ○ (9) ✕ (10) ✕

◆ 틀린 지문 옳게 고쳐쓰기
(2) ~ 의무교육은 ~
(5) 헌법에서는 ~
(6) ~ 특권이 아니라 권리라는 ~
(9) ~ 시작되지만 ~ 허용할 수 있다.
(10) ~ 없다.

대표 기출문제

문 1. ②
헌법 제31조에서는 초등교육과 법률이 정하는 교육을 의무교육으로 하고, 의무교육은 무상화한다고 규정하고 있다. 아직까지 고등학교는 의무교육의 범위에 포함되어 있지 않다.

문 2. ②
「교육기본법」 제2조(교육이념) 교육은 홍익인간(弘益人間)의 이념 아래 모든 국민으로 하여금 인격을 도야(陶冶)하고 자주적 생활능력과 민주시민으로서 필요한 자질을 갖추게 함으로써 인간다운 삶을 영위하게 하고 민주국가의 발전과 인류공영(人類共榮)의 이상을 실현하는 데에 이바지하게 함을 목적으로 한다.

문 3. ②
국립·공립·사립학교의 설립자·경영자는 의무교육을 받는 사람으로부터 비용을 받을 수 없다. 의무교육 대상자로부터 받을 수 없는 비용에는 입학금, 수업료, 학교운영지원비, 교과용 도서 구입비가 포함된다.

2 교육법과 학교제도 2

기출선지 OX

(1) ○ (2) ✕ (3) ○ (4) ✕ (5) ✕ (6) ○

◆ 틀린 지문 옳게 고쳐쓰기
(2) ~ 포함하지 않는다.
(4) ~, 국가교육위원회는 ~
(5) ~ 학년제에 의한다. ~ 필요한 경우 관할청의 승인을 받아 학년제 이외의 제도를 ~

대표 기출문제

문 1. ③
「초·중등교육법」 및 동법 시행령에 의하면, 학교의 장은 교육을 위해 필요한 경우 법령과 학칙으로 정하는 바에 따라 학생을 징계할 수 있다. 징계의 종류에는 교내봉사, 사회봉사, 특별교육이수, 출석정지, 퇴학처분이 포함된다. 이 중 시·도학생징계조정위원회에 재심을 청구할 수 있는 것은 퇴학처분뿐이다.

문 2. ②
「사립학교법」 제54조의4 제3항에서는 사립학교에서 기간제교원의 임용기간은 1년으로 하되, 필요한 경우 3년의 범위에서 그 기간을 연장할 수 있도록 규정하고 있다.

3 교육법과 학교제도 3

기출선지 OX

(1) ○ (2) ○ (3) ○ (4) ✕ (5) ✕
(6) ○ (7) ○ (8) ○ (9) ✕

◆ 틀린 지문 옳게 고쳐쓰기
(4) ~ 피해학생 ~
(5) ~ 불가능하다.
(9) ~ 금지하지 않는다.

대표 기출문제

문 1. ④
가해학생에 대해 취할 수 있는 조지 중 퇴학처분은 의무교육과정에 있는 학생에 대하여는 적용하지 아니한다.

문 2. ②
경미한 학교폭력사건의 경우, 피해학생 및 그 보호자가 심의위원회의 개최를 원하지 아니하면 학교의 장은 학교폭력사건을 자체적으로 해결할 수 있다. 이 경우 학교의 장은 지체 없이 이를 심의위원회에 보고하여야 한다. 이때 경미한 학교폭력사건이라 함으로 아래의 모든 조건을 충족한 경우를 말한다.

1. 2주 이상의 신체적·정신적 치료가 필요한 진단서를 발급받지 않은 경우
2. 재산상 피해가 없는 경우 또는 재산상 피해가 즉각 복구되거나 복구 약속이 있는 경우
3. 학교폭력이 지속적이지 않은 경우
4. 학교폭력에 대한 신고, 진술, 자료제공 등에 대한 보복행위(정보통신망 이용 행위 포함)가 아닌 경우

4 교육행정조직

기출선지 OX

(1) ○ (2) ○ (3) ○ (4) ✕ (5) ✕
(6) ○ (7) ○ (8) ✕ (9) ○

◆ 틀린 지문 옳게 고쳐쓰기
(4) ~ 3기에 ~
(5) ~ 교육경력 또는 교육행정경력 또는 양 경력을 합산한 경력을 최소 3년 이상 ~
(8) ~ 대통령이 임명한다.

대표 기출문제

문 1. ③
교육감후보자가 되려면 후보자등록신청개시일을 기준으로 교육경력이나 교육행정경력 중 어느 하나의 경력이 3년 이상이거나 이 두 경력을 합한 경력이 3년 이상이어야 한다.

문 2. ①
부교육감은 교육감을 보좌하여 사무를 처리하는 기관으로서, 교육감 소속하에 국가공무원인 고위공무원단에 속하는 일반직 공무원 또는 장학관으로 보한다. 부교육감은 해당 시·도의 교육감이 추천한 사람을 교육부장관의 제청으로 국무총리를 거쳐 대통령이 임명하도록 하고 있다.

오답 체크
② 교육감의 임기는 4년이며 3기에 걸쳐 계속 재임할 수 있다.
③ 지방교육자치제의 실시 단위는 시·도 지방자치단체를 단위로 한다.
④ 시·도 교육위원회는 시·도 의회 내 상임위원회로 설치하고 교육위원은 시·도 의회 의원 중에서 배정한다.

5 교육인사행정 1

기출선지 OX

(1) ✗ (2) ○ (3) ✗ (4) ✗ (5) ○
(6) ○ (7) ○ (8) ○ (9) ✗ (10) ○
(11) ✗

◆ 틀린 지문 옳게 고쳐쓰기
(1) ~ 교원과 교장은 모두 특정직 공무원이다.
(3) ~ 법령에서 정하는 바에 따라 직무를 수행한다.
(4) 교감은 ~ 관리하고, 학생을 교육한다.
(9) ~ 노동직관은 일부 법적으로 인정되고 있다.
(11) ~ 될 수 없다.

대표 기출문제

문 1. ④
공무원인 교원은 교육공무원이며, 교육공무원은 교육이라는 특정한 업무를 담당하는 특정직 공무원에 해당한다.

오답 체크
① 수석교사는 교원이다. 교원에는 교장, 교감, 수석교사, 교사 등이 포함된다.
② 공립학교 행정실장은 일반직 공무원으로서, 그중에서도 교육행정 직렬로 분류된다.
③ 교장은 교원에 포함되며, 국·공립학교에 근무하는 경우 교육공무원으로서 특정직 공무원에 해당한다. 별정직 공무원은 특수경력직 공무원으로서, 비서관·비서 등 보좌업무 등을 수행하거나 특정한 업무 수행을 위하여 법령에서 별정직으로 지정하는 공무원을 말한다.

문 2. ③
「교육기본법」에는 교원의 전문성을 존중한다는 내용이 있지만 '교사는 전문성을 바탕으로 학생을 교육한다.'는 규정은 명시되어 있지 않다. 참고로, 「초·중등교육법」에는 "교사는 법령에서 정하는 바에 따라 학생을 교육한다"(제20조 제4항).라고 규정하고 있다.

6 교육인사행정 2

기출선지 OX

(1) ✗ (2) ○ (3) ✗ (4) ○ (5) ○
(6) ○ (7) ○ (8) ✗ (9) ○ (10) ✗

◆ 틀린 지문 옳게 고쳐쓰기
(1) ~ 같은 직렬 내에서 하위 직위에 ~
(3) 승진과 강임은 ~ 전직과 전보는 ~
(8) ~ 공무원 본인이 원하면 임용권자가 휴직을 ~
(10) ~ 5년간 ~

대표 기출문제

문 1. ③
강임이란 '교육공무원을 같은 직위 및 자격에서 하위 직위에 임용하는 것'을 말한다(「교육공무원법」 제2조 제10항).

문 2. ②
견책된 자는 징계처분의 집행이 끝난 날부터 6개월간 승진과 승급이 제한된다(공무원 임용령 제32조).

오답 체크
① 정직된 자는 1~3개월간 직무에 종사하지 못하며, 처분기간 동안의 보수를 받지 못한다.
③ 해임된 자는 공무원 관계로부터 배제되어 공무원 신분을 보유하지 못하며, 3년간 공무원으로 임용될 수 없다.
④ 파면된 자는 공무원 관계로부터 배제되고 5년간 공무원으로 임용될 수 없다.

7 장학행정

기출선지 OX

(1) ○ (2) ○ (3) ✗ (4) ○ (5) ○ (6) ✗

◆ 틀린 지문 옳게 고쳐쓰기
(3) 동료장학은 교사 간에 상호 협력하는 ~
(6) ~ 자문성의 원리에 ~

대표 기출문제

문 1. ③
교사의 교수·학습 기술 향상을 위한 체계적인 성격의 조언 활동으로서, 임상장학과 마이크로티칭 등의 방법을 취하는 장학은 '수업장학'이다.

오답 체크
④ 자기장학은 교사 개인이 스스로 계획을 세우고 실천해 나가는 자율적인 장학의 형태이다. 학생의 수업평가 결과 활용, 전문서적 탐독, 대학원 진학, 각종 연수 및 세미나 참여 등의 방법을 활용한다.

문 2. ①
학교컨설팅의 원리에는 자발성, 전문성, 자문성, 독립성, 한시성, 학습성 등의 원리가 포함된다. 이 중 컨설턴트가 직접 교육활동을 전개하거나 학교경영에 참여하지는 않으며, 최종 책임은 의뢰인이 진다는 것은 학교컨설팅이 자문에 그친다는 것을 의미하므로, 자문성의 원리에 해당된다.

오답 체크
② 자발성의 원리란 전문가의 도움을 필요로 하는 교사가 자발적으로 전문가에게 도움을 요청함으로써 시작되며, 컨설턴트와 의뢰인의 상호 합의와 계약이 있어야 성립된다는 것을 말한다.
③ 전문성의 원리란 컨설턴트가 교사가 의뢰한 문제를 해결하는 데 도움이 되는 전문성을 갖춘 실제적 전문가여야 한다는 것을 말한다.
④ 한시성의 원리란 학교컨설팅은 협약 기간 동안 이루어지는 일시적 활동이므로, 의뢰한 과제가 해결되면 컨설팅은 종료되어야 한다는 것을 의미한다.

8 교육재정 1

기출선지 OX

(1) ✕   (2) ○   (3) ○   (4) ○   (5) ○
(6) ✕   (7) ○

◆ 틀린 지문 옳게 고쳐쓰기
(1) ~ 사교육비도 포함한다.
(6) ~ 강제의 원칙에 의한다.

대표 기출문제

문 1. ②
학생이 사설학원에 내는 학원비는 사설학원이라는 민간주체의 회계절차에 의해 처리되므로 사교육비에 해당한다.

오답 체크
①③ 사부담 공교육비에 해당한다.
④ 공부담 공교육비에 해당한다.

문 2. ③
교육재정은 먼저 필요한 지출의 규모를 결정한 후에 이에 상응하는 수입을 확보하는 양출제입(量出制入)의 원칙이 적용된다.

9 교육재정 2

기출선지 OX

(1) ○   (2) ✕   (3) ○   (4) ○   (5) ○
(6) ○   (7) ○

◆ 틀린 지문 옳게 고쳐쓰기
(2) ~ 중앙정부로부터의 전입금이다.

대표 기출문제

문 1. ④
시·도 교육비 특별회계의 세입 중에서 가장 큰 비중을 차지하는 것은 중앙정부로부터의 이전수입(지방교육재정 교부금과 국고보조금)이며, 그중 지방교육재정 교부금이 가장 큰 비중을 차지한다.

문 2. ②
기준재정수요액을 산정하기 위한 각 측정단위의 단위당 금액을 단위비용이라 한다. 기준재정수요액은 각 측정항목별로 측정단위의 수치를 그 단위비용에 곱하여 얻은 금액을 합산한 금액으로 한다. 측정항목에는 교직원 수, 학교 수, 학급 수, 토지면적, 건축연면적 등이 포함된다.

10 학교회계

기출선지 OX

(1) ✕   (2) ○   (3) ○   (4) ✕   (5) ○
(6) ○   (7) ✕   (8) ○   (9) ✕   (10) ○

◆ 틀린 지문 옳게 고쳐쓰기
(1) ~ 수수료 등이다.
(4) 단위학교의 장이 ~
(7) ~ 학교운영위원회에 제출하여야 ~
(9) 품목별 예산제도는 ~

대표 기출문제

문 1. ②
학교회계 세입·세출예산안은 학교운영위원회의 심의를 거쳐야 한다. 학교장은 학교운영위원회의 심의를 거친 예산안을 확정하고 이를 학교회계시스템(에듀파인)과 학교 홈페이지 등을 통해 공개하여야 한다.

오답 체크
① 학교회계의 세입·세출예산안을 편성하는 책임은 학교장에게 있다.

③ 학교회계의 회계연도는 매년 3월 1일에 시작하여 다음 해 2월 말일에 종료된다.
④ 학교회계의 세입에는 국가나 지방자치단체로부터의 전입금, 학부모가 부담하는 경비, 학교발전기금으로부터의 전입금, 학교 자체수입 등이 포함된다. 즉, 학교발전기금으로부터의 전입금은 학교회계의 세입으로 할 수 있다.

문 2. ②
달성하려는 목표에 따른 사업계획과 사업계획별 활동내용과 단위 비용을 명시해 주는 예산제도는 성과주의 예산제도이다. 달성하려는 목표와 사업과 그에 필요한 비용을 명시하여 예산심의가 용이하고, 예산집행의 융통성과 책임성을 제고할 수 있다는 장점이 있다. 반면, 계획수립에는 소홀한 반면 예산관리에만 치중하거나, 품목별 예산제도에 비해 회계책임이 불분명해지는 단점이 있다.

11 학교경영

기출선지 OX
(1) ○ (2) ○ (3) ○ (4) × (5) ×
(6) × (7) ○ (8) ×

◆ 틀린 지문 옳게 고쳐쓰기
(4) 학교장은 학교운영위원회의 ~
(5) ~ 5명 이상 15명 이하의 ~ 대통령령으로 ~
(6) ~ 해당하지 않는다.
(8) 국립과 공립학교의 경우 ~

대표 기출문제

문 1. ①
학교운영위원회의 위원 수는 5명 이상 15명 이하의 범위에서 학교의 규모 등을 고려하여 대통령령으로 정한다.

문 2. ②
자유학기제는 「초·중등교육법 시행령」에서 실시를 의무화하고 있으므로, 학교운영위원회의 심의 사항에 해당하지 않는다.

> [초·중등교육법 시행령]
> 제44조(학기) ③ 중학교 및 특수학교(중학교의 과정을 교육하는 특수학교로 한정한다)의 장은 제1항에 따른 학기(특수학교의 경우에는 중학교의 과정을 교육하는 학기로 한정한다) 중 한 학기 또는 두 학기를 자유학기로 지정해야 한다. 이 경우 지정 대상 학기의 범위 등 자유학기의 지정에 관한 세부 사항은 교육부장관이 정한다.

10 평생교육

1 평생교육의 기초

기출선지 OX
(1) ○ (2) × (3) × (4) ○ (5) ○
(6) ○ (7) ○ (8) ○ (9) ○ (10) ○

◆ 틀린 지문 옳게 고쳐쓰기
(2) 비형식 학습은 ~
(3) 평생교육은 삶의 질 향상에 주목적을 두고 현실의 문제를 중심으로 자발적으로 참여하는 학습자를 대상으로 교육한다.

대표 기출문제

문 1. ②
'일반적인 목적 및 학위수여'를 목적으로 하는 학습은 형식 학습이다. 비형식 학습은 특정한 영역의 목적을 추구하며, 공식적인 학위가 부여되지 않는다.

문 2. ①
국제교육의 해(1970)를 기념하여 전 세계적으로 보급되었으며, 평생교육 개념 확산에 크게 기여한 책은 랭그랑의 『평생교육에 대한 입문』이다. 랭그랑은 "인간은 태어나서 죽을 때까지 평생을 통해 교육받을 권리가 보장되어야 한다."는 의미에서 '평생교육(평생학습, lifelong learning)'이라는 용어를 제안하였다. 주요 내용은 평생교육의 구체적인 방법론을 제시하기보다는 평생교육의 대두 배경을 제시한 것이다. 랭그랑이 제시한 평생교육의 대두 배경은 급속한 사회변화와 인구증가, 과학기술의 발달, 생활양식과 인간관계의 균형상실 등이다.

2 평생교육 이론 1

기출선지 OX
(1) ○ (2) ○ (3) × (4) ○ (5) ○
(6) ○ (7) ○ (8) ×

◆ 틀린 지문 옳게 고쳐쓰기
(3) ~ 외재적인 요인보다 내재적인 요인에 의해 ~
(8) ~ 은행저금식이 아니라 문제제기식으로 ~

대표 기출문제

문 1. ②
성인학습자는 자신의 필요와 욕구에 따라 학습하는 자기도적 학습자이다. 따라서 학습의 원동력은 주로 외재적인 요인보다는 내재적인 요인에 의해 유발된다. 그렇다고 해서 주변 사람들의 칭찬이나 인정, 높은 성적, 상과 벌 등과 같은 외적 동기 요인이 전혀 영향을 미치지 않는 것이 아니므로, 내적 동기만이 학습이 원동력이 된다는 설명은 옳지 않다.

문 2. ④
개인이 주변 현실을 지각하고 이해하고 느끼는 일정한 방식을 근본적으로 변화시키는 학습을 일컬어 메지로우는 전환학습(transformational learning)이라고 하였다. 전환학습의 과정은 경험의 비판적 성찰을 핵심 과정으로 한다. 즉, 경험을 해석하는 기존의 신념과 가치를 비판적으로 검토하고 새로운 관점을 행동으로 옮기는 과정을 통한 변화를 추구한다.

오답 체크

① 자기주도학습은 타인의 도움없이 학습자 스스로 학습요구를 진단하고, 학습목표를 설정하며, 학습자원을 선택하고, 학습전략을 수립하여 학습을 실행하며, 자신의 학습을 평가하는 학습을 말한다.
② 상황학습은 지식이 활용되는 상황 맥락을 제시하고 그 맥락 속에서 정보를 찾고 문제를 해결해가면서 지식을 형성해가도록 함으로써 실제적 지식의 습득 및 적용 능력을 향상시키는 학습을 말한다.
③ 우연학습은 어떤 것을 학습하고자 하는 의도나 동기 없이 무의도적으로 일어나는 학습으로서, 우발학습 또는 무의도 학습이라고도 한다.

3 평생교육 이론 2

기출선지 OX

(1) ✗ (2) ○ (3) ✗ (4) ○ (5) ○ (6) ○

◆ 틀린 지문 옳게 고쳐쓰기
(1) ~ 교양교육을 통해 합리적 지성과 인간성 계발을 강조하는 ~
(3) ~ 학습망에 기초한 학습사회의 실현을 ~
    (~ 학습망을 통해 의무교육을 대체할 것을 ~)
(5) ~ 상황적 요인, 기질적 요인, 제도적 요인으로 ~

대표 기출문제

문 1. ②
의무교육을 해체하고 그 대안으로 '학습망'에 기초한 학습사회 건설을 주장한 학자는 일리치이다.

오답 체크

① 영은 지식사회학을 교육과정 연구에 도입할 것을 주장한 학자이다.
③ 지루는 비판이론에 기초하여 교육사회학을 연구한 학자로서, 학교에서 비판적 저항 이데올로기를 구축할 것을 주장하였다.
④ 프레이리는 비판적 관점에서 성인문해교육을 연구한 학자로서, 은행예금식 교육을 비판하고 문제제기식 교육을 통해 의식화 교육을 추구할 것을 주장하였다.

문 2. ④
크로스(Cross)는 평생학습 참여 장애요인을 기질적 요인, 상황적 요인, 기관적(제도적) 장애요인으로 구분하여 설명하였다. 기질적 장애요인은 학습자로서 자신에 대한 태도, 자아상 및 학습에 대한 태도와 관련된다. 상황적 장애요인은 한 개인의 생활상황에 관련된 것으로 돈, 시간, 가사일, 회사업무 등이 해당된다. 기관적 장애요인은 성인학습자에게 학습기회를 제공하는 기관, 절차 및 정책들과 관련된 요인들을 말한다. 한편, 정보적 장애요인은 평생교육 기관이 사람들에게 학습기회에 관한 정보를 제대로 제공하지 못할 때 일어나는 장애요인으로, 다큰왈드와 메리엄(Darkenwald & Merriam)이 추가한 요인이다.

4 평생교육 실제 1

기출선지 OX

(1) ○ (2) ✗ (3) ○ (4) ○ (5) ○
(6) ✗ (7) ○ (8) ✗ (9) ✗ (10) ○
(11) ○ (12) ○

◆ 틀린 지문 옳게 고쳐쓰기
(2) ~ 평생교육이란 학력보완교육, 성인 문해교육, 직업능력 향상교육, 성인 진로개발역량 향상교육(성인 진로교육), 인문교양교육, 문화예술교육, 시민참여교육 등을 포함한다.
(6) ~ 교습학원은 평생교육기관에 포함되지 않는다.
(8) ~ 영리를 목적으로 하지 않는 법인 ~
(9) 교육감은 ~

대표 기출문제

문 1. ③
우리나라의 「평생교육법」에서는 "평생교육"을 학교의 정규교육과정을 '제외한' 모든 형태의 '조직적인' 교육활동으로 정의한다. 이는 학교교육과 평생교육을 구분하여 그것의 관리주체와 운영의 원칙 등을 따로 적용하기 위한 것이다.

문 2. ①
「초·중등교육법」에 따른 각급학교의 장이 학교의 시설을 활용하여 평생교육을 실시하고자 할 경우 민간에 위탁하여 실시할 수 있다. 단, 영리 목적의 법인이나 단체에는 교육 실시를 위탁할 수 없다는 점에 유의하여야 한다.

5 평생교육 실제 2

기출선지 OX

(1) ○	(2) ○	(3) ○	(4) ×	(5) ○
(6) ○	(7) ○	(8) ×	(9) ○	(10) ○
(11) ×	(12) ×	(13) ○	(14) ○	(15) ○

◆ 틀린 지문 옳게 고쳐쓰기
(4) ~ 사항은 대통령령으로 정한다.
(8) ~ 경우에는 ~ 응시자격이 없다.
(11) 학습계좌제는 국민의 개인적 학습경험을 국가가 집중적으로 관리하는 제도이다.
(12) ~ 평생학습계좌제는 국가평생교육진흥원에서 운영하며, 고용훈련제도인 내일배움카드제는 고용노동부에서 운영하고 있다.

대표 기출문제

문 1. ①
학점은행제는 일정한 기준에 따라 평가인정된 교육과정을 통해 학점을 인정받은 자에 대하여 대학이나 전문대학을 졸업한 자와 같은 수준 이상의 학력이 있는 것으로 인정하고 학위를 수여하는 제도이다. 이러한 취지에 따라 외국이나 군사분계선 이북지역에서 대학교육에 상응하는 교육과정을 마친 자에 한해서 학점을 인정한다.

문 2. ③
독학학위제에서 과정별 시험은 일정한 학력이나 자격이 있는 사람에 대하여 일부 또는 전부를 면제할 수 있지만, 최종 단계인 학위취득 종합시험은 면제가 불가능하다.

문 3. ②
인적자원의 개발·관리를 위하여 국민의 개인적 학습경험을 종합적으로 집중 관리하는 제도는 '학습계좌제'이다.

문 4. ②
전국평생학습도시협의회의 구성 및 운영에 관한 사항은 대통령령으로 정한다.

 **강서연**

주요 약력
- 서울대학교 사범대학 학사·석사·박사 졸업
- (현) 해커스 공무원학원 교육학 전임감사
- (전) 박문각 임용고시학원 교육학 전임강사
  서울대, 이화여대, 부산대 등 강사

주요 저서
강서연 교육학 기본서(미래가치, 2023~)
강서연 교육학 기본이론 복습노트(미래가치, 2024~)
강서연 교육학 기출문제(미래가치, 2024~)

인터넷 강의
해커스 공무원(gosi.hackers.com)

 **강서연 교육학
기본이론 복습노트**

인 쇄 : 2025년 8월 1일	
발 행 : 2025년 8월 7일	
편저자 : 강서연	
발행인 : 강명임·박종윤	
발행처 : (주) 도서출판 미래가치	
등 록 : 제2011-000049호	
주 소 : 서울시 영등포구 선유로130 에이스하이테크시티 3 511호	
전 화 : 02-6956-1510	
팩 스 : 02-6956-2265	

ⓒ 강서연, 2025 / ISBN 979-11-6773-600-0 13370

- 낙장이나 파본은 교환해 드립니다.
- 이 책의 무단 전재 또는 복제 행위는 저작권법 제136조에 의거하여 처벌을 받게 됩니다.

정가 18,000원